# L'ÉGLISE

ET

# LES PHILOSOPHES

AU DIX-HUITIÈME SIÈCLE

(1855)

# ŒUVRES COMPLÈTES
# DE P. LANFREY

L'Église et les Philosophes au dix-huitième siècle, avec une étude biographique par M. de Pressensé.................. 1 vol.
Essai sur la Révolution française....................... 1 vol.
Histoire de Napoléon Ier................................ 5 vol.
Études et Portraits politiques.......................... 1 vol.
Histoire politique des Papes............................ 1 vol.
Lettres d'Everard (sous presse)......................... 1 vol.

### En préparation :

Classiques politiques.
Correspondance.

Paris. — Imp. E. Capiomont et V. Renault, rue des Poitevins, 6.

ŒUVRES COMPLÈTES
## DE P. LANFREY

# L'ÉGLISE
## ET
# LES PHILOSOPHES

## AU DIX-HUITIÈME SIÈCLE

AVEC UNE ÉTUDE BIOGRAPHIQUE

### Par M. de PRESSENSÉ

PARIS

G. CHARPENTIER, ÉDITEUR

13, RUE DE GRENELLE-SAINT-GERMAIN, 13

1879

( )

# NOTICE BIOGRAPHIQUE [1]

Il n'est pas possible de séparer chez Lanfrey l'homme de l'écrivain, par la raison que personne n'a plus vécu par la pensée. Les grands événements pour lui, ce sont, je ne dirai pas ses livres, parce que cela supposerait une préoccupation littéraire prédominante, mais les crises de sa vie intellectuelle et morale. Rien en lui ne rappelle pourtant ce personnalisme étroit, qui fait tourner le monde autour du moi maladivement consulté et ausculté pour en saisir les plus fugitives impressions. Il a participé largement aux préoccupations générales de son temps; les grandes causes qui s'y débattaient l'ont possédé tout entier, et c'est pour avoir ardemment aimé celle qui lui était chère entre toutes, la cause de la liberté, prise dans toute sa largeur, et à la hauteur de l'idéal, qu'il a paru pendant longtemps un solitaire. On l'eût cru replié sur lui-même, alors que son cœur battait d'enthousiasme et s'enflammait d'une généreuse colère. Ses écrits ont donc une importance biographique toute particulière, en tant qu'ils sont l'écho fidèle de son âme, toujours

[1]. Nous avons profité avant tout pour la partie biographique de cette notice de la correspondance inédite de Lanfrey. Les renseignements précieux abondent dans les notes publiées sur lui par un de ses compatriotes.

passionnément préoccupée de la chose publique.

Lanfrey nous donne cette surprise si vivement goûtée par Pascal, de nous faire retrouver l'homme dans l'auteur; je veux dire, l'homme au sens habituel du mot, avec son tempérament, sa nationalité, ses luttes obstinées contre la destinée, ses affections, ses amitiés, l'homme réel en un mot. Ses livres le font revivre à force d'être sincères. Nous le retrouvons mieux encore dans ses lettres intimes où il est permis de puiser avec la discrétion que commande cette fière nature si réservée. Elles nous permettent de saisir sa vraie physionomie, sans tomber dans la fadeur du panégyrique ou dans la raideur du portrait de convention. Nous pouvons ainsi suivre le laborieux développement d'une carrière que tout a compliquée au début et qui n'était guère facilitée par une indépendance d'esprit poussée jusqu'à l'inflexibilité. Il y a dans les commencements pénibles d'un tel écrivain et d'un tel homme, destiné à une haute position dans les lettres et dans la politique, une leçon morale bonne à méditer pour ceux qui s'imaginent que la souplesse est le seul secret du succès. Les amitiés presque passionnées qu'a laissées Lanfrey, révèlent la chaleur de son âme. Il est pour nous l'un des plus nobles représentants d'une génération qui est entrée dans la vie à l'une des heures les plus sombres de notre histoire; il a contribué plus que personne à en conjurer la malédiction, par son énergie à entretenir le feu sacré. On peut dire qu'il en a été comme dévoré intérieurement, faute de lui trouver l'aliment suffisant au dehors. C'est après tout une belle destinée que d'avoir contribué à relever ce qui paraissait perdu à jamais. Il n'a triomphé qu'avec sa cause, et, tardivement comme elle. Sa disparition prématurée, au moment même où il avait touché le but, ajoute je ne sais quelle émouvante beauté à une vie toute de luttes et d'efforts.

## I

Pierre Lanfrey naquit à Chambéry, le 26 octobre 1828. Sa famille, originaire du Dauphiné, du côté de son père, était dans une condition modeste, mais entourée d'une légitime considération. Elle avait fourni plus d'un vaillant soldat aux grandes guerres de l'ancienne monarchie. Tandis que l'un de ses membres s'enrôlait sous les drapeaux de l'Autriche, sous Joseph II, et obtenait le grade de général, un autre remplit honorablement un emploi administratif dans l'armée de Rochambeau aux États-Unis, pendant la guerre de l'Indépendance, et mérita l'approbation de Lafayette. La branche principale de la famille s'était fixée en Savoie dès le dix-septième siècle, à la suite d'un duel qui avait forcé son chef à s'expatrier. Cet ancêtre de bouillante humeur fit souche de courage et de fierté. Le père de Lanfrey fit les guerres de l'Empire et assista à ses plus brillantes batailles, et quand il se retira à Chambéry en 1815, avec le grade de capitaine de hussards, il y emporta cet éblouissement de l'épopée impériale, auquel échappaient difficilement les vieux soldats qui y avaient contribué. Il ne se doutait pas que c'était sous son toit que devait naître, selon le mot éloquent de Châteaubriand sur Tacite, « l'enfant obscur, à qui l'intègre Providence devait livrer la gloire du maître du monde. » L'ancien officier de cavalerie, avait dû, bien malgré lui, se mettre au commerce; il ne paraît pas que ses aptitudes fussent bien remarquables, à en juger par la situation plus que médiocre dans laquelle il laissa sa femme et son fils unique, après six ans de mariage. La vie s'ouvrait sévère devant l'orphelin. Par bonheur il avait pour l'y soutenir une mère à l'esprit droit, au cœur vaillant, une vraie Romaine, comme il l'appelait, unissant aux plus tendres sollicitudes, une énergie indomptable, une raison ferme. Nous n'avons pas les lettres de madame Lanfrey; il suffit de celles de son fils pour la connaître. On voit de suite que son âme était forte, sa volonté bien trempée et qu'elle avait aussitôt après la mort de son mari assumé le rôle et les devoirs du chef de famille.

N'étant jamais sortie de sa petite ville, l'horizon de son esprit n'était pas étendu; il lui était difficile de comprendre les aspirations de son fils et ses tentatives pour se faire une carrière conforme à ses aptitudes; les incertitudes des débuts du futur écrivain troublaient fort l'honnête bourgeoise de Chambéry. Mais l'amour vrai, entièrement dévoué, a des lumières qui dépassent les vues de l'esprit et qui l'empêchent de céder aux pensées mesquines. Surtout il ne recule pas devant le sacrifice, et ce n'est pas lui qui deviendra jamais un obstacle au développement d'une noble intelligence. Les scrupules de madame Lanfrey tenaient en partie à ce délicat sentiment de l'honneur qui ne veut risquer que ce qu'il possède. Or, ce qu'elle possédait était bien minime. Je ne connais rien de plus digne de respect que cette fière pauvreté, qui ne veut rien devoir qu'à elle-même et au travail, et pour laquelle la générosité se confond avec la privation. C'est elle qui a légué à Lanfrey le plus précieux des héritages, cette dignité qui ne se dément jamais. Nous verrons à quel point elle l'a soutenu dans les épreuves de sa jeunesse, et quel aiguillon il y a trouvé pour les traverser victorieusement. Il a bien vraiment été le fils de cette mère dont la tendresse éclairée et mêlée d'austérité ne l'a jamais amolli, mais toujours fortifié et souvent averti.

Lanfrey pouvait parler en toute vérité de la *res angusta domi*. Cette chétive maison paternelle ne s'en ouvrait pas moins sur une des plus belles contrées de l'Europe, étalant au pied des Alpes une végétation splendide, à deux pas de ces *Charmettes* où naquit, à la fin du siècle dernier, l'amour à la fois passionné et mélancolique de la nature. Il est impossible de n'y pas respirer quelque chose de l'âme ardente et ombrageuse de Rousseau. Les lettres d'*Everard* montrent par la vivacité de leurs descriptions que l'impression faite sur Lanfrey par son pays natal fut profonde; lui, le moins déclamateur des hommes, qui a toujours dédaigné de tourner l'orgue banal des mélodies courantes de la sentimentalité à la mode, cent fois plus insupportable dans un salon que dans nos rues, il devient presque lyrique quand il décrit cette nature qui unit la grâce à la grandeur. Il est toujours revenu à sa Savoie, dès qu'il a pu s'échapper du tourbillon de Paris. La nature n'a pourtant jamais fait de lui un rêveur; elle l'a consolé des hommes, mais sans les lui faire oublier.

Nous n'en dirons pas davantage sur l'influence de la race et du milieu, qui devient une pure fiction dès qu'on l'exagère, parce que jamais elle n'a expliqué ce je ne sais quoi qui constitue la personne morale. L'éducation, qui est l'action d'un libre agent sur une volonté, y a une part bien plus grande. Lanfrey, comme enfant, était d'une nature aimante et intense plutôt que vive. Placé au collège des Jésuites de Chambéry, il dut ses succès plutôt à son intelligence précoce qu'à un travail assidu, car il était plus rebuté que stimulé par un enseignement purement mécanique. Il conçut une profonde antipathie pour l'esprit qui régnait dans la maison. Il n'avait subi jusqu'alors aucune influence du dehors; à peine était-il sorti de sa famille, qui, sans fanatisme d'aucun genre, paraît s'être peu souciée des querelles religieuses ou politiques; c'est spontanément que l'adolescent sentit s'éveiller en lui l'esprit d'opposition contre le régime moral auquel il était soumis, chaîne légère pour les âmes souples qui aiment à se laisser conduire, joug odieux pour une âme généreuse, virile, qui a soif d'indépendance et de sincérité, et pour laquelle la délation obligatoire est une mortelle injure. Il n'était pas nécessaire, pour que Lanfrey éprouvât ces sentiments amers, qu'il relût les *Provinciales* et surprît quelque scandale de la casuistique des révérends Pères; il suffisait qu'il sentît peser sur lui cette discipline doucereuse, énervante, qui cherche à briser le ressort moral en maintenant l'esprit dans la superficie des choses, pour l'empêcher de penser et de raisonner. On comprend très bien à ce point de vue la prédilection des révérends Pères pour la rhétorique, qui est trop souvent l'art de remplacer les choses par les mots. Lanfrey eut l'imprudence de confier au papier sa secrète protestation. Il n'avait pas pensé à cet Argus aux cent yeux d'un espionnage savamment organisé. Conduit devant le principal du collège, il eut à soutenir une lutte des plus douloureuses. Il savait qu'en résistant il accroissait les lourdes charges de sa mère, car il devait être chassé sur l'heure, mais le pire des malheurs était, à ses yeux, de mentir à sa conscience. Il sortit du collège des Jésuites dans de tout autres dispositions que Voltaire, qui ne leur avait demandé que des leçons de style, sans se soucier de leur morale commode, et qui finit même par trouver qu'elle avait du bon pour un penseur obligé à ruser sans cesse avec les pouvoirs politiques et ecclésiastiques. Lanfrey, qui a toujours détesté l'habileté dans les choses de la pensée, était l'ennemi né de la Société de Jésus et de tout ce qui lui ressemble, fût-ce dans les camps les plus opposés. Il lui a montré franchement son antipathie, sans jamais retourner contre elle l'esprit d'intolérance : il pensait, avec raison, que c'est une pauvre manière de se venger que d'adopter, même en sens inverse, les maximes et les pratiques que l'on condamne, sous la réserve de la défense des vrais droits de l'État. Il faut avouer que l'enfant qui, un beau jour, à quinze ans, s'était mis en marche pour la Pologne, afin de combattre pour la cause de l'indépendance des peuples, était prédestiné à rompre avec ses premiers instituteurs. Il ne devait guère se trouver plus heureux dans l'institution ecclésiastique de Saint-Jean-de-Maurienne, où il fut placé aussitôt après. Il y retrouvait sous un nom différent le même esprit qu'au collège de Chambéry, avec des formes plus rudes et un très mauvais vouloir pour sa personne, car le bruit de son coup d'éclat l'y avait précédé.

« Si vous saviez, écrit-il à sa mère, comme cet hiver me pèse, comme je m'ennuie au milieu de tous ces gens qui me sont étrangers. Il n'en est pas un parmi eux, pas un qui me comprenne. Au moins quand cette neige sera loin, je serai un peu plus heureux. Dès que je vois la verdure, il me semble que je ne suis plus seul... J'ai du regret à le dire, mais je suis dans un chien de collège; il me semble que j'y suis depuis vingt siècles. On ne nous fournit rien. C'est l'élève qui balaie sa chambre et qui sert les abbés pendant leur repas. Ah! certes, je leur apprendrai bien à ces messieurs que ce n'est pas pour leur servir de cuistre que je suis venu dans leur maison. »

Ce qu'il pouvait le moins supporter, c'était le bigotisme autoritaire qui froissait sa délicatesse. « A tous moments, racontait-il plus tard, on nous ordonnait d'élever notre âme à Dieu, absolument comme certain général qui répétait à ses soldats : Messieurs, vous allez courir à la victoire ! »

Madame Lanfrey était une mère trop éclairée sur ce que valait son fils, pour le laisser végéter et s'aigrir dans ce séjour aride et rebutant. Elle l'envoya à Paris achever ses études classiques au lycée Bourbon, depuis lycée Bonaparte, et aujourd'hui lycée Fontanes. Il paya plus d'une fois son tribut au mal du pays :

« O cher coin de terre! écrit-il à peine arrivé, à l'heure où, du pont du bateau à vapeur, au milieu de la pluie et des vents je l'ai vu disparaître sans retour, il s'est fait en moi un déchirement pareil à celui que j'avais éprouvé en m'arrachant à tes étreintes maternelles. — Dans vingt-cinq jours, lisons-nous dans une lettre datée de la fin de sa première année à Paris, je vais revoir ma mère, je ne veux qu'elle, elle seule! Je fais foin de tout le reste. Oh! les délicieuses vacances que je vais passer! Comme j'ai besoin de respirer cet air pur de la Savoie, de respirer les roses embaumées de notre jardin, de voir nos montagnes vertes et notre ciel bleu. J'ai besoin de repos, de solitude, et c'est là que j'en trouverai. »

Paris n'en devint pas moins promptement la vraie patrie intellectuelle de Lanfrey. Il y respira à pleine poitrine ; il comprit bientôt que là était pour lui l'avenir, sans se dissimuler l'opiniâtre labeur et les luttes acharnées qui paieraient la rançon de son indépendance.

« Les quatre ans qui vont suivre, écrit-il le 13 juillet 1846, feront encore partie des temps de sacrifice et de la semaille, si je puis ainsi parler, puis viendra le temps de la moisson. Pensez-vous qu'en quatre ans encore de travail, avec ce que j'ai acquis, je ne pourrai pas faire une œuvre solide et durable? Quatre ans, c'est une éternité, quand on les veut bien employer. Je sens en moi une voix qui me dit : Aje confiance! Je jette un coup d'œil sur l'année qui vient de s'écouler, elle a été pour moi aussi bonne qu'elle pouvait être; il y a eu de bien tristes heures, même de mauvais jours et des moments de désespoir, mais à quoi bon vous le dire, puisque, en dépit des vents et des tempêtes, me voici sur le rivage, le front serein, le cœur plein d'espérance. J'ai eu de rudes combats à soutenir. Mais c'est une âme de forte trempe que j'ai reçue de vous, ma mère.. »

Un peu plus tard, il lui écrit de nouveau ces lignes belles et touchantes :

« Vous n'avez pas voulu laisser inachevée cette œuvre de votre dévouement et de votre amour; Dieu seul peut vous rendre tout cela; je ne peux que vous aimer et vous le dire. Essayer de payer votre affection en biens terrestres est indigne de vous. Je ne serai digne de vous qu'en accomplissant la tâche que je me suis imposée, tâche immense. Cette agitation, c'est la vie même. On n'est homme qu'à la condition de passer par là. S'il me vient des malheurs, eh bien! je les supporterai. C'est pour l'exercer que Dieu m'a donné la force. Vous autres mères, si l'on vous croyait, on passerait sa vie au coin du feu. Fort bien! mais croyez-vous que l'homme ait été mis sur la terre pour cela? Non, il a été créé pour tendre sans cesse et par de courageux efforts vers la découverte de la vérité, vers sa propre amélioration. La vie est et ne doit être qu'une lutte, parce qu'elle est une épreuve, mais le terrain est glissant, et on fait bien des chutes. Qu'importe, pourvu qu'on accomplisse sa destinée! »

Voilà bien le langage d'un jeune et fier esprit qui

vise haut. Il n'a pas un but bien déterminé, les nobles causes qu'il veut servir sont encore un peu vagues, un peu générales pour son esprit, bien que déjà son cœur batte pour la liberté. Mais avant de descendre dans la brûlante arène où l'on peut triompher, il faut obtenir son diplôme de bachelier, faire son droit et finir par gagner son pain. Entre le rêve coloré de tous les prestiges d'une imagination de vingt ans et sa réalisation, il y a une dure réalité qui est en même temps un impérieux devoir, puisqu'il s'agit du repos d'une mère dont il faut à tout prix abréger les sacrifices. Aussi Lanfrey dut-il se résigner plus d'une fois à briser les plans les plus caressés, pour ne pas épuiser les débris de l'héritage paternel. Nous allons voir cette situation se prolonger et se compliquer pendant près de dix années. La lutte est rendue plus difficile par un état de santé toujours précaire; sa frêle constitution est à la fois minée et soutenue par l'ardeur intérieure. On ne saurait trop admirer ce qu'il lui a fallu de courage pour traverser cette période difficile sans faiblir. Suivons-en les diverses phases, sans trop nous hâter. Est-il rien qui soit plus digne d'intérêt que cette histoire intime avant le grand jour de la réputation et du succès?

Lanfrey passa à Paris l'année 1847. Il est tout entier à son travail sans se jeter dans aucune des dissipations de la grande ville; il ne l'interrompt que pour lire et rêver dans quelqu'une de ces allées solitaires du Luxembourg, « aimable petit coin, dit-il, plein de bocages et de mystères, de fleurs et de gazouillements d'oiseaux », dont la feuillée a ombragé tant de longs espoirs dans des têtes de vingt ans. L'année suivante il est à Grenoble pour faire son droit avec la ferme intention de revenir ensuite à Paris pour jouer la grande partie de sa destinée. La révolution de 1848 donna la secousse décisive à son esprit. Il n'épousa aucune des exagérations des partis avancés ; son ferme esprit fit la part des illusions et des théories subversives, mais il crut à une période de renouvellement, à une évolution grandiose de la révolution française dans sa tendance généreuse et libérale, reprenant les choses au beau temps des Girondins auxquels il accordait plus de raison politique qu'ils n'en possédaient réellement.

« En un temps, écrivait-il à un ami le 7 mai 1848, où tout se précipite avec une telle rapidité qu'on a bien de la peine à pouvoir se définir soi-même, on n'est déjà plus ce qu'on était tout à l'heure. Les idées vous envahissent, les procédés lents et analytiques de l'intelligence sont pour ainsi dire supprimés, et on ne conçoit plus que par inspiration. Voilà du moins l'effet que ce grand remuement d'hommes et d'idées produit sur moi. Cela m'entre par tous les pores. Je ne suis pas un simple spectateur ; je souffre, je me réjouis, je m'indigne tour à tour, mais je ne m'appartiens pas. C'est le dieu ou le démon du siècle qui me possède. »

Nous saisissons ici la première invasion dans l'âme de Lanfrey de cette absorbante préoccupation de la chose publique qui fut sa plus ardente passion. Les idées l'enflammaient plus que les hommes qu'il n'a jamais appréciés que dans la mesure où ils servaient la cause libérale ; aussi n'avait-il aucune peine à briser ce qu'il avait adoré, parce qu'au fond son culte était pour la cause et jamais pour ses serviteurs si souvent indignes d'elle.

Il n'a montré cette espèce d'inconstance purement apparente que vis-à-vis des hommes publics, car nul ne fut plus fidèle que lui dans le cercle intime de l'amitié ; il y déploya une charmante bonne grâce, surtout quand il se trouvait en face des natures faibles vis-à-vis desquelles il se sentait des devoirs de protection. « L'amitié, disait-il, est le seul lien qui nous rattache à la vie. » Avant le groupe des amis illustres qu'il ne connut que plus tard, quand lui-même fut sorti de l'obscurité, il eut des frères de jeunesse, la plupart ses compatriotes, à qui il prodigua les trésors de son cœur, les aimant pour eux-mêmes et non pas pour en faire ses admirateurs ou les confidents de ses futures grandeurs, comme c'est le cas des purs ambitieux. Ses lettres de Grenoble ont cet intérêt particulier de nous initier à cette effervescence de vitalité intellectuelle et morale qui caractérise toute belle jeunesse. On dirait que dans le bouillonnement de sa sève printanière, l'âme jette sur toute chose cette réserve d'infini qu'elle porte en elle. Elle jouit, elle souffre, elle aime, elle hait avec une intensité violente qui n'est que la surabondance de la vie intérieure. Chez les natures vulgaires l'excès est plus physique que moral et s'épuise vite, même quand il n'aboutit pas à la flétrissure. Chez une nature fière et noble, il se manifeste par l'exagération qu'elle porte dans ses idées, dans ses affections et jusque dans sa rêverie. Lanfrey se jeta dans le travail intellectuel avec une véritable furie.

« Il m'est arrivé, écrit-il alors, de travailler quinze heures sur vingt-quatre : à quoi ? à tout, à la littérature, à la philosophie, à la politique même, mais surtout à l'histoire où se trouve seulement selon moi la vraie philosophie, la philosophie réelle et pratique, et non celle qui se nourrit de rêves et poursuit de vaines chimères, non celle qui momifie la créature de Dieu faite pour agir, qui la condamne à l'isolement, pour lui faire dire après une vie entière vouée au travail : X. — Non, la vraie philosophie n'est pas cette philosophie mathématique et stérile. Où en seraient les représentants de la nation française, si de l'x : *cogito, ergo sum*, principe de toute philosophie, et, partant, de toute politique, il fallait déduire la constitution qu'ils se proposent de fonder. Vingt pages d'histoire m'en apprennent plus sur la providence et sur l'âme humaine que tous les traités présents, passés et futurs sur la psychologie et les attributs de Dieu. Et en outre, que de connaissances utiles et pratiques. Pauvre philosophie impuissante à démontrer Dieu et à démontrer l'âme. Ah! que nous importe le reste, si nous croyons à cela ! La morale n'est-elle pas tout entière dans ces deux mots que vous ne pouvez démontrer : *Dieu et l'âme*. Retiens bien ceci ; il n'y a plus de véritable philosophie, que la philosophie de l'histoire. Toutes les intelligences de notre siècle se sont tournées de ce côté. Le reste n'est que système, illusion, chimère et chaos. L'histoire est en outre une source inépuisable de poésie, non pas peut-être de la poésie de la nature, poésie remplie d'attraits et de charmes infinis, je le sais, mais qui conduit aussi à la rêverie, à l'isolement, et qui finit par absorber l'homme né pour l'action, mais d'une poésie que j'appellerai humaine, de la poésie du triomphe, de la poésie du désespoir, de la poésie des idées, de la poésie de l'action. Tous les vrais hommes d'action ont été de grands poètes. »

Cette lettre datée de 1848 a bien cette impétuosité de sentiment qui ne permet à vingt ans de voir qu'un côté des choses ; elle a un très grand intérêt comme la première manifestation de la vocation du futur historien. Il n'est pas séduit avant tout, comme Augustin Thierry à la lecture des *Martyrs* de Châteaubriand, par le coloris et le pittoresque de l'histoire, mais par son côté moral. Il y discerne au premier plan les grands acteurs du drame, Dieu et la liberté humaine. On peut déjà pressentir qu'il l'écrira avec un burin de fer pour en faire le jugement dernier de la conscience humaine.

Ce même bouillonnement de jeunesse, il le porte dans son amour de la nature, c'est une passion jalouse. Il l'aime comme une maîtresse idolâtrée. Il y a surtout un coin de pays qui a son culte, c'est le lac du Bourget dont l'eau bleue a tant de fois bercé et enchanté ses rêveries. Quand parut le *Raphaël* de Lamartine il lui sembla que le grand poète avait profané le sanctuaire de son imagination à force de le peindre avec détail. Ce n'était plus comme dans le *Lac* une poésie un peu vague semblable aux brillantes vapeurs d'un beau matin; dans *Raphaël* tous les aspects étaient minutieusement décrits.

« J'avais tant aimé ce lac et ses environs, écrit-il à la même date. J'y avais tant rêvé, tant pleuré, sans savoir pourquoi, étant encore enfant, qu'il était devenu pour moi la personnification de toute poésie et que cette nature triste et sauvage en même temps que pleine d'harmonie et de magnificence s'était, pour ainsi dire, identifiée avec la mienne. Je m'y sentais vivre, je m'y réfugiais toujours en imagination dans mes heures d'ennui, j'y avais placé le roman de ma vie; il me semblait que cela m'appartenait à moi seul. Je ne saurais te rendre ma jalousie et mes regrets lorsque je vis toutes ces beautés secrètes étalées à tous les regards par une main étrangère. Figure-toi un amant dont la fiancée a été exposée sur la place publique. »

Avec une âme si passionnée, Lanfrey ne s'est pas contenté d'aimer la nature. Sa jeunesse a eu sa fraîche idylle à Turin où il fut conduit à la suite de circonstances sur lesquelles nous devrons insister parce qu'elles ont eu une grande influence sur son développement moral. Sous le toit modeste où il avait trouvé plus qu'une hospitalité mercenaire, il rencontra une jeune italienne, qui pour quelques mois incarna ses plus charmantes visions.

« J'occupe ici une chambrette, écrit-il en 1851, chez de très aimables personnes. Le propriétaire est un médecin plein de bonhomie et d'affabilité, il a une femme et une fille. La femme est une véritable Italienne, ce qui veut dire qu'elle est mille fois plus femme qu'une Française. Elle a pour moi des attentions toutes maternelles et m'a déjà dit plusieurs fois qu'elle voulait me servir de mère. Comme elle ne comprend pas le français, c'est sa fille qui lui sert d'interprète. L'interprète a dix-sept ans et elle est belle à rendre fou un homme moins philosophe que moi. Ce matin il m'est arrivé d'avoir une phrase à lui faire traduire. Sa mère m'a conduit dans sa chambre et une fois en sa présence j'avais tout oublié. Elle a un type de beauté très rare. Il n'a rien du type italien qui a quelque chose de trop viril pour une femme, c'est une figure de lady très délicate et très fine, mais d'un blanc mat. Elle a sur les traits un nuage de tristesse et de rêverie qui la complète et l'idéalise singulièrement. J'ai le privilège de la faire sortir de son nuage. C'était plaisir de la voir rire à belles dents ; alors une nuance de malice remplaçait le sérieux mélancolique de son regard. »

Ce roman, selon sa spirituelle expression, se termina en pente douce. Ce ne fut qu'un gracieux épisode dans une vie qui ne fut pas sans agitation au point de vue des affections. Il lui manqua les joies et les apaisements du foyer domestique comme il le reconnaissait lui-même avec une profonde tristesse. « Si vous saviez, écrivait-il bien plus tard en 1866, à une amie, le mal horrible que me fait l'absence d'un intérieur, je vous assure que vous ne me plaisanteriez pas. » Quand on cherche, ainsi que l'a dit Lanfrey dans une lettre très remarquable, l'infini dans les affections humaines, on se donne assez volontiers ce qu'il appelle les orages de l'Océan et les fascinations de l'abyme. On ne peut pas mettre son cœur, selon ses propres expressions, à la température d'une éternelle tiédeur et à l'abri des variations d'un ciel capricieux. Lanfrey comprenait mieux que personne, comme le prouvent ses regrets de la vie de famille, que lorsque le fleuve de nos affections coule entre ses rives naturelles, il n'a pas besoin de déborder pour connaître l'infini, qui réside plutôt dans la profondeur que dans l'étendue. Nous ne reviendrons plus à ce sujet toujours délicat, mais qu'il fallait bien effleurer pour tracer une esquisse fidèle de sa physionomie morale. Au reste, Lanfrey n'a jamais perdu le respect de la femme, ce qui est toujours la preuve que la délicatesse de l'âme s'est conservée. Il n'a pas seulement éprouvé ce respect quand il s'agissait de sa noble mère, mais il l'a montré en toute occasion. On peut bien citer de lui telle boutade humoristique sur la souplesse féline des grandes charmeuses qui n'aiment rien tant que d'amortir les convictions fortes, et veulent qu'on leur sacrifie jusqu'à ses idées. Mais ce n'est qu'un éclair de malice. Dans sa correspondance il est chevaleresque, confiant, et prise très haut ses amitiés féminines. Pour lui, l'idéal de la femme est dans les vertus modestes; « les seules qui lui conviennent, » dit-il. On a de lui des lettres charmantes à une jeune cousine dont il s'était constitué le tuteur moral et pour laquelle il faisait de grands sacrifices au temps de son plus grand dénuement. C'est à l'occasion de l'éducation de cette jeune orpheline, qu'il écrivait à sa mère ces mots généreux : « N'eussions-nous qu'un morceau de pain, notre devoir serait de le partager avec ceux qui sont plus malheureux que nous; à plus forte raison, devons-nous le faire avec des personnes qui nous tiennent de si près. » Voici en quels termes délicats, élevés, il s'adressait à cette jeune fille dans une lettre datée de 1851 :

« Il y a bien longtemps que je n'ai reçu de tes petites lettres qui me font tant de plaisir. Est-ce que les distractions nouvelles pour toi de la vie de pension te feraient oublier ceux qui t'aiment, ou craindrais-tu de me confier tes ennuis, si tu en éprouves — ce que je ne puis croire. A qui donc les dirais-tu, chère enfant, si ce n'est à moi. Ne serais-je pas toujours heureux de partager tes peines comme tes joies? Rassure-moi ; j'ai besoin de connaître le détail de ta vie de tous les jours, le genre de tes études et aussi tes impressions bonnes ou mauvaises. Pourquoi ne serais-je pas un peu ton confesseur. Est-ce l'affection qui me manque? Dis-moi si tu te sens la volonté de faire des progrès et d'apprendre. T. as beaucoup de choses que Dieu seul donne et qu'on n'enseigne pas, de l'intelligence, de la raison, de la sensibilité. Il faut que tu t'en serves. Il faut que tu te dises tous les jours que tu dois devenir une femme instruite, supérieure à ta position, capable de se créer un avenir, digne en un mot de ton père qui avait une vie grande et élevée. Tu ne dois pas rester une femme ordinaire. La vie que tu mènerais au sortir du couvent te tuerait. L'ambition que je cherche à t'inspirer peut seule te sauver. Pour réaliser cette ambition, il n'y a qu'un moyen, le travail qui développe l'âme tout entière. Tout ce qui rend l'âme meilleure est un travail. L'insuffisance de mes ressources ne m'a pas permis de te faire donner une éducation aussi brillante que je l'aurais voulu, mais telle qu'elle est, tu peux encore, je crois, en retirer beaucoup de fruit. Supplée par tes efforts à ce qui peut lui manquer. Plus tard nous la compléterons. »

## II

Ce n'est pas impunément que la pauvreté est généreuse. Lanfrey en fit une cruelle expérience à Grenoble même. Nous touchons aux grandes épreuves de sa jeunesse, celles qui donnèrent à son caractère la trempe définitive, cette énergie indomptable qui ne sait pas toujours se garder de l'âpreté. Toujours délicat de santé, il tomba gravement malade sans être entouré des soins nécessaires à un prompt rétablissement. Il vida jusqu'à la lie, comme il le dit lui-même, la coupe de la solitude fiévreuse, compliquée par une véritable indigence. Ce qui lui paraissait le plus dur d'après ses confidences à un ami, c'était de se sentir mourir sans avoir vécu. « Mourir, s'écriait-il, sans savoir pourquoi l'on est venu, sans savoir pourquoi on part, d'une mort qui ne profite à rien. Mon idée fixe dans la fièvre était de mourir pour quelque chose. J'aurais consenti à être haché en petits morceaux pour avoir la mort de l'ouvrier que le travail tue, du soldat frappé par une balle. » Désormais il ne connut que bien rarement la santé complète. Son tempérament nerveux subissait tous les contre-coups de ses impressions. Bien des années plus tard, en 1866, goûtant quelques jours de bien-être, il s'en étonnait comme d'une anomalie. « Par un contraste assez nouveau pour moi, disait-il, ma santé n'a jamais été si florissante. Et je me trouve au moral dans un état d'exaspération aigu. J'étais habitué à voir ces deux parties de mon être aller de concert. J'étais malade d'un décret, d'un discours ou d'une platitude quelconque. » Avec un tel tempérament moral et physique on peut imaginer ce qu'il souffrit quand le coup d'État du 2 décembre 1851 vint inaugurer par un véritable attentat le régime de la honte et de l'oppression. Lanfrey ne guérit jamais de cette date sinistre; il commença par éprouver un de ces désespoirs mornes et absolus qui semblent sans issue. Il sembla à lui et à bien d'autres, que l'âme même de la France était enveloppée du fétide brouillard qui submergeait Paris le matin de l'attentat et qui ne fut déchiré que par la fusillade des boulevards. Il ne suffisait pas à Lanfrey de maudire l'auteur du coup d'État ; le grand coupable, à ses yeux, était le pays qui lui paraissait ne plus croire à rien.

« Bonaparte nous a vaincus, s'écrie-t-il amèrement, parce qu'il croit à quelque chose, lui, il croit à son étoile. Si cet état de choses dure, il ne faut plus croire ni au progrès, ni à la justice, ni à l'honneur, ni à la vertu, ni à Dieu. J'ai passé ces deux jours à pousser des rugissements de rage... — Nous sommes vaincus, mon cher ami, écrivait-il à la même époque. Il faut en prendre son parti. Pour mon compte, c'est déjà fait. Je suis en train de me défaire de mes convictions politiques. La foi politique dans ce temps-ci, c'est la tunique fatale qui brûle et qui dévore. Laissons aux imbéciles le soin de prôner le bon sens des masses et les perfections de l'humanité. Voilà le résultat auquel nous mènent logiquement les mystifications que nous venons de voir. Je souhaite pour ton repos que tu y sois arrivé comme moi, sans passer pourtant par les mêmes tortures. »

C'est à partir de cette époque que Lanfrey porta dans ses appréciations politiques cette sévérité qui lui fit quelquefois dépasser la mesure, surtout dans ses jugements sur les personnes, car par un contraste étrange, sa raison ne fut jamais obscurcie par sa passion. Elle conservait toute sa largeur, toute sa sérénité, pour les questions de principe. Aucune colère patriotique ne parvint à en faire autre chose qu'un libéral. C'est ainsi que ce jeune homme de vingt et un ans, dans la lettre même où il exprime sa poignante indignation, ne donne aucun gage aux partis extrêmes, et juge aussi sévèrement les folies des socialistes de 1848, que le coupable affolement de la coalition des droites de l'Assemblée législative. De ce que le coup d'état est un crime, il ne s'ensuit pas que les autres partis n'aient pas commis des fautes graves et que la France mérite l'indulgence pour s'être abandonnée elle-même. C'est précisément ce mélange d'une haute raison politique avec cette impétuosité passionnée qui fait l'originalité de Lanfrey. L'esprit d'un sage s'unit chez lui à une fougue d'impressions sans pareille.

L'inauguration du régime bonapartiste en France eut un contre-coup fâcheux sur sa vie privée. Le renversement de la République lui fermait tout espoir de revenir à Paris de longtemps. « Je n'ai pas le pouvoir ni le droit, écrit-il le 18 janvier 1852, d'ajourner le repos de ma mère et de jouer sur un calcul de probabilité un avenir qui lui appartient aussi bien qu'à moi. Il faut que je la relève de son long labeur. Je vais donc, au lieu de partir pour Paris, me diriger vers Turin et m'y faire recevoir avocat. J'ai passé avant-hier une nuit atroce, parceque je me croyais placé dans l'alternative de sacrifier ou le repos de ma mère ou mes ambitieuses espérances. » Lanfrey appelait cette période de sa vie « sa montée de Calvaire, » parce qu'il s'était cru obligé de renoncer à tout l'avenir rêvé, pour embrasser une profession qui ne lui inspirait aucun goût. Il avait même eu un moment l'idée de se faire soldat comme son père. Son dévouement de fils l'emportait sur ses plus chères espérances ; sa tendre et respectueuse affection pour sa mère se manifestait en toute circonstance. C'est ainsi que, peu de temps auparavant, il avait déclaré à son notaire ne consentir à aucun délai pour l'acte de libération de tutelle, exigé par la loi. « Je compte sur vous, lui avait-il dit, pour dégager complètement ma mère de toute inquiétude au sujet de ce compte, et cela dans les conditions prescrites dans votre code; le mien m'oblige à protester devant vous que je ne pourrai jamais m'acquitter envers une mère excellente et dévouée comme est la mienne. Je me constitue pour toujours son débiteur insolvable. »

Il lui suffit de quelques mois pour enlever tous ses examens de droit et se mettre en mesure de prendre sa place dans le barreau de Chambéry où il ne devait jamais entrer, car la vocation qui l'attirait à Paris fut la plus forte. Il s'y préparait déjà à Turin. Dès cette époque il nourrissait le projet d'opposer à la réaction cléricale qui se prononçait de plus en plus en France, une vive peinture du mouvement libéral de la fin du dix-huitième siècle. Ses lectures étaient toutes dirigées dans ce sens. Il s'essayait en même temps à un projet de drame historique, sur l'émouvant épisode de Rienzi, qui devait être tout frémissant des passions généreuses qui l'animaient. S'il y eut un homme peu apte à faire de l'art pour l'art, c'est bien Lanfrey. Tout lui servait d'arme de guerre. Il forme un parfait contraste avec les brillants écrivains de notre temps qui mettent l'esthétique partout, jusque dans la morale. Un esprit militant tel que le sien ne pouvait être simplement artiste, aussi avons-nous lieu de nous féliciter qu'il se soit donné à lui seul la représentation tout idéale de son drame. L'amitié fut encore sa grande consolatrice, comme cela ressort d'une lettre écrite plus tard à un jeune médecin, où il lui rappelle leurs libres entretiens d'alors.

« Donnez-moi longuement de vos nouvelles, lui écrivait-il, en attendant que je voie renaître ici nos interminables causeries de Turin. Vous en souvient-il encore? Vous souvient-il de ces dissertations transcendantales sur le visible et l'invisible et de ces folles campagnes de l'imagination contre l'inconnu, de nos rêves enfin. »

Lanfrey savait à l'occasion donner de mâles conseils à son jeune ami. « Ne vous laissez pas décourager par ces misères, lui écrivait-il. Je sais, moi, qui en ai épuisé l'amertume, qu'on en sort plus fort et plus affermi. »

Lanfrey avait le droit de tenir ce langage après le sévère début de sa nouvelle installation à Paris, alors que dans sa mansarde il écrivait son premier livre, en proie à de cruels soucis, dont le plus poignant était d'imposer à sa mère d'inévitables sacrifices. Cette mère vaillante se trouva tout d'un coup prudente à l'excès. Elle le troublait de ses inquiétudes sur son avenir, et s'imaginait toujours qu'il avait abandonné la proie pour l'ombre d'une renommée qui pourrait ne jamais venir, dans l'incertaine carrière qu'il avait choisie, sans même être assuré d'un gagne-pain. Cette période de tourments exceptionnels est selon nous la plus belle partie de la vie de Lanfrey au point de vue moral. On ne saurait trop admirer l'énergie qu'il y déploya, le mélange de tendresse et de résolution qu'il montra dans ses rapports avec sa mère, et surtout la noble fierté avec laquelle il suivit sa ligne, sachant renoncer aux offres les plus brillantes, dès qu'il pouvait craindre qu'elles imposassent le plus léger sacrifice à sa dignité et à sa foi politique. Il pensait avec raison, que les plus chères affections ne peuvent l'emporter sur la conscience.

Nous ne craignons pas de multiplier les extraits de sa correspondance, presque tous inédits, qui nous initient à cette grande épreuve, à cette héroïque bataille de sa jeunesse. Nous ne connaissons pas d'enseignement plus bienfaisant pour apprendre à quel prix on se fraie sa voie, quand on veut avancer sans ramper dans une société encombrée comme la nôtre. Qu'on ne l'oublie pas, on peut ramper de tous les côtés, à gauche comme à droite. Le courtisan de la démocratie ne vaut pas mieux que le valet de cour; le carrefour vaut l'antichambre.

Voilà donc Lanfrey à Paris. Il a roulé dans son esprit plusieurs projets de livres. Un instant, il a pensé à une histoire de la monarchie de juillet, mais il a compris bientôt tout le péril d'une pareille entreprise. A une si courte distance, l'impartialité n'est pas possible; la sévérité ne manquerait pas d'être excessive pour les adversaires politiques, et la parfaite sincérité serait gênée vis-à-vis des amis. Panégyrique ou pamphlet, il n'y a guère de milieu pour une telle histoire qui serait même, tour à tour, l'un ou l'autre. Déjà depuis plusieurs années, le côté généreux, hardi, du dix-huitième siècle, avait, comme nous l'avons vu, saisi l'esprit de Lanfrey. Il s'était mis à l'œuvre, mais sa conscience littéraire, disons tout simplement sa conscience, lui interdisait un travail hâtif, improvisé; d'un autre côté, sa santé était trop frêle pour qu'il cherchât des occupations lucratives en dehors de la préparation de son livre. De là, la nécessité de recourir à sa mère, avec la ferme intention d'éteindre au plus tôt cette dette sacrée. Il cherche au moins à racheter les tourments qu'il cause bien involontairement à la chère absente en lui prodiguant les témoignages de son affection. Il y porte cependant cette nuance de réserve dont il se départait bien rarement. Au reproche de ne pas assez multiplier ses lettres, il répond par ces mots qui sont bien de lui :

« Est-il besoin que je vous envoie toutes les semaines des protestations de tendresse et des serments de fidélité comme font les amants? Vous-même en seriez fort importunée malgré votre indulgence pour moi. Mes sentiments vous sont connus et j'ose croire que vous ne me faites pas l'injure de douter de leur sincérité. Il est donc inutile de jouer à la poupée. Quant à moi, je crois me conformer à la loi des affections sérieuses en vous racontant tout ce qui m'émeut ou m'intéresse sans y ajouter des broderies sentimentales. »

Lanfrey n'en fait pas moins tous ses efforts pour dissiper les inquiétudes maternelles.

« Vous avez, me dites-vous, beaucoup d'inquiétudes. Je mène pourtant la vie la moins troublée qui fut jamais, occupé d'une seule chose, terminer mon ouvrage et le terminer le mieux possible. Il n'y a rien là qui doive vous pousser au désespoir. L'avenir m'apparaît sous un aspect beaucoup moins lugubre, non pas que j'aie une confiance illimitée en mon étoile, mais parce qu'il me paraît difficile qu'il me joue des tours que je ne connaisse pas ou que je n'aie pas prévus. Or, les uns et les autres me sont si peu redoutables qu'ils entrent dans mon programme et que je les ferai servir à mes desseins. »

Le temps paraissait long à Chambéry. L'échéance tant attendue du livre espéré semblait toujours reculée. Il ne manquait pas de bons amis pour représenter qu'un autre s'y prendrait mieux et surtout plus vite, et ces braves gens, habitués à livrer leurs toiles ou leur drap sur commande au temps fixé, ne se faisaient pas faute de troubler l'esprit, pourtant si ferme, de la pauvre mère qui demandait à son fils de revenir au logis.

« Je me hâte, ma chère mère, lui répond-il, de dissiper vos inquiétudes au sujet de ma santé qui est passable. Je vous ai dit vingt fois ma résolution bien arrêtée. Je ne retournerai en Savoie que lorsque mon ouvrage sera achevé, imprimé et mis en vente. Les maladies de poitrine n'y feront rien, pas plus que le choléra. La seule impression qui me reste de votre lettre est un profond sentiment de découragement. Seul, sans appui, sans protecteur, sans conseils ni direction, j'entreprends une tâche énorme, écrasante pour un jeune homme, une tâche qui exigerait dix ans de travail et que j'aurai accomplie en quinze ou dix-huit mois, grâce à des efforts pénibles et persévérants, une tâche qui me donnera une patrie à moi inconnu, à moi pauvre, à moi exilé. Et vous, la seule confidente de mes espérances et de mes incertitudes, vous le seul témoin de cette lutte obscure, inégale, mais non sans honneur, vous me découragez, vous vous moquez de mes scrupules et des modifications consciencieuses que j'apporte à mon œuvre, lorsque l'évidence m'y force. Vous n'avez aucune foi à ce que j'entreprends. Vous avez la simplicité de croire que je mène une vie de plaisirs avec les cent cinquante francs mensuels. Pensez-vous qu'un écrivain sérieux n'ait qu'à dire comme Dieu : « Que la lumière se fasse. » Pensez-vous qu'il dépend de lui comme il dépend d'un ouvrier d'allonger ou de raccourcir sa besogne à volonté ! Non, quand on met un titre sur un livre, il faut remplir le programme qu'il annonce ou bien on en est soi-même la première victime. Ce n'est pas comme dans le commerce où l'on s'enrichit en vendant à faux poids et en donnant du coton pour du fil. En littérature, celui qui ne tient pas les promesses de l'étiquette mise sur la chose vendue en est toujours puni. Mettez donc fin à vos reproches de lenteur. Je suis plus impatient que vous de terminer mon ouvrage, puisque c'est sur lui que je compte pour sortir d'embarras. Mais rien au monde ne me le fera livrer au public avant qu'il ne soit achevé, c'est-à-dire qu'il soit l'expression vraie de ma pensée et de ma capacité. Il y a là pour moi non-seulement une question d'amour-propre, mais encore plus une question de conscience. Je le jetterai au feu plutôt que de le publier imparfait. »

La lettre suivante, qui roule sur le même sujet, est d'un ton plus doux :

« Il n'est rien de tel, ma chère mère, qu'une bonne caresse maternelle pour remettre l'âme de ses agitations et lui rendre la paix. Votre dernière lettre me l'a prouvé ; je suis revenu tout entier à mon travail dont la partie la plus pénible est terminée, je veux parler des études préliminaires. Reste l'œuvre purement artistique, celle qui crée la forme, œuvre difficile dont dépend le succès, mais pleine d'attraits pour moi. Et ici, chère mère, permettez-moi une explication pour me justifier d'avoir entrepris un travail aussi long. J'aurais pu, comme tant d'autres, débuter dans le monde littéraire par un petit article de journal ou de revue qui ne m'aurait pas coûté plus de huit jours de travail. Si je n'ai pas choisi cette voie, c'est que je la connais fausse et mauvaise. Le public sait ce que valent ces feuilles volantes, il ne leur prête qu'une attention distraite. Au lieu d'éparpiller le peu de talent que je puis avoir dans l'une de ces petites revues qui meurent et naissent, je l'ai concentré dans un seul ouvrage sérieux, réfléchi, consciencieux. Le public prononcera mon arrêt qui me condamnera au repos éternel, asyle et tombeau des gens médiocres, ou aux orages de la célébrité ; mais quel qu'il soit, je crois avoir suivi la vraie méthode. »

Le côté le plus élevé de l'ambition de Lanfrey apparaît dans cette admirable lettre de la même année 1854 :

« Je vous ai écrit ma dernière lettre dans un de ces moments de découragement qui, par bonheur, sont assez rares chez moi et qui, au lieu d'abattre mon activité, ne font que me stimuler au travail, en me communiquant une énergie fiévreuse et désespérée. C'est l'incertitude de l'avenir et la rage où je suis de ne vous avoir encore pu retirer de cette galère de sacrifices qui sont cause de tout. Je souffre beaucoup, ma chère mère, lorsque je me dis que je suis le seul obstacle au repos que vous avez si bien mérité par tant d'années de privations. Toutes mes peines particulières, qui sont grandes et multipliées, ne sont rien auprès de celle-là. Je sais qu'il y a des gens qui me représentent comme exploitant votre vieillesse, vous sacrifiant à mes chimères sans avoir aucune préoccupation de votre bonheur et de votre tranquillité, tandis que je n'ai jamais eu pour but dans toutes mes entreprises en apparence les plus déraisonnables et les plus hasardées, que de hâter le moment où vous pourrez être libre, tranquille et heureuse, que de jeter un peu d'éclat sur le nom obscur de ma pauvre et vieille mère, afin qu'elle soit respectée et honorée par tous comme elle l'est par moi. Voilà la pensée qui est au fond de toutes mes actions, bien plus que cette folie qu'on nomme l'ambition et cette fumée qu'on nomme la gloire, et c'est dans cette pensée que je puiserai une force invincible pour renverser les obstacles que je trouverai sur mon chemin. Je vous ai, chère mère, révélé le secret de mon angoisse; si j'échoue, on dira que je vous ai sacrifiée à mon ambition insensée. Mais je vous ai ouvert mon cœur et votre témoignage me suffira. »

C'est précisément dans un de ces cruels moments d'angoisse que Lanfrey, qui avait écrit quelques articles pour le *Siècle* dans l'unique dessein de servir sa cause, reçut des propositions très belles qui l'eussent mis, ainsi que sa mère, à l'abri de tout souci, s'il les eût acceptées. L'une d'elles ne méritait qu'un refus indigné, parce qu'elle eût exigé, sinon le ralliement à l'Empire, au moins l'abandon de toute polémique un peu vive, quitte à se rattraper par de violentes attaques contre le clergé. D'autres offres étaient à la fois belles et honorables, mais elles eussent pourtant réclamé une part trop grande du temps que Lanfrey voulait consacrer à son livre, et quelque peu gêné son indépendance. Il eut le courage de fermer la porte à la fortune qui y frappait, parce qu'elle eût apporté au moins une gêne à son libre esprit. « Je sors de chez l'éditeur d'un grand journal, écrivait-il alors, je viens de m'en faire un ennemi par suite de mon inaptitude radicale au rôle de protégé. »

L'ouvrage s'achevait au travers de ces luttes et de ces déboires. Lanfrey renonça à ses vacances de Savoie pour lui donner la dernière main à la campagne, dans une solitude complète. Il se relisait et se jugeait à l'ombre des grands bois. Le livre une fois terminé, il s'agissait pour le jeune auteur sans notoriété et sans protection de trouver un éditeur. Pour qui connaît sa nature fière et même hautaine, il est facile de comprendre qu'il se résigna difficilement à ce genre de démarches.

« Mon livre est fini depuis quinze jours, écrit-il à sa mère, et depuis lors je fais le métier le plus infernal auquel un homme qui se respecte puisse être soumis, celui de solliciteur. Je sue tout le sang que je tiens de mon père et de vous, sang indépendant et généreux s'il en fut, et qui s'indigne de cette humiliation nouvelle. Malgré ma bonne volonté, je suis si peu taillé pour cette vile besogne que je n'ai réussi jusqu'à présent qu'à me faire un ennemi et cela d'un homme à qui j'étais recommandé et plein de bienveillance pour moi. »

Rien de plus tristement comique que son odyssée chez les grands libraires. La plupart du temps, on le juge sur sa mine. « Comme j'ai l'air beaucoup plus jeune que je ne le suis, on me sourit d'un air obligeant, on déclare qu'on serait très flatté de publier mon ouvrage si on ne publiait dans ce moment même un travail sur le même sujet de M. X... » Un beau jour, Lanfrey est gratifié d'une bonne parole par un éditeur à souhait. On lui a dit de revenir quelques jours après. Hélas! le manuscrit a dormi dans les cartons des grands libraires qui deviennent si facilement des catacombes. Il le reprend, non sans irritation. Enfin, sur des calculs flatteurs, il se décide à publier lui-même son livre et à risquer encore une forte somme. Il se voit à la tête de deux mille exemplaires qui menacent de remplir sa chambrette et de l'y étouffer, faute de trouver un écoulement. Quand il eut doublé tous ces caps, où l'eau dormante était plus à craindre que la tempête, il eut encore à redouter l'irritation que devait provoquer un livre parfaitement sincère, qui heurtait à des degrés divers tous les partis, dans ce qu'ils ont de sectaire et d'étroit.

Malgré toutes ces difficultés accumulées, l'apparition du livre l'*Église et les philosophes*, fut un événement. Le succès fut de suite considérable et l'inconnu d'hier entra soudain dans la grande lumière de la réputation. Les suffrages les plus précieux, venant des hommes dont l'approbation était déjà une récompense, lui furent prodigués. Les cercles les plus choisis de la société libérale s'ouvrirent à lui, et il y rencontra partout la sympathie et l'admiration. Ses lettres d'alors respirent la satisfaction la plus vive. Il en ménage d'autant moins l'expression, qu'il sait que sa mère y trouvera une ample compensation à tout ce qu'elle a souffert pour lui et avec lui.

Avant d'aborder la carrière publique de Lanfrey, qui commence dans cette année 1855 avec l'apparition de son premier ouvrage, essayons de résumer les traits de sa physionomie morale tels qu'ils nous apparaissent à cette époque, et qu'ils se dégagent de ces années de laborieuse et souvent douloureuse préparation. Pour ce qui concerne l'apparence extérieure, il nous est très fidèlement dépeint par un de ses amis qui lui a consacré des pages émues, où nous avons trouvé plus d'un renseignement précieux. Nous l'y voyons tel que nous l'avons connu plus tard, car il a peu changé jusqu'à sa dernière maladie. De taille moyenne, la tête légèrement inclinée, les cheveux blonds bouclés, les yeux vifs et clairs, la moustache fine, la démarche assurée, il avait un je ne sais quoi de délicat, d'attractif et de militant dans tout son être[1]. Au moral, il est l'honneur même, l'honneur délicat, fier. Il ne se prodigue pas, il se tient sur la défensive. De là une certaine dignité froide qui ne se détend que dans l'intimité, et donne d'autant plus de prix aux marques de son amitié. Nous avons vu quel cœur chaud de fils et d'ami bat sous son apparence un peu glacée. Son idéal moral et politique est très élevé, mais il lui sacrifie sans hésiter quiconque n'y répond pas ou s'en écarte. La sévérité de ses jugements est sans mesure; le mépris est chez lui amer et sanglant; il l'appelle son souverain consolateur. Il ne connaît les circonstances atténuantes ni pour les individus ni pour les peuples, et ne voit volontiers qu'un seul côté des choses. Personne n'a eu davantage les haines vigoureuses d'Alceste contre la bassesse; c'est contre l'iniquité triomphante qu'il en dirige les traits les plus sanglants. Ses premières appréciations sont presque toujours à l'emporte-pièce. Il a de lui-même une très haute idée : « Je suis de ceux, écrivait-il à sa mère à la veille d'aborder le grand public, qui savent

---

[1]. *Notes sur P. Lanfrey*, par un de ses compatriotes, p. 36.

et qui peuvent. » Il a trop d'orgueil pour se faire valoir. « Je n'ai pu de ma vie, disait-il encore, faire quoi que ce soit pour la montre. La seule idée qu'on attend de moi quelque chose de ce genre, suffit pour me paralyser. Quand j'étais enfant, on n'est jamais venu à bout de me faire réciter une fable. » Son désintéressement est complet. Il ne se soucie de l'argent qu'en tant qu'il peut garantir son indépendance et assurer le repos de sa mère. Il est, du reste, parfaitement incapable de faire fortune. Il avoue que toutes les fois qu'il a touché à des affaires d'intérêt, il n'a réussi qu'à s'enfoncer. Ce désintéressement qu'il porte en toutes choses, se concilie chez lui avec une certaine ambition, mais elle est d'un genre tout particulier. Il refuse toute concession à la médiocrité pour parvenir. Il a suivi tout le premier le conseil qu'il donnait à un ami : « Il ne faut pas abaisser sa pensée devant les Béotiens. C'est cela qui est grave. Je n'accepterai pas, disait-il plus tard, un rôle de troisième ordre lorsque tous les premiers rôles sont donnés à des nullités. Si c'est là de l'ambition, avouons du moins que c'est une ambition qui ne ressemble pas à celle qui court les rues. » Il ne les court jamais lui-même pour pousser sa fortune. Au fond, il a l'âme triste et attend peu de la vie, qui est à ses yeux une assez pauvre invention. « La patience, dit-il un jour, c'est le mot de la vie. L'espérance, c'est le dieu de l'ironie qui l'a inventée dans un jour de colère et l'a jetée en riant à nos imaginations crédules. » On est étonné de trouver sous sa plume cette autre parole, qui n'est pas précisément un éloge de la patience : « La résignation est la défaite de l'âme. » Il avait raison s'il entendait celle qui s'accoutume et se plie à la médiocrité. Ce qui a causé ses plus vives douleurs, c'est de se sentir au-dessous de son idéal, ou du moins de ne pouvoir être chevaleresque qu'en parole. « Le triste régime qu'il me faut subir, écrivait-il un jour, énerve le peu de force et de fierté que j'aurais pu mettre dans mes écrits, mais une chose dont je vous prie de ne jamais douter, c'est de mon amour et de mon dévouement pour les opprimés. Je suis honteux seulement que ma mauvaise fortune ne m'ait pas permis de verser pour eux autre chose que de l'encre. » Ses convictions morales sont solides; elles se résument dans ces deux mots : Dieu et l'âme ! Il n'a jamais fléchi dans sa foi à la conscience, sans pourtant avoir saisi le lien qui rattache les croyances morales à la religion proprement dite. C'est à ses livres à nous dire ce qu'a été sa conception sociale et politique.

Il nous a paru intéressant d'obtenir une sorte d'épreuve avant la lettre de sa physionomie morale, au moment même où il va sortir de sa retraite. Il a toujours profondément dédaigné et détesté la flatterie; aussi, n'avons-nous pas craint de rappeler les imperfections et les exagérations qui sont comme l'envers de ses belles facultés, ce qui, on le sait, ne manque jamais, même aux plus belles médailles humaines. Il n'était pas possible d'être si fier sans être hautain, si passionné du beau moral sans être quelque peu outré dans ses appréciations, si convaincu de sa propre idée sans être parfois étroit et absolu. — Il est fâcheux d'être aussi cassant, disait-on un jour à un homme d'esprit. — C'est vrai, répondit-il, mais aussi il y a tant de gens qui raccommodent.

## III

Nous n'avons garde d'oublier que cette notice biographique est en tête de la réimpression des œuvres complètes de Lanfrey. Aussi nous bornerons-nous à caractériser ses livres d'un trait rapide. Je réunis dans une même appréciation ses premiers ouvrages, qui ont été publiés de 1855 à 1860, réservant pour plus tard les détails biographiques sur cette période de sa vie, qui fut la plus heureuse peut-être, car, comme le dit Vauvenargue, qu'il rappelle à plus d'un égard, « les premiers rayons de la gloire sont plus doux que les premières lueurs de l'aurore. » Nous appliquerions plus volontiers ce mot charmant aux premières inspirations de l'écrivain, alors que, sans compter, il donne, avec une généreuse imprudence, tous les trésors de son cœur et de sa pensée. Que la jeunesse d'une noble intelligence est une belle chose! Heureux celui qui lui est demeuré fidèle, et qui, selon le mot de Schiller, n'a jamais méprisé les rêves de ses vingt ans. Ces rêves-là, quand il s'agit de causes grandes et saintes, sont la réalité idéale, celle qui doit prévaloir en définitive, car rien n'est plus faux que l'idée que la vile prose des bas intérêts est destinée à avoir définitivement le dessus, uniquement parce qu'elle est terre à terre. Lanfrey est demeuré un homme de principe; aussi ne nous laisse-t-il pas à déchiffrer la pénible énigme d'une vie contradictoire dont la seconde moitié est le démenti de la première.

Dégoûté d'un présent pâle et froid qui ne cherche que les satisfactions matérielles, l'auteur se rejette de toute son ardeur trompée vers le grand siècle qui prépara la Révolution française. De là son premier ouvrage intitulé : *L'Église et les Philosophes au dix-huitième siècle*. Il ne veut voir que les beaux côtés de cette grande époque, et tout d'abord la généreuse hardiesse qui fut son inspiration dominante. Ce qui lui plaît dans le dix-huitième siècle, c'est cette impatience de tous les préjugés, cette absence de tout calcul qui le distingue si profondément d'une génération avide de bien-être, prête à se faire dévote par conservatisme égoïste. A ne juger du livre de Lanfrey que par une lecture rapide, on croirait volontiers qu'il est un ennemi violent des idées religieuses prises en elles-mêmes. Rien ne serait plus injuste. Ce qu'il hait par-dessus tout, c'est l'intolérance d'une Église déchue, dans laquelle l'esprit de persécution avait survécu à la ferveur, et qui, dans les assemblées de son clergé, vendait au roi ses subsides au prix d'un redoublement de sévérité contre les schismatiques. C'est par opposition à ce honteux trafic d'une religion abaissée que Lanfrey exalte sans mesure les encyclopédistes. Ses colères, qui sont des plus vives, sont plutôt dirigées contre les abus du christianisme que contre le christianisme lui-même, bien que dans ce premier jet de sa verve indignée il confonde souvent ce qu'il distinguera plus tard, et qu'il soit excessif dans l'invective comme dans l'éloge. Il nous donne un Voltaire idéal qui n'est pas tout à fait celui de l'histoire. En voyant tant de voltairiens qui vont à des messes politiques et favorisent la réaction religieuse au bénéfice de l'autre, il lui plaît de faire retentir, au travers de leur hypocrisie, le rire terrible du grand railleur, qui n'est plus pour lui que l'apôtre, ou mordant ou indigné, de la libre conscience. Pourtant, il est bien loin de ce libertinage d'esprit dont son héros a trop souvent égayé son apostolat. Il a tout le sérieux d'une passion jalouse pour la liberté, et il ne la conçoit pas en dehors d'un spiritualisme décidé. « Le crime des auteurs du *Système de la nature*, dit-il, est d'avoir nié la liberté et la volonté humaine, et par là toute distinction entre le bien et le mal, et d'avoir osé cette bouffonnerie ou ce blasphème de définir la vertu, l'équilibre des humeurs. Leur livre peut séduire l'intelligence, mais il révolte le cœur et indigne la conscience, réfutation éloquente et sans réplique qui est écrite partout où palpite une âme d'homme [1]. » Voilà bien le fond même des convictions de Lanfrey. Nous ne connaissons pas de disciple plus fidèle de Kant, quoiqu'il en parle sur un ton légèrement railleur qui vient de ce qu'il ne le connaît que par des traductions, et que sa terminologie barbare lui voile cette grande doctrine de l'impératif catégorique, fondement inébranlable de la certitude. Lanfrey, comme Kant, est frappé des antinomies de la métaphysique; mais, loin de conclure au scepticisme, il admet, dans l'ordre moral, des vérités primordiales qui se montrent plutôt qu'elles ne se démontrent, et qui procèdent de l'intuition. Il ne s'en faut pas de beaucoup qu'il ne dise, avec Pascal, que Dieu est sensible au cœur : « Le sentiment, dit-il, nous en apprend plus sur Dieu et sur l'âme que toutes les subtilités de la logique [2]. » Ce n'est jamais le Dieu de la conscience qu'il attaque; il ne veut briser que l'idole, mise à sa place par une dévotion mesquine. Sans doute nous serions loin de souscrire à ses juge-

---

1. Lanfrey, *l'Église et les Philosophes au dix-huitième siècle*, p. 341.
2. *L'Église et les Philosophes au dix-huitième siècle*, p. 224.

ments sur le christianisme historique ; il se montre sur ce point, surtout dans cette première période, injuste et mal informé ; mais il n'en conserve pas moins l'essence même de toute religion digne de ce nom, la foi au vrai, l'idée morale dans son inflexibilité. Plus tard, sans jamais dépasser la philosophie pure, il a distingué expressément entre l'Évangile et ses réalisations imparfaites et contradictoires.

Ce qu'on ne saurait trop admirer dans ce livre d'extrême jeunesse, c'est la correction et la pureté de la notion libérale. Il n'hésite pas à voir dans l'école de Rousseau « le mauvais génie de la Révolution », dans la Constitution civile du clergé, « une œuvre louche et mauvaise », une répétition aggravée de la faute de Joseph II, « qui avait oublié que dans le domaine ecclésiastique un gouvernement peut détruire et séparer, mais qu'il n'a ni le droit ni le pouvoir de réformer. » Pour lui, l'œuvre de la philosophie politique, « c'est de bannir l'idée religieuse de l'État, où elle ne peut être qu'une cause de trouble et d'oppression, pour lui faire reprendre sa place dans la conscience individuelle[1]. » On voit que, dès ses débuts, il est encore plus libéral qu'anticlérical.

*L'Essai sur la Révolution* parut en 1867. On y retrouve les idées qui avaient fait l'originalité de son livre sur *l'Église et les Philosophes au dix-huitième siècle*, mais elles sont singulièrement adoucies et équilibrées. On ne peut imaginer une conception politique d'un libéralisme plus irréprochable. Le beau livre de Quinet sur la Révolution n'avait pas paru ; on n'avait pas encore vu un partisan authentique de la démo-

---

1. *L'Église et les Philosophes*, p. 363.

cratie rompre courageusement en visière aux préjugés révolutionnaires. On eût dit, pendant longtemps, qu'il fallait continuer dans l'histoire la guerre des blancs et des bleus, et qu'il n'était pas permis aux partisans du grand mouvement de 1789 de faire des réserves. On leur demandait, sinon de tout louer, du moins de tout excuser, et si on n'exigeait pas d'eux qu'ils approuvassent les crimes, on voulait qu'ils établissent au moins qu'ils étaient nécessaires ou inévitables. C'était la doctrine du salut public appliquée théoriquement à l'appréciation des faits, après l'avoir été pratiquement au Gouvernement. Contradiction bizarre, par laquelle on s'imaginait servir la cause de la Révolution par la justification, et par conséquent l'encouragement de ce qui l'avait le plus compromise ! Lanfrey ne se contenta pas de garder la liberté sévère de son jugement, il remonta au principe même des erreurs parfois criminelles de cette grande Révolution dont il n'a cessé de glorifier l'inspiration première ; il le trouva dans la notion absolue de la souveraineté qui est à la base du *Contrat social*. Sa critique est d'autant plus forte qu'elle est mêlée de sympathie. « La gloire du Contrat social, dit-il, c'est d'avoir été l'instrument d'une résistance contre laquelle sont venus se briser les efforts de l'Europe entière. Son crime, c'est d'avoir forgé, au nom du droit, de l'égalité et du peuple, un des moyens d'oppression les plus ingénieux et les plus perfectionnés qu'on ait jamais conçus. La démocratie absolue, telle que la conçoit Rousseau, se confond avec le despotisme le plus absolu [1]. » Ce despotisme a pour premier effet l'anéantissement de l'individu au profit de l'association. Sauvegarder les

---

1. *Essai sur la Révolution*, p. 60.

droits individuels, à commencer par celui de la conscience, marquer à l'État l'infranchissable limite qu'il ne doit pas dépasser, sous peine de devenir tyrannique, et de le devenir d'une façon d'autant plus dangereuse qu'il sera démocratique, c'est là tout l'effort du livre de Lanfrey. Il prend place au premier rang de ceux qu'on peut appeler les individualistes de la politique, sans qu'il enlève rien d'ailleurs à l'autorité nécessaire du pouvoir central, qui est bienfaisante dans la mesure où il garantit et protège la liberté, et sans qu'il transforme la décentralisation en un fédéralisme dangereux pour l'unité nationale. Lanfrey a été conséquent jusqu'au bout avec son principe. La malheureuse politique de la Révolution à l'égard de la religion a été sévèrement jugée par lui. Il n'en admet pas d'autre que celle qui tend à la pleine séparation du temporel et du spirituel, et il cite avec admiration, à cet égard, la Constitution américaine, fille à la fois de la Réforme et du dix-huitième siècle, et produit légitime du grand mouvement qui affranchit les Etats-Unis, « la plus grande des choses humaines qui aient été faites honnêtement jusqu'au bout. »

Bien qu'il soit rempli pour les Girondins d'un enthousiasme qui ne sait pas se tempérer, il leur reproche avec raison « d'avoir accepté ce rôle enivrant de rois de la multitude »; rois, c'est-à-dire, en définitive, jouets et victimes de ces forces indisciplinées que la démagogie divinise. On a vu promptement le danger de cette apothéose, quand on dut reconnaître que la politique de la Montagne se réduisait à substituer l'infaillibité du peuple à l'infaillibilité du Pape, sans oublier ce droit redoutable de s'accorder des indulgences plénières qui est l'accompagnement obligé de toutes les infaillibilités.

*L'histoire politique des papes* (1860) est un précis rapide, éloquent, sans aucune prétention scientifique. Les envahissements successifs de la papauté sont racontés dans un style clair et animé. Lanfrey dès les premières pages s'élève au-dessus de la polémique vulgaire contre le christianisme. Il reconnaît que « c'est par sa nature même que l'Église chrétienne des deux premiers siècles exclut toute idée d'autorité politique. Dans cet âge d'inspiration, de spontanéité et de désintéressement on distingue à peine en elle les premiers éléments de la hiérarchie. La notion d'une autorité spirituelle personnifiée dans un seul homme, n'en est pas moins absente. On voit par là, combien la papauté, que des théories intéressées ou une critique peu éclairée, ont présentée comme une institution née avec le christianisme et formée de toutes pièces, fut au contraire une création lente et progressive [1]. » C'est à cette création que l'auteur nous fait assister en montrant à l'œuvre tour à tour l'héroïsme, le génie, l'ambition, l'habileté poussée jusqu'à la ruse et ne reculant pas devant la falsification des documents. Après le triomphe vient le déclin, décrit également à grands traits ; l'auteur s'attache surtout à faire ressortir l'inévitable conflit entre la vieille institution papale, et la société issue de la révolution. On pressent le futur historien de Napoléon dans les pages si remarquables qu'il consacre au Concordat. La lutte entre la papauté et l'Italie nouvelle, est représentée dans toute sa gravité, mais le terme en est marqué avec une ferme certitude ; l'auteur n'hésite pas à prédire que le pouvoir temporel du Saint-Siège, si patiemment élaboré, n'y survivra pas.

1. *Histoire des papes*, p. 5.

Les lettres d'Everard sont à peu près de la même date; c'est le livre où Lanfrey a mis le plus de son cœur et de sa pensée; cette pensée ne s'exprime plus sous la forme de l'enthousiasme, elle est inspirée par une poignante tristesse. On peut dire de lui ce que Musset disait des vrais poètes :

> Leurs déclamations sont comme des épées.
> Elles tracent dans l'air un cercle éblouissant,
> Mais il y pend toujours quelques gouttes de sang.

C'est bien le sang de son cœur qui coule au travers de ces pages désespérées. Il y a là plus qu'une mélancolie littéraire; on sort accablé de cette lecture. Rien ne ressemble moins à la pose tragique. Ce jeune stoïcien n'a pas de manteau pour se draper; il laisse parler son âme ulcérée sans varier ses accents. La source de ses pleurs brûlants est pure et généreuse; il ne ressemble pas à ces grands mélancoliques du commencement du siècle, René ou Obermann, qui ne savent pas sortir d'eux-mêmes et sont plutôt lassés des héroïques labeurs de leurs pères, que de leurs propres luttes. Non, Everard, selon sa propre expression, est un « Werther de la liberté. » Ce qui le désole et l'exaspère, c'est cette banqueroute frauduleuse de la plus glorieuse des révolutions; c'est surtout la résignation honteuse de ses héritiers, c'est cette infâme prospérité qui engourdit les générations nouvelles et amortit jusqu'aux colères de ceux qui pourraient se souvenir; c'est cette tyrannie devenue doucereuse et régulière, grâce à un merveilleux mécanisme administratif, qui oppresse plus qu'il n'opprime, sans faire crier sa victime. La date du livre en explique le caractère. Il parut à l'époque où le nouveau régime ne rencontrait plus les premières résistances et ne prévoyait pas encore le mouvement d'opposition qui devait le miner bientôt. Il semblait dans le silence de la presse indépendante que le gouvernement impérial fût maître du pays; il était parvenu à jeter la fougue française du côté des entreprises financières hasardeuses. L'Europe, qui le craignait et le flattait, reconnaissait son prestige; il avait une façon d'institution durable. Si les gloires éclatantes du Consulat n'ont pas pu consoler les vrais survivants de 1789, les succès, au fond fort inquiétants du second Empire, qui ne faisaient que favoriser la corruption systématique des mœurs publiques n'avaient d'autre effet que d'exaspérer un peu plus ses adversaires et ceux-là surtout qui, n'ayant point de passé politique, n'avaient rien à venger, si ce n'est la patrie avilie sous leurs yeux.

La phase des grands crimes par lesquels on fonde un régime de coup d'État, est aussi celle des luttes aiguës. On sent frémir les patriotiques colères et les proscrits sauvent l'honneur de la cause. Ce qu'il y a de plus pénible à supporter, c'est le calme rétabli, c'est la société reconstituée dans un forfait, sinon accepté, du moins installé avec son monde officiel, avec ses valets de tout rang et ses corps publics majestueux. Il semble que, sous un tel régime il n'y a plus rien à faire, car il ferme toutes les voies d'une opposition virile, et la résistance elle-même doit prendre des biais et ruser avec la force. Lanfrey n'essaie même pas de cette tactique, et n'a d'autre ressource que d'exhaler sa plainte courroucée.

A la même époque de brillants émules de l'auteur des *Lettres* d'Everard trouvaient le moyen de venger la conscience publique et d'engager une lutte pleine d'éclat contre un pouvoir détesté. La nécessité de

*d.*

rendre leurs traits plus fins sous un régime de censure, ne faisait que les aiguiser davantage. Il y a une grande consolation à combattre efficacement ce que l'on hait et méprise, et quand, dans une telle guerre, on manie avec une supériorité sans rivale l'arme dangereuse de l'ironie, surtout de l'ironie française, on est singulièrement réconforté par le mal que l'on fait au puissant adversaire que l'on harcelle. Le genre de talent, et j'ajoute, l'inflexibilité morale de Lanfrey, ne lui permettaient pas cette guerre d'escarmouches brillantes. De là, le pessimisme implacable qui anime ses lettres d'Everard. La mode n'avait pas encore accrédité le pessimisme de nos bouddhistes occidentaux qui, avec Schoppenhauer et Hartmann, maudissent la vie en soi, parce qu'elle implique le vouloir et l'effort, c'est-à-dire, selon eux, l'inévitable et stérile souffrance. Rien n'aurait été plus opposé à la vraie pensée de Lanfrey. Le monde n'est pas pour lui le mauvais rêve d'un démon malfaisant. Il croit au bien, au droit, à la liberté, au grand but de la vie individuelle et sociale. Ce qui le désole, c'est que précisément son pays se soit détourné de ce but. Ce n'est pas le vouloir qui lui paraît un mal, c'est bien plutôt l'absence de volonté, la lâche résignation au plus honteux des faits accomplis. Il y a plus : ce qui par dessus tout l'indigne et l'irrite, c'est de voir grandir ces doctrines de fatalisme, qui, après avoir commencé par le pessimisme, finissent souvent par l'épicuréisme, car si rien ne peut être tourné à bien dans une destinée irrévocablement perdue, le mieux n'est-il pas d'en tirer le meilleur parti pour soi-même et d'en faire au moins un objet de curiosité? Cette volupté des esprits délicats sera un dédommagement presque suffisant pour eux, et ils demanderont à la science de les consoler ainsi du désillusionnement cruel qu'ils lui doivent.

C'est précisément à l'époque où parurent les lettres d'Everard que commençait à fleurir la grande critique, qui mettait au service d'une vaste érudition un talent incomparable d'exposition brillante et nuancée. Elle était accompagnée d'une élévation d'esprit incontestable chez les maîtres qui prétendaient célébrer à leur manière le culte de l'idéal; idéal fuyant et mobile, difficile à saisir et à définir, mais qui n'était pourtant pas la simple justification d'une réalité plate et honteuse. Chez les disciples, le scepticisme moral était sans fard et sans réserve; ils élaboraient une philosophie de l'histoire très commode pour tous les scélérats qui réussissent. A les croire, ce sont les gens grossiers qui parlent de la distinction du bien et du mal; les gens fins et instruits ne voient qu'une gamme de teintes décroissantes là où jusqu'ici on avait vu des antinomies. Une portion — et ce n'est pas la moins éloquente — des lettres d'Everard, est consacrée à flétrir ce genre de critique. « Elle a beau, dit l'auteur, s'intituler la grande critique, elle semble obéir en ce moment à des inspirations assez petites. Dans le but de s'affranchir de beaucoup de devoirs embarrassants dans un temps comme le nôtre, elle n'a rien imaginé de mieux que d'appliquer à toutes les productions de l'esprit, les méthodes qu'on n'avait appliquées jusqu'ici qu'aux sciences naturelles et à l'histoire. Elle s'est faite exclusivement descriptive et analytique. Selon nos nouveaux docteurs, la vraie critique, la saine critique, la grande critique enfin, doit garder au sein de nos agitations la face sereine et immuable du destin, et ne pas se compromettre dans la lutte. Elle n'est pas justice, elle est indifférence. Elle peut élever une statue à la finesse, mais à la condition de voiler celle de la vérité. L'homme a beau faire, tant qu'il aura sous les yeux le spectacle de l'injuste, du faux et du laid, il ne lui sera jamais donné d'arriver à ce calme suprême, à cette imperturbable sérénité qui est, dit-on, le partage des dieux, et en cela il se montre plus grand qu'eux et le digne fils de son père Prométhée. Cette imperfection fait pâlir leur gloire, et les cieux n'ont pas de béatitudes qui vaillent ce noble tourment[1]. »

On voit combien facilement chez Lanfrey le critique devenait un justicier, selon sa propre expression. Il est certain qu'il perdit souvent en largeur, en finesse d'appréciation ce qu'il gagna en vigueur et en sévérité morale. Il fut amené à négliger des éléments et des nuances sans lesquels la réalité n'est plus complète, et c'est ainsi qu'à force d'avoir voulu n'être que juste, il ne le fut pas toujours. Beau défaut, du reste, et qui donne peu de profit dans un temps qui, sous prétexte de tout comprendre, est trop habile à tout absoudre.

## IV

Ces cinq années si fécondes au point de vue littéraire, eurent encore leur large part de déceptions. Le succès de Lanfrey qui lui donna la réputation et l'entrée dans le monde le plus distingué, ne lui enleva pas les cruels soucis matériels dont il souffrait, surtout par leur contrecoup sur sa vieille mère.

1. *Lettres d'Everard*, p. 228, 232-233.

Les propositions brillantes abondaient, mais s'évanouissaient toujours au moment de se réaliser. Il avait été question d'un grand journal politique, la combinaison échoua inopinément.

La collaboration au *Courrier du dimanche*, premier essai de coalition libérale contre l'Empire, quelque honorable qu'elle fût, ne menait pas loin. Les livres de Lanfrey étaient trop en dehors des préjugés et des passions de parti, pour avoir une circulation considérable. Chacun d'eux accroissait l'estime et l'admiration pour le jeune écrivain, mais servait plus sa gloire sérieuse que sa fortune.

« Voilà où j'en suis, écrivait-il encore en 1859, toujours furieux, toujours tourmenté et en proie à des embarras mortels et sans cesse renaissants. Vous dire, écrivait-il à sa mère à la même date, les ennuis par lesquels j'ai passé depuis un mois, serait vous attrister inutilement. La plainte est toujours inutile. Mon malheur est d'être venu au monde trop tard. Il suffit que j'entreprenne une chose pour qu'elle tourne mal, même dans les conditions les plus favorables. »

Sa détresse fut telle au moment de la guerre d'Italie, qu'il pensa à s'enrôler comme volontaire. Sa situation changea avec la fondation de la *Revue nationale*, par M. Charpentier, qui lui confia la chronique politique.

Au travers de toutes ces difficultés, il menait une vie fiévreuse, à la fois de grand labeur intellectuel et de large expansion sociale. Il la décrit ainsi : « Je ne sors guère avant six heures du soir ; je cours le monde jusqu'à minuit et je retravaille jusqu'à trois heures. » Bien qu'il ne fût pas proprement un de ces causeurs brillants qui lancent le mot comme une fusée, il rencontrait dans la société libérale et polie l'accueil le plus sympathique, celui-là même qu'il méritait.

Il y eut dans la seconde moitié de l'Empire, un vrai renouveau de la conversation française. Madame Swetchine a dit avec beaucoup d'esprit, que rien ne réconcilie comme une haine tierce. La haine du triste régime qui pesait alors sur l'esprit français amenait les rapprochements les plus étranges. De cette rencontre d'intelligences supérieures, qui, pour n'être plus un choc, n'en était pas moins une secousse féconde, jaillissait de nouveau la flamme vive et brillante de cette conversation française que rien n'égale, à la fois passionnée et spirituelle, remuant sans avoir l'air d'y toucher tout un monde d'idées, et sur laquelle voltige toujours un souffle léger d'ironie. Certes, on ne saurait imaginer de fête intellectuelle plus complète que de rencontrer au même foyer, pour ne parler que des morts, Rémusat et Montalembert, Ampère et Doudan. N'ayons garde d'oublier les reines aussi spirituelles que gracieuses de ces salons si généreusement hospitaliers, qui apportaient aux entretiens cette grâce aimable et souvent piquante sans laquelle ils perdraient le meilleur de leur charme. Hélas ! la politique à outrance de ces dernières années est venue mettre fin à cet éclectisme social qu'on n'avait pas revu depuis la fin du dix-huitième siècle.

Cette vie de Paris était bien un peu tourbillonnante. Lanfrey la caractérisait avec esprit dans une de ses lettres. « Ici, écrivait-il à un ami, on n'a pas le temps d'être triste. Les aventures les plus exorbitantes et souvent les plus tristes passent si vite, qu'elles ont l'air d'être arrivées à un autre ; elles ne laissent d'autre impression que celle d'un roman varié et amusant à force d'être rapide. » Il semble qu'entre le travail de cabinet et la dispersion des soirées, il lui restât peu de temps pour les affections plus intimes. Il n'en était rien. Chaque été il revenait au pays natal, qui depuis la guerre d'Italie était entré dans la grande patrie française non-seulement en fait mais encore moralement, par le cœur. L'annexion de la nouvelle province ne ressembla en rien à ces coups de ciseaux de la diplomatie qui refont arbitrairement l'Europe, sans se soucier de tailler en vive chair, comme s'il s'agissait d'une simple carte de géographie. De nos jours on ne fait pas impunément violence à une nationalité. Il n'y a d'annexion réelle que celle qui est consentie. On a vu aux jours de périls et de sacrifices à quel point la Savoie était française.

Lanfrey consacrait ses vacances à sa mère et se retrempait dans cette nature, à la fois grandiose et riante, des environs de Chambéry. Quelque étendu et brillant que fût alors le cercle de ses relations, ses amis d'enfance et de jeunesse n'y perdaient rien. Ses lettres nous le montrent avec eux plein d'entrain, de gaieté, fidèle au rendez-vous qu'on se donne dans un café modeste pour deviser du passé. L'un d'eux est-il malade ou dans la peine, il lui prodigue les témoignages de sa fraternelle amitié. On le voit passer toute une nuit dans les larmes en apprenant les cruelles souffrances d'un ami. Une lettre de lui à une noble amie, à laquelle il avait voué une affection aussi respectueuse que profonde, révèle toute sa sensibilité délicate, quand il s'agissait pour lui de consoler un de ces deuils immenses qui creusent dans la vie un vide que rien ne comble.

« Quel attrait mystérieux, écrivait-il, a pour vous la

souffrance? Est-ce l'orgueil de la braver ou de la vaincre? ou bien est-ce le plaisir cruel de voir tous ceux qui vous aiment suspendus à cette inquiétude? La vraie cause de votre ennui n'est pas un manque d'occupation pour votre esprit, mais pour votre cœur. Ce n'est pas dans le temps où respirait encore le grand cœur que j'ai tant aimé moi-même, ce n'est pas alors que vous vous ennuyiez de la vie. Si vous souffrez parce que rien de ce que vous aper-cevez autour de vous ne peut combler le vide qui s'est fait dans votre cœur, ce tourment même est une preuve que vous ne pouvez vous passer d'une grande affection ; ce qui n'est guère le signe de l'égoïsme. A tout cela, il n'y a malheureusement que des remèdes qui ne dépendent pas de notre volonté. »

Lanfrey, si difficile à contenter, parce que son idéal était très haut, eut le bonheur de connaître la pleine admiration dans l'amitié. Il suffit pour le comprendre, de nommer le premier de ses illustres amis, Ary Scheffer. Le grand peintre inspiré par les rêves, les tristesses et les aspirations de notre siècle tourmenté, qui a su mettre dans le regard du fils de Monique la mélancolie d'un contemporain de Lamartine et la flamme d'un néophyte, avait le cœur aussi grand que l'imagination. L'art ne le consolait d'aucune des misères de son temps; il savait mépriser comme il savait aimer. Nulle création de son génie ne l'a jamais distrait des hontes publiques. Sa généreuse nature était bien faite pour pénétrer et encourager une nature triste et réservée comme celle de Lan-frey.

On voit par sa correspondance quel coup cruel fut pour lui la mort d'Ary Scheffer. Comme il le dit lui-même, il le pleura de toutes ses larmes. Il fut également admis dans l'intimité d'un autre grand peintre, de Gleyre, que M. Charles Clément nous a si bien fait connaître dans sa belle notice[1] ; Gleyre, lui aussi, avait été trempé dès sa rude enfance comme dans un autre Styx, dans les flots sombres de la pauvreté solitaire. Chose étrange! celui qui semble un vrai fils de la Grèce par les œuvres lumineuses où la beauté de la forme revêt une grâce si exquise, a été l'un des plus rudes lutteurs de sa génération. On n'a qu'à lire le récit de son séjour en Orient pour comprendre ce que furent ces années de préparation. Son tableau des « Illusions perdues » est une poétique transfiguration de ses souvenirs; il ne donne point l'idée de ces souffrances de sa jeunesse, dont il garda toujours un pli au front et une amertume au cœur. Lui aussi fut un des grands indignés de son temps ; rien ne le montre mieux que son opiniâtreté à ensevelir dans l'ombre ses chefs-d'œuvre, pour ne pas en parer à un degré quelconque, fût-ce dans une simple exposition de peinture, le triomphe d'un régime abhorré. Lanfrey et Gleyre étaient faits pour s'entendre ; le peintre fut même plus inflexible que le publiciste dans certaines de ses antipathies. Un autre maître d'une école bien différente fut au premier rang des amis de Lanfrey : M. Chenavard, dont l'imagination forte était unie à un esprit original assez hardi pour demander à l'art de symboliser la philosophie de l'histoire, noua avec lui des relations très étroites. En revenant d'Italie, il s'arrêta dans sa retraite de Chambéry. Il l'anima de sa conversation brillante, de ses piquants récits sur les contemporains, et il en emporta une affection mêlée de respect pour son hôte, dont il n'a jamais parlé qu'avec la plus vive admiration. C'est dans la

---

1. Gleyre, *Étude biographique et critique*, par Charles Clément, avec 30 photographies, Paris, 1878.

maison même de Lanfrey que M. Chenavard fit une très belle esquisse d'un portrait de Joseph de Maistre et de son frère; noble témoignage de la vraie tolérance d'esprit chez des partisans aussi décidés des idées modernes.

La musique n'avait pas moins de charme pour le jeune écrivain, que la peinture; il l'aimait, surtout suave et lumineuse, rappelant Raphaël dans Mozart. L'un de ses plus beaux souvenirs est un séjour fait à la campagne, chez M. Viardot, dans un site des plus pittoresques, qui était devenu, on le comprend, un vrai paradis musical. Lanfrey avait rencontré Manin chez Ary Scheffer. Il éprouva la plus ardente sympathie pour l'héroïque exilé, qui après avoir illustré à jamais son nom par sa défense de Venise et préparé l'unité italienne par sa politique prudente, gagnait modestement son pain et celui de sa fille infirme, en donnant des leçons. Si jamais la grandeur morale apparut de nos jours, c'est bien dans un tel type, car elle ne fut jamais plus simple et plus vraie.

A la mort de Manin, en 1858, Lanfrey fut sollicité par M. Planat de La Faye, à représenter la France avec M. Ferdinand de Lasteyrie, auprès du comité de Turin, qui préparait l'érection d'un monument au grand patriote. M. Planat de la Faye était un des amis les plus éprouvés de l'Italie. Lanfrey éprouva de suite pour lui l'affectueux respect qu'il inspirait à tous ceux qui l'approchaient. « Je vous remercie, lui écrivit-il de Turin, des bonnes paroles et des encouragements que vous me faites l'honneur de m'adresser. Je les accepte comme un engagement pour l'avenir, et je mettrai mon orgueil à m'en rendre digne. »

Manin obtint en France même, un monument plus durable qu'une statue dans le beau livre que lui consacra notre ami vénéré, M. Henri Martin. La touchante poésie de M. Legouvé y apportait une bien belle couronne.

Au travers de ces relations multiples, de ces travaux de longue haleine, de ces voyages, Lanfrey ne perd pas un instant de vue la marche des affaires publiques, en France et en Europe. Elles occupent toujours une grande place dans ses lettres intimes; il y exprime ses impressions toutes vives au premier choc des événements avec une audace de langage sans pareille. La paix de Villafranca fut pour lui un désappointement cruel. « Cette paix, écrit-il, est une grande infamie, et il faut avoir le dilettantisme de lâcheté qu'on possède dans certains cercles bien pensants pour se réjouir en présence des douleurs et des déceptions de tant de nobles cœurs. » Sa seule consolation est que le régime du 2 décembre n'en sera point consolidé comme on le croyait.

« Moins populaire en France qu'avant la guerre, lisons-nous dans une de ses lettres, il est déconsidéré en Europe par une défection si pusillanime, après de si formels engagements. Les Italiens auront appris à ne plus compter que sur eux-mêmes. Les peuples ne tiennent qu'à ce qu'ils ont payé très cher. Songez, en revanche, quel deuil et quel outrage pour le malheur, la vertu, le génie, pour tout ce qui pense, souffre, aime, espère, croit à la justice et à la vérité, si un Napoléon III avait pu, à si bon marché, passer grand homme. »

Plus tard, après Sadowa, son langage n'est pas moins énergique, alors même qu'il ne se rend pas compte encore de l'ineptie d'une politique étrangère qui, comme le méchant de l'Écriture, a si bien creusé la fosse qu'elle préparait à ses rivaux, qu'elle s'y est sottement précipitée elle-même. Lanfrey, au moment de l'affranchissement de Venise, croit encore à l'ascendant de Napoléon. Cette délivrance, si chère à son cœur pour tant de motifs, ne peut lui faire oublier le malheur du reste de l'Europe, « de plus en plus placée sous les pieds de deux hommes comme Bismark et Napoléon III. Leur triomphe, dit-il, constitue une des plus honteuses époques de l'histoire. C'est un soufflet donné à la justice et à la vérité. » Le soufflet fut encore plus cruel qu'il ne le pensait, car il faillit être un coup mortel pour la France. L'Empire libéral ne donna aucune illusion à Lanfrey, dès qu'il vit le ministère Ollivier se refuser à la dissolution de la Chambre.

Au reste, nous avons mieux que de simples lettres sur les principales phases de l'histoire contemporaine de 1868 à 1870 ; nous possédons les chroniques de Lanfrey dans la *Revue nationale*, qui avait été fondée par M. Charpentier, avec autant de courage que de désintéressement. Leur mâle vigueur produisit une vive sensation. Il était plus à l'aise dans ses articles un peu étendus que dans la polémique courante, parce que son talent avait besoin, en quelque sorte, de prendre du champ : il avait plus de souffle que de trait. Ne donnant rien au hasard, il ne faisait qu'appliquer aux péripéties de la lutte politique les principes qu'il avait développés dans ses livres. A côté de ses chroniques, il publia dans la *Revue nationale* plusieurs articles étendus qui parurent réunis en volumes, sous ce titre : *Portraits politiques*. C'est peut-être le plus remarquable des ouvrages de sa première période.

Il y aborde au fond le plus grand problème des

temps modernes, je veux dire l'accord de la démocratie et de la liberté. C'est de sa solution que dépend le succès définitif de l'œuvre entreprise par nos pères. L'*Essai sur la Révolution* s'était surtout attaché à montrer comment le problème avait été faussé par les idolâtres de la souveraineté nationale. Les disciples du *Contrat social* n'étaient pas les seuls à le dénaturer, sans parler des survivants opiniâtres de l'ancien régime qui n'admettaient pas même qu'on essayât de le résoudre. N'y avait-il pas dans la bourgeoisie française, dans ces classes moyennes, héritières du glorieux tiers de 1789, ou plutôt dans le grand parti constitutionnel recruté parmi les libéraux de toute origine, un conservatisme étroit qui prétendait reconstituer un pays légal presque aussi fermé que l'ancien régime? Pendant la Restauration il fit cause commune avec la fraction plus avancée des libéraux, parce que la droite monarchique menaçait jusqu'aux principes fondamentaux de la France moderne. Après que la Révolution de 1830 eut rendu impossible tout retour à l'ancien ordre de choses, il s'agissait de savoir dans quelle mesure une part serait faite progressivement à cette démocratie qui grandissait tous les jours par l'instruction et le travail. De dangereux conflits pouvaient surgir si les résistances étaient trop prolongées en haut, et si les impatiences se montraient trop irritées en bas. On sait ce qui advint. On peut discuter longtemps sur la part des erreurs et des fautes de la bourgeoisie qui occupa le pouvoir pendant la monarchie de Juillet, et de la démocratie qui ne cessa de la battre en brèche. Il est certain que bien des impatiences eussent été contenues, si des satisfactions raisonnables avaient été données progressivement par les classes dirigeantes du temps. Ce problème historique a été traité avec une sagacité et une profondeur des plus remarquables dans les *Portraits politiques* de Lanfrey. Son étude sur *le Régime parlementaire* sous Louis-Philippe est un chef-d'œuvre. C'est vraiment de la haute philosophie politique, sans aucun mélange de personnalités blessantes. Il n'a ni haine pour le régime de Juillet, ni enthousiasme pour la révolution de 1848. Il voit celle-ci naître non de la force des choses, mais de leur faiblesse, de cette espèce d'indifférence, d'une nation sans colère et sans amour, pour des institutions qui s'étaient peu à peu réduites à l'état de décor ou de fiction, faute d'avoir fourni un aliment suffisant à la vie publique. La grande erreur des gouvernants de cette époque, d'ailleurs honnêtes et scrupuleux observateurs des lois, était d'avoir pris le pays légal pour le pays lui-même, et de n'avoir pas jeté la sonde au-dessous des surfaces dormantes, au sein des eaux profondes où se produisent les grands courants. Malgré les avertissements de Tocqueville, on n'avait oublié qu'une chose dans une société, après tout démocratique, c'était la démocratie elle-même, ses aspirations, ses inquiétudes, ses malaises. La vie s'était trop raréfiée dans le cercle des politiciens émérites. La lampe s'éteignit faute d'huile. Les hommes de 1848 furent surpris les premiers d'avoir triomphé ; la révolution nouvelle n'était pas viable, parce qu'elle arrivait sans préparation, formée, elle aussi, à l'école de la centralisation administrative. N'ayant pas de programme défini, elle était contrainte de reprendre ce qu'il y avait de plus usé dans la tradition républicaine, sauf la violence qui n'était plus de saison.

L'étude de Lanfrey sur *Armand Carrel* n'est pas moins distinguée ; c'est encore le même sujet. L'éminent publiciste de 1830 avait une grâce d'état pour

opérer ou préparer la réconciliation de la liberté et
de la démocratie. Sa parfaite distinction morale et
intellectuelle, son idéal politique, tout entier puisé à
l'école américaine, son courage héroïque, son éloquence ardente et pourtant attique, tout contribuait à
en faire un médiateur entre les classes populaires
dont il partageait les aspirations sans les illusions, et
la bourgeoisie libérale qui voyait en lui un de ses
représentants les plus authentiques. Malgré les fautes
qu'il a commises plutôt par excès de discipline que
par entraînement, et dont la principale fut de sortir
parfois des voies légales, il n'a fait aucune concession
au parti jacobin et autoritaire, car il n'a pas cessé
d'être un vrai fils de 1789. Lanfrey a peint avec amour
cette figure chevaleresque qui lui ressemblait par
plus d'un côté, et tout d'abord par le fier dédain de
cette bassesse qui cherche plus à exploiter une cause
qu'à la servir. Au reste, le jeune écrivain ne prenait guère le chemin d'un autre succès que l'estime
publique. Dans ses *Portraits politiques*, aussi bien que
dans ses précédents écrits, il s'attaquait de préférence
et sans ménagements aux puissances établies dans
l'ordre intellectuel comme dans la sphère politique.
On eût dit qu'il avait pris pour devise : *Debellare superbos*. Jamais une seule flatterie ne s'est glissée sous sa
plume. Lanfrey a poussé l'austérité dans ce genre aux
dernières limites, et il a écrit à l'Académie française
des pages ironiques qui semblaient avoir pour but de
lui en fermer à jamais la porte.

On avait surtout remarqué, dans ses *Portraits*, une
véhémente critique de l'*Histoire du Consulat et de
l'Empire* de Thiers qui avait tous les caractères
d'une ardente réaction. Tout ce que disait Lanfrey sur le premier Empire était vrai, mais il ne disait

pas tout; il en relevait le côté sombre, criminel même, mais il n'en expliquait pas le prestige, et cette lacune empêchait de comprendre que l'illustre historien eût subi cette fascination avec toute sa génération, à l'époque où la haine de la Restauration transfigurait le bonapartisme et semblait le rattacher à la cause même de la Révolution. Rien n'était plus légitime que de chercher à dissiper ce malentendu ; mais il fallait expliquer en même temps comment tant de libéraux sincères s'y étaient laissé prendre. A tête reposée, Lanfrey eût rendu plus de justice à cette œuvre monumentale, qui a pour qualité maîtresse ce qu'aucun procédé ne communique : je veux dire la vie, ce je ne sais quoi, qui, d'une masse énorme de faits, de documents, de descriptions de batailles, d'exposés financiers ou diplomatiques, constitue un véritable organisme. *Mens agitat molem.* Si ce grand livre, surtout dans les premiers volumes, paraît tout ébloui de l'éclatante renommée de son héros, c'est qu'à cette époque son auteur ne possédait pas le triste commentaire de l'épopée impériale, que le second Empire nous a donné. Celui-ci s'est chargé de montrer tout ce que le bonapartisme, ressuscité et appliqué comme principe de gouvernement, doit entraîner de malheurs et de hontes avant même qu'il ait passé par l'inévitable accès de démence politique qui est la crise finale de tous les despotismes. L'aventurier a expliqué le conquérant, sans être, au fond, plus fatal à son pays. La postérité fera pourtant toujours une différence entre le rêveur incapable qui n'a laissé après lui que l'opprobre avec le désastre, et l'incomparable génie qui a fait rejaillir sa gloire, même en disparaissant, sur la nation qu'il a écrasée tour à tour du poids de son pouvoir effréné et de celui de sa chute.

Ces réserves faites, nous n'en reconnaissons pas moins que l'*Histoire de Napoléon*, de Lanfrey, commencée dans la *Revue nationale* quelque temps après la publication des *Portraits politiques*, est une magnifique revanche de la conscience. Il avait sans doute eu plus d'un précurseur dans cette voie, et, sans parler de bien d'autres, on ne saurait oublier ni Madame de Staël ni Lamartine : la première avait de mortelles offenses à venger et pouvait ne pas paraître désintéressée, bien que sa cause fût celle du droit et de la liberté; le second avait parlé en orateur et en poète, avec une hauteur de vues qui en avait fait un vrai *vates*, un prophète de la conscience. On n'a, pour s'en convaincre, qu'à relire son mémorable discours sur le transfert des cendres de Napoléon et les pages qu'il lui consacre dans son *Histoire de la Restauration*. Il fallait plus que cette éloquence pour détruire le faux idéal napoléonien qui avait enivré l'imagination française au profit d'une grandeur trompeuse, faisant pâlir l'idée morale devant les jeux terribles d'une force démesurée. Il fallait une histoire complète, puisée aux sources, constamment éclairée par une conscience droite et inflexible, incapable de se laisser éblouir ou étourdir par les prodiges du génie. Voilà ce qu'a tenté Lanfrey avec une rare puissance de travail et de talent. C'était une bonne fortune pour lui d'entreprendre une telle histoire après la publication de la correspondance de Napoléon, monument incomparable de la plus merveilleuse activité d'intelligence qui fût jamais, et du plus insolent mépris pour tout ce qui s'appelle droit, justice, liberté. Lanfrey, sans faire étalage d'érudition, a consulté tous les documents *dignes de foi*, quelques-uns très curieux et non connus, spécialement en ce qui concerne la jeunesse de Napoléon. Il nous le montre prêt, dès le début, à tout faire pour obtenir le pouvoir, comme dans le curieux incident de sa nomination au grade de chef de bataillon de la garde nationale d'Ajaccio, où il se donne à lui-même une répétition anticipée du 18 brumaire, en s'emparant de vive force du commissaire de la République. Lanfrey fait ressortir, avec une rare sagacité, le caractère nouveau que Napoléon imprima à la guerre dès ses glorieuses campagnes d'Italie. Ses proclamations ne font plus appel, comme celles des premiers généraux de la Révolution, à l'enthousiasme de la cause, mais à la double ambition de la gloire et du butin. Si Lanfrey laisse un peu dans l'ombre ce que le Consulat eut de réparateur au point de vue de la paix publique, surtout en comparaison de l'anarchie énervante du Directoire, il justifie parfaitement le vers fameux :

« Déjà Napoléon perçait sous Bonaparte. »

L'empereur est tout entier dans le consul, qui est tout aussi incapable de se modérer, aussi effréné dans dans son despotisme, aussi indifférent sur les moyens employés que le vainqueur enivré d'Iéna et de Tilsitt. Son mépris pour la morale et pour l'humanité n'est pas moins insolent, avant de s'être posé en César romain qu'après l'universelle prostration du pays à ses pieds. Il est bien déjà, selon un mot connu, un Robespierre à cheval; il est vrai que ce Robespierre est le vainqueur de cent batailles; mais, de même que son devancier, il n'a d'autre politique que celle de la raison d'État, d'autant plus monstrueuse que le salut public se confond pour lui avec son absorbante personnalité qui veut être tout, toujours et partout.

On ne saurait trop louer la partie du livre de Lanfrey qu'il a consacrée à l'analyse de la Constitution de l'an III, si lestement traitée d'ailleurs par son propre auteur, qui n'hésita pas à briser dans le Tribunat l'un de ses rouages essentiels, dès qu'il se permit de montrer quelque indépendance. Si on laisse de côté l'administration financière, chef-d'œuvre d'ordre, de régularité, de bonne entente, l'administration impériale fut le fonctionnement le plus abusif d'une centralisation poussée à l'excès. On dirait une grande horloge destinée à être remontée et réglée tous les jours par le maître lui-même. Il veut toujours avoir le moteur central sous la main et disposer seul des forces morales comme des forces matérielles de la nation. On en peut juger par ce qu'il a fait dans la sphère religieuse et dans la réorganisation de l'instruction publique. Les chapitres consacrés par Lanfrey à l'Université et au Concordat sont au nombre des meilleurs. La seconde partie de l'ouvrage était d'une exécution plus facile, parce que, quand les fautes éclatantes commencent avec l'accompagnement des revers et des catastrophes, l'intelligence, qui est trop souvent en retard sur la conscience, s'éclaire à coup sûr et condamne très facilement ce qui penche vers la ruine. Les derniers volumes parus de cette grande histoire montrent le talent de l'auteur arrivé à sa pleine maturité : il retrace d'un pinceau sobre et énergique les merveilleuses campagnes des premières guerres de l'Empire, sans jamais perdre de vue l'histoire intérieure, rendue si terne par l'absence de liberté. Il retrace de main de maître la diplomatie à la fois perfide et affolée qui prépara les désastres ; le récit des débuts de la guerre d'Espagne est un chef-d'œuvre. Il en était précisément arrivé aux grands désastres de la campagne de Russie. Nous éprouvons un amer regret de penser que Lanfrey laisse son œuvre inachevée. Et pourtant ne nous plaignons pas trop ; d'autres sauront toujours retracer les défaites et en tirer la morale. Personne n'aurait pu le remplacer pour flétrir le mal à ses jours de triomphe et de gloire.

Nous n'aurions pas le regret de ne posséder qu'une œuvre inachevée si Lanfrey avait eu une conscience littéraire moins délicate. Il a laissé son dernier volume presque terminé, du moins en premier jet, mais il ne pouvait se résigner à ce qu'il parût sans la révision sévère à laquelle il s'obligeait, même après le rude labeur de la première rédaction. Il se préparait à sa tâche par les recherches les plus assidues et avait appris les principales langues de l'Europe, pour ne jamais se contenter de documents de seconde main. Il a tiré parti, avec une rare sagacité d'historien, des débats du Parlement anglais sur les affaires européennes. On a retrouvé la note suivante, toute personnelle, dans ses derniers manuscrits ; elle révèle d'une manière belle et touchante sa conscience d'historien :

## SAINTE-HÉLÈNE

### MANZONI — LAMARTINE.

Taisez-vous, poètes ! Cet arrêt doit être porté par d'autres juges que le sentiment et l'inspiration. Ce n'est pas de trop de toutes les forces d'une raison sévère et attentive, soutenue par le religieux respect de la vérité. — Tremblement !...

## V

En parlant des derniers travaux historiques de Lanfrey, nous avons quelque peu anticipé, car il ne put s'y remettre que quelques années après la guerre de 1870.

Nous serons brefs sur cette conclusion de sa vie, qui en fut pourtant la partie la plus brillante. Deux ans auparavant, il avait reçu de la haute société anglaise un de ces accueils sympathiques qui sont presque la gloire. Son *Histoire de Napoléon* lui avait valu les plus chaudes admirations. Nulle part les entraînements de l'opinion ne sont plus prompts et plus flatteurs ; il goûta pendant quelques semaines ce que la renommée a de plus enivrant dans cette aristocratie aussi enthousiaste qu'elle est fière, et qui fait si aisément des réceptions princières aux favoris de son choix.

Le plébiscite de mai 1870 fut immédiatement jugé par Lanfrey, comme il méritait de l'être ; il y vit la préparation des plus dangereuses aventures. Il fit parvenir ses avertissements à ses compatriotes de la Savoie, dans une lettre rendue publique :

« On affecte, disait-il, de consulter la souveraineté du peuple, mais c'est dans l'espoir que son ignorance seule répondra. Apprenons à tenir compte de l'expérience unanime des nations libres et laissons ces moyens discrédités à une politique sans principes. Hommes d'État sans convictions, qui prétendez être les ministres d'une réforme et qui n'êtes plus que les ministres d'un caprice, épargnez-nous désormais vos protestations d'indépendance ; vous n'êtes plus que des complaisants. »

La guerre, déclarée moins de trois mois plus tard,

justifiait ses prévisions. Par une étrange inadvertance, le président Schneider, chargé de présenter à l'Empereur les vœux du Corps législatif, commençait son discours par cette phrase, empruntée, sans qu'il le sût, à l'*Histoire de Napoléon* : « L'auteur d'une guerre n'est pas celui qui la déclare, mais celui qui la rend nécessaire. » Le plus piquant de l'incident, c'est que l'Empereur, en la répétant, l'attribua à Montesquieu. « Qui m'eût dit, écrivait Lanfrey, que je travaillerais à lui fournir des maximes ? »

C'est à Chambéry qu'il apprit l'ouverture des hostilités. Il savait que la guerre venait d'être déclarée sous l'inspiration de la camarilla du coup d'État, qui ne pouvait se résigner à disparaître de la scène. Cependant il était bien loin de prévoir les effroyables désastres qui allaient fondre sur la France et la mutiler, parce que, quelque dure et méprisante que fût son opinion sur l'Empire, il ne pouvait s'imaginer une démence assez criminelle pour jouer la fortune du pays en pleine désorganisation militaire. Les premières défaites le plongèrent dans un de ces désespoirs qui enlèvent la sérénité et par conséquent l'impartialité à l'esprit. Ce n'est pas de sang-froid qu'il se fût exprimé aussi sévèrement qu'il le fit sur un gouvernement qui, dans un pays dévasté et désorganisé par l'invasion, en proie à toutes les difficultés financières, politiques et militaires, n'en organisa pas moins la défense du sol de manière à sauver l'honneur et à inquiéter un puissant ennemi, moins injuste pour lui que les faiseurs d'enquêtes passionnées ne l'ont été à l'Assemblée nationale en pleine sécurité et à tête reposée. Le gouvernement commit des fautes, il eut ses entraînements, souvent il fut mal servi et compromis par des agents maladroits et aussi par quelques-uns de ces êtres malfaisants qui cherchent leur proie dans les désastres publics, comme le chacal ou le vautour dans le carnage. Lanfrey fut surtout choqué des incohérences des administrations départementales; il ne se consolait pas de voir l'équipement misérable des mobiles de la Savoie, oubliant un peu trop les efforts gigantesques tentés ailleurs pour refaire une armée sans cadres existants. Nous savons de source certaine qu'il regretta amèrement d'être cité à froid par les scribes du 16 Mai, et de voir transformer en arme empoisonnée contre la République tel mot sévère qui était échappé à sa patriotique douleur. Son libéralisme éprouvé lui faisait blâmer sévèrement le retard de la convocation d'une Assemblée nationale. Nous pensons, aujourd'hui, qu'il avait raison; mais de bons esprits et de vrais patriotes pouvaient avoir une autre opinion à cette heure terrible et indécise où l'on espérait encore quelque retour de fortune du désespoir de la France. On n'a, pour s'en convaincre, qu'à se rappeler les belles lettres que M. Vitet, qui n'était certes pas un radical, a insérées pendant le siège dans la *Revue des deux Mondes.*

Lanfrey n'était pas homme à se contenter d'une plume pendant la lutte formidable. Malgré sa santé plus ébranlée que jamais par tant de secousses il s'engagea dans les mobiles de la Savoie, impatient comme il l'avait écrit une fois, de verser autre chose que de l'encre pour sa malheureuse patrie. Un de ses amis a retracé d'une manière touchante son départ de Chambéry à l'insu de sa vieille mère pour laquelle l'épreuve de l'adieu eût été trop forte.

A peine était-il arrivé à Lyon que la paix était conclue, et quelques jours après il apprenait que Marseille l'avait élu député sans aucune démarche de sa

part. Ses premières impressions à Bordeaux, furent comme toujours très pessimistes. « Je suis profondé-
« ment dégoûté de ce pays et de son éternel carnaval,
« s'écriait-il à la vue de la première confusion des par-
« tis à l'Assemblée nationale. » Tout en reconnaissant que cette assemblée était patriotique et honnête, il lui sembla tout d'abord, selon ses expressions peu ménagées, qu'il se trouvait dans un pays de fous. Plus tard, il écrivait encore ces lignes découragées :

« Il me tarde de n'avoir plus sous les yeux le spectacle de l'impuissance satisfaite. Ces hommes, soulevant à la fois mille questions qu'ils savent fort bien ne pouvoir résoudre, pour le simple plaisir de faire des discours ou des effets de théâtre, sans le moindre souci du trouble qu'ils jettent dans le pays ; ces partis, qui n'éprouvent pas le moindre scrupule à diviser la patrie devant l'ennemi ; qui, au besoin, s'entendraient avec lui pour réussir ; qui remettent tous les jours en question notre avenir, et qui, avec cela, ont le plus parfait contentement d'eux-mêmes, m'irritent et m'humilient ; j'en arrive à me sentir presque fier de l'isolement dans lequel je me trouve : je suis comme un étranger dans mon propre pays. Je n'ai, à aucun degré, cette merveilleuse faculté d'oublier dont le Français est pourvu. Le jugement le plus indulgent que je puisse espérer, c'est qu'on dise de moi que je suis plus à plaindre qu'à blâmer. »

L'élection de M. Thiers, comme chef du Pouvoir exécutif, venait de lui rendre quelque espoir quand éclata l'odieux mouvement du 18 mars. Il se trouvait alors à Paris ; il eut toutes les peines du monde à en sortir, après avoir couru les plus grands dangers, car si on l'eût découvert, son titre de député l'eût perdu. Son air de jeunesse était un danger de plus sous les abominables lois de la Commune sur le recrutement
« forcé des hommes valides. De tout ce qui se passe

« dans ce pays de fous furieux, écrivait-il en pleine
« fournaise, je ne dirai rien; j'en deviens comme un
« imbécile et je me sens aussi étranger à ces choses et
« à ces gens que si j'assistais à une révolution chi-
« noise. » A Versailles il se rattacha à ce centre
gauche si libéral, si patriotique, qui fut le premier
point d'appui de la politique d'apaisement de
M. Thiers et contribua efficacement à la fondation
de la République en lui rattachant une fraction importante de ces classes moyennes et conservatrices
d'instinct sans lesquelles on ne peut rien créer de
durable en fait de gouvernement. Nous nous rencon-
trâmes de nouveau dans cette fraternité des grandes
luttes communes qui laisse d'impérissables souvenirs.
Lanfrey soutint dès le premier jour le gouvernement
républicain « le seul écrivait-il à un ami, qui soit
assez large, assez impartial pour donner une garantie, une sauvegarde à tous les partis, même à ses
adversaires. »

« Je n'ai pas cessé de croire, disait-il plus tard, qu'il
n'y a de salut possible, je ne dis pas pour la République,
qui est fort secondaire, mais pour la France, qui est tout,
que dans la formation d'un parti républicain conservateur
et libéral, seul capable, à mes yeux, de maintenir dans
notre pays un gouvernement régulier contre les factions
de droite et de gauche. Je crois aussi que nous devons
tous travailler sans relâche à l'œuvre de réconciliation qui
doit amener les conservateurs à accepter le régime actuel
qu'eux seuls peuvent consolider. »

Lanfrey jugea sévèrement la coalition d'une fraction des anciens libéraux avec les incorrigibles de la
légitimité; il vit tout de suite qu'elle ne pouvait qu'en-
traver ou empêcher le gouvernement réparateur de

M. Thiers, car, dès qu'il s'agissait d'une œuvre positive de reconstruction gouvernementale elle se brisait. Il fallait une certaine énergie pour résister à ces influences de salon qui n'ont que trop troublé la raison d'hommes politiques souvent très distingués qui peut-être en les bravant eussent apporté un concours précieux au gouvernement de la République. Lanfrey, qui avait été l'un des grands favoris de cette société spirituelle et charmante, mais au fond étroite dans ses dédains pour l'inévitable démocratie, n'hésita pas à s'en séparer, tout en emportant son estime. Nommé ministre de la République à Berne il y trouva le poste le plus conforme à ses goûts et à ses aptitudes pour servir son pays. Il y fut appelé par M. Thiers ; rien ne montre mieux que tout nuage avait disparu entre eux.

Cette réconciliation, qui fut des plus cordiales, entre l'illustre Président de la République, arrivé au comble de sa gloire et de sa popularité, et le publiciste qui avait critiqué son grand livre avec une sévérité passionnée, n'a rien d'étonnant pour qui les a connus l'un et l'autre. Toutes les divergences secondaires s'étaient dissipées devant les épouvantables malheurs de la patrie. Lanfrey avait le cœur trop sensible à la vraie grandeur, pour ne pas être rempli d'admiration et de reconnaissance envers le glorieux vieillard, alors qu'il épuisait ses forces à relever « la noble blessée. » Élevé par l'immensité de la tâche et du péril, et aussi par son ardent amour pour la France, à une hauteur incomparable de dévouement, d'autorité et d'éloquence, il faisait oublier aux vrais patriotes tous les dissentiments antérieurs. Quant à lui, il était incapable de garder un sentiment de rancune et d'animosité, non pas par dédain de l'humanité, comme on l'a prétendu à tort, mais par cette bonté si réelle, si chaleureuse qui s'associait chez lui à la verve pétillante de son incomparable esprit. Que de fois ne nous sommes-nous pas rencontrés avec Lanfrey, dans ce salon où se pressait l'élite européenne, mais où l'on était sans cesse ramené par l'infatigable enchanteur, par cette conversation sans pareille qui évoquait toute l'histoire contemporaine en l'illuminant des vifs éclairs de l'esprit le plus français, tour à tour mordante ou charmante, ou pleine d'une grâce bienveillante, d'un tour si simple, laissant déborder une verve qui n'avait pas à se ménager parce qu'elle ne pouvait tarir, et qui abordait tous les sujets avec une égale facilité! Souvent, M. Thiers revenait au héros de sa grande histoire; il éprouvait un besoin incessant de compléter le portrait. Sans rien rétracter de son admiration pour le général, il contait à sa manière plus d'une anecdote inédite qui n'était pas à l'honneur de l'homme et du souverain. Ce qui l'avait surtout rapproché de Lanfrey, c'était la plus sincère estime pour cette nature si élevée, si désintéressée; aussi l'avait-il introduit dans sa plus étroite intimité, ce qui, avec un caractère aussi fier, était devenu facile depuis qu'il n'était plus au pouvoir. Il n'eut certes pas lieu de se repentir de la marque de confiance qu'il lui avait donnée en l'appelant à un poste diplomatique important. Lanfrey réussit dès l'abord à Berne; la simplicité de ses manières, sa loyauté, son ferme patriotisme en faisaient un digne représentant de la République auprès de la Suisse, notre sœur aînée et toujours fidèle dans le régime démocratique. L'éloquent et habile président de la Confédération, M. Cérésole, demanda avec insistance à Lanfrey de ne pas donner sa démission à la suite du 24 mai; comme il on avait l'intention. En le faisant il n'obéissait pas seulement aux inspirations d'une amitié cordiale, mais il croyait servir l'intérêt bien entendu des deux pays.

La lettre suivante, écrite par M. le Président de la Confédération à la légation suisse à Paris, est la meilleure preuve qu'on puisse donner de la haute place que s'était faite notre ministre à Berne, dans l'estime et l'affection du pays près duquel il représentait la France :

« *Le Président de la Confédération suisse à la Légation de Suisse à Paris.*

Berne, le 2 juin 1873.

« Monsieur le Ministre,

« Le Conseil fédéral a appris avec un vif regret, par les communications que vous avez bien voulu lui faire, que M. Lanfrey a donné sa démission de ses fonctions de ministre de France à Berne. Mais il a appris de la même source que M. le duc de Broglie a insisté auprès de M. Lanfrey pour qu'il reste à son poste, démarche qui fait autant d'honneur au gouvernement français lui-même qu'à la personne qui en a été l'objet. Le Conseil fédéral a toujours trouvé chez M. Lanfrey les dispositions les plus favorables au maintien des bonnes relations entre la Suisse et la France, et il apprécie hautement la loyauté de son caractère, ses vues élevées, sa connaissance des affaires et ses sympathies pour notre pays. Vous êtes dès lors chargé spécialement de saisir une occasion favorable pour exprimer à M. le Ministre des affaires étrangères notre très vif désir de voir M. Lanfrey rester à Berne, si cela est possible.

« Le Conseil fédéral verrait dans ce fait une nouvelle preuve des sentiments de bon vouloir que le gouvernement français a déjà exprimés à la Suisse, et les excellents rapports qui ont existé jusqu'à ce jour entre les deux pays ne pourraient que s'en ressentir de la façon la plus avantageuse.

« Recevez, etc.

« *Le Président de la Confédération,*

« Signé : Cérésole. »

Lanfrey touché de cette démarche et de la lettre intime qui l'avait accompagnée, écrivit à M. Cérésole la lettre suivante qui est vraiment une page d'histoire contemporaine.

« *A Monsieur Cérésole, président de la Confédération suisse.*

Paris, le 3 juin 1873.

« Mon cher Président,

« J'ai reconnu votre amitié si indulgente et si délicate dans les regrets que vous voulez bien m'exprimer au sujet de ma démission. M. Kern m'avait déjà informé de votre intention de m'écrire, ainsi que de la démarche, infiniment honorable pour moi, que vous et vos collègues du Conseil fédéral l'avez chargé de faire à cette occasion auprès de notre nouveau gouvernement. Ces témoignages si flatteurs d'estime et de sympathie me font un devoir de vous dire avec une entière franchise, dans quelle mesure je crois possible de revenir sur une résolution qui m'a beaucoup coûté, bien que je l'aie prise sans aucune hésitation. J'ai le plus grand désir de retourner à Berne, où j'ai laissé tant d'excellents amis et de si bienveillantes relations ; mais je ne le ferai qu'à une seule condition, c'est que j'y puisse retourner honorablement. Le renversement de M. Thiers a été un acte d'ingratitude révoltante ; je l'ai dit sans détours aux chefs du gouvernement, lorsqu'ils sont venus me prier de conserver mon poste. Cependant, ils m'ont répété à plusieurs reprises qu'on les calomnie en leur prêtant des arrière-pensées de restauration monarchique ; qu'ils ne songent à rien de pareil ; qu'ils ne toucheront à l'ordre de choses actuel que pour le consolider par une administration à la fois ferme et libérale ; que leur seul but est de reprendre le programme que M. Thiers n'a pas su réaliser, c'est-à-dire de gouverner avec l'appui des deux centres ; qu'enfin ils demandaient à être jugés, non pas sur leurs paroles, mais sur leurs actes.

« J'ai opposé à ces belles assurances toutes les objections qui se présentent naturellement à l'esprit ; mais comme, en somme, ils sont hors d'état de toute autre chose, j'ai résolu de les attendre à l'œuvre. Je ne me sépare pas de mes amis politiques. Si, par leurs concessions, les chefs du gouvernement parviennent à regagner l'appui du centre gauche, je reprends mes fonctions : sinon, non. Je n'ai pas retiré ma démission, et je ne me dissimule pas qu'on peut, d'une heure à l'autre, me donner un remplaçant. Je dois dire toutefois que le duc de Broglie, dans le seul entretien que j'aie eu avec lui, le lendemain de la chute de M. Thiers, m'a répété avec insistance qu'il laisserait le poste vacant jusqu'à ce que j'aie pu me faire sur ses actes une opinion motivée. Voilà, mon cher ami, la détermination à laquelle je me suis arrêté.

« Veuillez, je vous prie, dire à messieurs vos collègues, combien je leur suis reconnaissant de l'intérêt qu'ils ont bien voulu prendre à ma position, et croyez à mes meilleurs sentiments d'estime et d'affection. »

Ce fut aux sollicitations de son propre parti que Lanfrey céda surtout, en retardant sa démission jusqu'à la formation du septennat, régime bâtard et absurde, qu'il jugea avec la sévérité qu'il méritait, comme on peut s'en convaincre par les quelques pages nerveuses encore inédites qu'il lui a consacrées. Il caractérisait de main de maître la coalition des partis monarchiques. Qu'on en juge :

« Qui nous dira quelle espèce de rapprochement peut exister entre un bonapartiste et un légitimiste, en dehors de celui-ci, qui résume tout ce qu'ils ont de commun ;

*Réprimer, comprimer, supprimer ?* On ne fait pas de Constitution avec des haines. La majorité ne peut pas faire un gouvernement ; cette question est pour elle le fruit défendu : du jour où elle y touchera, elle tombera en confusion et ne sera plus la majorité. »

On ne pouvait mieux prédire. C'est depuis ce moment que son amitié pour M. Thiers prit un caractère plus cordial. Il apprit à l'estimer plus encore dans sa retraite parfois attristée par l'ingratitude. Le passage suivant d'une de ses lettres de cette époque, exprime ce sentiment d'une manière simple et touchante :

« Je viens de causer avec M. Thiers. Il m'a paru fatigué. Il m'a parlé des événements présents sans aigreur, mais avec un peu de découragement. Ce qu'il m'a dit m'a montré la bonté de son cœur. J'ai été profondément ému en écoutant ce vieillard attristé par tant d'ingratitudes. Il s'en est aperçu, car, en me quittant, il m'a serré fortement la main à deux reprises, comme quelqu'un qui vous dit : « Allons, vous me comprenez. »

Quand quelques années plus tard, il partit de Paris déjà mortellement malade, M. Thiers, qui pourtant devait succomber avant lui, se montra profondément affecté. « Revenez-nous bientôt, lui dit-il, nous avons besoin de votre bonne tête. » Lanfrey avait en effet montré ses hautes capacités politiques dans sa vie parlementaire comme dans sa courte carrière diplomatique. On se trompe fort quand on s'imagine que l'influence dans un parlement ne s'exerce qu'à la tribune. Un homme ferme et libéral comme Lanfrey, universellement respecté, doué d'un talent d'écrivain et de publiciste tel que le sien, a une grande action sur son propre parti. Ses votes empruntent leur importance à sa personne, à la hauteur de ses vues et de ses sentiments, à son désintéressement. Sa valeur morale et intellectuelle et son libéralisme éprouvé donnaient crédit aux opinions qu'il soutenait, et c'était une grande force pour un parti de l'avoir dans ses rangs.

Lanfrey, pendant toute la dernière année de l'Assemblée nationale, fut fidèle à son poste et contribua à cette fondation de la République définitive, qui seule pouvait préserver le pays las à mourir de se laisser reprendre par les aventuriers qui guettaient sa détresse, comme les captateurs frauduleux d'héritages épient une agonie. Il allait passer tous les ans ses courtes vacances près de sa mère, dont il ne devait pas fermer les yeux, car elle mourut subitement en 1875. Tous ses loisirs étaient consacrés à l'achèvement de l'histoire de Napoléon.

Nommé sénateur inamovible dans le dernier mois de l'Assemblée nationale, il reçut la plus haute marque de confiance de son parti, en étant chargé de rédiger le manifeste électoral du centre gauche. Jamais sa plume ne fut plus énergique et plus libérale. Nous publions la majeure partie de ce manifeste aussi utile à méditer aujourd'hui qu'il y a trois ans.

« *Électeurs de Paris,*

« Nous touchons à une épreuve décisive. Le vote du 20 février aura sur les destinées du pays une influence profonde et durable. Vous ne sauriez trop en méditer le sens et la portée.

« La République, qui vient d'être fondée, sera-t-elle définitivement affermie? Telle est, réduite à ses vrais termes, la question qui vous est soumise. Vous n'avez qu'un seul moyen de conserver la République, c'est de vous en montrer dignes.

« On reconnaîtra que vous êtes mûrs pour la liberté, si vous savez la faire respecter par l'indépendance et la sagesse de vos choix ; si vous prenez soin de n'alarmer aucun des grands intérêts sociaux ; si vous nommez des représentants à la fois fermes et modérés. On ne l'oublierait pas impunément : c'est cette politique de fermeté et de modération qui a fondé nos institutions, c'est elle seule qui peut les faire vivre. Honorez-vous donc devant le monde par des choix sérieux, réfléchis, sensés, dignes d'une nation libre et de la cause que vous entendez servir. Ce n'est pas par des élections d'aventure ou de rancune que vous rendrez à Paris le grand rôle dont nos malheurs l'ont dépossédé.

« Défiez-vous des coureurs de popularité qui vous prodiguent des promesses qu'ils ne sauraient tenir et des adulations injurieuses par leur excès même. Ils comptent déjà trop sur votre crédulité pour n'avoir pas quelque chose à craindre de votre clairvoyance. Si vous voulez savoir qui vous trompe, observez qui vous flatte. Ne vous arrêtez pas aux programmes, regardez aux actes. Il n'est qu'un seul témoignage qui ne mente jamais, c'est celui d'une invariable probité dans la vie publique comme dans la vie privée.

« Ne donnez vos voix ni à ces faux amis de la Constitution qui ne cherchent dans le droit de la perfectionner que le moyen de la détruire ; ni à ces agitateurs suspects qui fomentent les haines sociales parce qu'ils en vivent ; ni à ces incorrigibles sectaires qui n'invoquent la clémence que pour réhabiliter le crime. Voilà à quelles conditions nous achèverons de relever la France, et nous rendrons à Paris un rôle non pas diminué, mais agrandi et ennobli par nos longues épreuves. »

Après un rapide voyage en Italie, Lanfrey vint occuper son siège au Sénat. Il retrouva dans son parti la place d'honneur qu'il avait si légitimement conquise à l'Assemblée nationale. Une année ne s'était pas écoulée, qu'un mal implacable minait ses forces. Au premier moment de répit il partait pour Pau, et retrouvait au château de Montjoli de Billière, presque aux portes de la ville, cette vie d'intérieur qui lui avait tant manqué. Entouré des soins les plus dévoués dans une atmosphère de délicate sympathie digne de lui, il trouvait dans ces beaux lieux, qui lui rappelaient à certains égards sa Savoie, toutes les consolations qu'une amitié parfaite peut donner. La nature qui s'étalait sous ses yeux était à la fois pleine de cette calme douceur des plaines immenses et ensoleillées, semées de villages innombrables, qui repose les regards et de la grandeur majestueuse des Pyrénées, couronnées par les neiges étincelantes du Pic-du-Midi.

Sa patience courageuse ne se démentit pas un seul jour. Il désirait vivre ; comment en aurait-il été autrement, alors que la vie politique avait dépassé toutes ses espérances et que dans la plénitude de ses forces intellectuelles, entouré d'une universelle considération, il se sentait capable plus que jamais de servir son pays et la cause libérale? Néanmoins on n'entendit jamais un murmure tomber de ses lèvres pâlies. La souffrance physique le trouvait toujours maître de lui-même, résigné, reconnaissant pour les marques de sympathie qui lui étaient prodiguées de la part des absents comme des nombreux amis qu'il s'était faits à Pau même. Son ardente pensée se reprenait à des projets d'avenir dès qu'un léger mieux se déclarait ; elle habitait toujours davantage les hauteurs. Il semblait que ses cruelles souffrances élargissaient et attendrissaient son cœur sans qu'il fléchît sous leur atteinte cruelle. « Pour ceux qui l'ont vu alors, lisons-nous dans une lettre écrite peu de temps après sa mort, ils éprouvaient un sentiment de respect et d'admiration à la place de la pitié qu'on éprouve ordinairement, devant la souffrance physique. Il poussait au plus haut point la dignité de l'homme, le respect de soi-même au milieu des plus cruelles souffrances. Jamais un signe de faiblesse, de découragement. Un mot tendre, affectueux, lui faisait venir les larmes aux yeux. Je ne pourrais rendre l'accent avec lequel il suppliait en quelque sorte de lui épargner un attendrissement contre lequel il n'était pas sûr de sa force. Aux souvenirs d'enfance, auxquels le cœur meurtri revient si volontiers, succédaient les plus graves entretiens. Que de belles pensées dites si simplement et qu'on ne recueillait qu'en se suspendant à ses lèvres, car sa voix voilée se fatiguait vite. Le médecin lui-même avait les larmes aux yeux en sortant d'auprès ce cher malade, pour qui nous ne pouvions rien. Au commencement de sa maladie, sa plus grande souffrance lui venait des soins mêmes que nous lui donnions, par la crainte de causer une fatigue. Je vois encore son sourire d'enfant quand un peu de mieux dans son état apportait quelque joie à son cœur. C'était bien plus de nous qu'il s'occupait alors que de lui-même. »

Le dévouement dont Lanfrey fut l'objet pendant ces tristes jours, est encore à son honneur, car, comme on peut le lire dans l'admirable lettre qui nous a fourni ces touchants détails, « le dévouement est souvent une preuve des qualités de ceux qui l'inspirent ; il faut une grande supériorité morale sur les autres hommes pour les rendre capables de s'oublier eux-mêmes dans certaines circonstances. »

La crise du 16 Mai, fut une dernière douleur pour Lanfrey, comme on peut le comprendre. Il avait l'âme trop haute pour ne pas respecter les convictions sincères et les marques d'une amitié fidèle chez les hommes les plus séparés de lui par les idées. Un de ses compatriotes qui avait été son collègue, homme de grande loyauté et de foi religieuse ardente, lui avait exprimé le désir qu'il se soumît à des pratiques de dévotion qu'il ne pouvait loyalement accepter. Il lui répondit la lettre suivante :

« C'est moi, cher ami, qui aurais mille pardons à vous demander pour vous avoir manqué de parole. Je pourrais vous donner beaucoup de petites raisons qui ne vous paraîtraient peut-être pas sans force. Mais, cher ami, chacun doit mourir dans sa croyance comme on s'entourait autrefois de toutes ses armes dans son tombeau. C'est le dernier témoignage à rendre au Dieu qu'on a servi. Le mien n'est pas ennemi du vôtre. J'adore la morale chrétienne d'un amour tout filial, mais pour tout ce qui est dogme, ma raison est inflexible. Elle ne pliera jamais et cela ne dépend pas d'elle. C'est d'une main défaillante que je vous écris ces lignes. Je suis dans un état de faiblesse extrême et ne crois plus guère à mon rétablissement. Il ne m'en tarde que davantage de vous écrire que je vous suis reconnaissant du fond de l'âme du mouvement si fraternel que vous avez eu à mon égard dans la touchante tentative que vous avez faite auprès de moi, et que je vous aime parce que vous avez le cœur grand. Quel dommage que nous soyons nés à quatre cents ans de distance l'un de l'autre ! »

Lanfrey n'avait pas appris à distinguer entre la foi autoritaire et la foi virile, qui n'admet rien sans preuves suffisantes. Il nous sera permis de dire que nous regrettons, pour notre part, ce malentendu, tout en admirant sa sincérité délicate. Il garda jusqu'au bout ce qui est, à nos yeux, la base fondamentale du sentiment religieux, l'indestructible certitude de la vérité morale et du Dieu dont elle émane, la foi de la conscience que rien ne remplace. Il montra jusque dans le souci de ses funérailles, qu'il n'avait jamais douté de nos immortelles destinées, sans qu'il ait fait aucune concession à des croyances qui n'étaient pas les siennes.

L'indépendance de la pensée n'avait été chez lui que le tourment de la vérité. « Pour être digne de recevoir cet hôte divin qu'on nomme la Libre Pensée, avait-il écrit dans son *Essai sur la Révolution*, il faut savoir adorer la douleur qu'il nous apporte comme gage de grandeur et d'immortalité. » Le doute ainsi compris, ne ressemble-t-il pas à cette prière de tous les grands esprits : « Plus de lumière ! plus de lumière ! » Elle a été exaucée pour lui.

C'est le 16 novembre 1877 qu'il rendit le dernier soupir. Sa tombe est à Billière, derrière le château de Montjoli, où il avait exprimé le désir d'être enterré.

Lanfrey laisse après lui, dans son pays, une mémoire justement honorée comme un des défenseurs les plus courageux, les plus intelligents et les plus désintéressés de la vraie liberté. La France libérale tout entière a souscrit à l'hommage que lui a rendu le président du Sénat en annonçant sa mort, par ces généreuses paroles : « Un même sentiment semble avoir dicté ses écrits et dominé sa carrière publique. Il était de ceux que tous ses amis respectaient et que tous ses collègues aimaient. » Les regrets de ceux qui avaient été admis à l'honneur de son intimité sont restés profonds, car eux seuls ont su tout ce qu'il y avait de délicatesse et de chaleur d'âme sous ses dehors réservés et un peu austères. Nous ne saurions mieux résumer cette esquisse imparfaite d'une si noble figure qu'en appliquant à Lanfrey, au moins pour la période la plus pénible et la plus militante de sa carrière, ces paroles par lesquelles il a exprimé lui-même son idéal de la vie publique : « Au milieu des défections immenses dont le courant entraîne tout, et où triomphent si brutalement la lâcheté et la bassesse, c'est encore un assez beau rôle que de se tenir debout au milieu de tant de têtes courbées et de sentir qu'on porte en soi l'honneur et la sainteté d'un principe. On peut douter si cette destinée, tout austère qu'elle soit, n'a pas quelque chose de plus séduisant pour une grande âme que tous les enchantements de la puissance [1]. »

La publication des œuvres complètes de Lanfrey est plus opportune que jamais, car si le régime despotique qu'il a combattu tour à tour dans sa gloire et dans son abjection paraît définitivement renversé, la démocratie triomphante ne saurait mieux faire pour être gardée de ses entraînements qui sont ses seuls périls, que de retenir de l'auteur de l'*Essai sur la Révolution* cette grande leçon que la souveraineté du peuple ne serait qu'un simple changement de tyrannie sans le respect inviolable du droit de la conscience et des libertés de l'individu. C'est à ce prix qu'elle remportera la plus importante et la plus décisive des victoires, celle qu'on remporte sur soi-même.

E. DE PRESSENSÉ.

1. *Portraits politiques*, p. 8.

# L'ÉGLISE

ET

# LES PHILOSOPHES

AU DIX-HUITIÈME SIÈCLE

(1855)

# AVANT-PROPOS

## DE LA SECONDE ÉDITION

Ceux qui liront aujourd'hui ce petit livre auront peut-être quelque peine à s'expliquer les orages qui l'assaillirent à son apparition, si toutefois même ils en ont gardé le souvenir. Nous sommes en effet fort refroidis, depuis ces jours de belliqueuse mémoire ; et bien des propositions qui furent alors déclarées téméraires ou scandaleuses parce que leur franchise intempestive compromettait devant l'opinion le succès de certains accommodements dont la sincérité était à bon droit suspecte, risquent fort de n'être plus maintenant, grâce aux révélations du temps, que des vérités banales et rebattues. Plût à Dieu qu'un tel succès leur fût réservé, dût le livre disparaître pour toujours dans le triomphe de l'idée comme c'est le destin ! Ce n'est pas l'auteur qui s'en plaindrait. Les livres sont comme les abeilles, ils meurent de leur victoire. Il est vrai qu'ils sont sujets à mourir de tant d'autres maladies, qu'il serait d'un orgueil bien puéril d'accepter un pareil genre de consolation.

De toutes les attaques dont cet écrit a été l'objet, il

n'en est qu'une seule qu'il tienne à révéler ici malgré son peu de goût pour les récriminations, et il en fait juge le public avec une entière sécurité. Il regrette hautement que ses honorables contradicteurs se soient crus autorisés par un dissentiment qui ne portait après tout que sur une question de tactique, d'opportunité, et peut-être aussi de franchise, à dénaturer certaines de ses idées avec tant de légèreté ou si peu de scrupule. C'est ainsi, qu'au lieu de répondre à sa critique si explicite du dogmatisme métaphysique, ils ont dénoncé en lui un négateur systématique des idées spiritualistes. Or il a toujours considéré cette doctrine comme un idéal très noble et très élevé, comme une croyance éminemment favorable au développement de la personnalité humaine, lorsque toutefois elle sait se maintenir pure des chimères extravagantes qui l'on trop souvent discrédité ; et s'il refuse de lui reconnaître la valeur scientifique qu'elle s'attribue, c'est de sa part une conviction motivée, consciencieuse, réfléchie, et nullement une hypothèse gratuite. En la rappelant à la rigueur et à la sévérité dont elle ne devrait jamais s'écarter, il croit la servir mieux que de maladroits amis. On peut être d'un avis fort différent ; mais on conviendra qu'il n'y a guère là de quoi mettre un écrivain hors la loi. Les hommes qui à ce propos n'ont pas craint de lui adresser le singulier reproche de « tirer sur ses amis » se sont au contraire si bien acquittés de cette tâche à son égard que les publicistes religieux, dont c'était la besogne, se sont abstenus à l'unanimité, jugeant apparemment qu'ils n'y apporteraient ni la même amertume, ni surtout le même succès, depuis que leurs injures sont devenues une recommandation pour ceux qui en sont honorés. Cette abstention, tout à fait contraire à leurs anciennes habitudes, ce silence qu'on voudrait prendre pour celui de l'orgueil ou de la charité, si l'on ne savait à quel point ces deux sentiments leur sont étrangers, sont en réalité la défense la plus habile qu'ils puissent opposer désormais aux révélations foudroyantes dont le passé comme le présent les accablent à l'envi. Mais c'est une défense bien désespérée, et si elle annonce un louable retour à l'esprit d'humilité et de prudence, elle trahit en même temps une foi bien chancelante. N'importe, mettons à profit cette magnanimité inattendue. Et puisque, jusqu'à nouvel ordre, les peuples peuvent penser en liberté, ouvrons les portes du temple de la Paix, et annonçons au genre humain la clémence de Nonotte. Tu ris, lecteur? Donne plutôt une larme à la dernière des chevaleries qui s'en va! Hélas! où sont-ils les *fils des Croisés*?

P. LANFREY.

Mars 1857.

En reprenant ce travail après une longue interruption, je ne m'excuserai pas de l'avoir délaissé pour des occupations plus pressantes. Quelle utilité ou quel intérêt pouvaient offrir des études rétrospectives en présence de catastrophes qui faisaient pâlir toutes celles du passé ? Les événements, si propres à faire réfléchir, n'ont modifié en rien mes appréciations premières sur un régime deux fois condamné par une épouvantable expérience. Mais je ne me défends pas d'avoir cherché dans mon récit des enseignements appropriés à notre situation nouvelle. L'exposition des faits n'offre aux recherches qu'un champ limité, mais les enseignements qu'on en retire peuvent se renouveler à l'infini. Ce sont eux qui donnent à l'histoire son attrait profond, sa bienfaisante influence, son éternelle et inépuisable variété. Il n'est pas une situation, pas une épreuve, pas un peuple qui n'y rencontre à chaque pas son précédent, son correctif, ou son exemple ; et il y a des leçons dans tous les temps, pour tous les temps. Le difficile n'est pas de les mettre en lumière ; ce qui est vraiment rare, c'est de trouver une nation qui ait assez de sagesse pour les entendre et de courage pour en profiter.

    T. L.

# L'ÉGLISE
## ET
# LES PHILOSOPHES
## AU DIX-HUITIÈME SIÈCLE

---

### CHAPITRE PREMIER

#### L'ÉGLISE MILITANTE SOUS LOUIS XIV.

Le dix-huitième siècle s'ouvre par une persécution religieuse et se ferme par une invocation au Dieu de paix, au Dieu abstrait et légal devant qui tous les cultes sont égaux. Son histoire tout entière est résumée dans ce court rapprochement, qui est aussi l'histoire de la civilisation elle-même, cette fille du dix-huitième siècle[1]. Tant vaut le Dieu, tant vaut l'homme : c'est la loi. La route fut longue pourtant entre ce point de départ et ce point d'arrivée. Elle fut semée de sang et de larmes, comme toutes celles qui mènent à l'affranchissement, et, plus d'une fois, les

---

1. Il paraît que ce mot a besoin d'explication puisqu'il n'a pas été compris. J'ai voulu dire par là que la notion et la pratique de la tolérance, double conquête de cette grande époque, figurent au premier rang parmi les éléments essentiels de ce que l'homme appelle la civilisation? (*Note de la deuxième édition.*)

sublimes aventuriers qui devaient nous donner un monde, s'arrêtèrent hésitants, troublés, le cœur plein de doute et d'angoisses. Mais ces défaillances furent aussi rares que passagères. L'esprit de justice était en eux. Ils portaient l'arche sainte, c'est là ce qui les rendit invincibles. Quelles luttes ! quels enseignements ! quelles scènes étranges et émouvantes ! Les deux camps sont en présence : d'un côté, tout ce qu'il y a de puissant et de respecté ; la Royauté elle-même avec ses armées, ses parlements, sa noblesse, ses lois, ses prisons ; l'Église, avec son clergé innombrable et discipliné, ses confréries, sa milice de moines et de missionnaires, le prestige antique de son autorité et de ses richesses. De l'autre, quelques hommes faibles, pauvres, isolés, qu'on décrète, qu'on exile, qu'on emprisonne : puis des batailles désespérées entre ces armées inégales ; les vainqueurs affaiblis par la victoire, et les vaincus grandis par la défaite ; l'Ironie s'incarnant dans un homme pour sauver la cause menacée ; le plaisant mêlé à l'horrible ; des bergeries et des auto-da-fé ; l'Inquisition en perruque poudrée et la Politique en habits de marquise avec mouches et pompons : tout cela dans un pêle-mêle éblouissant et fantastique ; puis enfin l'ordre se dégageant du chaos et la lumière de l'ombre, des alliances inattendues, la trahison impuissante, la conscience affranchie, le droit proclamé, la Persécution honteuse d'elle-même et reniant ses dogmes sanguinaires. Vit-on jamais un plus éclatant triomphe de l'idée sur la force ?

On pourrait dire, non sans justice, que la Persécution au dix-huitième siècle se nomme : Louis XIV. Il est mort, en effet ; mais sa pensée lui survit et plane comme une ombre funeste sur les générations nouvelles : c'est sa mémoire, son autorité, ses traditions, que les pâles continuateurs de son œuvre invoquent dans leurs réquisitoires. Et puisqu'on s'est complu, par une sorte de flatterie posthume qui restera un des scandales de l'histoire, à confisquer à son profit toutes les gloires de son temps, à faire de son nom un symbole et de sa personne je ne sais quel soleil mystique dont tous les grands hommes de cette époque ne sont que les rayons, il serait naturel, ce semble, de lui attribuer aussi des résultats et des faits qui lui appartiennent à plus juste titre que cette grandeur usurpée, et sont plus incontestablement son ouvrage. Oui, Louis XIV persécute pendant sa vie et persécute encore après sa mort. Écartons pourtant cette formule trop commode. De même que, dans la personnalité complexe du roi, nous découvrons Colbert, Condé, Turenne, Vauban, Corneille, Pascal, Racine, Bossuet, Molière, Fénelon, dans celle du persécuteur nous découvrirons une inspiration non-seulement distincte de la sienne, mais impérieuse, exigeante et presque toujours obéie. La critique impartiale qui le dépouillera de ce qu'il y a d'emprunté dans sa gloire, saura aussi lui faire sa part de honte dans les ignominies qui déshonorèrent la fin d'un si beau règne. Mais elle dira, parce que c'est la vérité, que sur ce point encore on a surpris la bonne foi de l'histoire en faisant exclusivement honneur à Louis XIV d'une œuvre qui, en réalité, fut très peu la sienne : *Tulit alter honores.* Ce point de vue lui retire le premier rôle sans rien enlever toutefois à sa responsabilité. Il diminue le roi, mais il agrandit la scène et fait voir la logique des idées sous la trame transparente des faits.

C'est la révocation de l'édit de Nantes qui fit irrémissiblement de Louis XIV un sectaire. Jusqu'à cette époque c'est une sorte de voluptueux héroïque pour qui la gloire est encore un plaisir, mais le plus adoré de tous les plaisirs. Il importe donc d'en étudier les causes et les origines, si l'on veut comprendre et suivre la marche du système fatal inauguré par elle. Il remplira un siècle entier de troubles et de discordes.

Jamais, on peut le dire avec assurance, causes n'ont été aussi étrangement dénaturées et dans des intentions aussi diverses. Les apologistes du grand roi, dont cet acte gênait l'enthousiasme, en rapetissant la figure de l'idole, ont trouvé moyen de lui en faire un titre de gloire de plus, à l'aide d'une fiction ingénieuse, mais, par malheur, tout à fait démentie par les faits. Selon eux, Louis XIV aurait obéi à des inspirations où le préjugé religieux n'aurait eu aucune part. Cette supposition, fût-elle vraie, ne saurait le justifier ni même l'excuser aux yeux de la morale ; mais elle transforme sa faute en raison d'État ; elle la transfigure. Louis XIV y perd ce je ne sais quoi d'étroit, de mesquin, de petit et d'ineffablement ridicule, qui s'attache aux rois zélateurs. Il devient le grand prêtre de l'unité naitonale, quelque chose comme le précurseur du Comité de salut public. Cette version avait un autre mérite ; elle lavait l'Église du reproche qu'on lui a de tout temps adressé (sans le justifier suffisamment) de n'être pas restée absolument étrangère à l'événement. Aussi trouva-t-elle des partisans chaleureux et empressés. De leur côté, les détracteurs de Louis XIV, entraînés par une réaction concevable, mais irréfléchie, sont allés, ce semble, un peu loin dans la voie opposée. Trop de zèle nuit. Pour eux la révocation de l'édit de Nantes n'est plus qu'une affaire de sacristie et de confessionnal. Le roi, vieilli, ennuyé, dégoûté des plaisirs, trouve commode d'expier ses galanteries sur le dos des hérétiques. Il a des remords, le royaume fera pénitence à sa place. Ce système spirituel et piquant, appuyé d'ailleurs sur des vraisemblances, des rapprochements et des citations qui prêtent beaucoup à l'illusion, a le tort de ressembler à une épigramme ou à une gageure ; il n'amoindrit pas seulement le roi, il amoindrit l'histoire : il rentre dans la théorie des petites causes pour les grands effets. Or, les petites causes n'expliquent rien, parce qu'elles-mêmes ont besoin d'être expliquées. La vérité est que la révocation de l'édit de Nantes fut l'œuvre lente et graduelle d'une influence qui, très puissante déjà à l'avènement de Louis XIV, alla se fortifiant et se développant d'une manière irrésistible, à son insu d'abord, plus tard sous ses yeux et presque malgré lui, jusqu'au jour où elle vint s'asseoir à ses côtés sur le trône, comme un mauvais génie, le poussant aux résolutions funestes, envahissant, absorbant de plus en plus non-seulement son pouvoir, son autorité, mais sa personnalité elle-même, dont elle fit une ombre pâle et effacée où l'on a peine à reconnaître la physionomie du vainqueur de l'Europe. Cette influence c'est celle de l'Église. Je dis à dessein l'Église et non l'Église française : au dix-septième siècle, l'Église est en France et non pas à Rome. C'est elle qui dicta la révocation ; Louis XIV ne fit qu'y mettre sa signature.

Ce n'était pas la première fois que l'Église s'imposait à la monarchie. Sans remonter plus haut qu'à Henri IV, l'auteur de l'édit, son abjuration n'est-elle pas un marché entre lui et l'Église, marché dont le prix est la couronne de France ? Mais Paris vaut bien une messe. Et d'ailleurs, il faut le reconnaître, après cette concession arrachée par la nécessité, le Béarnais sut racheter sa faute et mettre un frein aux exigences de sa dangereuse alliée. Il déserta le camp de ses coreligionnaires, mais il ne les sacrifia point ; il inventa même pour eux la politique d'équilibre, qui a fait depuis son chemin dans le monde. L'édit de Nantes en est le premier monument sérieux, authentique et complet. On aurait tort de croire toutefois qu'il constituât un droit nouveau ; il résumait les anciens traités en leur empruntant les dispositions conciliables avec le nouvel état des choses. Mais en laissant aux protestants, avec le libre exercice du culte, leurs places de sûreté, garantie nécessaire sans doute le lendemain de la Saint-Barthélemy, il créait une France protestante à côté d'une France catholique ; il protégeait un parti politique en même temps qu'un parti religieux. Richelieu comprit ce danger, et, par la ruine de La Rochelle, anéantit l'organisation politique du calvinisme. Ce grand ministre ne toucha pourtant en rien aux libertés religieuses : l'édit de Grâce n'enlève aux réformés que leurs places de sûreté. Homme d'église et tout puissant, Richelieu sut écarter la vulgaire tentation d'un prosélytisme désormais sans péril, et résister aux fréquentes sollicitations du clergé. C'est encore là le plus beau titre de gloire de cette haute intelligence. C'est sous son ministère (sous son règne ?) que l'aristocratie calviniste, trouvant dans sa religion plus de pertes que de profits, écartée des honneurs et des hautes fonctions de la monarchie, dominée dans son propre parti par l'ascendant des ministres et des pasteurs, fait défection et se rallie au Catholicisme. Désormais les réformés se recrutent presque exclusivement dans la classe moyenne ; alors aussi commencent leurs conquêtes pacifiques. Repoussés des emplois, ils se font industriels, commerçants, agriculteurs ; ils portent dans cette sphère l'admirable activité qu'a développée la Réforme en rendant sa force au sentiment individuel. Mazarin suivit l'exemple de son prédécesseur, mais avec moins de résolution et de fermeté. Sous son administration, le clergé élève la voix et enfle ses prétentions. Il reprend peu à peu sa marche envahissante ; il se répand en murmures, en plaintes, parfois en menaces. Enfin, en 1657, le ministre est forcé de faire une concession : il révoque sa déclaration en 1652 en faveur des réformés. Trois ans plus tard, Louis XIV est roi, car jusque-là sa royauté a été une fiction ; il a vingt-deux ans, il vient de signer le traité des Pyrénées. C'est à cette date qu'il faut étudier les rapports de l'Église avec la couronne pour se faire une juste idée de l'alliance ou plutôt de la fusion qui allait s'opérer entre elles.

On sait que tous les cinq ans le clergé s'assemblait pour offrir au roi sa part contributive aux charges de l'État, sous forme de don gratuit, et pourvoir à ses propres affaires. Or, à chaque assemblée générale, on voyait s'engager, entre les ministres du roi et les représentants du clergé, l'étrange lutte que voici. Les ministres, dont les coffres étaient toujours vides, réclamaient l'offrande du clergé comme un impôt dû à l'État, afin de pouvoir, — la prescription une fois établie, — en élever le taux à volonté, et surtout s'affranchir des conditions onéreuses qu'il y mettait. De leur côté, les gens du clergé ne manquaient jamais, tout autre soin cessant, d'établir solennellement contre les ministres que les biens d'église appartenant à Dieu seul, étaient, par leur nature même, francs de tout impôt, et que le tribut offert par eux était bien un don purement gratuit, — afin de pouvoir le refuser, le cas échéant, et de perpétuer ainsi la dépendance de l'État. Ceci posé, nous allons voir comment les questions d'argent donnent la main aux questions de doctrine.

Nous sommes en 1660. L'assemblée générale s'ouvre avec les solennités d'usage. Le clergé est mécontent; Mazarin l'a amusé avec de belles promesses. On entend messeigneurs les commissaires pour la religion; ils résument les griefs de l'Église. Ils réclament contre les temples que bâtissent les réformés, « contre leurs prétentions à posséder des hôpitaux en particulier, — leurs collèges qu'ils multiplient en plusieurs villes, — les cimetières usurpés sur les catholiques, — leurs académies de nobles. Ces abus ne procèdent que de la *force* et de la *violence* que les religionnaires exercent partout contre les catholiques. » Cet acte d'accusation, que nous abrégeons, fait songer à une fable bien connue :

Tu la troubles, reprit cette bête cruelle.

Après un exposé de la fréquence des cas d'apostasies, le rapporteur conclut en exprimant le vœu qu'on demandera au roi une déclaration portant défense d'apostasier, et « que les relaps seront punis corporellement, comme les ordonnances de Charles IX le désirent. » « On priera de plus le roi d'éloigner les réformés de toute charge et emplois publics... » A bien considérer les termes de l'édit de Nantes, il est certain que le roi déclare que « ceux de la religion prétendue réformée pourront exercer les charges publiques... ; mais tel privilège est contre les droits divin, civil et canonique : contraire au droit divin, parce qu'il est contre les bienséances de notre religion, etc... ; le civil y est aussi violé, *parce qu'il défend de donner des charges aux ennemis de la foi. Ce qui se voit aux constitutions de Constantin, Gratian et Valentinian*[1]. »

Lorsque l'intendant des finances d'Aligre se présenta, selon l'usage, devant l'assemblée, pour lui demander, au nom du roi, le don gratuit, il eut à subir un accueil sévère et glacé, ce qui ne l'empêcha nullement de renouveler les prétentions de ses prédécesseurs, espérant, selon toute probabilité, prévenir ainsi des récriminations qu'il savait inévitables. Il réclama donc le don gratuit comme une dette envers l'État. L'assemblée, irritée, refuse ; il insiste. Deux demandes consécutives sont repoussées. Heure critique et décisive ! Qui cèdera ? La royauté. D'Aligre revient faire humblement sa soumission. Il recevra les secours de l'assemblée « comme une pure gratification seulement. » Est-ce assez pour le clergé ? Non ; il va dicter ses conditions à la couronne, et jusqu'à ce qu'elles soient exécutées elle n'aura pas une pistole. Le président répond à d'Aligre au nom de

---

1. Toutes ces citations et celles qui suivent sont empruntées au volumineux recueil des procès-verbaux des assemblées générales du clergé de France, recueil trop négligé, ce semble, de nos historiens et plein de révélations d'un haut intérêt.

l'assemblée : Qu'elle n'estimait pas qu'on pût ni dût lui demander aucune chose de la part de sa dite Majesté...; qu'il avait été fait tant d'infractions aux privilèges de l'Église, que l'assemblée en était dans un grand étonnement, ce qui mettait l'assemblée dans l'impuissance de délibérer sur les propositions qui lui étaient faites de la part du roi, jusqu'à ce qu'il plût à Sa Majesté de réparer lesdites infractions. »

D'Aligre revient à la charge; il s'humilie une nouvelle fois, fait amende honorable, et promet au clergé une réparation éclatante. Alors seulement celui-ci s'adoucit et promet de l'argent; mais c'est une promesse qu'on ne tiendra qu'après que le ministre aura tenu la sienne. Les jours, les mois s'écoulent : point de payement. Le ministre voit qu'il faut enfin s'exécuter; il revient une quatrième fois les mains pleines d'ordonnances contre les hérétiques, car c'est là ce qu'on lui achète. Le pauvre d'Aligre a la conscience de l'humiliation de son maître; il cherche en vain à la dissimuler sous les ornements et la pompe risible de sa phrase. Il commence par poser en principe que le roi ne doit point subir de conditions. « Cependant, Messieurs, continue-t-il, ces conditions ajoutées par vous n'ont point arrêté l'effet de la bonne volonté de Sa Majesté; elle vous donne libéralement et par anticipation à votre don. Les vapeurs que cette petite chaleur (le dissentiment du clergé et de la couronne) a pu élever dans son esprit n'ont produit *que de la rosée qui s'est condensée en une douce pluie d'arrêts et de déclarations* que nous vous apportons pour marques de son affection... Vous avez déjà vu sur cette table l'arrêt pour les francs fiefs; vous trouverez ici les lettres de surannation de la déclaration de 1657. *En un mot, nous vous apportons tout ce que vous avez demandé.* » Suivent, en effet, treize arrêts et déclarations en faveur du clergé et contre les réformés (séance du 15 février 1661). Voilà *une vapeur* qui s'élève bien à propos pour servir de voile à un affront :

mais toute cette physique de mauvais goût empêche-t-elle que la royauté ne passe sous les fourches caudines? On croira peut-être que le clergé se tient enfin pour satisfait et payé? Point. On a écarté certaines de ses réclamations qui ont paru trop oppressives; il ajourne le don gratuit jusqu'à ce qu'on y ait fait droit; il réduit la somme demandée de quatre millions à dix-huit cent mille livres, et enfin la porte à deux millions après avoir disputé cette faible concession avec un acharnement mesquin et mercantile.

Tels étaient les rapports entre l'Église et l'État au début du règne de Louis XIV. Où est, à cette date, l'esprit de persécution? Dans ce beau jeune homme à qui tout sourit, l'amour comme la guerre, ou dans ces prêtres impatients et presque factieux?... Eh bien! voilà ce que subit, pendant cinquante ans, celui qui venait d'entrer au parlement son fouet à la main. La France entière, lasse des stériles agitations de la Fronde, se précipite au-devant du roi qui lui apporte l'unité; il ne rencontre de défiance que chez une classe : elle a un pouvoir presque égal au sien : c'est donc une lutte à mort à engager pour lui. Il plie : triste augure!

Quatre ans après, en 1665, c'est encore à d'Aligre qu'échoit la tâche difficile de demander de l'argent à la nouvelle assemblée. Voici le début du ministre de Louis XIV : « Messieurs, à l'entrée de cette salle j'ai ressenti, par le lustre de vos personnes et de vos pourpres, l'effet des rayons de l'Aurore naissante sur la statue égyptienne de son fils, qu'elle animait chaque matin et lui donnait assez de mouvement pour former un son harmonieux avec le cistre et l'archet qu'il tenait en ses mains. » Paroles flatteuses s'il en fut, mais, hélas! toujours accueillies avec une réserve et une froideur presque ironique. C'est que « Messieurs » savaient bien que plus on élevait le diapason de la louange, plus aussi on élevait le taux des exigences pécuniaires. Et en effet, dans son discours suivant, le ministre est forcé d'en venir à la véritable question : « Les réservoirs de Sa Majesté sont vuides et secs. » Il fait en conséquence valoir ses services contre l'hérésie, et ses bonnes dispositions pour l'avenir; puis il conclut ainsi : « On ne détermine point la somme, Messieurs; vous considérerez la qualité du demandeur et la justice de la demande. » Le président répond que les temps sont durs, que le clergé est pauvre, qu'on lui a demandé beaucoup les années précédentes; que d'ailleurs les édits contre les hérétiques ne sont pas exécutés.

Le 6 octobre suivant, dans une harangue solennelle adressée au roi en personne, l'organe du clergé revient sur le même sujet; il remercie d'abord le roi de ce qu'il a fait, « de son zèle merveilleux, infatigable à défendre les autels; » de ce qu'il a fait démolir des temples et supprimer des collèges de réformés. L'hérésie agonise, « mais il faut la faire expirer entièrement; achevez donc, grand prince, etc. » Suit l'exposé de ce qu'on demande à sa piété : la suppression des chambres de l'édit, garantie judiciaire accordée aux réformés par l'édit de Nantes; une aggravation dans la pénalité qui frappe les relaps. On leur a accordé le bannissement sur leur dernière demande; ce n'est pas assez : « le simple bannissement ne suffit pas contre les relaps qui retournent à leur premier vomissement après avoir abjuré; » il faut les galères et les cadavres traînés sur la claie, il faut une loi contre les catholiques qui se font protestants, « car l'édit de Nantes ne protège que ceux qui sont nés protestants. » Quelques jours après, l'assemblée formule ses désirs, article par article :

*Articles concernant la religion, que l'assemblée, etc., de 1665, supplie très humblement le roy de lui accorder.*

**Nous en extrayons les plus remarquables.**

Art. 1er. « Qu'il ne soit pas permis aux catholiques de renoncer à leur religion pour professer la religion réformée. »

Réponse du roi en marge.

— *Sa Majesté s'est réservé d'examiner.*

Art. 4. « Que les universités, académies, collèges où les réformés enseignent leurs lettres humaines et leur théologie, à Saumur, Châtillon, Sedan, etc., seront supprimés. »

— *Sa Majesté y pourvoira.*

Art. 6. « Que les charges uniques de judicature royale seront possédées par les catholiques, comme aussi celles de commis des bureaux. »

— *Sa Majesté y pourvoira.*

Art. 7. « Que les biens que les consistoires possèdent leur seront ôtés. »

— *Renvoyé devant les commissaires.*

Art. 18. « Que sa Majesté retirera son domaine qui a été baillé par engagement à des gens de la R. P. R., à cause de l'occasion que cela leur donne de pervertir ses sujets. »

— *Sa Majesté promet de retirer son domaine.*

Ceci ne fait-il pas songer à Égérie et à Numa ? L'Église dicte et Louis XIV écrit. Tous ces très humbles articles deviennent des articles de loi et des instruments de torture en 1666, et l'assemblée reconnaissante vote quatre millions au complaisant monarque.

L'année 1670 ramène d'Aligre et sa rhétorique devant l'assemblée. Ses discours sont de curieux échantillons de ce style gongorique, matamore et grotesque, importé en France par les Espagnols de la reine mère. On croirait entendre Cyrano de Bergerac interpellant la lune :

« J'avoue, Messieurs, que l'objet de votre auguste assemblée m'a surpris, contre la croyance où j'étais qu'après avoir eu tant de fois le bonheur d'y entrer, et d'en considérer la disposition, la séance, les personnes, mes yeux, quoique faibles, ne se troubleraient point par le lustre éclatant de vos personnes et de vos pourpres.

« Cependant, j'éprouve le contraire et reconnais que je n'ai rien de cette faculté naturelle qui donne aux aiglons la force de regarder fixement le soleil.

« La lumière surprenante de tant d'astres m'éblouit et me fait perdre la parole dans cet instant, si je ne me sentais fortifié de l'aspect favorable de notre soleil dominant, qui me raffermit la vue et me donne l'assurance de représenter ses ordres... Je prends pour le soleil dominant notre incomparable monarque de France... et je crois avec justice lui pouvoir attribuer ce titre non-seulement du premier luminaire de la France, mais du monde universel, sous les rayons éclatants duquel les premiers astres de toutes les souverainetés sentent affaiblir la lueur brillante de leurs feux. »

Ces métaphores comiques d'un financier en détresse cachent comme de juste une demande d'argent, — *anguis in herbâ*, — qu'il ne découvre que dans son discours suivant : « Nous demandons, Messieurs, que vous ouvriez la main de ce grand corps du clergé de France pour secourir le roy de quelque partie de ses richesses. » Quant à la somme, on laisse encore à leur générosité le soin d'en fixer le montant en promettant toutefois que « le roy les traitera royalement. »

Mgr le président a répondu… que les promesses que le roy avait faictes à la compagnie de ne lui rien demander pendant dix ans, dont il n'y en a que cinq d'écoulés, la mettaient à couvert de ses nouvelles demandes ; que la paix florissait, que l'ordre avait été rétabli dans les finances : toutes considérations très puissantes pour exempter le clergé d'un don extraordinaire ; que… etc. » Arrivent encore une centaine de *que*, à la suite desquels vient le grand, l'éternel, le seul véritable : *que* « que l'assemblée de 1666 avait obtenu une déclaration contre les huguenots qui contenait soixante et tant d'articles et *qu'elle avait été révoquée en 1669 par une déclaration contraire* qu'ils avaient obtenue au préjudice de l'Église par leurs pressantes importunités. »

Conclusion : refus des subsides demandés.

Il y a en effet, à cette époque, c'est-à-dire de 1667 à 1670, un temps d'arrêt dans la politique de Louis XIV à l'égard des réformés. On voit qu'il hésite, qu'il a honte de s'être laissé entraîner trop loin par le fanatisme de son clergé. Il est d'ailleurs au plus fort de sa passion pour madame de Montespan, et l'amour n'est pas persécuteur. Ajoutez aussi que Colbert est en ce moment le ministre préféré, et qu'il protège secrètement dans les réformés les créateurs de l'industrie française. Sous cette double influence, Louis XIV en vient presque à se défier de son clergé. Il prend ombrage de l'attitude impérieuse des assemblées générales et fait prévenir celle de 1670 que sa session ne durera que deux mois, selon les prescriptions des anciens règlements. De là un refroidissement très marqué qui se trahit par le refus que nous venons de mentionner.

Mais le roi a besoin d'argent. Cette considération domine toutes les autres. Sa fugitive velléité d'indépendance s'efface pour ne plus reparaître qu'à de rares intervalles. Il s'humilie donc et s'engage à être désormais plus fidèle à ses promesses. Désarmé par tant de docilité, le clergé revient de son côté sur sa décision, et veut bien pardonner au repentir. Mais remarquez les conditions : « Cependant (séance du 1ᵉʳ août 1670), puisque Sa Majesté a fait entendre à la compagnie beaucoup de raisons très considérables pour la solliciter à lui faire un don extraordinaire, *parmi lesquelles il y en a qui marquent de grands desseins pour l'avantage de la religion... qu'elle en a donné sa parole royale...* l'assemblée a résolu unanimement de donner au roy la somme de 2 millions 400,000 livres; elle ordonne qu'il faudra faire savoir à Sa Majesté que l'effort qu'elle fait est *un effet de son entière confiance en sa parole royale.* »

« Le roy, charmé de ce présent, qui dépasse ses espérances, fait répondre que cette confiance ne sera pas trompée et fait abandon de 200,000 livres. »

L'assemblée présente à son tour sa demande; elle est toujours formulée en articles d'une précision législative. De cette façon, elle peut passer sans autre préliminaire dans le domaine des lois : c'est une besogne toute prête pour le ministre.

*Articles concernant la religion, lesquels les archevêques, évêques, etc., de l'assemblée de 1670, supplient très humblement le roy de leur accorder.*

(J'abrège les citations, mais je ne puis les supprimer. Il faut que cette démonstration soit complète, parce qu'elle est destinée à rester.)

Art. 1ᵉʳ. « Qu'il ne soit pas permis aux catholiques d'abjurer leur religion. »

Il a été déjà repoussé, n'importe; on le présentera jusqu'à ce qu'il soit adopté.

Art. 2. « Que les temples bâtis à proximité des églises seront transférés ailleurs. »

Transférer un temple, comme c'est commode ! Démolir eût paru trop exigeant ; on met transférer, qui remplit le même but.

Art. 3. « Que les chambres mi-parties de Castres, Bordeaux, Grenoble, soront réunies à leurs parlements : *Attendu que les causes de leur établissement ont cessé par une paix et parfaite union des esprits qui dure depuis quarante années.*

Ainsi c'est le clergé lui-même qui l'atteste solennellement, les réformés n'ont pas élevé depuis quarante ans le moindre sujet de discorde. Que deviennent les déclamations de nos petits politiques sur l'esprit de rébellion du parti protestant sous Louis XIV ? On le voit ici, leurs ennemis les plus acharnés rendent témoignage à la tranquillité de leur attitude. Mais cela même tourne contre eux.

Art. 4. « Qu'il soit fait défense à ceux de la R. P. R. de s'imposer aucune somme. »

Art. 5. Qu'ils soient tenus de contribuer à l'entretien des églises et des écoles *catholiques*. »

Art. 10. « Que les biens des consistoires leur soient retirés. »

Art. 11. « Que le roy sera très humblement supplié de revenir sur sa déclaration de 1669, pour s'en tenir à celle de 1666. »

Art. 14 « Que les réformés soient exclus des consulats. »

Art. 19. « Que leurs temples et cimetières payeront la taille. »

Art. 20. La déclaration de 1665 portait défense d'enlever les enfants de la religion réformée pour cause de conversion avant l'âge de douze ans « pour les mâles, » et de quatorze ans « pour les femelles. » « C'est ici une des plus grandes plaies que l'Église catholique puisse recevoir. »

On demande qu'ils puissent être enlevés à leurs parents dès l'âge de raison, c'est-à-dire à sept ans.

Art. 21. « Que dans leurs écoles les réformés n'enseignent qu'à lire, à écrire et à compter. »

Art. 22. « Que les ministres étrangers soient expulsés. » — Suit une dénonciation nominative desdits ministres.

Art. 24. « Que défenses soient faites à tous créanciers de la R. P. R. de faire aucune poursuite contre les nouveaux convertis à la foi catholique qui seront leurs débiteurs, durant trois années. »

Art. 25. « Qu'il soit permis aux curés, assistés d'un échevin, de se présenter de force chez les réformés malades. »

Art. 30. « Qu'il soit défendu sous peine grièvre à ceux de la R. P. R. de laisser mourir leurs enfants sans baptême. »

Est-il besoin de flétrir ce code infâme présenté par une main sacrée ? et la démonstration est-elle assez claire ? Louis XIV est le bras ; mais où est la tête, l'inspiration, la volonté, l'initiative ? Ainsi va se consommant tous les jours cet hymen tant rêvé du trône et de l'autel, hymen funeste qui ne produira que des fruits de mort.

En 1675, le clergé revient sur ses demandes, qui n'ont pas été réalisées, et y ajoute de nouveaux articles qui prennent de plus en plus le caractère d'une persécution ouverte.

*Articles très humblement demandés, etc., par l'assemblée de 1675.*

Art. 8. « Que les ministres soient mis à la taille. »

Art. 9. « Qu'il soit défendu aux réformés d'avoir des cimetières dans les bourgs, villes et villages. »

Art. 12. « Que tous les mariages qui se feront à l'avenir entre personnes de différente religion soient déclarés nuls, et les enfants issus d'iceux incapables de succéder. »

Art. 15. « Qu'il plaise à sa Majesté d'ordonner qu'ès lieux où l'exercice de la R. P. R. se fait, il cessera et les portes des temples seront murées dès qu'il arrivera qu'un nouveau catholique y sera maltraité. »

Art. 34. « Que les synodes soient rendus moins fréquents. »

Art. 44. « Qu'ès villes et lieux où il y a médecins et apothicaires gagés par la municipalité, nul faisant profession de la R. P. R. ne pourra prétendre à cette qualité. »

Art. 47. « Que lorsque les processions passeront devant les temples des P. R., ils cesseront de chanter leurs psaumes jusqu'à ce qu'elles aient passé. »

En 1680, cet inique programme est presque entièrement réalisé ; le clergé est content de son roi. *Hosanna in excelsis!* Pour la première fois, il a pour lui des louanges sans restrictions. Le rapport de l'évêque d'Alet reconnaît « que tout ce qui a fait l'objet de leurs demandes depuis la naissance de l'hérésie, est presque consommé. M. Colbert, animé par sa propre piété et celle du roi, a fait exclure les réformés des emplois des finances, de la marine, ainsi que des fermes et des consulats. » (Séance du 4 juin.)

Le prélat aurait pu ajouter bien d'autres services à cette liste. Le roi ne venait-il pas de confier à Pélisson l'administration de la fameuse caisse des conversions à six livres par tête ? Ce moyen, aussi honteux pour ceux qui l'employèrent que pour ceux auprès de qui il réussit, et qui eut pendant quelque temps de si surprenants effets, était, du reste, comme toutes les mesures de Louis contre l'hérésie, une inspiration du clergé. Celui-ci consacrait en effet depuis longtemps une partie notable de ses fonds à l'achat des consciences, mettant ainsi la corruption au nombre de ses vertus. D'ailleurs, n'eût-il pas inventé ce système, il l'eût à coup sûr rendu sien par la manière dont il le mit en pratique ; car c'est aux évêques exclusivement qu'en fut confiée l'exécution. Pélisson, le directeur de cette espèce de ministère, leur envoyait les fonds, et les évêques les distribuaient. Ils adressaient ensuite au roi les listes des conversions miraculeuses obtenues à l'aide de ce spécifique. Ils savaient que cette façon de faire sa cour était fort goûtée de Louis XIV, et ils en usèrent si bien, qu'au bout de quelque temps le nombre des convertis portés sur les listes dépassait le nombre réel des réformés de France. Ce résultat inattendu provenait d'une double cause : l'empressement des prélats à plaire au roi, la nécessité d'entretenir ses illusions sur la facilité de son entreprise, et d'autre part le génie spéculateur des convertis. Depuis l'institution de la caisse, les conversions étaient devenues pour beaucoup de gens un véritable commerce : on embrassait la profession de converti. Mais cette profession ne pouvait être lucrative qu'à la condition d'être quittée et reprise indéfiniment. L'hérétique touchait la somme et retournait bravement à son premier vomissement ; c'était alors une besogne à refaire. Le plus souvent il allait se faire convertir de nouveau dans une autre province. Bientôt les *convertis-voyageurs* pullulèrent. Des lois sévères furent portées en 1679 contre ces industriels. On les confondit avec les relaps. Mais elles aggravèrent le sort des relaps de bonne foi, sans diminuer le nombre des conversions simulées.

Nous allions oublier le plus beau titre du roi à la reconnaissance de l'Église. N'est-ce pas cette année même (1680) que Marillac inventa les dragonnades ? Le soldat donnait la main au prêtre, le dragon se faisait missionnaire ; la chose allait désormais marcher tambour battant. Voici comment procèdent ces soldats en chasuble et ces prêtres à cheval, improvisés convertisseurs pour la plus grande gloire de Dieu. Leur sermon est divisé en plusieurs points. On loge une compagnie et demie de dragons chez une seule famille (lettre de Louvois à M. Foucault, 16 octobre 1685), et la famille est infailliblement ruinée au bout de huit jours : premier point. Ce traitement n'a pas suffi pour la décider à un retour vers Dieu ; alors, question extraordinaire, les dragons battent les hommes, violent les femmes, puis les traînent à l'église par les cheveux : second point. Enfin, si cela n'a point encore réussi, ils feront brûler à petit feu les pieds ou les mains des patients, car ils ont deviné les chauffeurs, ou plutôt ils se ressouviennent de l'inquisition : c'est le troisième et dernier point. Ce n'est pas tout : comme le dragon est gai de son naturel, il introduira dans ce programme des facéties de son cru et d'agréables variantes. On verra cette soldatesque se relayer autour d'un huguenot pendant plusieurs jours de suite pour l'empêcher de dormir. Ils le pincent, le piquent, le tiraillent, jusqu'à ce que, succombant à cette longue torture, il vende sa croyance pour un peu de sommeil. Du reste, ils agissent en sûreté de conscience ; ils se sont procuré des dispenses. Et n'ont-ils pas l'approbation des dames de la cour ? « Les dragons sont de fort bons missionnaires. » C'est madame de Sévigné qui le dit, après avoir examiné le cas. Quoi de plus ?

Une autre dame prend une part plus active à la révocation ; cette dame est une reine, madame de Maintenon. Elle envoie son parent, M. de Villette, à une expédition lointaine, et pendant son absence enlève et convertit ses enfants. A son retour, le père les retrouve, mais il leur est devenu étranger ; il n'est plus pour eux qu'un huguenot, un mécréant, un damné. Indigné, désespéré, il écrit à sa parente une lettre pleine d'emportement et d'amères invectives. Mais elle, avec la douceur et l'onction d'une conscience sereine : « C'est l'amitié, lui répond-elle, que j'ai toujours eue pour vous qui m'a fait désirer avec ardeur de pouvoir faire quelque chose pour ce qui m'est le plus cher. Je me suis servie de votre absence comme du seul temps où je pouvais en venir à bout. J'ai fait enlever votre fille par impatience de l'avoir et de l'élever à mon gré. » (24 août 1681.) Comment résister aux décrets de cette providence en jupon ? Le marquis le comprit, et fit lui-même sa soumission quelques années après.

C'est à tort pourtant qu'on a attribué à madame de Maintenon une influence décisive dans la révocation de l'édit de Nantes. A cette époque, celle qu'on devait nommer la vieille sultane est encore loin d'être arrivée au degré d'omnipotence qu'elle atteignit plus tard. Son rôle est tout passif. Elle étudie patiemment le roi, et reflète comme un miroir fidèle ses opinions bonnes ou mauvaises. Louis ne l'aime pas parce qu'elle est dévote, il l'aime parce que lui-même est dévot, c'est-à-dire vieilli, et qu'il aspire à ces « pays nouveaux » qui sont les Invalides des cœurs usés par l'amour. L'assimilation vient de lui et non d'elle. Elle flatte donc ses goûts despotiques et ses instincts religieux ; son élévation est à ce prix. Le roi penche-t-il pour l'indulgence, elle écrit à son frère d'éviter toute persécution contre les huguenots et de se souvenir qu'il est petit-fils d'Agrippa d'Aubigné. Au fond, elle est elle-même bien plus portée vers les voies de persuasion que vers les mesures rigoureuses. Elle patronne vivement l'entreprise de Pélisson, qu'elle met bien au-dessus de Bossuet, parce qu'il a pour lui l'éloquence irrésistible des écus de six livres. Mais les résolutions violentes viennent-elles à triompher dans le cœur du roi, elle approuve sans hésitation ces conversions extorquées et peu sincères, en se disant comme pour répondre à un remords secret : « Dieu se sert de toutes voies pour ramener les hérétiques. Si les pères sont hypocrites, les enfants du moins seront catholiques. » Une imprudence de Ruvigny, le député général des protestants, contribua beaucoup à faire disparaître ses derniers scrupules : « Ruvigny est intraitable. Il a dit au roi que j'étais née calviniste et que je l'avais été jusqu'à mon entrée à la cour ;... ceci m'engage à approuver des choses fort opposées à mes sentiments. » (*Corresp.*)

Madame de Maintenon est tout entière dans ce mot. Elle porte toute sa vie un masque : chez Scarron, chez madame de Montespan, chez Louis XIV. Ajoutons qu'elle en vint jusqu'à spéculer sur la détresse de ces infortunés. Il y a une lettre d'elle à son frère où elle lui donne avis « que les terres, en Poitou, se donnent pour rien à cause de la désolation des hérétiques, » et le prie de ne pas laisser échapper cette belle occasion de reconstituer à bon marché son patrimoine. Telle est la part que prit à la révocation de l'édit de Nantes cette femme artificieuse et funeste, part très secondaire, comme on voit, et qui ne valait guère la peine d'être élevée à la hauteur d'un événement historique ; mais il y a dans ses qualités, comme dans ses défauts, une telle puissance de fascination, que même après deux siècles nul ne peut la regarder de près impunément, sans se sentir le cœur pris de haine ou d'admiration. C'est ce qui est arrivé à ses historiens ; aussi ont-ils la plupart exagéré son rôle dans cette circonstance, les uns pour lui en faire un titre de gloire, les autres pour lui en faire un crime. Or, qu'elle soit glorieuse ou infamante, cette responsabilité retombera sur d'autres têtes. La favorite suivit le courant qui entraînait son maître lui-même ; elle n'eut ni la volonté ni le pouvoir d'en contenir ou d'en précipiter l'impulsion.

L'assemblée de 1680 présenta, comme ses devancières, ses très humbles articles à Sa Majesté ; ils passèrent presque sans modification dans le recueil des lois et ordonnances. Nous arrivons sans nous y arrêter à l'année 1682, date mémorable pour la royauté aussi bien que pour l'Église.

Les péripéties de l'affaire de la Régale sont connues ; nous les passerions sous silence, si elles ne se rattachaient par un point peu signalé jusqu'à présent à l'histoire de la révocation. Les rois de France jouissaient, depuis trois ou quatre siècles, du double droit de percevoir les revenus des bénéfices et ceux des évêchés pendant leur vacance. Ce droit, qu'on nomme la Régale, était vu de fort mauvais œil par les papes, qui se l'étaient longtemps attribué exclusivement. Il n'était toutefois exercé que dans les provinces de l'ancien royaume de France ; Louis XIV l'étendit par un décret à toutes les possessions nouvelles de la couronne. Cette mesure, rendue nécessaire par l'embarras de ses finances, semblait devoir soulever la réprobation unanime du clergé, qui avait toujours défendu ce privilège avec acharnement : il n'en fut rien. Le pape poussa les hauts cris contre cette flagrante atteinte à l'inviolabilité de ses finances ; deux évêques seulement protestèrent, tous les autres se turent. Quelle peut être la cause d'une soumission aussi étrange, aussi invraisemblable pour qui connaît l'invincible obstination de ce corps à défendre ses intérêts ? Quoi ! sans motif trahir ses plus chères prérogatives, se mettre pour ainsi dire en révolte ouverte contre le saint-siège ! voilà une cause qui valait pourtant la peine d'être expliquée. En vain on dira que c'est là une complaisance gratuite du clergé pour son roi : nous avons trop bien vu jusqu'à présent de quel côté étaient les complaisances. Cette cause, elle est développée tout au long dans l'acte original du consentement du clergé.

### Acte du consentement du clergé de France à l'extension de la Régale.

« Nous, soussignés archevêques, évêques et autres ecclésiastiques, assemblés en cette ville de Paris, etc., pour délibérer des moyens de pacifier les différends qui sont touchant la Régale entre notre saint père le pape et le roi, etc. ; après avoir entendu le rapport des commissaires, etc. ; désirant prévenir les divisions que..., etc., par une voie qui marque à la postérité combien nous sommes sensibles à la protection que le roi nous donne *tous les jours particulièrement par ses édits contre les hérétiques*, avons consenti et consentons par ces présentes..., etc.     3 février 1682. »

Voilà le secret trahi. On a toujours considéré l'affaire de la Régale et la proclamation des libertés de l'Église gallicane comme une diversion heureuse qui profita pour un instant à la cause protestante : c'est son coup de grâce. L'acte que nous venons de lire est un véritable contrat synallagmatique passé entre l'Église et la monarchie ; la réciprocité des conditions y est formellement indiquée, et les termes en sont à peine adoucis par la publicité qu'il devait avoir : passez-moi les bénéfices, je vous passerai les hérétiques : concession pour concession. Désormais le roi n'a plus rien à refuser à son Église : elle est sur le trône avec lui. Aussi quels cantiques d'actions de grâces et que de lyrisme dépensé pour célébrer ces noces mystiques ! C'est le clergé lui-même qui, dans l'ivresse de son triomphe, proclame la formule du règne nouveau : le roi n'est plus seulement le roi, il est le prêtre ; il est plus encore, une espèce de pape « in *Ecclesia plus quam sacerdos ;* il est l'évêque extérieur de son royaume. (Procès-verbaux de l'assemblée de 1682.) Ce qui, dans sa bouche, signifie, non pas : Le roi est prêtre, mais : Le prêtre est roi.

Nous ne nous arrêterons pas à la célèbre déclaration qui n'eut d'autre but que de cimenter cette alliance en mettant le roi à l'abri des prétentions du pape. Elle ne faisait que reproduire, bien mal à propos pour l'Église, une doctrine qui avait rempli le moyen âge de luttes sanglantes. Au point de vue catholique, les libertés de l'Église gallicane sont un non-sens ; au point de vue politique, elles sont la négation du patronage traditionnel et tutélaire des papes en faveur des peuples, patronage depuis si longtemps illusoire ; au point de vue philosophique, elles ne sont qu'une variante insignifiante du principe d'infaillibilité, elles l'enlèvent au pape, mais c'est pour la donner aux conciles : querelle de ménage. La raison n'a rien à gagner au change. Les accepter eût été pour le saint-siège briser à jamais l'unité disciplinaire du Catholicisme : il y aurait eu l'Église gallicane, l'Église italienne, l'Église espagnole, l'Église autrichienne; il n'y aurait plus eu : l'Église.

Il y avait donc rébellion évidente de la part des prélats français, rébellion bien explicable pourtant si l'on songe qu'à cette époque toute autorité morale et intellectuelle, toute énergie et toute vertu s'étaient réfugiées dans le clergé français. Il avait le droit de répéter, en s'en faisant l'application, la parole hautaine de son maître : « L'Église, c'est moi. » Il n'alla point jusque-là; mais il adressa au pape, qui osait attaquer son ouvrage, un manifeste qui était à la fois un avertissement, un défi et une menace. Tel était le sens caché des quatre articles. Une condamnation formelle de la déclaration eût rendu le schisme inévitable : le pape recula.

Du reste, le Gallicanisme était si bien une œuvre de circonstance, il était si peu né viable, qu'il fut abandonné dix ans après par ses propres auteurs, et mourut de sa belle mort du vivant même de Bossuet et de Louis XIV.

L'assemblée de 1685 est la dernière qui précède la révocation. Elle suit avec une infatigable persévérance la marche que ses aînés lui ont tracée. Elle débute par une apologie enthousiaste de l'union du sacerdoce et de l'empire, puis se trace résolûment son programme dans ce monologue court mais significatif : « Tâchons, Messieurs, de faire rendre à Dieu par les hérétiques le culte qui lui est dû, et nous jouirons en paix de nos biens... » Le roi a beaucoup fait pour l'Église; « cependant vous serez étonnés, Messieurs, après ce que nous avons tant obtenu de sa justice, que nous ayons encore quelques demandes à faire. » (Rapport de messeigneurs les commissaires de la religion; séance du 2 juillet 1685.)

Suit la requête de rigueur, par laquelle on enlève aux réformés leurs derniers privilèges, c'est-à-dire l'eau et le feu, car il ne leur en restait pas d'autres. Le roi écrit sa réponse au bas de chaque article et la renvoie immédiatement. C'est maintenant une affaire de famille. On traite d'époux à épouse. Seulement, comme l'épouse est d'une exigence par trop compromettante, le roi se permet de refuser son adhésion à deux ou trois articles. En voici un court extrait :

### *Articles.*

Art. III. « Que défenses soient faites à ceux de la R. P. R. de faire exercice de leur religion dans les terres et domaines du roi. »

Réponse du roi.

— *Sa Majesté y fera considération.*

Art. VI. Qu'il soit permis aux ecclésiastiques des lieux où il n'y a pas exercice public de baptiser malgré leurs parents les enfants de ladite religion. — Que les pères et mères soient forcés d'avertir lesdits ecclésiastiques. »

— *Sa Majesté y pourvoira.*

Art. VII. « Qu'il soit fait défense aux réformés d'avoir des valets catholiques. »

— *Accordé.*

Art. X. « Qu'il soit enjoint à tous les nobles et seigneurs de la R. P. R. de remettre tous les titres et actes en vertu desquels ils jouissent de leurs biens et droits seigneuriaux depuis l'an 1560 jusqu'à présent, à peine de privation desdits droits et biens. »

— *Sa Majesté n'a pas estimé devoir accorder cet article.*

Art. XII. « Qu'il soit fait défense à ceux de la R. P. R. de faire aucunes fonctions d'avocat. »

— *Accordé.*

Art. XVI. « Qu'il soit fait défense à ceux de la R. P. R. de faire aucunes fonctions d'imprimeur, libraire. »

— *Accordé.*

Art. XXI. « Qu'il soit fait défense à ceux de la R. P. R. de tenir logis, hôtels et cabarets. »

— *Sa Majesté n'a pas estimé devoir accorder.*

« Fait et arresté à Versailles, le neuvième de juillet 1685.

Signé : Louis.

« Et plus bas : Colbert (Seignelay). »

Il y a vingt-neuf articles. En signant, le roi leur donna force de loi. Seulement, après qu'il eut signé, on lui fit remarquer une chose : c'est que la révocation était faite. Elle avait mis un siècle à s'accomplir, suivant une marche lente, mais régulière, progressive et sûre. Aucune des garanties de l'édit ne subsistait ; les temples étaient partout démolis. Toutes les professions libérales étaient interdites aux réformés. Leurs écoles et leurs académies étaient fermées, leurs juges supprimés, leurs ministres en fuite. Que leur restait-il donc? Pas même la paix des tombeaux dans leurs cimetières profanés. L'édit de Nantes n'était plus qu'une lettre morte, un pacte dérisoire entre le fort et le faible, interprété par le fort ; le nom de la liberté sans la liberté. Pour ces raisons mêmes, il constituait un danger permanent par la contradiction flagrante de ses termes avec les édits subséquents. C'était un témoin importun qui attestait la foi violée, un remords vivant pour cette royauté parjure. Pour les réformés, il était un véritable symbole qui résumait leurs droits, leurs souvenirs, leurs regrets, leurs espérances. Il leur servait de cri de ralliement ; il pouvait d'un jour à l'autre devenir leur cri de guerre. Il fallait donc se hâter de faire disparaître cette charte détestée d'un parti dont l'ombre seule inquiétait Louis XIV. Ce n'est pourtant pas même de lui que vint l'initiative de cette décision dernière qui ne fait que donner un nom à une œuvre déjà consommée ; c'est encore le clergé qui prononce le premier mot de révocation d'abord dans les mémoires qu'il fait remettre secrètement au roi depuis 1670 ; puis, dans une circonstance solennelle et publique, dans sa harangue au roi du 11 juillet 1685. Son orateur y affirme que les rois n'ont permis l'exercice de la R. P. R. *que par provision seulement*, dans le malheur des temps, *et pour des raisons qui ne subsistent plus*; que, dans l'état florissant où la valeur et la sagesse de Sa Majesté ont mis le royaume, *le clergé a de très justes sujets de demander la révocation des édits qui contiennent cette permission.* » Malgré toutes ces bonnes raisons, l'orateur déclare ne pas insister sur ce sujet « quant à présent. » Mais ne faut-il pas laisser quelque chose à faire à la piété du monarque ? L'insinuation a porté ses fruits, et, deux mois plus tard, les considérants de la harangue du clergé se retrouvent en tête de la révocation de l'édit de Nantes.

Ce récit serait incomplet si nous n'ajoutions pas que l'assemblée qui suivit, c'est-à-dire celle de 1690, vota au roi, à l'unanimité, la somme énorme de douze millions : action de grâces proportionnée aux services de Louis XIV. Le don ne dépassait pas habituellement le chiffre de trois ou quatre millions ; une seule fois Richelieu l'avait porté à six millions. La harangue lui décerna pour la première fois le nom de Grand, le couronnant ainsi de sa propre iniquité.

Telles sont, rétablies dans leur vrai jour les origines de cet acte fameux qui marque pour la France l'ère d'une décadence prématurée dont elle ne se relèvera qu'à l'aide d'une révolution sans exemple. Une vérité sort avec la plus foudroyante évidence des documents que nous avons cités :

partout et toujours c'est le clergé qui précède le roi et l'entraîne malgré lui dans ses voies funestes. On nous accusera sans doute d'avoir vu trop exclusivement dans la révocation l'effet d'une transaction pécuniaire entre l'Église et la royauté : loin de nous la pensée de réduire ce grand événement à de si mesquines proportions ! La question d'argent y joue sans doute un rôle qu'on a beaucoup trop laissé dans l'ombre : le don gratuit est un terrible argument contre l'hérésie, surtout si l'on considère que le synode ou assemblée générale des pasteurs protestants recevait l'argent du roi, au lieu de lui en apporter. Mais il ne faut voir en lui qu'un argument *subsidiaire*, comme disent les avocats, et non une cause historique. L'argent fut pour l'Église un instrument, un moyen, rien de plus ; à défaut d'argent, elle en eût trouvé un autre. Mais enfin elle a choisi celui-là, et ce n'est pas à son honneur. Son autorité morale n'y joue que le second rôle. La cause réelle et profonde n'est pas dans le don gratuit, elle est dans le mouvement si énergique vers l'unité que l'Église accomplit au dix-septième siècle. Ce mouvement dont le premier acte est l'abjuration de Henri IV, le second la prise de la Rochelle par Richelieu, et qui est combattu dans ses tendances extrêmes par ce grand roi et ce grand ministre, trouve dans Louis XIV un complice tout-puissant et admirablement préparé par ses idées, ses préjugés, son despotisme, et jusque par la voix du sang espagnol qu'il tenait de sa mère, mais surtout par une analogie singulière de nécessités et de tendances politiques, pour le seconder et l'adopter. Lui aussi, il cherche à réaliser l'unité : l'unité dans l'État, après la Fronde, œuvre périlleuse, impossible peut-être sans le concours de l'Église. Il achète donc son alliance par ses concessions contre les réformés, et cette alliance se resserre tellement, qu'un beau jour l'impérieuse alliée se trouve maîtresse absolue du royaume, et ne laisse plus à Louis XIV que les vaines satisfactions de l'apparence du pouvoir avec le commandement de ses armées.

Un courtisan comparait un jour Pierre le Grand à Louis XIV dans un parallèle tout à l'avantage du Moscovite : « Il fut bien plus grand que moi, répondit Pierre ; mais je l'emporte sur lui en un point : c'est que j'ai pu réduire mon clergé à l'obéissance, et que Louis XIV a été dominé par le sien. » Paroles profondes et vraies. Ce barbare a défini et caractérisé d'un trait la plaie du grand règne. Le jugement de Pierre sera confirmé par l'avenir.

La révocation de l'édit de Nantes parut le 15 octobre 1685. Elle avait été rédigée en grande partie par le chancelier Letellier, créature du clergé. Elle interdisait l'exercice public de la religion réformée, mais permettait aux protestants de rester dans le royaume « sans pouvoir être troublés sous prétexte de religion. » Le maréchal de Noailles se plaignit par un mémoire de ce que cette clause allait arrêter les conversions. Alors parut une circulaire de Louvois (novembre 1685) qui fit mentir le roi à son parjure même en lui faisant violer une seconde fois sa parole royale. La persécution commençait. Est-il besoin que nous en redisions les lamentables épisodes? Trois cent mille Français (les historiens Erman et Reclam les portent à huit cent mille) s'acheminant à travers mille dangers vers un exil éternel et maudissant la patrie qui refuse de les nourrir ; ceux qui, restent réduits à choisir entre la messe et la prison ; les enfants arrachés à leurs mères ; les ministres pendus ou envoyés aux galères ; les femmes foulées aux pieds des chevaux ; les morts traînés sur la claie, hideux supplice qui torturait des cadavres et outrageait l'inviolabilité de la Mort ; le royaume entier couvert de sang et de ruines. Ah! nous laissons à d'autres le triste soin d'évaluer en francs et en centimes ce que la France y a pu perdre au point de vue industriel et commercial ; ce que nous voyons ici, c'est une question de justice et d'humanité, et non une question d'économie politique.

Justice et humanité ! deux notions inconnues à ce siècle tant vanté. Prenez ses hommes les plus illustres depuis le premier jusqu'au dernier : en chacun d'eux vous trouverez un apologiste, un complice de la persécution, sinon un persécuteur : Bossuet, dont on a voulu faire la plus haute personnification de l'esprit français, et qui est seulement la plus puissante individualité du clergé du dix-septième siècle ; Bossuet célèbre la révocation avec toute la pompe de ce style magnifique et sonore si bien fait pour les goûts fastueux de Louis XIV, mais qui pourtant est loin déjà de la vigueur, de la précision et de la grâce de Pascal : « Ne laissons pas de publier ce miracle de nos jours, faisons-en passer le récit aux siècles futurs. — Prenez vos plumes sacrées, vous qui composez les annales de l'Église ; hâtez-vous de mettre Louis avec les Constantin et les Théodose. » (Oraison funèbre de Letellier.) Mais Bossuet ne s'en tient pas aux paroles, il pratique et prêche d'exemple ; il dirige les intendants. — M. Legendre, intendant de Montauban, et M. de Bâsville, le féroce ennemi des protestants, lui soumettent leur plan de conduite et lui demandent ses conseils ; ils diffèrent sur quelques points de détails, mais sur les principes ils sont d'accord. Bossuet s'estimera heureux « de profiter de leur expérience. » (*Correspondance*.) Du reste, il faut lui rendre cette justice, il est plus modéré que la plupart de ses collègues : son intelligence l'élève au-dessus de ces tigres en chasubles. Le génie répugne aux brutalités de la force. Il a de prime abord mis le doigt sur les deux moyens les plus sûrs, quoique les plus lents en apparence, d'en finir avec les protestants : « Je crois qu'il faut se réduire à trois choses : l'une, de les obliger d'envoyer leurs enfants aux écoles catholiques, *faute de quoi chercher le moyen de les leur ôter.* » SINITE VENIRE AD

ME PARVULOS!) l'autre, de demeurer fermes sur les mariages. La troisième a trait aux instructions. » Demeurer fermes sur les mariages voulait dire annuler les mariages entre les protestants et en déclarer les enfants illégitimes. Or voici comment cet homme, qui conseille de demeurer *ferme sur les mariages*, parle à Louis XIV, vivant dans un double adultère avec madame de Montespan : Je ne demande pas, Sire, que vous éteigniez en un instant une flamme si violente, ce serait demander l'impossible ; mais, Sire, tâchez peu à peu de la diminuer. » Louis profita de ce conseil, et le *peu à peu* dura quatorze ans.

Après Bossuet, Fénelon, personnage fort compliqué, qu'on a voulu, je ne sais trop pourquoi, enrôler de force parmi les partisans de la tolérance. Cette cause l'eût honoré, mais n'eût point été honorée par lui. Elle se passe de son adhésion. Ame changeante, où le bien domine sans toutefois y régner assez absolument, il y a dans Fénelon un ambitieux et un courtisan qui me gâtent l'apôtre. Il est envoyé, en 1685, dans la Saintonge ; on voit par ses lettres qu'il comprend toute l'injustice et tout le danger des mesures violentes. Les voies de persuasion sont les seules qu'il voudrait voir employer ; mais il a la cour à ménager et son zèle à faire valoir. Laissons parler son rapport : « Je ne trouve presque plus de religionnaires à La Rochelle depuis que je paye ceux qui me les découvrent... Je fais emprisonner les hommes et mettre les femmes et les filles dans les couvents, de l'aveu et par l'autorité de l'évêque. » (Rapport de 1685.) — Il écrit à M. de Seignelay que la garde des lieux a besoin d'être renforcée. « Il me semble, ajoute-t-il, que l'autorité du roi ne doit se relâcher en rien. » (7 février 1686.) Cependant Fénelon se lasse de ce rôle peu conforme aux instincts tout évangéliques de son cœur ; il essaye les moyens de douceur et de conciliation ; mais aussitôt il est dénoncé, rappelé, et, cette fois encore, le courtisan l'emporte sur l'apôtre. Il se justifie auprès du roi par une lettre où il renie ses propres sentiments avec une flexibilité peu honorable. Il ne resterait donc à ceux qui s'autorisent de la lettre au prétendant, citée par Ramsay, pour faire de Fénelon un philanthrope malgré lui, qu'une seule ressource, celle de dire que sa tolérance lui vint lorsque plus tard il fut lui-même victime à son tour de la persécution religieuse qui frappa le Quiétisme. Elle serait alors moins méritoire; mais, même en acceptant ce jugement ainsi modifié, il n'est pas permis d'oublier que Fénelon appuya et provoqua toute sa vie, et par des voies odieuses (voir ses lettres au jésuite Letellier), les mesures de rigueur contre les jansénistes.

Est-il besoin de multiplier ces exemples? Fléchier approuve; c'est son métier, il est évêque. Massillon approuve; c'est encore tout simple, il est évêque; plus tard, il sacrera Dubois. Mais Fontenelle, ce sceptique! Mais La Fontaine, l'inoffensif et immortel bonhomme!... O spectacle navrant! Jean Lapin devenu féroce et possédé, lui aussi, de la rage qui aveugle ce siècle! Mais Arnaud, cette tête de fer, ce héros, ce martyr: « Ce sont, dit-il, des voies un peu violentes, mais nullement injustes. » Nullement injustes! Eh bien, tu iras à ton tour manger le pain amer de l'exil; tu mourras loin des tiens, pauvre, insulté, méconnu; ô grand Arnaud! et tes compagnons d'exil diront: « C'est bien fait; » et l'avenir doutera s'il doit voir autre chose en toi qu'un vulgaire fanatique.

Ajoutons à toutes ces adhésions celle de madame Deshoulières, la muse « des chères brebis et des prés fleuris; » et la plus curieuse de toutes, celle de madame de Sévigné, qui joint la naïveté à l'enthousiasme: « Rien n'est si beau que ce qu'il contient (l'édit de révocation). Jamais aucun roi n'a fait et ne fera rien de si mémorable! » Rien de cruel, dirons-nous à notre tour, comme une grande dame doublée d'un bel esprit. Il nous est impossible, malgré notre bonne volonté, de découvrir le côté esthétique de l'édit qui pouvait provoquer une admiration aussi passionnée. On raconte que Louis XIV, ayant un jour dansé avec madame de Sévigné, faveur insigne et disputée, celle-ci s'écria dans l'excès de son ravissement : « Avouez, mon cousin, que le roi est décidément un très grand homme. — Mais oui, répondit le spirituel Bussy, ce qu'il vient de faire me paraît vraiment héroïque.» Le roi n'aurait-il pas d'aventure dansé ce jour-là avec madame de Sévigné ?

## CHAPITRE II

### JÉSUITISME ET JANSÉNISME.

Mais nous entendons nos lecteurs se récrier : Nous avons raconté une persécution au dix-septième siècle, et nous n'avons pas même prononcé le nom de la compagnie de Jésus. Cette omission, si elle n'était justifiée, pourrait à bon droit passer pour une injustice dont les bons pères seraient les premiers à se plaindre. Car ils ont encore la prétention de vivre. Qu'ils demeurent en paix : ils ne perdront rien pour attendre. Leur part est assez belle pour n'avoir rien à redouter des réticences pas plus que des exagérations. *Sua mole stat.* Ce sont eux qui dirigent la conscience du roi dès le début du règne, d'abord par les pères Annat et Ferrier, puis par le père la Chaise, enfin par Letellier. Ils façonnent au joug cette âme superbe : leur joug est si léger! Ils préparent les voies du clergé; ils secondent et complètent son action. Bientôt Louis leur donne la feuille des bénéfices, c'est-à-dire la clef d'or qui ouvre les consciences. Ils deviennent les maîtres de l'Église de France. Bossuet les hait et les subit par crainte. Ils règnent. Comment auraient-ils pu rester étrangers à l'acte le plus important du siècle?

On aurait tort, pourtant de leur attribuer une part prépondérante dans la révocation, non qu'ils aient ressenti sur sa légitimité des scrupules qu'ils n'ont jamais connus, mais parce qu'ils étaient à cet instant même absorbés par une lutte bien autrement décisive pour eux. Je veux parler du jansénisme, — une question de vie ou de mort pour les jésuites. C'est donc à tort que les réfugiés, et surtout Jurieu, ont fait honneur de la révocation au père la Chaise. Cet homme, bénin et complaisant, dont la marquise de Montespan, sa pénitente, a si bien flétri les services ignominieux et l'indulgence intrépide par une qualification malséante, mais énergique et vraie[1], se préoccupait beaucoup plus de Port-Royal que de Genève. Il avait, comme tout le monde, donné son plan pour la conversion des hérétiques; mais il répugnait par tempérament aux voies violentes. A la fin pourtant, pressé par les solliciteurs de la mesure de joindre ses instances aux leurs, il n'hésita pas à user de son influence sur l'esprit du roi; mais il formula ses vœux d'une façon circonspecte et jésuitique, qui laissait une porte ouverte aux désaveux et aux apologies futures. « Le père la Chaise a promis qu'il n'en coûterait pas une goutte de sang. » (Lettre de madame de Maintenon.) Nous avons vu comment fut tenue cette promesse de jésuite. Quoi qu'il en soit, les pères se montrent peu sur ce champ de bataille; ils étaient à l'avant-garde et combattaient des ennemis plus jeunes.

Si les jésuites n'étaient qu'une société de religieux, et le jansénisme qu'une petite église de théologiens en révolte,

1. Elle le nommait « la chaise — de commodité. »

l'histoire passerait, sans plus s'y arrêter qu'à tant d'autres disputes de ce genre dont on a oublié jusqu'aux noms. Il resterait toutefois à expliquer les débats orageux et envenimés qu'ils ont si longtemps soulevés. L'humanité se passionne quelquefois pour des chimères, mais elle ne s'émeut profondément et durablement que pour des motifs qui intéressent sa conscience ou sa dignité. Or, le combat du jésuitisme et du jansénisme a duré deux siècles, et s'il a fini, c'est seulement faute de combattants, car le Catholicisme le porte encore aujourd'hui dans son sein, parce qu'il repose sur une contradiction radicale entre le dogme et la morale.

On sait la pensée qui a donné naissance aux jésuites. C'est, avant tout, une inspiration belliqueuse : ils sont nés le casque en tête, comme ils l'ont dit eux-mêmes dans l'*Imago primi sæculi*. L'église, au seizième siècle, est sur le point de succomber devant la Réforme. Ils se présentent à elle comme des sauveurs et la sauvent en effet. De là leur force singulière et unique vis-à-vis de leur obligée. Rien de plus dangereux que des sauveurs. Ils forment une église dans l'Église, ou plutôt, à la longue, l'Église c'est eux. Toute vie, toute énergie se réfugie en eux. Ils forment la réserve, l'élite, le bataillon sacré, la dernière espérance et le dernier rempart.

Nous ne redirons pas cette histoire. Leurs exploits sont connus. Mais suivez-les un seul instant du regard dans leurs rapports avec la papauté.

Paul III les établit par une bulle en 1540 ; il leur donne de prime abord la place d'honneur au concile de Trente : il a cru en effet créer une milice docile et dévouée au saint-siège. Il limite leur nombre à soixante. Trois ans après, il lui faut déclarer ce nombre illimité. Quinze ans plus tard, on en compte plus de mille. Ils ont des richesses immenses. Philippe II s'en sert et les protège. Ils couvrent le monde de leurs affiliés depuis Madrid jusqu'au Japon. Ils réalisent l'ambitieuse devise choisie par eux : *Totum impleat orbem*. Leur général, dont chaque congrégation nouvelle a augmenté le pouvoir et entre les mains de qui toutes ces volontés sont « comme un bâton dans la main d'un vieillard, » devient pour le pape non plus un sujet, ni même un allié, mais un rival, — bientôt un maître. Paul IV en prend ombrage. Il veut briser ce pouvoir exorbitant : le général, au lieu d'être élu à vie, ne le sera plus que pour trois ans. De cette façon, le véritable général de la Compagnie, ce sera le pape. Vous croyez que les jésuites vont résister, vous les connaissez mal. Ils courbent humblement la tête et laissent passer l'orage. « Le pape était octogénaire, dit naïvement leur historien[1]. Les jésuites attendirent. A sa mort, la Compagnie reprit ses usages. » Ils attendirent ! mot sinistre ! Ainsi, à cette date, la mort du pape fait partie de leurs espérances. Voilà comment ils remplissaient le vœu d'amour et d'obéissance envers le saint-siège !

Quelque temps après, Pie V reprend l'œuvre abandonnée de Paul ; mais cette tentative échoue aussi misérablement que la première. La société poursuit sa marche envahissante et répond aux plans de ses réformateurs par les soixante-dix-neuf décrets de la congrégation de 1581, qui fortifie encore le pouvoir du général et donne Acquaviva à la Compagnie. Acquaviva, c'est-à-dire le plus grand politique qu'ait produit la Société de Jésus.

Ignace, il faut bien l'avouer, n'eut jamais qu'une intuition fort incomplète des destinées du jésuitisme. En revenant au monde vingt ans après sa mort, il n'eût pas reconnu l'Ordre : c'est Marianna, un jésuite qui l'affirme. Il lui restera sans doute la gloire d'avoir conçu la discipline qui a

---

1. Crétineau-Joly.

fait l'unité de la Compagnie ; mais une discipline est un instrument et non un but. Or, le seul but qu'Ignace ait eu en vue est l'extermination des hérétiques, ambition louable sans doute, mais bien modifiée après lui. C'est sous ses successeurs que l'Ordre choisit et manifeste ses véritables desseins ; sous Acquaviva il en commence la réalisation. Placé entre Philippe II et Sixte-Quint, c'est-à-dire entre deux ambitieux tout-puissants, dont l'un, le roi, aspirait à être pape, et dont l'autre, le pape, aspirait à être roi, et qui tous deux cherchaient à se rendre maitres de la Compagnie, il se maintient sans armée et sans combat contre ses formidables compétiteurs, et à sa mort rend à son successeur un pouvoir plus fort et plus affermi que jamais.

Les réformes de Rome, comme plus tard celle des rois ennemis de la Société, ont constamment eu pour objet le généralat : c'est en effet la clef de voûte de l'édifice. Celles que projeta Sixte-Quint portèrent aussi sur le même point. Il les signifia d'une voix impérieuse qui n'admettait ni délai ni refus. L'heure était grave pour les jésuites. D'une part, obéir c'était la mort ; d'une autre, comment résister au pontife le plus inflexible qu'ait eu Rome ? Il fallait trouver un moyen terme : Acquaviva le trouva. Il protesta avec une humilité affectée de son entière soumission aux décisions du saint-siège ; seulement, le jour où il comptait promulguer sa réforme, le pape reçut signification d'une opposition à ses projets formée par l'empereur Rodolphe, par Philippe II, par le roi Sigismond et par le duc de Bavière. Sixte-Quint dévora sa colère et céda. Battu sur ce point, il revint à la charge peu de temps après avec sa ténacité habituelle.

Ce nom de Jésus, choisi par ses ennemis jurés comme un mot de ralliement, ou plutôt comme une égide sacrée pour tous, importunait son orgueil et irritait sa haine. « Quelle espèce d'hommes sont-ils donc, s'écria-t-il, qu'on ne puisse les nommer sans se découvrir la tête ? » Il leur ôtera donc ce titre glorieux et envié de Compagnie de Jésus. Acquaviva fait ses remontrances qui ne sont point écoutées. Alors il cède. Seulement encore le jour où le pape se propose de publier sa décision, le sacré collège tout entier vient le supplier solennellement d'y renoncer, et Sixte-Quint meurt sans s'être vengé. Les renards ont vaincu le lion.

A partir de cet instant ils sont les maîtres. L'Église leur appartient. Sixte-Quint, le dernier des Romains, a plié devant eux ; que feront ses pâles successeurs ? Clément XIII a encore des velléités d'indépendance, mais il n'ose pas secouer le joug. Ils inondent les écoles de leurs docteurs, les chaires de leurs prédicateurs, le sacré collège de leurs créatures. Ils dirigent les conclaves et font les papes. Ils règlent le dogme, la morale, la discipline. Qui comptera leurs théologiens ? ils vont par centaines, par mille et par mille. C'est un dénombrement d'Homère : Sanchez, Suarez, Diana, Tamburini, Vasquez, Molina, Valentia, Bauny, Ponce, Lemoine, Garasse, Bellarmin, Henriquez, Squillanti, Bobadilla, Cellot, Reginaldus. et toi immortel Escobar ! et les vingt-quatre vieillards, et Lessius, et Tannerus, et Layman, et le subtil Filiutus, Sirmond, Comitolus, Lamy, Bary, Pétau, Pintereau, Crasset et le solide Brisacier, Filleau, Hurtado, Fagundez, Corbuda, etc., etc., etc. ; héros méconnus, tombés dans les noires limbes de l'oubli, et qui furent à eux seuls « la vaillance et l'honneur de leur temps. » Deux saints de l'empyrée, François de Sales et Charles Borromée sont leurs élèves et répandent leur doctrine. Le jésuitisme n'est plus une secte, il est la plus haute expression du catholicisme moderne ; il en formule la dernière transformation, ou, si l'on veut, la dernière maladie. Le monde s'éloignait de l'Église, l'Église va au devant du monde, mais ce n'est plus avec ce visage austère et chagrin des premiers jours. « La vertu n'est point une fâcheuse, disent les nouveaux docteurs. La dévotion est aisée ; il y a eu des saints pâles et mélancoliques, ceux d'aujourd'hui sont d'une complexion plus heureuse : ils ont abondance de cette humeur douce et chaude, de ce sang bénin qui fait la vie. » (Le P. Lemoine, *Dévot. aisée*.) Il y a eu sur la prédestination, le péché originel et le petit nombre des élus, des dogmes effrayants qui nient la liberté de l'homme et punissent sur les enfants le crime de leur père. Transigeons : l'homme sera libre, son salut ne dépendra plus que de lui seul. Le sacrement de pénitence rebute beaucoup de gens par les conditions presque irréalisables que doit réunir la véritable contrition. Transigeons encore : nous substituerons l'attrition à la contrition, et tout le monde sera content. Nous remplacerons la prière et les austérités de l'ascétisme par mille pratiques plus commodes et aussi infaillibles, « comme d'avoir jour et nuit un chapelet au bras en forme de bracelet, ou de porter sur soi un rosaire ou une image de la Vierge. » Le monde fut séduit ; on lui rendait si doux les âpres sentiers qui mènent au ciel ! Au moyen des restrictions mentales et de la direction d'intention, il fallait être bien mal disposé pour ne pas faire son salut !

Sur un point pourtant les nouveaux conducteurs se montraient plus exigeants que les anciens. « Lorsque la Société fut établie, disent-ils dans l'*Imago*, etc., on ne communiait qu'une fois l'an et on ne se confessait guère qu'à Pâques ; ceux qui le faisaient deux ou trois fois passaient pour des hommes d'une rare sainteté. » Sous leur direction, on en vint à communier tous les jours. Mais cette dérogation apparente à leurs habitudes de rendre la religion facile et attrayante n'est qu'une conséquence de leur système de donner plus à la forme qu'au fond et de rendre plus fréquents les rapports entre le prêtre et le pénitent, j'allais dire le client. Ajoutez à ceci un culte de leur invention qu'ils forcent la papauté à adopter et à consacrer malgré ses répugnances après de long débats, le culte du Sacré Cœur.

et vous aurez un aperçu sommaire des innovations importées par les jésuites en matière de dogme. C'est une transaction évidente entre le sens commun et l'idée catholique : on sacrifie au sens commun le dogme de la grâce, qui de tout temps a révolté la conscience humaine ; mais œil pour œil et dent pour dent : le sens commun, de son côté, ira un peu plus souvent à confesse et portera des scapulaires. Ici se dégage déjà la formule générale de l'œuvre des jésuites, le probabilisme ; car qu'est-ce que le probabilisme, si ce n'est un compromis entre la révélation et la raison humaine ? Je sais bien que le probabilisme ne fut à son origine que la médiation de la raison entre deux opinions controversées, mais cette méthode s'appliqua plus tard à tout l'ensemble de la doctrine catholique, et le premier livre qui afficha la prétention d'accorder la Foi avec la Raison fut l'œuvre d'un jésuite. (Thomas Bonartes, *de Concordiâ scientiæ cum fide.*)

Était-ce pour le platonique plaisir de réconcilier la religion et la philosophie que les jésuites inventaient le probabilisme ? Non ; tant de candeur n'était pas compatible avec leur politique : ils laissèrent à d'autres cette mystification ou cette duperie. Ils voulaient gagner le monde, ces hommes positifs, et non se livrer à l'exhibition d'un phénomène à deux têtes pour l'amusement des badauds. Aussi ne prirent-ils de la philosophie que ce dont ils avaient besoin, la faisant servir aux plus vils usages, sans se soucier autrement de sa prétendue fraternité avec sa sœur putative la religion.

Ils apportèrent dans les questions morales le même esprit que dans les questions de dogme : ils transigèrent. Mais avec qui, cette fois ? dira-t-on, car la raison et la morale ne sont qu'un. Ils transigèrent avec tous les vices, tous les appétits brutaux, toutes les passions mauvaises de la nature humaine : avec l'usure, avec l'avarice, avec la vanité, avec le vol, avec l'envie, avec l'homicide. Quant à la calomnie, ils ont fait avec elle un pacte qui ne sera jamais rompu. Tout ceci était admirablement combiné pour charmer les générations corrompues de la fin du seizième siècle. Les pénitents affluèrent : résultat concluant. Grâce à lui, la morale devint le terrain favori du probabilisme; Escobar, Filiutius et leur bande en promulguèrent le code; par malheur, la morale est chose délicate et peu sujette à interprétation. Qu'on applique le probabilisme au dogme, la tradition seule en souffre; mais aussitôt qu'on ose toucher à la morale, un témoin invisible se dresse devant les prévaricateurs, attestant la vérité outragée; ce témoin, c'est la conscience humaine, casuiste infaillible et immortel qui vit à la fois en tous et en chacun. Au dix-septième siècle, il se nomma Pascal.

En matière disciplinaire, c'est-à-dire en tout ce qui touche au gouvernement de l'Église, l'influence des jésuites n'est pas moins visible. Ils le refont à leur propre image. Leur général exerce un pouvoir illimité et sans contrôle, il en sera de même du pape; ils le débarrassent de l'élément démocratique : les conciles. Lorsque s'ouvre le concile de Trente, ils viennent de naître; n'étant pas assez forts pour l'empêcher de siéger, ils se contentent de le dominer au moyen de leurs orateurs, Laynez et Salmeron : mais il sera le dernier des conciles œcuméniques : à quoi bon les conciles? Leur Bellarmin n'est-il pas là pour démontrer que le pape est infaillible, même dans les questions de fait, opinion bien digne d'être soutenue par un des juges de Galilée ! (Bellarmin fit partie de la commission qui condamna ce grand homme.) Au besoin ne prouvera-t-il pas, par mille raisons fort probables, les droits du pape sur les rois? (*De summâ potestate pontificis in rebus temporalibus, adversûs Barclaium*). Quoi d'étonnant que, sous la direction de pareils conseillers, la papauté se soit abandonnée à la pente funeste qui l'entraînait à usurper tous les pouvoirs de l'Église? On s'est demandé quel intérêt les jésuites avaient à pousser les papes dans cette voie : un intérêt bien simple ; il n'est point facile de gouverner un concile, mais il est aisé de gouverner un pape.

Tels sont les éléments apportés par les jésuites au catholicisme. Ils se sont vantés, dans un livre qui contient tous les secrets de leur politique et de leur ambition, d'avoir changé la face de la chrétienté ; il n'y a là ni forfanterie ni exagération, mais la simple énonciation d'un fait très réel. Qu'on nomme leur œuvre une rénovation ou une semence de mort, elle s'est tellement incorporée au Catholicisme qu'elle en est désormais inséparable. Ils lui ont communiqué cette souplesse infinie qui était en eux, cette complaisance aux interprétations qui fait que l'idée catholique, primitivement si inflexible, peut, nouveau Protée, revêtir tour à tour mille formes diverses, et donner des gages à toutes les philosophies. On peut être sensualiste avec les bons pères, sceptique avec l'évêque d'Avranches, spiritualiste avec Bossuet, mystique avec Liguori, sans cesser pour cela d'être catholique. Il est avec le ciel des accommodements. De même on y trouve des armes pour toutes les politiques : soyez démocrate avec la Ligue, adorez le roi absolu sous Louis XIV ; vous avez raison aujourd'hui comme vous aviez raison hier ; *è sempre bene*. Ces habiletés ont sans doute servi pour un temps la cause de l'Église en lui conservant des fidèles dans les camps les plus opposés ; mais à quel prix ! Quelle infériorité du système nouveau au point de vue logique ! Quel abaissement au point de vue moral ! quel effacement de toute grandeur et de toute austérité ! Les petites pratiques et les petits artifices de la dévotion aisée succédant aux bonnes œuvres ; les oraisons jaculatoires remplaçant les longues prières et les contemplations sans fin du moyen âge ; le culte des saints empiétant de plus en plus sur celui de Dieu ;

« les petites ficelles » de la discipline jésuitique (voir les exercices spirituels) substituées aux effrayantes macérations et aux dures pénitences des premiers temps ; que de poésie sacrifiée à des expédients d'un succès douteux ! Or, les religions vivent de poésie. Comment les jésuites, qui ne furent eux-mêmes d'abord qu'un produit de cette grande et critique transformation du Catholicisme moderne, en vinrent-ils à l'absorber en eux, de telle sorte qu'ils en sont devenus l'incarnation vivante, et qu'on ne saurait mieux la définir qu'en les définissant eux-mêmes, ni mieux la nommer qu'en lui donnant leur propre nom : le jésuitisme ? C'est le secret de leur histoire, de leur génie adroit et persévérant, et surtout de cette règle fameuse qui a remplacé le précepte de l'Évangile : « Aimez-vous les uns les autres, » par celui-ci : « Dénoncez-vous les uns les autres » (*manifestare sese invicem*) ; ce qui était détruire dans l'Ordre toute personnalité humaine et toute volonté individuelle, mais pour donner un ressort infini et une force irrésistible à celle de la société et au système qu'elle représente.

Toute révolution nouvelle amène tôt ou tard une réaction : le jésuitisme trouva la sienne dans le jansénisme. On ne voit guère habituellement dans le jansénisme qu'une théorie sur la grâce et un retour fortement marqué vers l'esprit de la primitive Église. C'est en méconnaître les côtés les plus caractéristiques. Le jansénisme est une réaction complète et catégorique contre toutes les théories importées par les jésuites. Sur tous les points où ceux-ci ont affirmé, il nie. En matière de dogme, il nie leurs innovations sur la grâce, sur les sacrements, aussi bien que le culte dont ils sont les inventeurs ; en matière rituelle, il nie les mille variantes qu'ils ont introduites dans la pratique de la dévotion afin de la rendre attrayante ; en matière morale, il attaque les restrictions mentales, la direction d'intention, les capitulations de conscience et le probabilisme tout entier. En matière disciplinaire, l'opposition est tout aussi tranchée : les jésuites ont abaissé et humilié, autant qu'il a été en eux, le pouvoir épiscopal ; le jansénisme le glorifie en toute occasion et en invoque de tous ses vœux la restauration (voir le *Petrus Aurelius*). Les jésuites ont élevé l'infaillibilité des papes sur les ruines de l'autorité des conciles ; le jansénisme, d'abord timide dans ses attaques contre la papauté, passera plus d'un siècle à en appeler du jugement des papes à celui « du futur concile. » Il en appelle encore aujourd'hui. En politique, enfin, les jésuites appuient l'absolutisme de Louis XIV ; les jansénistes sont pour les assemblées, dans l'État comme dans l'Église, pour le parlement comme pour les conciles. On le voit, la contradiction ne saurait être plus nettement prononcée ni plus universelle. De là l'acharnement des deux partis, acharnement qui s'assouvira jusque sur des cadavres, et qui serait inexplicable s'il n'avait eu pour point de départ qu'une thèse de théologie.

Cette réaction fut l'œuvre spontanée d'un petit nombre d'hommes isolés qui se connaissaient à peine. Selon Bayle, Arnaud enseigna le jansénisme avant Jansénius lui-même. C'est sur la grâce que le débat s'engagea. Le jésuite Molina avait publié, en 1588, un livre où, contrairement à la tradition constante de l'Église, il faisait dépendre le salut de l'homme non plus de la miséricorde divine, mais de son libre arbitre et de ses œuvres. Pour employer les termes de l'école, il soutenait « qu'il y a une grâce *suffisante* donnée à tous les hommes, mais il dépend de ceux-ci de la rendre *efficace* ou non *efficace* à leur gré. » Donc plus de vaines terreurs ; tout homme tient dans sa main son éternelle destinée : est élu celui qui veut l'être. Jansénius, Saint-Cyran, Arnaud, n'eurent aucune peine à prouver combien cette doctrine était contraire aux opinions des pères, et surtout de saint Augustin, le saint des jansénistes.

Qu'est-ce, disaient-ils, que cette grâce suffisante qui ne suffit pas ? A quoi sert-elle, s'il dépend de l'homme de la recevoir ou de la rejeter ? Que signifie ce mot, « les élus, » appliqué aux justes, sinon une détermination spéciale de la volonté de Dieu à leur sujet ? un choix enfin...

Mais si les jésuites avaient tort, au point de vue théologique, combien leur opinion n'était-elle pas plus humaine, plus morale, plus philosophique que celle de leurs adversaires ! Sur ce détail de la querelle, la conscience et la raison étaient avec eux ; c'est là ce qui fit leur force et, en définitive, leur donna la victoire. Du reste, ils avaient en réserve des arguments plus décisifs, et ils ne se firent pas faute d'en user dans les questions où le bon sens et la justice étaient du côté de l'ennemi : c'était l'innombrable phalange de leurs protecteurs et de leurs adhérents. « Vous n'êtes pas dans le Catholicisme, leur disaient les jansénistes. — Non, répondirent-ils, c'est le Catholicisme qui est en nous. »

« La maison est à nous, c'est à vous d'en sortir. »
(*Tartufe.*)

La guerre ainsi allumée se poursuivit avec des chances diverses sur ce terrain étroit jusqu'en 1656, où Pascal la transporta dans des régions nouvelles par ses immortelles *Lettres provinciales*. Ce livre divin, fruit du premier enfantement de la langue française, porte en chacune de ses pages le charme ineffable et la grâce heureuse des premiers-nés. Une plume française a osé écrire que Pascal n'avait pas le génie créateur [1]. Il créa une langue, et cela

---

1. M. Cousin : *des Pensées de Pascal*. M. Cousin doit son style à Pascal. Il y a donc de sa part ingratitude autant qu'injustice. Il ne lui dénie pas absolument la gloire d'avoir fixé la prose française, mais il la lui fait partager (ce qui est la lui ravir). Devinez

sans efforts, sans tâtonnements, sans ébauches, d'un seul jet : *in sex dies*. Jusqu'à Pascal, il y a la langue de Rabelais, la langue de Calvin, la langue de Montaigne ; la langue française n'existe pas. Il faut ajouter qu'il la créa sans le vouloir ; car ce grand esprit méprisait souverainement les rhéteurs. Il s'était fait le vengeur de la morale, et ne cherchait point d'autre gloire que celle du devoir accompli. Pour lui la parole était un instrument, non un but ; une traduction de la pensée, non un ornement. Mais comme la pensée était grande, la parole montait naturellement au niveau de la pensée. Il fit revivre en lui l'ironie de Socrate, rajeunie et aiguisée par la verve gauloise, en y joignant une force de logique, un feu, une passion, qui forment une éloquence incomparable. Voltaire est sans doute un lutteur plus complet et plus terrible, mais il est moins sympathique, parce que chez lui c'est le plus souvent le bon sens qui s'indigne, et que chez Pascal c'est le cœur. On sent qu'il est sous l'empire d'une émotion intime, profonde, dévorante. Longtemps il essaye de la contenir, mais c'est en vain ; elle le possède, le domine, le déborde, et lui dicte sa seizième lettre. Aussi Pascal sourit-il quelquefois, mais il ne rit jamais.

A l'apparition des *Petites lettres*, les jésuites furent comme foudroyés et anéantis. Eux d'ordinaire si prompts à la réplique, si riches en arguments et en invectives, ils demeurèrent sans voix et sans regard. On les cherchait et on ne les trouvait plus. Peu à peu pourtant ils reprirent leurs esprits et balbutièrent une espèce d'apologie où ils se bornèrent à contester, selon leur éternelle tactique, la

---

avec qui ? Avec Descartes, ce Hollandais. N'était-ce donc point assez d'avoir attribué à Descartes toutes les découvertes scientifiques de Pascal, qu'il faille encore égaler les périodes lourdes et diffuses des *Discours de la méthode* à la phrase lumineuse et pure des *Provinciales* ?

fidélité des citations extraites de leurs livres. Un siècle plus tard, ils devaient contester de même les énormes compilations du parlement, et aujourd'hui encore ils nous opposent cette fin de non-recevoir. « Les menteuses ! » ont-ils osé dire en parlant des *Provinciales*. Blasphème inutile ! entre Pascal et les jésuites le monde a prononcé, et, de l'aveu même de leurs amis, ils ne se sont jamais relevés du coup que ce livre terrible leur a porté.

« Qui ne connaît pas Port-Royal ne connaît pas l'humanité, » a dit un homme célèbre par ses aphorismes. Ce mot manquerait de justesse si Port-Royal n'avait pas eu Pascal. Il y a en effet parmi les jansénistes de fermes caractères, de grands talents qui se font humbles et petits, des cœurs pieux et sincères ; mais ce qui leur manque, c'est précisément le côté humain. Ce ne sont plus des hommes, ce sont des idées et des systèmes. Ils ne révèlent aucun élément nouveau de la nature humaine. Les Stoïciens, qui comme eux voulurent retremper un culte expirant aux sources vives de la morale éternelle, et échouèrent dans leur tentative ; les Stoïciens, qui possèdent toutes leurs sympathies et qui ont avec eux un rapport frappant de ressemblance et de parenté, avaient, bien des siècles avant eux, montré au monde étonné des volontés aussi inflexibles et des vertus aussi pures. Pour tout dire enfin, il y a dans les solitaires je ne sais quelle sécheresse pédante et dogmatique, et quelle froide rigidité qui éloigne et repousse. Ils ont la charité ; qui le nierait en contemplant leurs œuvres ? mais ils n'en ont ni l'onction ni le charme irrésistible ; ils la pratiquent par devoir, non par sentiment. Ils n'aiment pas. Un feu sombre brille dans tous leurs écrits, mais il éclaire sans échauffer. En tous enfin il y a des âmes peu communes, dans Pascal seul on sent palpiter une grande âme.

Ce jeune homme austère, dévoué à une mort prématurée, sera toujours une des plus touchantes figures du passé. Il a les deux grands signes de l'humanité : il aime et il souffre. On s'arrête irrésistiblement devant ce beau visage, fier, doux, résigné, jeune surtout, et d'une éternelle jeunesse ; mais je ne sais quelle influence fatale en attriste la grâce sans la flétrir. On pressent un mystère. Quel mystère plus douloureux en effet que la vie de Pascal dans ses dernières années, et telle que les *Pensées* nous l'ont révélée ! Quelle soif héroïque de vérité et d'absolue certitude ! Puis successivement quels combats désespérés entre la foi et la raison ! quel suicide raisonné et systématique ! C'est « la *speranza di morte* » dont parle le poëte de l'Enfer. Par ce côté, Pascal a devancé son siècle et deviné le nôtre. Chez Descartes le doute est un jeu d'esprit, une méthode, le point de départ même de la science. Plus tard, au siècle suivant, on cherche encore le doute par esprit de prudence et de sagesse, en haine du dogmatisme religieux ; mais ni les uns ni les autres n'en souffrent. Chez Pascal, le doute est déjà une douleur et une maladie. Il est victime d'abord de ces redoutables problèmes insolubles à la raison humaine, qui ont de tout temps attiré et perdu les plus hautes intelligences ; puis de la doctrine dont il a formulé les tristes tendances dans ce mot célèbre : « Abêtissons-nous. » Retombé sur la terre, comme Icare, des hauteurs inaccessibles du ciel métaphysique, ébloui, découragé, vaincu, il veut descendre plus bas encore, il cherche les abîmes ténébreux du Mysticisme. Mais là non plus il ne trouvera pas le repos ; la Raison méconnue proteste et se venge par des souffrances sans nom. Le vautour de Prométhée le poursuit et l'atteint partout. Du reste, il a beau descendre : ces abîmes n'ont pas de fond. Voilà le véritable précipice qu'il voyait, dit-on, sans cesse ouvert à ses côtés. A la fin, ce sens si droit, si net, si ferme, si exquis, s'y égara, et Pascal porta des amulettes.

Tout inachevés qu'ils sont, les fragments que Pascal destinait à une apologie de la religion catholique permettent d'en juger le plan général, qui rentre admirablement, quoi qu'on en ait dit[1] dans la donnée janséniste. Pascal, battant en brèche la Raison pour forcer l'homme à se réfugier dans les bras de la Foi, est infiniment plus logique et surtout plus janséniste qu'Arnaud, qui pactise ouvertement avec les idées philosophiques de son temps. Nous avons vu la tentative des jésuites pour réconcilier le monde avec la religion, la philosophie avec la foi. Il est bien entendu que dans leur pensée, c'est la philosophie qui payera tous les frais de la réconciliation, et qu'ils ne lui font d'apparentes concessions que pour l'asservir plus sûrement. Mais enfin le sens général de leur probabilisme n'en est pas moins une avance très évidente faite au sens commun, à la raison, à la philosophie, en un mot. Or le jansénisme est précisément une protestation contre ce système équivoque et menteur, contre cette alliance adultère qui détruit à la fois toute philosophie et toute religion, sous le prétexte hypocrite de les faire vivre en bonne harmonie. Le lumineux bon sens de Pascal repousse la théorie des accommodements en matière de religion, comme il la repousse en morale. Il met en présence, d'un côté, la Foi avec ses mystères et ses prétentions inadmissibles à la Raison humaine ; de l'autre la philosophie, avec son impuissance à établir une certitude quelconque en métaphysique ; et somme le lecteur de choisir entre le repos du croyant ou l'éternelle inquiétude du penseur. Pour lui, il choisit la Foi, et renie le libre examen ; et en cela il est non-seulement dans la grande tradition catholique, il est encore plus dans la logique du jansénisme. Les jansénistes ne sont-ils pas les fils spirituels de ce saint Augustin qui s'écriait : *Credo quia absurdum!*

---

1. V. Cousin, *des Pensées de Pascal.*

Ce sommaire exposé des doctrines de Port-Royal est sa seule et véritable histoire : les idées y sont tout et les faits n'y sont rien. Aussi, peut-on à bon droit s'étonner de la ridicule importance qu'on a voulu donner à des événements et à des personnages fort insignifiants, qui n'avaient aucune raison pour sortir de l'ombre où le destin les avait sagement confinés. Mais quand la critique se met à déterrer les morts, elle n'y va pas de main morte. On a retourné de fond en comble le cimetière de Port-Royal. Et après l'exhumation, la réhabilitation. Nous avons eu MM. Bazile, Bourdoise, Ferrand, Singlin, Marion, Vitard, Floriot, Gaudon, etc. ; et en femmes, après la mère Angélique : sœur Christine, sœur Agnès, sœur Isabelle, sœur Marie-Claire, sœur Marie Briquet, etc. ; toute une interminable kyrielle de saintes oubliées, et de saints parfaitement fossiles. Laissons dormir en paix ces honnêtes trépassés. Je te fais grâce, ami lecteur, des exploits de la mère Angélique dans cette journée du guichet dont il a tant été parlé, des sonnets de la petite Jacqueline et même des perfections transcendantales et des charmes un peu mûrs de madame la duchesse de Longueville, qui fait encore aujourd'hui des malheureux dans la métaphysique. Ces graves bagatelles peuvent trouver leur place dans le cabinet d'un antiquaire monomane, mais il leur est défendu d'entrer dans le musée de l'histoire.

Les persécutions que le jansénisme eut à souffrir d'abord sous Richelieu, puis sous Louis XIV, seraient à la rigueur suffisamment, non pas motivées, mais expliquées par le seul énoncé de ses doctrines. Les oppositions se donnent volontiers la main ; et qui ne voit, du premier coup d'œil, la parenté du jansénisme avec l'opposition parlementaire ? Tenir pour les conciles, c'est-à-dire pour le régime des assemblées dans l'Église, n'est-ce pas tenir aussi pour le régime des assemblées dans l'État, c'est-à-dire pour les parlements? Des deux côtés, vous trouvez même rigorisme, même zèle pour les vieilles maximes, même tendance, même physionomie. Le jansénisme est une réaction contre les jésuites. Le parlement leur fait la guerre depuis qu'ils sont nés. De là l'appui que rencontre la secte dans la magistrature et dans la haute bourgeoisie. Tous les mécontents se rallient autour d'elle. Elle sympathise secrètement avec la Fronde ; et, après le combat, ouvre un refuge aux ambitieux vaincus. Le duc de Luynes y prend ses invalides, et Gondi, cet homme de génie avorté, y vient méditer sur les jeux de la fortune. Deux héroïnes sur le retour, l'Armide et la Clorinde de ces guerres galantes, mesdames de Chevreuse et de Longueville, se font admettre dans la petite église et viennent y pleurer, sous la direction des solitaires, leur beauté et leur jeunesse évanouies, bien plus encore que leurs égarements.

Dès 1653, les jansénistes avaient été condamnés à Rome par Innocent XI. Une distinction subtile leur servit à parer ce coup. Ils ne nièrent pas un seul instant que les propositions condamnées ne fussent en effet condamnables ; ils nièrent seulement qu'elles fussent contenues dans le livre de Jansénius. Or le pape n'étant pas, selon eux, infaillible dans les questions de fait, avait le droit de réprouver la doctrine, mais non celui de l'attribuer à Jansénius, puisque les yeux des simples mortels ne la découvraient pas dans son livre. Cette distinction montre à nu l'impuissance de l'absolutisme religieux. C'est une irréfutable réduction à l'absurde. Car voici les partisans de l'infaillibilité logiquement forcés de l'admettre même dans les questions de fait, sous peine d'en détruire toute l'efficacité. Refuser au juge prétendu infaillible le droit de condamner le docteur en même temps que la doctrine, n'est-ce pas enchaîner sa main et briser son glaive ? Quand on sort une fois des droites voies de la raison pour entrer sur le mouvant terrain des systèmes qu'elle proscrit, il faut, par une juste punition, le parcourir jusqu'à ses extrêmes limites, car l'erreur a sa logique comme la vérité. En soutenant l'infaillibilité du pape en matière de fait, les jésuites ne firent que tirer la conséquence forcée des principes qu'ils défendaient. L'archevêque de Toulouse rédigea, à leur instigation, un formulaire, espèce de profession de foi où la question de fait était habilement confondue avec la question de droit. En sorte qu'on ne pouvait refuser son adhésion à l'une sans la refuser en même temps à l'autre. Voici cette pièce :

« Je condamne de cœur et de bouche la doctrine des cinq propositions de Cornélius Jansénius, contenues dans son livre *Augustinus*, que le pape et les évêques ont condamné ; laquelle doctrine n'est point celle de saint Augustin, que Jansénius a mal expliquée et contre le vrai sens de ce docteur. »

Dans ces six lignes insignifiantes, il y a des larmes, des proscriptions, des misères sans nom ; il y a cinquante mille lettres de cachet, tout un monde de douleurs et de colères qui s'incarnera un siècle et demi plus tard dans le régicide Grégoire.

Parmi les adhérents de Port-Royal, la plupart se refusèrent à signer, quelques-uns abjurèrent, d'autres moururent de douleur après avoir signé. Louis XIV, à son avènement, fit fermer leurs écoles. Toutefois, cette première persécution se ressentit de la bénignité de Mazarin et des préoccupations du nouveau roi. On n'est point jeune impunément.

En 1669, grâce à la protection de Lyonne, de madame de Longueville, de la princesse de Conti, et surtout aux conciliantes dispositions de Rospigliosi (Clément IX), la secte vit tout à coup s'adoucir son sort. Les jansénistes

5.

sont présentés à la cour, accueillis et flattés par le maître. Louis embrasse d'Andilly à la vue de tous les courtisans, et fait un ministre de Pomponne, son fils, le neveu du grand Arnaud. Celui-ci, à qui on offre le chapeau de cardinal, et qui le refuse pour rester chef de parti, se joint à Bossuet afin d'écraser le protestantisme, et publie son livre de la *Perpétuité de la Foi*. Leurs prédicateurs remontent en chaire et font entendre leurs voix si longtemps muettes. Le formulaire est modifié dans le sens de leurs idées. On ne leur demande plus que la condamnation pure et simple des propositions, sans y ajouter le nom de Jansénius. Le pape affecte de s'applaudir de cette prétendue réconciliation, dont il a fait tous les frais, et frappe une médaille qui proclame *urbi et orbi* la paix de l'Église.

La paix de l'Église ! ce mot ne vous semble-t-il pas une ironie ? et fut-il jamais un plus solennel mensonge ? La paix est-elle possible sans l'unité ? et où se cache-t-elle cette unité si vantée de l'idée catholique ? Mes yeux la cherchent en vain. Interrogeons le dix-septième siècle lui-même, qui est l'époque où le catholicisme, débarrassé des rêveries scolastiques du moyen âge et éclairé par les grands débats critiques de la Réforme, se formule avec le plus de rigueur et de précision ; interrogeons-le à cette date mémorable de la paix de l'Église : tous ces hommes, tous ces partis jurent par le Crucifié et par son symbole : mais qu'y a-t-il de commun entre eux, si ce n'est une lettre morte : *Verba vocesque ?* Quel rapport y a-t-il entre la morale pure et austère de Pascal et la morale corrompue des jésuites ? Et à quoi bon proclamer cet accord hypocrite, s'il n'a pour objet que des dogmes insignifiants et s'il y a désaccord sur toutes les questions vitales, pratiques à tel point que l'homme élevé par Pascal diffère autant du disciple des jésuites, que peuvent différer deux sectateurs de religions opposées ? La paix de l'Église ! Mais ouvrez les yeux. L'hérésie est partout, l'orthodoxie nulle part. Bossuet rêve la déclaration de 1682 et approuve le livre de Quesnel. — Hérétique ! Fénelon rêve le quiétisme. — Hérétique ! Les jansénistes rêvent leur prochaine revanche. — Hérétiques ! Les jésuites enfin qui sont orthodoxes à Paris, ne sont-ils pas hérétiques en Chine et païens au Malabar ? A qui croire au milieu de cette Babel ? Où est la vérité ? où l'erreur ?

Ce chaos d'incertitudes et de contradictions, se révélant ainsi soudainement au sein du système religieux le mieux coordonné qui fut jamais, et cela du vivant des plus beaux génies qui aient honoré un culte, et au moment même où un roi puissant vient de lui prêter son glaive et de frapper ses ennemis, est un spectacle qui n'étonnera que les esprits peu familiarisés avec ces grandes crises de l'histoire qui accompagnent la naissance et la décadence des religions. Outre cette part nouvelle de vérité morale qu'elle apporte au monde et qui fait qu'on l'adopte, toute religion née viable a et doit avoir la prétention de résoudre définitivement les terribles problèmes que la conscience humaine s'est posés depuis qu'elle existe : Dieu, l'âme, l'origine du mal, la destinée, etc. Or, ces problèmes étant la plupart insolubles à l'intelligence humaine, ou du moins se prêtant à presque autant de solutions diverses qu'il y a d'esprits différents, il s'ensuit qu'ils deviennent à la longue, pour les systèmes religieux qui en donnent l'explication, autant de sujets de discorde et de causes de mort. Tant que le système répond aux besoins, à la mesure des intelligences, et tant qu'il est en lutte avec ses rivaux, ces éléments de ruine sommeillent en lui ; ils existent, mais à l'état latent. Ses partisans sont encore plus unis par leurs dangers communs que par leurs communes croyances ; mais est-il une fois délivré de ses ennemis extérieurs, l'anarchie qu'il portait dans ses flancs se réveille pour le dévorer : il se trouve alors qu'il renfermait autant de cultes que de croyants.

La seconde ère de la persécution contre Port-Royal fut ouverte par une déclaration de 1676, portant que « la permission de signer avec la distinction du fait et du droit n'était *qu'une condescendance qu'on avait eue pour quelques particuliers*, mais qui ne devait pas tirer à conséquence. » Le roi vieillissait, et, selon l'expression de madame de Maintenon, commençait à penser sérieusement à son salut. Les solitaires furent dispersés. Les uns se cachèrent chez des protecteurs secrets et dévoués, les autres prirent le chemin de l'étranger et tombèrent en proie à tous les maux de l'exil. De ce nombre étaient Arnaud et Nicole. Las de « coucher sur la paille avec la fièvre, » et plus homme de lettres qu'homme de parti, le doux et inoffensif auteur des *Essais de Morale* soupirait, sinon après le retour dans la patrie, du moins après le repos dans une retraite sûre et paisible. « Vous voulez vous reposer, lui dit le grand Arnaud, eh ! n'avez-vous pas l'éternité tout entière ! » Nicole fléchit et abandonna son frère d'armes. L'infatigable lutteur combattit jusqu'au dernier jour de sa vie, et mourut debout comme un héros antique. Quesnel, son disciple, lui ferma les yeux et hérita de l'indomptable fermeté du maître, mais non de son génie. C'est le dernier janséniste ; après lui il n'y eut plus que des convulsionnaires.

La secte prospérait en France malgré l'exil et les lettres de cachet, ou plutôt à cause même de ces rigueurs impolitiques : elle gagnait l'Oratoire et l'épiscopat. M. de Noailles, archevêque de Paris, le même que madame de Maintenon avait élevé dans le projet de le substituer au père la Chaise auprès du roi, et qu'elle abandonna au premier signe de disgrâce, comme elle avait abandonné Fénelon, était le pasteur improvisé du troupeau délaissé. Mais, instruits par l'adversité, les nouveaux jansénistes se tenaient sur une réserve prudente qui ôtait toute prise à leurs ennemis. Il fallait pourtant un prétexte pour les désigner à la haine du roi ; le Tellier, le successeur de la Chaise, le trouva dans un gros et inoffensif volume de Quesnel, publié depuis quarante ans, le livre des *Réflexions morales*, et dans un nouveau Formulaire. A l'aide du Formulaire, il anéantit Port-Royal ; on le rasa et on jeta au vent la cendre de ses morts ; à l'aide du livre, il perdit Noailles, qui l'avait approuvé.

Ce n'était point encore assez pour l'impérieux jésuite ; il voulait une condamnation plus solennelle et plus catégorique que toutes celles qui avaient précédé. Il se prévalut auprès du pape, qui répugnait à rallumer ces discordes, de la volonté bien arrêtée de Louis XIV d'en finir une fois pour toutes ; mais cette allégation était-elle sincère ? Nous nous en rapporterons à l'aveu qui est échappé à un de ses confrères dans un moment de distraction : « Le Tellier abusa de la vieillesse et de la religion de Louis XIV pour élever la gloire de son ordre sur les débris d'une secte qu'il ne fallait que mépriser. » (*Mémoires* du jésuite Georgel.)

Le pape céda à regret, et formula son arrêt dans la constitution *Unigenitus*, qui condamnait cent et une propositions extraites de l'œuvre de Quesnel. « La bulle a frappé cent et une vérités ! » s'écrie celui-ci. Et, plus hardi que ses prédécesseurs, il se pose intrépidement en contradicteur de la papauté. Neuf évêques se rallient à lui. Le Parlement s'agite, et, pour la première fois, Louis XIV entend monter jusqu'à lui le grondant murmure de l'opinion. Quelles étaient donc ces maximes dont la condamnation suscitait un si violent émoi et allait faire des martyrs ? On croit rêver en les lisant : des sentences de la Palisse rédigées en style béat ! Voici les plus perverses, selon un historien théologique :

« Combien faut-il avoir renoncé aux choses de la terre pour avoir la confiance de dire : Jésus-Christ m'a aimé et s'est livré pour moi ! »

— « Il n'y a point de charmes qui ne cèdent à ceux de la grâce, parce que rien ne résiste au Tout-Puissant. »

— « Le quatorzième degré de la conversion du pécheur est qu'étant réconcilié il a droit d'assister au sacrifice de l'Église. »

— « C'est en vain qu'on crie à Dieu : Mon Père ! mon Père ! si ce n'est pas l'esprit de charité qui crie. »

Telles sont les inoffensives platitudes auxquelles il fut donné de troubler le sommeil du grand roi. *O altitudo!*

Une seule des propositions condamnées ennoblissait un peu ce débat ; Quesnel avait dit : « La crainte d'une excommunication injuste ne doit pas nous empêcher de faire notre devoir. » Cette pensée est l'anneau d'or qui relie le jansénisme à la philosophie du dix-huitième siècle ; car en proclamant l'indépendance de la conscience, il proclame aussi celle de la pensée.

Malgré sa mauvaise volonté, le Parlement dut enregistrer la bulle, et les prélats opposants furent disgraciés. Mais Louis XIV, à son lit de mort, eut la douleur de voir le jansénisme plus vivace que jamais. Selon Saint-Simon, il lui vint quelques scrupules sur la légitimité des voies employées pour le réduire ; il demanda à revoir le cardinal de Noailles, le plus illustre des prélats persécutés. Le Tellier était là ; il représenta au mourant que par cette entrevue il détruirait en un instant l'œuvre de toute sa vie : Louis se rendit à cette observation. Mais le cardinal de Bissy étant venu solliciter de lui une dernière déclaration contre les jansénistes, il la lui refusa en disant : « J'ai fait tout ce que j'ai pu pour mettre la paix entre vous ; je n'ai pu en venir à bout : je prie Dieu qu'il vous la donne. »

Ainsi mourut Louis XIV, le cœur déchiré par des doutes amers. Le dernier jour, il fit venir son petit-fils, et, devant cet enfant, qui ne le comprenait pas, il désavoua la politique fatale à laquelle il venait de sacrifier la grandeur de son règne. Vains remords d'ambitieux fourvoyé! Inutiles conseils qu'il eût oubliés le premier, s'il lui eût été donné de revivre! Cet enfant devait s'appeler Louis XV!

S'il est permis de juger une politique d'après ses résultats, celle de Louis XIV est jugée sans appel, et il assista de son vivant à cette condamnation qui est la voix même des événements; elle ressort des faits avec une évidence qui ne laisse rien à désirer. Il est dans l'histoire peu d'époques aussi lugubres que les dernières années de son règne. Tous les grands hommes auxquels il a emprunté sa gloire et sa force ont disparu. Au lieu de dire : Colbert, Turenne, Condé, Luxembourg, Catinat, Vauban, on dit : Chamillard, Desmarets, Villeroy, Marsin, Tallard, Vendôme, Villars. Au lieu de dire : Corneille, Racine, Molière, Bossuet, etc., on dit : La Fare, Chaulieu, J.-B. Rousseau, Massillon. Fénelon vit encore, mais il est disgracié. Le grand roi erre seul dans son Versailles abandonné. La France, morne, immobile, épuisée, semble avoir vieilli comme son roi : langueur, impuissance, ennui, elle réunit tous les signes d'une sénilité avancée. Une génération énervée, maladive, insignifiante, a succédé à la race vigoureuse et fortement trempée que forma Richelieu. Ce résultat est un jugement. Et remarquez qu'on ne peut l'attribuer ni au despotisme gouvernemental de Louis XIV, puisque sur ce point il continue Richelieu et favorise la marche ascendante de la bourgeoisie, ni même à la nécessité des décadences après les grandes époques, car c'est là un mot vide de sens inventé par des rhéteurs aux abois. La cause de ce dépérissement est dans l'inauguration de la tyrannie religieuse. Il s'opère à dater de ce moment un rapetissement visible dans les esprits et dans les caractères : Corneille paraphrase l'*Imitation*, Turenne abjure et va à la messe, le grand Condé se fait courtisan, la Fontaine se fait ermite :

il est vrai que la Fontaine vieillissait, mais devrait-on vieillir quand on est la Fontaine? Racine fait ses cantiques spirituels et meurt d'un regard de colère du maître. Le siècle se fait hypocrite; il cache sous des dehors austères les mœurs les plus dépravées qui furent jamais, et la femme célèbre qui, par son passé équivoque et son habileté à déguiser les calculs de son ambition sous les dehors de la piété, en est la personnification la plus achevée, vient s'asseoir sur le trône comme la seule reine légitime de ce temps de mensonge. Jeune, elle a partagé le lit de Ninon; vieille, elle se fait appeler une mère de l'Église.

## CHAPITRE III

BACON ET DESCARTES. — LEIBNITZ. — L'ACCORD DE LA FOI ET DE LA RAISON. — PIERRE BAYLE.

Nous avons à peine aperçu jusqu'ici, dans les hommes et dans les doctrines que nous venons de passer en revue, le lien qui unit le dix-septième siècle au seizième qui le précède et au dix-huitième qui le suit. Ce serait pourtant une grave erreur d'en conclure qu'il n'a avec eux que des rapports purement chronologiques. Il continue l'un et prépare l'autre; et cela tout aussi bien lorsqu'il en contredit l'esprit que lorsqu'il l'affirme. Dans le royaume des idées tout s'enchaîne et se tient; cela est surtout vrai des contraires et des négations. Lors même que le dix-septième siècle n'aurait eu ni Bacon, ni Vanini, ni Campanella, ni Descartes, ni Bayle, il serait encore exact de dire qu'il tient, entre son devancier et son successeur, une place légitime, glorieuse, nécessaire, à tel point que le premier serait incomplet et le second impossible sans lui. Il adopte avec une foi aveugle les principes combattus par l'un et par l'autre, et en épuise intrépidement toutes les conséquences. Il en est la réduction à l'absurde. Mais ce n'est pas tout. Grâce aux grands penseurs que nous venons de nommer, la chaîne des temps n'est pas un seul instant interrompue ; ils conservent et augmentent le trésor des traditions modernes. L'intelligence humaine, au seizième siècle, ressemble à l'homme primitif sortant du chaos, le front déjà levé vers le ciel, mais les pieds encore emprisonnés dans le limon. Les écrits de Luther, d'Erasme, de Calvin, de Ramus, de Rabelais, de Cardan, de Machiavel, de Montaigne, de Giordano Bruno fourmillent d'énigmes, de chimères et d'hypothèses ; leur imagination fait la moitié de leur science. Que dis-je ? l'idée de science n'existe pas encore. Leurs œuvres forment une création puissante et magnifique où abondent la vie et la force, mais où manque la lumière, le *lucidus ordo*. C'est le dix-septième siècle qui les apporte ; à lui l'éternel honneur d'avoir discipliné la Pensée humaine !

Deux hommes, inspirés par l'ardent génie du progrès et dégoûtés des rêveries et des aberrations de leurs devanciers, cherchent et découvrent la double base du savoir humain : l'Expérience et l'Évidence. Une idée, une méthode, voilà tout ce qui reste d'eux, et c'est assez pour leur faire une gloire immortelle. Bacon est le philosophe des sciences physiques ; Descartes le philosophe de la science morale et psychologique. L'un et l'autre sont, dès leurs premiers pas, infidèles à leur méthode ; qu'importe ! elle appartient désormais au monde, il s'en servira malgré eux et contre eux.

Il n'a pas été difficile aux ennemis de Bacon, c'est-à-dire aux ennemis de la pensée moderne, de relever ce qu'il y avait de faux et de conjectural dans certaines de ses déductions et dans le programme illimité qu'il assigne à la Science; mais il est hors de leur pouvoir de lui ravir l'honneur de sa découverte. Et c'est en vain que de Maistre s'écriera qu'on avait fait des expériences et des observations bien longtemps avant la naissance de Bacon. Sans doute on avait fait des expériences et des observations; mais ce qui n'existait pas, c'est l'Expérience et l'Observation. Personne n'en avait fait une loi, un principe, la condition *sine quâ non* de la certitude en matière physique[1]; de là les immenses progrès de la science à partir de cet instant. C'est ainsi qu'on vit plus tard se centupler, en un moment, les progrès de l'industrie, lorsqu'on proclama le principe de la division du travail. La division du travail existait depuis des siècles à l'état de fait; mais elle ne fut vraiment féconde que le jour où on l'éleva à la hauteur d'une loi. A ce titre le nom de Bacon peut, malgré ses erreurs, être mis sans injustice à côté de ceux des Galilée, des Copernic, des Pascal, des Huyghens et des Kepler; car ils procèdent tous de lui. A titre égal, il peut être mis au rang des poètes : il est le poète de la science. Il aperçoit dans l'avenir l'homme roi de la nature domptée, et cette vue le remplit d'enthousiasme; il entrevoit la loi de perfectibilité : il en est le premier prophète et le premier croyant. C'est à l'éblouissement que lui causa cette perspective soudaine, qu'il faut attribuer les méprises où il est tombé. Tel est, du reste, son merveilleux instinct, qu'il se trompe, et quelquefois grossièrement, sur les questions de détail, presque jamais sur les questions générales. Il a un tact

---

1. Disons pourtant ici, sans vouloir rien enlever au mérite de ce grand homme, que sa méthode d'observation est implicitement contenue dans les admirables dialogues de notre Bernard de Palissy (1580), où éclatent tant de merveilleux pressentiments sur l'avenir des sciences naturelles. (Note de la deuxième édition.)

d'une sûreté étonnante dans l'art difficile de classifier les sciences et de leur assigner leur voie.

Comparé à Bacon, Descartes est moins généralisateur, moins éloquent, moins pratique; mais quelle incomparable force de conception! Jamais homme n'a peut-être eu à ce degré le génie créateur. La science de son temps ne satisfait pas son esprit; il la refait tout entière. La philosophie lui paraît défectueuse, il la reconstruit aussi. Et pour cette œuvre de Titan il n'accepte aucun secours étranger, aucune idée reçue : lui seul, et c'est assez. Orgueil généreux et fécond! C'est la pensée elle-même qui se reconnaît dans un homme et proclame ses droits éternels! Luther, le premier libérateur, a laissé peser sur elle une dernière servitude : les livres sacrés. Descartes complète l'affranchissement; il ne s'attaque pas à la Révélation! Vanini vient d'être brûlé vif à Toulouse; mais il dresse l'inventaire des instruments et des richesses de la Raison humaine, et ne la mentionne même pas; il la rejette dans le domaine des abstractions; l'homme peut s'en passer puisqu'il peut arriver à la vérité sans son secours. Le *cogito, ergo sum* et toute la théorie de la certitude ont ce sens ou ils n'en ont aucun. On a beau dire que le doute cartésien est une fiction, ce qui est vrai à un certain point de vue, il n'en est pas moins évident qu'il écarte la Révélation, puisqu'il ne laisse subsister que le moi, et qu'il est ennemi du principe d'autorité, puisque c'est du moi qu'il fait émaner toute certitude. La logique parle plus haut que les précautions oratoires inspirées à Descartes par une prudence peu digne d'un si grand homme. Si l'on admet la Révélation comme une réalité, il faut la mettre au premier rang parmi les moyens d'arriver à la vérité. Les autres ne sont rien à côté d'elle.

L'indépendance absolue de la pensée, voilà tout ce qui reste de l'œuvre philosophique de Descartes. Sa Méthode, tout insuffisante qu'elle est, puisqu'elle n'admet qu'un criterium incomplet, est justement mise à côté de l'*organum* de Bacon pour les services qu'elle a rendus à la science. Le premier effet de l'esprit de rigueur qu'elle a introduit dans le domaine philosophique a été de renverser tout le système de Descartes lui-même et de faire rentrer la Métaphysique dans le royaume des hypothèses. Ce résultat était facile à prévoir par la seule énumération des prétentions de Descartes. Arriver à la certitude absolue sur l'âme, sur la nature et sur Dieu : tel est le programme qu'il s'était proposé de réaliser. Le premier article, celui qui lui coûta le plus d'efforts, la certitude absolue, était déjà à lui seul une impossibilité, les premières vérités étant de leur nature indémontrables. Le « je pense, donc je suis, » est pour cela même un pléonasme et non une démonstration [1]. Mais, en admettant même ce point de départ, les déductions de Descartes restent en flagrante contradiction avec sa méthode. En partant de son principe, il est forcément emprisonné dans le moi, et lorsqu'il veut en sortir pour s'élever à Dieu, il est forcé de recourir à une hypothèse ingénieuse, sans doute, mais qui ne tient pas devant une critique sévère. Une fois sur cette pente, il ne s'arrête plus; l'immatérialité, les idées innées, les tourbillons, les bêtes machines, les esprits animaux et la glande pinéale, tout cela n'est qu'un jeu pour son imagination. Il refait le monde à son gré, sans trop se soucier si la copie ressemble à l'original. Mais dans ses plus hardis écarts il est toujours spé-

---

1. On connaît, je suppose, l'ingénieuse décomposition qu'en a fait Fichte :

Je pense = je suis pensant, donc je suis;
   je suis. . . . . donc je suis, pléonasme.

Dans tous les verbes l'affirmation de l'être (je suis), précède toujours et nécessairement celle de l'attribut (pensant), et rend ainsi impossible toute démonstration de ce genre, surtout si elle a la prétention de viser à l'absolu.

cieux et solide, il intéresse, il remue, fait penser, servant ainsi l'esprit humain même par ses fautes.

Les jésuites, qui étaient à l'affût de toute idée nouvelle, furent les premiers à signaler la véritable portée du Cartésianisme. On doit leur rendre cette justice, que, s'ils manquèrent souvent de génie, ils n'eurent jamais d'égaux pour la finesse du sens politique. Du reste, rien de plus clairvoyant que la haine. Entraîné par l'esprit du siècle et par les sympathies de Bérulle, son fondateur, l'Oratoire avait adopté avec un enthousiasme irréfléchi les doctrines de Descartes. Les jésuites procédèrent avec plus de diplomatie. Dès qu'ils eurent eu vent de ces nouveautés, pour parler leur langage, ils firent quelques avances au philosophe dans l'espérance de confisquer à leur profit le mouvement dont ils prévoyaient les brillantes destinées; mais l'impossibilité d'arriver à leurs fins une fois reconnue, il s'en déclarèrent les plus décidés adversaires et le persécutèrent jusque dans la personne d'un des leurs, le père André, que vingt ans de vexations ne purent réduire.

Et quoi d'étonnant? les jésuites avaient rêvé le complet asservissement de la philosophie, tout en déguisant leur intention sous d'apparentes concessions. Et voilà qu'un inconnu venait l'arracher à leurs chaînes et l'établissait loin de leurs atteintes dans une sphère sacrée et inaccessible. Ils avaient voulu réconcillier la Foi et la Raison. Descartes les sépare. La Raison n'a plus besoin du mystique flambeau; elle s'éclaire de sa propre lumière et vit de sa propre vie. Rien de plus opposé aux prétentions catholiques; aussi Bossuet, en adoptant le Cartésianisme, commit-il une inconséquence dont il devait se repentir un jour. « Je vois, écrivait-il plus tard, se préparer, sous le nom de Cartésianisme, une terrible persécution contre l'Église. » Paroles prophétiques et vraies, si toutefois on peut nommer persécution la défection générale qui allait suivre.

Le dix-huitième siècle est en effet fils de Descartes : comme lui il procédera par le doute et fera table rase avant de reconstruire. Mais il ne le suivra pas dans sa folle campagne contre l'infini ; car à son avènement il ne reste plus rien du Cartésianisme que le principe qui l'a fait naître. Deux disciples, dont l'un est un poète et l'autre un sage antique, Malebranche et Spinosa, ont repris la doctrine du maître, et, avec cette intrépidité qui est la conscience des logiciens, ils en ont déduit les plus lointaines conséquences et sont arrivés, sous des noms divers, à des résultats presque identiques. Ils ont de Dieu une idée différente : celui de Malebranche est vivant et agissant ; celui de Spinosa est impersonnel, sinon aveugle, comme le Destin antique. Mais ils arrivent tous deux à en faire la seule volonté, la seule activité, la seule pensée, et par là même à nier la liberté et la personnalité de l'homme, et à faire de lui un reflet, un mode, un être fragmentaire détaché du grand tout, sans vie et sans individualité propre. Les deux systèmes, également beaux au point de vue esthétique, sont également repoussés par le sens commun, et ne font qu'attester une fois de plus l'impuissance de l'homme à sonder ces impénétrables mystères. Un beau génie comme Malebranche, qui aurait fait dans les lettres ou dans la science la gloire de son pays et de son époque, en était venu, à force de regarder dans ces abîmes, à ne plus voir ce que voit l'enfant qui vient de naître. Il avait perdu la perception des choses matérielles. « La foi seule, disait-il, m'apprend que la matière existe. Sans le *Deus creavit cœlum et terram* de la Genèse, la matière serait inadmissible. » Et en ceci il n'était que conséquent. Le « je pense, donc je suis, » donne l'existence de la pensée, mais il est impossible d'en déduire celle de la matière. O puissance de la logique ! le même homme donnait avec un calme imperturbable de grands coups de pied à sa chienne en présence d'un étranger, et celui-ci s'étant ému, quoique métaphysicien, des hurlements de douleur de la pauvre bête : « Eh quoi ! s'écria Malebranche, ne savez-vous pas que cela ne sent point ? »

Ces conséquences extrêmes montrent combien le Cartésianisme fut infidèle à ses promesses. Inspiré à son origine par le génie même de la Science, il en abandonne la sévère méthode pour les vaines et spécieuses théories de l'imagination, et un jour vient où, dans un mépris insensé pour la plus haute des réalités humaines, il proclame, par la bouche de Malebranche, que « la science est le divertissement d'un honnête homme[1]. » Ce jour-là, le Cartésianisme est mort, et avec lui ont été frappées de stérilité toutes les œuvres qui se sont inspirées de son esprit, même lorsque ces œuvres sont signées du grand nom de Leibnitz.

Leibnitz est en effet un de ces modestes révélateurs qui se sont donné la petite tâche d'écrire la géographie des mondes invisibles. Il est regardé, à bon droit, comme une intelligence universelle (que ce ne soit pourtant pas à raison de ses vers français ni même de ses pièces latines) ; mais qui accepte aujourd'hui les solutions de sa métaphysique ? Il y a heureusement, dans Leibnitz, autre chose que l'in-

---

1. Vers la fin de sa vie, Descartes lui-même était arrivé à un point de vue à peu près analogue : « ... M. de Dona m'a dit qu'il s'était promené deux heures à La Haye avec feu M. Descartes, et qu'il lui avait dit que la vie humaine et les sciences n'étaient qu'une comédie ; que depuis mille ans on cherchait inutilement ce que c'était que la goutte et la migraine dans la médecine, et qu'on ne savait pas encore ce que cela voulait dire. M. de Dona me dit de noter cela ; ce que je fis. » Lettre inédite de Bayle, du 1ᵉʳ décembre 1682, communiquée par mon savant ami, M. Walferdin.

venteur des *monades, de l'harmonie préétablie et de la raison suffisante;* il y a un mathématicien de premier ordre et un puissant vulgarisateur de la science. On connaît sa belle idée d'une langue universelle. Il faut ajouter qu'on trouve en lui ce qu'on cherche vainement dans la plupart de ses contemporains, un cœur aussi vaste que son intelligence. Il est humain, il est tolérant, non par indulgence, mais par esprit de justice, comme ceux qui comprennent beaucoup. Il admet les opinions les plus opposées, Bayle à côté de Bossuet, parce qu'il en voit surtout les bons côtés. Par cette candeur toute germanique, Leibnitz était digne d'être l'apôtre de ce « *meilleur des mondes* » à qui il a été donné d'égayer nos pères. Cette bienveillance ne dégénérait jamais en banalité ; une fois pourtant elle fut de la complaisance, c'est dans la mémorable tentative de réconciliation entre le Catholicisme et la Réforme entreprise et conduite par Bossuet et Leibnitz.

La première idée (mais ce n'est là qu'une cause occasionnelle) lui en était venue à propos d'un mariage projeté entre une princesse luthérienne et un souverain catholique. Il assista aux conférences qui s'ouvrirent à ce sujet, et fit des efforts dignes d'un meilleur sort pour marier les deux dogmes en même temps que les deux fiancés. Plus tard, Léopold, empereur d'Autriche, le duc de Brunswick, électeur de Hanovre, et avec eux quelques principicules allemands qui régnaient sur des populations à moitié catholiques et à moitié protestantes, — éléments hétérogènes, souvent même hostiles, — conçurent, vers la fin du dix-septième siècle, l'ingénieuse et triomphante idée de réconcilier, par un trait de plume, les deux cultes ennemis, et de supprimer ainsi le mal dans sa racine. Selon eux, leurs dissidences ne reposaient que sur des malentendus faciles à dissiper. Il leur tardait de voir tous leurs sujets s'embrasser au sein d'une commune Église, et obéir à un seul pasteur : les rois sont grands partisans de l'unité en toute chose. — On comprend facilement au profit de qui devait s'opérer la réconciliation. La liberté d'examen, qui est non-seulement le fondement, mais le seul dogme stable du Protestantisme, a été de tout temps antipathique aux rois absolus, parce que, si on l'admet en matière religieuse, il est difficile de la repousser en matière politique. Il s'agissait donc tout simplement de la supprimer en faisant rentrer les esprits sous l'empire de la vieille orthodoxie, après en avoir toutefois élargi les limites de manière à donner quelque satisfaction aux rancunes populaires contre Rome. — C'était, comme on le voit, une fort bonne affaire pour l'empereur et les principicules. — Un évêque de Neustadt adopta le plan et le mit en œuvre. Sur ses instances, Molanus, abbé de Lokkum, théologien candide et bon homme (race perdue), ingénu et confiant comme un Allemand, prit la chose sous son bonnet et rédigea un mémoire qui fut adressé à Bossuet. Ce prince de l'Église saisit avec empressement l'occasion d'attacher son nom à une entreprise dont la réussite lui aurait valu une gloire sans rivale ; il stipula donc pour la Catholicité comme l'abbé stipulait pour la Réforme. Des négociations fort suivies s'établirent par l'entremise de madame de Brinon, ursuline, amie intime de l'abbesse de Maubuisson, la propre belle-sœur de l'électeur de Hanovre. Tant que Molanus les dirigea, tout alla au mieux. L'excellent abbé faisait toutes les avances, et, désarmé par tant de simplicité, Bossuet les recevait avec une majesté tempérée par cette modestie qui sied aux vainqueurs. On était bien près de s'accorder lorsque Leibnitz fut chargé de remplacer Molanus.

Il est peu probable qu'après sa polémique récente sur ce sujet même avec Pélisson et les ayants cause du prince à marier, Leibnitz conservât quelque illusion sur l'issue des négociations; mais il était conseiller aulique de Son Altesse l'électeur de Hanovre, et noblesse oblige. Cette fois, du moins, la lutte allait être égale et le débat pouvait devenir sérieux et approfondi. Bossuet et Leibnitz étaient des orateurs dignes de la cause. Mais c'est ici qu'on voit à quel point les situations fausses peuvent fausser les jugements les plus droits, et combien les problèmes de l'intelligence perdent à être pesés dans la balance vulgaire et banale des intérêts politiques.

Qu'y avait-il au fond de la question agitée entre Leibnitz et Bossuet? pas autre chose que le débat, déjà fort ancien, entre la Foi et la Raison. Réconcilier le Protestantisme avec le Catholicisme est identiquement la même tâche que réconcilier la philosophie avec la religion ; car le Protestantisme, dans son premier principe, c'est-à-dire dans la libre discussion, est le point de départ naturel de toute philosophie. En assignant aux Écritures l'intelligence de l'homme comme interprète et comme contrôle, il a mis en présence les deux principes ennemis, les deux négations opposées : la Raison et la Foi. Leibnitz et Bossuet reprenaient donc en sous-œuvre, et sous d'autres noms, la tantative avortée des jésuites. Il est triste d'approfondir dans leur correspondance l'idée étroite et mesquine que ces deux grands génies se faisaient de leur tâche. Pour l'un comme pour l'autre, il ne s'agit que d'une transaction, d'un accommodement, d'un marché. Ils négocient froidement l'échange de telle ou telle concession, d'un rite, d'une cérémonie, d'un sacrement, comme s'il s'agissait d'une ville ou d'une province en litige. Accordez-moi les deux espèces, dit Leibnitz. — Soit, mais accordez-moi la discipline et la doctrine définie, répond Bossuet. Et ils continuent ainsi, disputant, marchandant, ni plus ni moins que les vendeurs du Temple, sans se douter un seul instant que ce dont ils trafiquent avec ce sans-façon, et ce qu'ils se livrent à si vil prix, c'est la plus glorieuse conquête de l'esprit humain : la liberté d'examen!

Mais, malgré ces dispositions conciliantes, et malgré l'auguste patronage des altesses commanditaires de l'entreprise, la négociation échoua misérablement. Après de longues et inutiles dissertations sur le mariage des prêtres, les conciles et la papauté, les deux théologiens se séparèrent aigris et mécontents.

Loin de se laisser décourager par ces deux échecs successifs, Leibnitz revint avec une confiance plus robuste encore sur la même question, en la traitant toutefois sous une forme nouvelle dans son discours *De la conformité de la foi et de la raison*. Cette question capitale, que tant de calculs égoïstes et tant de médiateurs équivoques ou intéressés sont venus embrouiller ou obcurcir, est à coup sûr la plus simple qui ait jamais été soumise à l'intelligence humaine. Il suffit pour la résoudre de mettre un dogme quelconque de la foi en contradiction évidente avec un axiome de la raison, ou avec un axiome de la morale, qui est encore la raison. Ainsi : le tout est plus grand que la partie; voilà un axiome de la raison. Le dogme de la transsubstantiation, selon lequel Jésus-Christ, communiant avec ses apôtres, tint son corps dans sa main et mit sa tête dans sa bouche, est en opposition flagrante avec lui. Ainsi encore : nul n'est responsable du crime d'autrui; voilà un axiome de morale. Le dogme du péché originel, qui fait retomber sur tout le genre humain le crime du premier homme, en est la négation formelle. Quand ils seraient uniques, ces deux exemples, choisis entre mille, suffiraient pour trancher à jamais la question.

Entre la raison qui affirme et la foi qui nie, il faut se décider; mais vouloir concilier, c'est la plus folle et la plus insoutenable des prétentions. Et surtout qu'on ne vienne pas dire que ce sont là des vérités *au-dessus de la raison*, car ce mot n'a jamais eu de sens. La raison n'a ni de dessus ni de dessous ; on est avec elle ou contre elle. On dit quelquefois par métaphore qu'un fait matériel est au-dessus de la raison lorsqu'elle ne peut pas l'expliquer, quoique d'ailleurs elle en ait suffisamment constaté l'existence ; mais cette expression, appliquée au mot *une vérité*, n'a plus de signification, parce qu'une vérité n'est vérité qu'à condition d'être conforme aux lois de la raison.

Leibnitz n'échappe à l'inexorable évidence de cette démonstration du plus élémentaire bon sens, qu'en se tenant toujours dans le vague, et en se fabriquant un fantôme de foi qui se prête complaisamment à toutes les violences de sa logique impérieuse et subtile. Du reste, il arrive malgré lui à reconnaître implicitement la souveraineté de la raison : « Si les objections de la raison contre quelque article de foi sont insolubles, il faudra dire que ce prétendu article de foi sera faux et non révélé. » La raison est donc sur un tribunal, et c'est au type divin qu'elle porte en elle-même qu'elle compare les prétentions de sa rivale. Elle a le droit de les rejeter, puisqu'elle a celui de les examiner.

La Théodicée de Leibnitz, le dernier évangile des métaphysiciens, est un jeu d'esprit où est déployée une subtilité d'argumentation dont personne n'a jamais approché et dont rien ne saurait donner l'idée, jeu puéril pourtant si l'on en juge par les données générales et par les conclusions. Au lieu d'agrandir Dieu, il en fait je ne sais quel ergoteur fastidieux, sans cesse occupé à mettre d'accord sa volonté *antécédente* avec sa volonté *conséquente*, et sa volonté *moyenne*, avec sa volonté *finale*, le tout au détriment de la pauvre humanité.

Il suppose partout ce qui en est question, et comme il ne s'appuie, en définitive, que sur des hypothèses, tout l'édifice s'écroule au premier souffle.

Un seul exemple :

Bayle fait de l'existence du mal une preuve contre l'infinité de la bonté de Dieu, qui pouvait en délivrer l'homme, puisqu'il peut tout.

Leibnitz répond : « Dieu pouvait, dit-on, donner le bonheur à tous ; il le pouvait promptement et facilement, puisqu'il peut tout : mais le doit-il ? Puisqu'il ne l'a point fait, c'est une marque qu'il devait faire tout autrement. »

Ce qui est répondre à ceci : Dieu a permis le mal, donc Dieu n'est pas bon.

Par cet argument évidemment vicieux, puisqu'il pose en fait ce qu'il fallait prouver : Dieu est bon, donc il a bien fait en permettant le mal.

Est-il besoin d'ajouter ici que le raisonnement de Bayle n'attaque pas Dieu, mais la métaphysique qui a la prétention de le définir ?

Leibnitz mourut sans avoir rien réconcilié, et légua l'œuvre impossible aux futurs Encelades de la métaphysique. Il est nécessaire à l'intelligence de ce récit que nous en embrassions d'un rapide coup d'œil les destinées ultérieures, au risque d'empiéter un peu sur le temps présent. Mais ce n'est pas ici un traité didactique, et nous entendons conserver à tout prix l'indépendance de nos allures. Et, du reste, toutes les idées ne sont-elles pas comtemporaines ? Il n'y a pour elles ni présent, ni passé, ni avenir ; elles coexistent dans l'éternité.

Au dix-huitième siècle, la nécessité d'une réconciliation entre la religion et la philosophie fut médiocrement comprise, moins encore goûtée, et trouva peu d'apôtres. Des théologiens en détresse, des métaphysiciens prudents reprennent le vieux thème des jésuites et l'accommodent à leur guise, sacrifiant tantôt la raison à la révélation, tantôt la révélation à la raison, selon les besoins du moment. Mais leur voix éveille peu d'échos ; il y a trop de bon sens dans cette grande époque pour qu'une idée aussi louche puisse trouver place dans ses préoccupations. Au siècle précédent, le problème avait pu être posé en ces termes : Étant donnés un prince catholique et une princesse luthérienne, marier le libre examen à l'infaillibilité du pape. Au dix-huitième, il peut l'être ainsi : Sauver le dogme en le déguisant sous la livrée de la philosophie.

Au dix-neuvième siècle, époque de simplification, il se formule plus clairement encore :

Trouver un budget éclectique qui concilie dans une même synthèse les appointements de M. ***, maître ès sciences métaphysiques, avec les émoluments de M. ***, théologien.

Je te jure par Jupiter, lecteur, que s'il y a dans le nombre des mobiles plus purs et plus désintéressés (et Dieu me garde de le nier !), tel est, sous une forme peut-être paradoxale, l'unique principe de la grande majorité de ces tentatives ; elles cachent la plupart une transaction purement politique. C'est à notre siècle qu'était réservé l'honneur de fournir le dernier don Quichotte de cette cause perdue.

Un homme d'un goût exquis, un esprit ingénieux, passionné, charmant, un véritable Athénien, héritier à la fois de l'atticisme antique et des pures traditions du dix-septième siècle, qui aurait été le premier littérateur de son temps s'il n'avait eu la malheureuse ambition d'en être le premier philosophe, est venu à son tour, dans un intérêt exclusivement politique, pour rapprocher deux partis tellement vieux et tellement morts, qu'ils n'avaient plus la force de se haïr, rompre une lance en l'honneur de l'accord entre la foi et la raison.

Quelque pénible que soit le spectacle de cette brillante intelligence aux prises avec l'impossible, il n'a pas le droit de nous étonner. M. Cousin n'a-t-il pas transporté en philosophie, sous le nom d'éclectisme, le probabilisme que les jésuites avaient introduit dans la religion ? L'éclectisme, pris dans son sens littéral et rudimentaire, n'est autre chose qu'une opération fort légitime de l'esprit ; il a existé de tout temps et existera toujours. Mais, tel qu'il a été défini et systématisé par le maître, il ne fait que reproduire, avec peu de modifications, le probabilisme, ou, si l'on veut, le probabiliorisme. Cela admis, qui sera surpris de voir M. Cousin poursuivre dans ses autres conséquences, l'entreprise des jésuites ? Les systèmes ont leur filiation et leur parenté, qui en sont aussi inséparables que l'effet l'est de la cause. La comparaison pourrait aller plus loin que l'illustre écrivain ne le pense. Son énumération des motifs qui doivent, selon lui, faire conclure à l'accord désiré, est, si j'ose le dire, du jésuitisme le plus pur. Il cite en effet, tous les points sur lesquels la religion et la philosophie sont d'accord, tant bien que mal, l'unité de Dieu, l'âme, la morale ; mais il passe scrupuleusement sous silence tous ceux sur lesquels elles se contredisent : les miracles, l'infaillibilité, la grâce, les mystères, etc. ; en sorte qu'on serait en droit de s'écrier, comme Pascal : « Eh quoi ! mes pères, n'est-ce pas se jouer des paroles, que de dire que vous êtes d'accord, à cause des termes communs dont vous usez quand vous êtes contraires dans le sens ! »

« Séparer la philosophie de la religion a toujours été la prétention de petits esprits faibles et exclusifs, » dit quelque part l'auteur, apparemment pour se consoler du peu de succès qu'a rencontré son expédient. Ces « petits esprits faibles » sont si peu petits et si peu faibles, qu'au besoin ils trancheraient le débat par la seule autorité de leurs noms. Ce sont Montaigne, Bacon, Descartes, Pascal, Bayle, Rousseau, Voltaire, Montesquieu, Diderot, de Maistre, Lamenais. Avec eux, tous les esprits droits, tous les cœurs sincères ont de tout temps repoussé cette transaction équivoque décorée du nom de paix, ce baiser de Judas appelé réconciliation. La paix et la réconciliation seront toujours une noble et sainte pensée, mais à condition qu'elles seront faites aux dépens des passions, des intérêts, des prétentions réciproques, et non à ceux de l'indépendance des idées ; car ce n'est plus alors un sacrifice à l'esprit de charité, c'est un sacrifice à la peur. Elles sont possibles entre deux partis ennemis, elles sont impossibles entre deux principes opposés. Une négation sera toujours le contraire d'une affirmation, et la tolérance, qui, dans la sphère sociale, est le plus grand des biens, introduite dans celle des idées, serait l'anéantissement de toute vérité.

Ces développements, qui ont l'air d'une digression, étaient indispensables pour faire nettement ressortir l'objet même des préoccupations intellectuelles du dix-huitième siècle, et surtout pour en établir la légitimité. La guerre, la séparation entre la foi et la raison, n'est-ce pas là la formule même de son œuvre? Et si l'accord est possible entre ces deux termes, n'a-t-il pas combattu pour une chimère et perdu sa peine? Il y avait là à résoudre une question préjudicielle sans laquelle son histoire est incompréhensible.

Parmi les penseurs qui annoncent le siècle nouveau, on a coutume de placer Fénelon au premier rang. Cette opinion n'est point contestable, mais elle a besoin d'être exprimée avec certaines réserves. Fénelon partage avec son amie, madame de Maintenon, le regrettable honneur d'être un des personnages les plus énigmatiques de son temps : cette changeante physionomie attend encore son peintre. Nous serons longtemps ballottés entre Ramsay et Saint-Simon, c'est-à-dire entre l'amour et la haine. Quoi qu'il en soit, il est dès aujourd'hui facile d'apprécier sa portée philosophique ; il ne tient au dix-huitième siècle que par un seul côté, par les théories politiques du *Télémaque* et la célèbre lettre anonyme à Lous XIV, qu'on croirait avoir été écrite par Rousseau. Les théories du *Télémaque* sont, à plusieurs égards, une critique juste, ingénieuse et piquante des vices nombreux de l'administration de Louis XIV, et surtout de sa politique extérieure, mais elles ne sortent pas de la sphère vieillie de l'utopie platonicienne ; rien de pratique et d'applicable au monde réel. Fénelon n'a nullement l'intelligence de la civilisation moderne : il ne comprend ni l'industrie, ni la science ni la liberté. Quant à l'idée qu'il se faisait de la tolérance, j'ai déjà dit ce qu'il faut en penser. On l'a étrangement calomnié en le transformant en philanthrope. S'il y a jamais eu en France un type connu et achevé du persécuteur, c'est bien certes le jésuite le Tellier. Eh bien ! il existe une correspondance entre Fénelon et le Tellier, et, dans cette correspondance, c'est l'archevêque qui se plaint de la tiédeur du jésuite et stimule son zèle contre les jansénistes, et cela après la destruction de Port-Royal. Du reste, en admettant même les rêveries de Ramsay, répétées par de trop complaisants biographes, la tolérance, telle que l'aurait conçue Fénelon, n'a rien de commun avec l'idée que s'en fait le dix-huitième siècle : c'est pour lui une affaire de sentiment et de mansuétude chrétienne : le dix-huitième siècle la fonde sur une base plus solide et plus stable, sur l'idée de justice.

Malgré ces restrictions nécessaires, Fénelon reste encore le plus beau caractère qui ait honoré le clergé de cette époque, et un écrivain d'un charme infini. Ame à la fois ardente et artificieuse, il avait encore plus de passion et de sincérité que d'ambition, témoin sa conduite dans l'affaire du quiétisme. Un véritable ambitieux ne se fût jamais fait le chevalier de madame Guyon et le propagandiste du pur amour. Cette candeur et cette bonne foi dans l'exaltation défendront toujours sa mémoire.

Saint-Évremont, Fontenelle, l'abbé de Saint-Pierre, et

surtout Vauban[1] qui les domine tous trois, peuvent être, à plus juste titre que Fénelon, revendiqués par l'âge suivant : Saint-Évremont, pour la liberté de ses allures et l'indépendance de sa philosophie ; Fontenelle pour son génie douteur, investigateur, son amour et son respect pour la science ; l'abbé de Saint-Pierre pour ses rêveries philanthropiques et son *Traité de la paix perpétuelle*, dont l'idée mère sera un jour la charte du genre humain ; et Vauban, l'aïeul de Turgot, pour ses mémoires en faveur de la tolérance, pour ses théories économiques qui tendaient à introduire la science dans le gouvernement et l'impôt, pour son opposition à cette politique mesquine et sans dignité qui « transformait un jésuite en ministre d'État. » (Lettre de Fénelon à Louis XIV.) L'abbé de Saint-Pierre et Fontenelle ont cela de singulier, quoique personnages de second ordre, qu'ils annoncent les deux grandes familles d'esprits qui se partageront le dix-huitième siècle : ils en ont la physionomie et les traits les plus caractéristiques ; ils leur ressemblent, en un mot, comme une vague ébauche ressemble à un portrait. La première procédera par le sentiment, l'absolu, l'idéal ; la seconde, par la raison, l'analyse, la science : d'un côté, Rousseau et Mably ; de l'autre, Voltaire, Montesquieu, d'Alembert, l'*Encyclopédie*..

Mais le véritable précurseur du dix-huitième siècle, c'est Pierre Bayle. Ce grand homme, qui le premier a rendu ses titres à la raison humaine, et qui est supérieur par la portée et l'étonnante divination de son intelligence, à tous

---

[1]. Je dois réparer ici une omission involontaire en ajoutant à ces noms celui de Gassendi, intelligence universelle, esprit libre et dégagé de préjugés qui lutte souvent avec avantage contre Descartes, et dont Molière s'honorait d'être le disciple et l'ami. Ce fut lui qui décida le poète à entreprendre sa traduction de *Lucrèce*.

les hommes de son époque, depuis Descartes jusqu'à Bossuet, semble par une iniquité trop commune dans l'histoire, subir encore après sa mort l'exil qu'il a souffert pendant sa vie pour la justice et la civilisation. Jamais vous ne verrez son nom cité parmi les gloires de la patrie. Il s'est trouvé des redresseurs de torts pour réhabiliter une utilité de troisième ordre, comme M. Singlin ; une honnête et médiocre personne, comme sœur Jacqueline ; une héroïne d'une vertu douteuse, comme madame de Longueville ; mais toi, héroïque soldat de la libre pensée, tu attends encore une inscription digne de toi sur la pierre qui recouvre tes os ! La postérité, ce refuge des exilés, n'est point venue pour toi, ni la gloire, cette justice tardive, cette lumière qui luit sur les tombeaux. Les érudits, — race ingrate, — profitent trop de tes écrits pour proclamer ton génie !

Il est beaucoup de gens qu'on étonnerait en leur apprenant que Bayle est un Français du siècle de Louis XIV, absolument comme Molière et la Fontaine. Ses idées sont, en effet, d'un siècle en avance sur celles de ses contemporains. Voltaire peut être défini : Bayle passionné, ému, éloquent, et j'entends que ce soit là un éloge pour Voltaire tout autant que pour Bayle. La plupart de ses idées se trouvent en germe dans le philosophe du Carlat : mais la prose de celui-ci, claire et limpide, mais incolore et froide, attend de Voltaire la chaleur, le mouvement, la vie.

L'histoire de la vie de Bayle est l'histoire de ses pensées. Élevé dans la religion réformée, il fait ses études philosophiques chez les jésuites, qui surprennent son inexpérience et le convertissent à la foi catholique ; mais bientôt « le culte excessif qu'il voyait rendre aux créatures lui ayant paru très suspect, et la philosophie lui ayant mieux fait reconnaître l'impossibilité de la transsubstantiation, il conclut qu'il y avait du sophisme dans les objections auxquelles il avait succombé ; et, faisant un nouvel examen des deux religions, il retrouva la lumière qu'il avait perdue de vue et la suivit sans avoir égard à mille avantages temporels dont il se privait, ni à mille choses fâcheuses qui lui semblaient inévitables en la suivant. » (*Chimères de la cabale démontrée*.) Ces lignes nous montrent Bayle tel qu'il fut toute sa vie : fidèle à sa foi et lui sacrifiant tout.

Sa nouvelle abjuration avait fait du bruit ; il fallut se dérober par la fuite aux pénalités portées contre les relaps. Il emporta avec lui Montaigne et Plutarque, ces deux consolateurs des âmes blessées ; ils sont les inspirateurs de Bayle comme ils seront plus tard ceux de Rousseau. Alors commence sa vie errante. C'est à Genève qu'il fait le dur apprentissage de l'exil. Revenu à Paris sous un nom d'emprunt, il est bientôt obligé de reprendre le chemin de la frontière. Rotterdam le reçut. Il y professa pendant plusieurs années la philosophie à l'École illustre, pour cinq cents livres de traitement. — O sainte pauvreté ! Son ami Jurieu y professait la théologie ; mais Jurieu était trop véritablement théologien pour rester l'ami de Bayle. L'amitié rompue, un des deux amis devient le persécuteur de l'autre, et naturellement c'est le théologien. Les *Pensées sur la Comète*, où, sous prétexte de réfuter les grossiers préjugés du populaire sur l'influence prétendue fatale de ce phénomène, Bayle fait vivement ressortir le danger des superstitions quelles qu'elles soient, et surtout le *Commentaire sur le Compelle intrare*, firent de Jurieu son ennemi irréconciliable. Haine bien motivée ! dans ce petit traité était écrit l'arrêt de mort des Jurieu de tous les temps : il annonçait une terre promise d'où le fanatisme était banni.

Le dix-septième siècle a produit bien des systèmes fameux et de spécieuses théories : systèmes et théories sont aujourd'hui sinon oubliés du moins reconnus chimériques ou insuffisants. Lui seul, le livre de Bayle, a survécu ; il est encore vrai aujourd'hui et sert de base à toute la civilisation moderne. L'idée, la bonne nouvelle qu'il apporte au monde, c'est la tolérance. La tolérance, c'est-à-dire la paix, la raison, la justice, l'humanité.

Les convertisseurs des réformés de France s'étaient, pour justifier leurs cruautés, servis, comme toujours, d'un texte des Écritures saintes ; on y a trouvé de quoi justifier tous les crimes : *Compelle intrare* « Forcez-les d'entrer. » Voilà le point de départ de la thèse de Bayle ; sa réfutation est magnifique de simplicité et de logique ; il établit d'abord l'inabdicable royauté de la raison sur l'homme. Qu'il le veuille ou non, l'homme subit ce joug dans tous ses actes, même dans ses actes de foi, où il s'efforce en vain de le secouer ; car lorsque le croyant croit, c'est encore en vertu d'une opération de la raison. « Et quand on dit qu'il faut s'en tenir au jugement de l'Église, n'est-ce pas revenir à la raison ? car ne faut-il pas que celui qui préfère le jugement de l'Église au sien propre, le fasse en vertu de ce raisonnement : l'Église a plus de lumière que moi, donc elle est plus croyable que moi ? C'est donc sur ses propres lumières que chacun se détermine ; s'il croit qu'une chose est révélée, c'est parce que sa raison lui dicte que les preuves qu'elle est révélée sont bonnes. Mais où en sera-t-on s'il faut que chaque particulier se défie de sa raison comme d'un principe ténébreux et illusoire ? Ne faudra-t-il pas s'en défier lors même qu'elle dira : l'Église a plus de lumière que moi, donc elle est plus croyable que moi ? » Ces simples paroles contiennent la plus lumineuse démonstration qu'on ait jamais écrite de la légitimité de la raison humaine. C'est la pierre angulaire de toute philosophie ; toute bornée et impuissante qu'elle soit, la raison n'en reste pas moins le seul instrument de vérité que nous ayons ici-bas. Or, tel est le lien qui enchaîne toutes les vérités du monde intelligible, que, la raison étant admise, il faut en même temps admettre la tolérance. Si l'empire de la raison sur l'homme est légitime, la pensée qui en est le produit doit être indépendante et sacrée.

Telle est l'idée à laquelle Bayle consacrera sa vie entière. Il la reprend, la commente sous mille points de vue différents, et dans ses immenses travaux, qui embrassent tout l'ensemble de la science de son temps, il n'est pas une pensée, pas une phrase, pas une ligne, qui ne vienne concourir à cette démonstration. Dans son admirable dictionnaire, il étreint corps à corps les métaphysiques et les religions de son époque ; il en démontre tour à tour le fort et le faible, plaide le pour et le contre, et laisse l'esprit dans une effrayante incertitude. A quoi bon ? dit le vulgaire ; pourquoi troubler le sommeil des croyants ? Ah ! c'est que Bayle a vu de son temps quelques inconvénients de la foi, de la métaphysique et des religions ; il a vu deux cent mille hommes errant sans patrie au bord des fleuves de l'étranger ; il a vu les prisons remplies ; il a vu les cendres de son père jetées au vent ; son frère est mort martyr au château Trompette, et cela pour des querelles de théologie. Or, si comme il le démontre, comme tout le dix-huitième siècle l'a démontré après lui, il est impossible à l'homme d'arriver à la certitude en cette matière, n'est-ce pas commettre un crime sans nom, que de répandre le sang pour des doctrines incertaines ? Les fanatiques de tous les temps ont cru flétrir Bayle en l'accusant de scepticisme ; étrange accusation, qui retombe sur les plus beaux génies qui aient honoré le genre humain. Bayle sceptique ! mais il croit au droit, au devoir, à la vertu, à l'humanité ! Où Bayle a douté, on doutera éternellement. Le doute de

Bayle est moral, salutaire et fécond. Le doute de Montaigne est « un oreiller pour une tête bien faite ; » c'est-à-dire pour un bon homme prudent, clairvoyant et un peu égoïste. Celui de Descartes est une méthode ; celui de Pascal, une torture. Le doute de Bayle est une religion qui a pour point de départ la liberté de la pensée, et pour fin la tolérance. Il a enfanté le monde moderne.

Privé de sa chaire par les cabales de Jurieu, Bayle acheva sa vie dans la solitude et la pauvreté. Cette vie est admirable de pureté, de désintéressement et de cette glorieuse unité qui seule fait les grands caractères ; c'est un sacrifice perpétuel à la vérité. Non content de la défendre, il souffre pour elle, et souffre sans espoir de voir finir ses maux. Ses amis font des efforts inutiles pour l'arracher à son humble retraite. Il se récrie sur son inaptitude radicale à réussir dans le monde. « Dans un cercle de femmes, dit-il, je ne paraîtrais pas à beaucoup près aussi bel esprit qu'un petit plumet. » Calme, bon, sincère, travailleur infatigable et consciencieux, Bayle joint à ces qualités les hautes vertus qui font le sage idéal : *justum ac tenacem*. Les violences et les persécutions de Jurieu ne peuvent pas lui arracher un mot de haine ; il le combat sans animosité et sans colère, comme on combat un raisonnement vicieux. Sa causticité, semblable à l'ironie de Socrate, n'a ni fiel, ni aigreur, et châtie sans blesser. Exaspéré par ce calme implacable, son fanatique adversaire cherche à le perdre dans l'esprit des réfugiés, en le transformant en partisan de l'absolutisme de Louis XIV. Cette ridicule calomnie n'a plus besoin d'être réfutée ; il suffit de lire le chapitre du despotisme dans les *Réponses aux questions d'un provincial*.

Bayle l'emporte en grandeur morale sur tous les hommes de son temps ; soyons fiers de le proclamer, nous les fils de sa pensée. Descartes, en apprenant la condamnation de

Galilée, supprime sa démonstration du mouvement de la terre ; c'est là de la prudence, comme disent quelques-uns. Bossuet et Fénelon persécutent : c'est là du zèle, comme disent quelques autres. Mais lui, le père de la libre pensée, il n'a ni cette prudence fâcheuse, ni ce zèle déshonorant ; il est parmi les téméraires et les persécutés. C'est la cause vaincue qui lui plaît, quoi qu'elle ne soit pas la sienne, puisqu'il proteste contre toutes les religions. Mais il voit dans le protestantisme la liberté de l'esprit humain, et il subit l'exil sans se plaindre.

Bayle mourut tué avant le temps par les brouillards homicides de la Hollande. Le jour de sa mort, il avait travaillé comme à son ordinaire, et les derniers mots qu'il avait tracés de sa main défaillante étaient ceux-ci : « Voilà ce que c'est que la vérité. » Admirable prévoyance du hasard, qui ramenait sous sa plume, à cet instant suprême, le nom du seul Dieu qu'il eût adoré. Ainsi devait mourir Gœthe, en appelant la lumière de sa voix expirante. Leibnitz, dont Bayle avait réfuté les rêveries métaphysiques, lui rendit après sa mort cet hommage poétique et touchant : « On doit croire que Bayle est maintenant éclairé de cette lumière qui est refusée à la terre, puisque, selon toute apparence, il a toujours été un homme de bonne volonté. »

Un homme de bonne volonté ! n'est-ce pas là encore la plus belle définition de l'homme vertueux ?

Paix aux hommes de bonne volonté !

## CHAPITRE IV

### ŒDIPE ET LES LETTRES PERSANES.

Cette orgie de huit ans qu'on nomme la Régence éclaire d'un jour sinistre la société du grand règne à son déclin. Le roi mort, les masques tombèrent ; il se trouva, à huit jours de distance, que ces précieuses qui lisaient saint Augustin et Descartes étaient des prostituées, et que ces éloquents prélats qui leur prêchaient la continence étaient des drôles et des débauchés. Ce fut un coup de théâtre. Dans chacune de ces vertus de convention on reconnut un vice. On vit des ducs changés en escrocs, des héros en baladins, des magistrats en pourceaux. Philotée sortit du confessionnal en sacrant comme un diable. Tartufe jeta sa discipline et tendit la main à Turcaret, qui lui sourit. Tartufe lui-même, fatigué de son rôle et dégoûté de l'hypocrisie, n'est-ce pas là un signe caractéristique ? Le grand homme qui nous a légué ce type immortel a écrit, sans le savoir, la plus fidèle histoire des mœurs de son temps : mensonge et équivoque. Et parmi les nombreux reproches qu'on peut justement adresser à Louis XIV, le plus sérieux sera toujours celui d'avoir abaissé le niveau des caractères par sa tyrannie inquisitoriale, et d'avoir perverti et corrompu le sens moral de ce peuple dont le nom seul est une protestation contre l'hypocrisie. Le dix-huitième siècle tout entier se ressentira de cette origine troublée. La force de caractère y est rare ; les plus purs ont des souplesses fâcheuses, des complaisances regrettables. L'esprit national réagit enfin contre ce gouvernement de vieilles femmes et de dévots ridicules. Il prit sa revanche avec tout l'emportement de la furie française, mais follement, étourdiment, sans songer à prévenir le retour possible de ce régime détesté, et par cet oubli insensé, il mérita l'ignominie du règne de Louis XV.

Cette glorieuse réforme ne pouvait pas être l'ouvrage de la Régence. Elle demandait des esprits plus calmes et des cœurs plus forts. La Régence n'était pas même destinée à en saluer l'aurore. Cet effroyable débordement de plaisirs et de jouissances fut stérile pour l'humanité. L'esprit humain n'enfante que dans la douleur. L'insouciant Philippe, tout en partageant l'antipathie de ses contemporains contre l'ordre de choses qui venait de finir, s'en tint constamment aux demi-mesures et au provisoire qu'il était heureux de proclamer comme une nécessité de sa situation transitoire, pour se dispenser d'apporter au mal des remèdes plus décisifs. Il haïssait la tyrannie religieuse et en méprisait les instruments : il ouvrit les prisons, pleines de jansénistes et de protestants ; mais il ne fit rien pour enlever à la Persécution son organisation et ses privilèges. Elle garda son code funeste. Elle resta debout et menaçante, attendant qu'il fût mort pour ressaisir sa proie. Il aimait la liberté de penser, même en matière politique, puisqu'il fit imprimer le *Télémaque* proscrit par Louis XIV, adopta quelques-unes des vues de la *Polysinodie* de l'abbé de Saint-Pierre, et invita par un arrêt du conseil les citoyens à donner leurs avis sur les affaires publiques ; — mais il ne fit rien pour la constituer sur des bases solides et l'entourer de garanties durables. En un mot, il cassait le testament de Louis XIV, mais il ne touchait à aucune de ses institutions, et l'ancienne intolérance continuait à subsister, non comme un fait, mais comme un droit aussi inaliénable que la couronne elle-même.

C'est au milieu de cette impure fermentation de tous les

instincts mauvais de la nature humaine, que grandirent et se fortifièrent deux hommes qui portaient en eux les destinées du siècle naissant. Ainsi s'élance le jeune chêne du sein décomposé de la terre, sans être atteint de ses souillures. Voltaire écrivait *Œdipe*, et Montesquieu les *Lettres persanes*. Salue ces grands noms, lecteur.

Il existe de Voltaire un portrait célèbre. La main du peintre, égarée par la haine et par une espèce de terreur superstitieuse, s'est complu à accumuler sur cette physionomie toutes les laideurs et tous les vices. Le front est abject et n'a jamais été coloré par la pudeur. Les lèvres sont pincées par la cruelle malice comme un ressort prêt à se détendre pour lancer le blasphème et le sarcasme ; la bouche est un effroyable rictus qui court d'une oreille à l'autre. L'homme enfin est le génie de la destruction en personne, ou plutôt, c'est l'ange de perdition lui-même avec ses griffes de feu et son ricanement satanique. Cet épouvantail, créé par la fantaisie calomnieuse de de Maistre, n'a plus de valeur aujourd'hui qu'aux yeux des nourrices, qui s'en servent encore avec succès pour effrayer leurs marmots. Mais il exprime avec assez de netteté le sentiment des vaincus de 89. C'est le jugement d'un moine du seizième siècle sur Luther. Rien ne nous est désagréable comme ce qui nous tue, lors même que l'exécuteur se nomme la Justice.

Tout en prenant en pitié les folles imprécations de ces cerveaux troublés par la rage, on peut trouver dans le diapason même de leur colère comme une sorte d'hommage involontaire et une juste mesure, sinon de l'homme, ni même de son œuvre, du moins de l'importance des victoires qu'il a remportées. Aux clameurs des Troyens, reconnaissez Achille. La haine est clairvoyante dans son aveuglement. Si jamais mémoire n'a soulevé un tel concert d'outrages et de malédictions parmi les ennemis de la raison et du progrès, c'est qu'aussi jamais la raison ne s'est incarnée dans un plus puissant athlète. La raison, ai-je dit? Mais n'est-ce pas là le nom même du génie de cet homme !

« Vois, mon fils, combien il se dépense peu de raison dans le gouvernement du monde, » disait Oxenstiern à son royal élève. Ce mot n'est-il pas plus vrai encore des systèmes religieux et métaphysiques? Quel dédain du sens commun dans ces superbes théoriciens du néant! Avec quelle assurance ils refont l'œuvre de Dieu et Dieu lui-même, déunissant sans sourciller l'infini et le fini, l'être et le non-être, les causes et les effets, — le tout à l'aide d'une monade, d'un atome crochu ou d'un péché originel. Que d'églises! que de sectes! que d'écoles! que d'excommunications, que de haines, que de guerres! Un jour vint où le sens commun protesta, et les systèmes croulèrent. C'est Voltaire qui écrivit cette protestation.

Tel est, dans sa signification la plus élevée, le rôle historique de Voltaire. Il fit admettre et prévaloir la compétence du sens commun dans un ordre d'idées d'où il avait été soigneusement banni jusque-là. Il en est comme le prophète et le verbe; il en a inauguré le règne et formulé les oracles. A ce point de vue, son œuvre est de tous les temps; sa critique s'applique à l'avenir comme au passé. Il a écrit d'avance la réfutation de tous ceux qui essayeront de se soustraire à cet infaillible contrôle. Il a rendu tout révélateur nouveau impossible. Il a fait votre besogne, enfants oublieux et frivoles.

A l'époque où vint Voltaire, ce dédain du sens commun, qui était aussi le dédain de la justice et le dédain de la civilisation, n'était pas seulement le vain écho des rêves d'un métaphysicien; il avait un nom plus spécial, il avait une organisation, il avait des prisons et des bourreaux, il avait des armées, il avait une couronne, il se nommait l'Église.

Dans ce sens plus étroit, Voltaire est l'ennemi de l'Église. Que ce soit là son nom de guerre, pourvu qu'on n'oublie pas en lui l'homme de paix. Aussi bien c'est sous ce nom qu'on l'invoquera, tant que le souvenir de ces luttes vivra dans la mémoire des hommes et qu'ils en comprendront la portée.

Les attaques contre le catholicisme n'étaient point nouvelles. Outre les répugnances éternelles de la raison humaine contre toute théorie qui a pour point de départ la Foi, l'intolérance et la tyrannie de l'Église motivaient surabondamment ces attaques. C'est surtout contre cette oppression qu'avaient été dirigés les efforts de la Réforme. Mais que pouvait une protestation faite au nom de la liberté contre un pouvoir qui se prétendait infaillible ? Il fallait avant tout prouver qu'il ne l'était pas. La nouvelle attaque devait donc, pour réussir, être dirigée non-seulement au nom de la liberté, mais au nom de la raison, et non plus contre le pouvoir temporel, mais contre le dogme lui-même. Or, le dogme catholique n'est ni plus fort ni plus faible que les autres. Il a les mêmes prétentions et les mêmes subterfuges; il emprunte toute sa force à la morale. Mystères, miracles, prophéties, voilà de quoi justifier tous les systèmes religieux, et c'est le fond invariable de leurs arguments. Renverser le dogme pour tuer le pouvoir, tout en respectant la morale, élément éternel, immuable, universel, telle est la tactique entrevue par Bayle, que suivit Voltaire.

Voilà la pensée qui fait de cette vie si remplie, de cette personnalité si multiple, un prodige d'unité et d'harmonie. Toutes ses facultés et tous ses actes convergent vers un seul et même but : combattre l'Église. Il est poète, sa poésie est un cri de guerre ; il fait du théâtre un champ de bataille, une ardente mêlée où on le voit passer tenant dans ses mains puissantes les flèches d'or de l'épigramme.

8.

Il est historien, il fait surgir de la poussière des tombeaux d'irrécusables témoins et de sanglants fantômes ; il écrit leur déposition et prononce le réquisitoire indigné de la postérité ; il appelle en témoignage les traditions, les littératures, les langues, les mœurs, la terre et le ciel lui-même ; il crée la philosophie de l'histoire, cette philosophie pratique destinée à tuer les vieilles spéculations de l'École. Enfin il est moraliste, mais c'est pour attester la morale outragée ; il est savant, mais c'est pour faire de la science elle-même un complice ; au besoin il est jurisconsulte, mais c'est pour venger Calas, Labarre et Sirven ; il est courtisan, mais c'est pour enlever à l'ennemi des alliés tout-puissants ; c'est pour faire accomplir la révolution qu'il médite par ceux-là mêmes contre qui elle doit tourner. Ainsi il se partage en cent individualités diverses, ou plutôt ainsi il se multiplie ; car, par un phénomène inouï dans chacun de ces personnages, on retrouve Voltaire tout entier, c'est-à-dire la grâce, le charme, l'ironie, la raison interprétés par un style qui est à lui seul une langue et une langue unique, tantôt vive, étincelante, ailée, tantôt brûlant comme le feu et tonnant comme la foudre, toujours claire, lumineuse et précise comme la pensée qu'elle traduit.

Si le génie nous étonne, le caractère est dans son développement général digne d'admiration. Malgré tant d'impertinentes déclamations et de haines conjurées, l'avenir reconnaîtra dans Voltaire les deux éléments essentiels qui font la grandeur morale de l'homme : un but désintéressé et marqué par la justice elle-même, et une volonté immuable et constante de le réaliser. Quelle magnifique unité dans cette vie de quatre-vingts ans ! quelle persévérance ! quelle foi ! quel dévouement ! Grands hommes d'aujourd'hui, combien en est-il parmi vous dont on puisse faire cet éloge ? combien qui n'aient servi qu'une cause, et une cause juste? Et si, à cette unité, qui est la plus haute manifestation de la vertu dans l'homme, vous ajoutez un cœur généreux et bienfaisant, que peuvent contre Voltaire les anathèmes de de Maistre et des obscurs blasphémateurs qui lui font écho? Ils sont condamnés au labeur ingrat de refaire à perpétuité la phrase sur le *rictus;* ou bien de dresser pour la centième fois, à l'aide des commérages et des libelles contemporains, le catalogue des faiblesses de Voltaire. Les faiblesses de Voltaire! Que nous importe à nous ses héritiers sous bénéfice d'inventaire? nous ne sommes solidaires que de ses vertus. S'enquiert-on des faiblesses de celui qui le premier démontra le mouvement de la terre? enlèvent-elles rien à la rigueur de sa démonstration? Il y a deux êtres différents dans le grand homme : l'un, celui qui meurt, est borné, incomplet, sujet à faillir; l'autre, celui qui survit, est tout impersonnel; il représente un siècle ou une vérité; il se nomme Légion.

En 1718 parut *Œdipe*. C'est la préface de l'œuvre entière. Dans ce drame, plein de beaux vers, mais taillé sur un patron vieilli et approprié au goût d'une littérature prématurément épuisée par l'influence des femmes, le jeune poète jetait hardiment le gant à l'ennemi dont il méditait déjà la ruine. Les vers qu'il adressait aux prêtres de son temps par la voix de Jocaste, ont une allure fière et provocante, qui trahit l'impatience de sa haine. On les reconnaît entre tous à la sincérité de l'inspiration, à l'énergie, à la flamme. Ils ont le mâle et belliqueux accent d'une déclaration de guerre; ils résonnèrent comme un défi, que mille échos répétèrent à l'envi :

> Ces organes du ciel sont-ils donc infaillibles?
> Un ministère saint les attache aux autels ;
> Ils approchent des dieux, — mais ils sont des mortels.
> Pensez-vous qu'en effet au gré de leur demande

Du vol de leurs oiseaux la vérité dépende?
. . . . . . . . . . . . . . . . . . . .
Non, non, chercher ainsi l'auguste vérité
C'est usurper les droits de la Divinité !
Nos prêtres ne sont pas ce qu'un vain peuple pense,
Notre crédulité fait toute leur science...
— Traître, au pied des autels il faudrait t'immoler,
A l'aspect de tes dieux que ta voix fait parler !

Dès ce jour, il fut regardé comme le héros d'une guerre que tout le monde pressentait, et que nul n'osait engager. Il accepta ce dangereux honneur, et commença une lutte qui ne devait finir qu'avec sa vie. Il le fit seul, sans apôtres, sans prestiges, sans miracles. Plus tard, lorsque de rares combattants se rallièrent autour de ce général sans armée, tous s'inclinèrent devant cette supériorité doublement consacrée par le génie et par les services, et saluèrent en lui leur chef naturel. Il l'était en effet, et devait l'être. On cherche en vain qui l'eût pu remplacer. Supprimez Voltaire, et le dix-huitième siècle avorte. Ce n'est pas que les hommes de génie fassent défaut ; mais avec un grand génie il faut une grande volonté. Montesquieu manque d'initiative, d'audace, peut-être de fermeté. Il n'a pas d'enthousiasme, il est asservi à de mesquins préjugés de naissance et de condition, il trouve un mot pour le despotisme comme pour la liberté, enfin il a des préférences et point de volonté. Diderot manque de sens pratique ; il est surtout homme de sentiment et d'imagination. C'est un artiste que sa fantaisie gouverne ; il ne gouvernera personne. D'Alembert n'a ni feu ni chaleur ; il est trop habile et trop prudent. Quant à Rousseau, il n'est pas de ce monde ; il vit dans l'avenir et les royaumes vides d'Utopie. Voltaire seul réunit les qualités qui font les grands agitateurs d'hommes. En même temps qu'il pense, il veut, et comme il veut, il agit.

Déjà il méditait la *Henriade*. Ce poème passe pour être ennuyeux, et il faut convenir de bonne foi qu'il mérite sa réputation, malgré les pages brillantes dont il est rempli. Mais, en reprochant à Voltaire d'avoir trempé dans l'invention du poëme philosophique, il faut tenir compte de l'entraînement auquel il céda. L'engouement était universel, aussi bien en Angleterre, où Pope l'avait mis à la mode, qu'en France, où Voltaire l'acclimatait avec Racine le fils. La philosophie s'était livrée jusque-là à de telles excentricités de style et de pensée, qu'on était heureux et charmé de lui entendre exprimer des vérités intelligibles dans la langue divine des vers. Ajoutez à cela que les idées exposées dans la *Henriade*, neuves et hardies à cette époque, sont aujourd'hui devenues banales à force d'être vulgarisées, et que les personnages allégoriques, tels que le Fanatisme, la Superstition, qui nous paraissent pâles, froids et inanimés, comme des abstractions, étaient pour nos pères des visages bien connus, des portraits ressemblants, des réalités vivantes et terribles. Aussi cette épopée, qui formulait en beaux vers toutes les tendances de l'esprit nouveau, tolérance, humanité, justice, fut-elle longtemps, à leurs yeux, le plus beau titre de gloire de Voltaire. Enfin, dernière cause de popularité : c'était un poème épique. Or, ce siècle incrédule avait une superstition : il croyait au poème épique. C'est la dernière qu'ait eue la France.

En 1721, un inconnu entre visière baissée dans cette lice, illustrée déjà par de si beaux exploits. Les *Lettres persanes* parurent sans nom d'auteur. Quel était cet anonyme qui raillait, avec tant de verve et d'irrévérence, non-seulement l'Église et ses prétentions, les métaphysiciens et leurs rêves, mais l'administration elle-même de Louis XIV, que semblait défendre son ombre encore menaçante? C'était un magistrat : augure significatif.

Il y a dans Montesquieu, comme dans la plupart des hommes en qui la force du caractère n'égale pas celle de l'esprit, deux individualités et deux manières successives. La première, libre, généreuse, spontanée, comme la jeunesse, qui est marquée avec tant d'éclat par les *Lettres persanes;* la seconde, plus académique, plus réglée et plus savante, mais aussi moins sincère et moins sympathique : c'est celle à laquelle nous devons la *Grandeur et la décadence des Romains* et l'*Esprit des lois;* elle date de son entrée à l'Académie. Cette date, qui est néfaste pour tous les gens de lettres, en ce qu'elle annonce toujours en eux des préoccupations funestes à l'art, le fut surtout pour Montesquieu, par les ménagements et les amendes honorables qu'elle lui imposa. Si son indépendance n'y périt pas, elle en fut affaiblie et diminuée. Le politique tua le railleur; et celui qui avait dit à un homme : « Fi donc! vous avez les sentiments aussi bas qu'un homme de qualité! » fit faire à grands frais sa généalogie.

Mais ce beau génie n'avait encore, grâce à Dieu, ni tant de prudence, ni tant de politique. En même temps qu'il révélait un peintre de caractères égal à La Bruyère, il réfléchissait, comme dans un miroir enchanté, les mœurs de cet âge frivole. Il en châtiait les préjugés, les erreurs et les ridicules avec une raison, une malice aimable et enjouée, qui étaient sans modèles, comme elles sont restées sans rivales. Des pédants, qui se croient austères et ne sont que chagrins, effarouchés par le ton de galanterie qui règne dans l'ouvrage, l'ont depuis longtemps condamné comme un péché de jeunesse de Montesquieu. Ils le lui pardonnent toutefois en faveur de la *Décadence des Romains*. Plus tard, on pardonnera à Montesquieu les aperçus, souvent superficiels, de la *Décadence* en faveur des *Lettres persanes*. Sous la Régence, on lui pardonna les hardiesses d'opinion qu'elles renferment, en faveur du libertinage élégant et des grâces un peu fardées des héroïnes du sérail d'Ispahan. Mais il est facile de voir qu'elles ne sont là que pour servir de passe-port ou de déguisement à de plus nobles objets. Les quinze ou vingt lettres qui traitent de sujets religieux, politiques ou métaphysiques, forment une série de considérations déduites et enchaînées avec une logique irréprochable, et on pourrait les détacher de leur cadre sans qu'elles eussent rien à redouter de cet isolement. Elles reviennent, du commencement à la fin de l'ouvrage, à des intervalles égaux, réguliers, périodiques, comme l'écho d'une pensée qu'on s'efforce en vain de contenir. Elles abondent en traits vifs, sentencieux et mordants, forme familière à la muse de Montesquieu, et faites pour les temps agités où la vérité a besoin, tantôt d'être aiguisée comme un poignard, tantôt d'être frappée comme une de ces médailles commémoratives qu'on confie au hasard, sûr que le temps sera impuissant à en effacer l'empreinte. Ces traits restent gravés dans la mémoire en lettres de feu. On aurait tort pourtant d'y voir ce qui y est ordinairement, c'est-à-dire l'effet d'un dogmatisme trop impérieux. Avec son ton tranchant et absolu, Montesquieu est, au fond, beaucoup plus sceptique que Voltaire. Il y a un point d'interrogation au bout de ses affirmations les plus résolues. Comme son compatriote Montaigne, il a une « arrière-boutique » où il est difficile de pénétrer. Malgré ces réserves nécessaires, il faut reconnaître en lui une âme d'élite, passionnée pour le beau et le bien, et un des plus glorieux ouvriers de la civilisation.

Dans les *Lettres persanes* il répondait d'avance, mais sans les approfondir, à la plupart des grands problèmes que le siècle allait poser et résoudre : et ses solutions sont de tous points conformes aux données générales de la philosophie qui prévalut. Il nie la métaphysique dans ses prétentions à la certitude : loin de pouvoir définir Dieu, « nous n'apercevons pas même ses nuages. » Quant au culte, il est pour nos Persans un sujet de prédilection, et ils s'en donnent à cœur joie sur ses ministres, ses miracles et ses mystères les plus respectables. Leurs critiques sont pleines de sens et de raison. Mais quoi? ce sont des Persans; et, comme le disait trente ans plus tard Montesquieu, lorsqu'il en était venu à se repentir de ses *juvenilia :* « Un Persan pense en persan et non en chrétien. » (Lettre à l'abbé de Guasco, 1750.)

C'est des *Lettres persanes* et de l'impression du *Télémaque* que date en France le réveil ou plutôt l'avènement véritable de l'esprit d'examen en matière politique. Les ennemis de la pensée n'ont pas manqué de dénaturer ce grand fait en le présentant comme un empiétement des gens de lettres sur un domaine qui n'était pas le leur. C'est là une niaiserie enveloppée dans un lieu commun. Les gens de lettres, exclusivement gens de lettres, ont toujours été les plus serviles des courtisans, et, comme opposition politique, ils n'ont jamais rien su imaginer de mieux que des chansons, — et on sait ce que c'était que la monarchie tempérée par des chansons. — Cet empiétement prétendu fut une conquête, et cette conquête fut l'ouvrage de la nation elle-même; seulement elle dut nécessairement se traduire par une littérature nouvelle : le livre précéda la tribune.

Ainsi étaient alors formulés, dans leur double tendance politique et religieuse, les idées, les vœux et les préoccupations de la France, lorsque l'influence anglaise vint les fortifier encore en leur donnant, par la seule force de l'exemple, une direction, une organisation, un but.

Les causes de cette influence n'ont pas besoin d'être cherchées bien loin; elle était naturellement amenée par la révolution qui s'opérait dans les esprits. Il était tout simple qu'un peuple qui voyait réalisé, chez une nation voisine, l'état de choses qu'il ambitionnait pour lui-même, se sentit porté à en étudier les mœurs, les institutions, les lois; tôt ou tard ce mouvement de sympathie, ou, si l'on veut, de curiosité, devait chercher sa légitime satisfaction. L'heure en fut hâtée par l'exil de Voltaire. Lâchement outragé par le chevalier de Rohan, à qui il réclama vainement cette réparation que tout homme a le droit d'imposer lorsque les lois lui refusent leur protection, il demanda justice au Parlement. Le Parlement resta muet. Son ennemi, qu'il cherchait partout, se déroba par la fuite à de trop justes représailles. Bientôt l'aventure fit du bruit; Fleury fit mettre le poëte à la Bastille, et, après six mois, lui fit intimer l'ordre de quitter Paris.

Voltaire partit pour l'Angleterre, le cœur plein d'amertume et de colère. Vers la même époque, Montesquieu y abordait aussi, poussé par son génie et par sa destinée. Ainsi s'accomplit, par des voies imprévues, cet hymen intellectuel de la France et de l'Angleterre, qui devait faire la force, la grandeur et la fécondité du dix-huitième siècle.

## CHAPITRE V

### LES LIBRES PENSEURS EN ANGLETERRE.

Aux yeux des gens qui acceptent les opinions toutes faites, Voltaire rapporta d'Angleterre la liberté de penser, à peu près comme les premiers navigateurs rapportèrent d'Amérique le tabac ou le coton. C'est là une de ces formules que l'ignorance adopte, parce qu'elles sont faciles à retenir et qu'elles simplifient beaucoup l'histoire, et que la mauvaise foi propage, parce que le dix-huitième siècle en est réduit aux mesquines proportions d'une copie sans originalité ; la libre pensée n'étant plus dans ce système qu'une mode, un engouement passager, de l'anglomanie en un mot. Il faut dire ici, au risque de choquer beaucoup d'honnêtes convictions, que ce point de vue n'est pas absolument exact. La libre pensée est la conséquence naturelle, spontanée et nécessaire de la Réforme qui a complété en cela l'œuvre de la Renaissance : elle est un fait général, universel, et la gloire en revient non à un homme ni à une nation, mais à l'esprit humain. Tous les peuples furent complices. Chacun d'eux apporta à l'œuvre commune les ressources de son génie propre : la France, la verve et le bon sens de ses grands railleurs ; l'Italie, l'éloquence, l'imagination et l'infatigable ardeur de ses martyrs du seizième siècle ; l'Allemagne, la science et la logique de ses théoriciens, souvent obscurs dans leurs déductions, mais inflexibles comme des syllogismes vivants ; l'Angleterre, enfin, son esprit pratique et son incomparable sens politique. La liberté de penser existait à l'état de fait et même à l'état de principe dans presque toute l'Europe du seizième siècle ; mais l'Angleterre, la première en fit un droit, l'entoura de garanties légales et l'incarna dans ses institutions. Elle n'inventa donc la liberté de penser pas plus que la liberté politique, dont on suit facilement les traditions à travers tout le moyen âge ; mais elle a eu l'honneur de convertir ces abstractions en réalités vivantes et impérissables. Et c'est pour cela que tu seras toujours cher à l'humanité et grand parmi les nations, ô peuple de la liberté !

Et si, pour contenter le vulgaire préjugé qui veut que chaque idée nouvelle ait son acte et son lieu de naissance, il fallait absolument assigner une date à la formation et à l'avènement des libres doctrines en Angleterre, un simple

coup d'œil suffirait pour établir que, — crime ou vertu,
— ce grand acte appartient à tout le monde et à personne.
C'est un Italien, Jordano Bruno, qui en fut le premier
champion célèbre sur le sol britannique. Poussé par l'ardent génie qui fait les martyrs, Bruno parcourait l'Europe
prêchant la loi nouvelle, c'est-à-dire ce retour à la nature,
tant invoqué par les penseurs du seizième siècle, dont il
était le mot d'ordre. Dans le cours de ses voyages, il passa
en Angleterre ; il se lia d'amitié avec Philippe Sidney et
fonda avec lui, Greville, Spencer et Harvey, le premier
cercle d'esprits forts dont il soit parlé avant le club de la
Sirène. C'est à son ami Sidney qu'il dédia la *Bestia trionfante*, livre étrange, plein des *concetti* particuliers aux
*seiscentisti* ; tantôt obscur, tantôt illuminé d'éclairs soudains, et qui résume assez bien la double tendance de sa
philosophie : réforme scientifique et réforme morale.
« L'encens ne monte plus vers nous, dit Jupiter ; l'homme
déserte nos autels ; le temps des folies est passé. Toi,
Vénus, prends un miroir : peux-tu compter les rides que
les ans ont tracées sur ta figure ? Pourquoi pleures-tu,
Vénus ? Et toi, Momus, pourquoi ris-tu ? Avouez plutôt
que le temps est notre maître à tous. Ce qui ne vieillit
point, c'est la vérité et la vertu. Adorons l'Être universel. »

L'Être universel, tel est en effet le Dieu que se choisit
Bruno, comme plus tard Spinoza. L'homme veut surtout
définir ce qu'il ne peut pas comprendre.

Après avoir quitté l'Angleterre, l'apôtre continua sa vie
errante en Allemagne, étonnant, remuant les peuples par
son éloquence saisissante et passionnée, et par la liberté
inouïe de ses théories, jusqu'à ce qu'ayant voulu rentrer
dans sa patrie, il fut pris et livré à l'inquisition romaine,
qui à son tour, le livra au bras séculier, « afin qu'il fût
puni *avec beaucoup de clémence et sans effusion de*

*sang,* » ce qui était la formule du supplice par le feu. Bruno mourut en souriant, comme on doit mourir pour la liberté.

Son système métaphysique était trop vague et trop nuageux pour prendre racine en Angleterre ; mais il n'en est pas moins vrai que la philosophie anglaise s'inspira visiblement de l'indépendance, de la hardiesse de ses vues, en adopta le point de départ, et que Bacon dans son enthousiasme pour la science, ne faisait que suivre, à son insu peut-être, la tradition de Jordano Bruno. C'est à Bacon que commence l'âge d'or de la philosophie anglaise. La chaîne glorieuse n'est pas un seul instant interrompue, même au plus fort de l'explosion de fanatisme qui eut lieu sous Cromwell. Le lord Herbert de Cherbury, haute et noble intelligence, ouvre la marche et prépare les voies. En même temps que lui, Hobbes sert la libre pensée par l'excès même de sa haine contre elle. Il écrit la réfutation de l'absolutisme en croyant en écrire la démonstration ; il renverse de fond en comble les religions en s'imaginant les établir sur une base inébranlable. C'est un de ces logiciens intrépides que rien ne fait reculer, pas même l'absurde, pourvu que la déduction soit régulière et conforme aux règles. Leurs erreurs mêmes aident puissamment aux progrès de l'esprit humain. Enfin, Locke, Shaftesbury, Collins, Toland, Tindal, Woolston, Bolingbroke et Swift forment proprement la génération qui exerça une influence directe et incontestée sur les écrivains du dix-huitième siècle. C'est donc eux qu'il faut étudier, si l'on veut apprécier cette influence à sa juste valeur.

Il se rencontre quelquefois dans l'histoire de la Pensée des hommes, qui, sans être doués d'un grand génie, sans éloquence, sans passion, sans conviction bien énergique, ont, à un moment donné, la fortune imprévue et presque imméritée d'effacer toutes les renommées de leur temps devant l'éclat de leur nom. Ce sont d'ordinaire des observateurs patients, fins, judicieux, des esprits ouverts, mais plus étendus que profonds. Attentifs aux tendances et aux préoccupations de leur temps, ils en étudient chaque signe ; leur sagacité ressemble à de la divination et n'est que de l'observation : tel fut Locke. Non pas ignoré, mais peu populaire pendant sa vie, il fut, après sa mort, et dans un pays qui n'était pas le sien, l'objet d'une admiration d'autant plus enthousiaste qu'elle était plus tardive et plus irréfléchie. Or, quels que soient sa perspicacité et son sens exquis, Locke n'est pourtant qu'un penseur de second ordre. Il y a plutôt dans ses livres des semences d'idées que des principes bien arrêtés, et c'est justement là ce qui fit son succès. Un jour vint où le dix-huitième siècle tout entier crut se reconnaître dans Locke. Voltaire lui fit honneur de ses traités sur la tolérance et des deux idées à l'aide desquelles il attaqua toute sa vie le dogmatisme des métaphysiciens qu'il regardait à bon droit comme aussi insoutenable que celui des théologiens, à savoir, l'*indémontrabilité* de la nature de Dieu et de celle de l'âme. Rousseau lui fit honneur de l'*Émile* et du *Contrat social*, et Condillac de sa *Théorie des sensations*. Et pourtant, des trois philosophes, ce dernier seul était vraiment le débiteur du penseur anglais. Encore eût-il pu, à la rigueur, garder sa reconnaissance tout entière pour Aristote, le vrai père de la doctrine de Locke. Quant à Voltaire, son enthousiasme est à bon droit suspect. Ses traités sur la tolérance procèdent bien plus de Bayle que de Locke, et la théorie sur Dieu et l'âme est sienne par la manière dont il la développa et les conséquences qu'il en déduisit. Mais il avait besoin d'une étiquette étrangère ; il inventa Locke. Enfin, l'*Émile* est contenu dans l'*Instruction pour l'éducation des enfants*, comme tout est dans tout. L'œuvre de Locke renferme des vues sages et utiles, mais elles sont perdues au milieu de mille détails puérils et insignifiants ; et son *gouvernement civil*, bien qu'il ait un point de départ tout à fait analogue à celui du *Contrat social*, aboutit à des conséquences absolument opposées.

Mais quel que soit le jugement définitif qu'on porte sur Locke, il n'en garde pas moins une place fort importante parmi les philosophes de son temps. Il rappela les métaphysiciens au sens commun. Il porta, avant Voltaire, l'analyse au milieu de ses présomptueuses théories, et le monde fut étonné de leur néant et de leur vanité. Ses Lettres *sur la tolérance*, qui furent son plus grand mérite aux yeux de ses contemporains, et qui sont oubliées aujourd'hui, sont inférieures en force, en clarté, en logique, au Commentaire de Bayle, quoiqu'elles soient venues après lui. Elles établissent la tolérance sur une base plus étroite et plus fragile ; mais elles n'en ont pas moins servi aux progrès de la civilisation. *Habuerunt mercedem suam.*

Locke s'est aussi occupé, comme tant d'autres, de réconcilier la raison et la foi. Il a fait un *Christianisme raisonnable* qu'il regardait naturellement comme un traité de paix définitif. Il est curieux de remarquer à quel point, vers la fin du seizième siècle et vers le commencement du dix-huitième, la foi était d'humeur accommodante et pacifique. Au seizième, c'était le souvenir des dangers qu'elle venait de courir ; au dix-huitième, le pressentiment de ceux qu'elle allait rencontrer. Après avoir persécuté sa prétendue sœur pendant tout le siècle précédent, elle demandait à l'embrasser ; elle sentait venir la grande bataille. En s'offrant comme médiateur, Locke ne fit que payer son tribut à l'innocente manie de ce temps ; mais il fait dire à sa gloire que, dans cette conciliation si peu couronnée de succès, il réservait le beau rôle à la raison. Est-ce à dire que nous devions voir en lui un libre penseur dans l'acception rigoureuse du mot ! Locke est un homme de transition.

Cette intelligence, si rare à certains égards, réfléchit la plupart des préjugés de son époque, de même qu'elle en réfléchit les plus glorieux pressentiments. Il y a dans Locke un rationaliste, mais il y a aussi un anglican étroit et superstitieux. Il parle avec le plus grand sérieux des sirènes et du perroquet raisonnable de monseigneur le prince Maurice. Ainsi Leibnitz adressait à l'Académie des sciences, par l'entremise de l'abbé de Saint-Pierre, un rapport sur un chien possédant le don de la parole. Quoi d'étonnant que ces grands esprits aient pu croire aussi un instant à la possibilité d'un accord entre la foi et la raison?

Shaftesbury, Collins et Bolingbroke expriment, avec bien plus de netteté et d'éloquence, la pensée philosophique de leur pays. Shaftesbury, âme douce et aimante, imagination de poète, esprit ardent dans un corps maladif, en développe surtout le côté moral et positif; et Collins, athlète un peu lourd, mais puissant, le côté négatif. Bolingbroke les résume tous deux, et c'est ce qui fit son succès. Mais celui que Swift appelle « un roué achevé » est bien loin du charme, du sentiment et de la grâce aimable de Shaftesbury. C'est un honneur pour une philosophie que de pouvoir citer des noms comme celui de ce mélancolique disciple de Platon.

Shaftesbury est le premier théoricien complet de ce qu'on a nommé le déisme anglais. C'est donc lui, en définitive, qui aurait fait les frais des prétendus emprunts faits par Voltaire, Rousseau et les encyclopédistes, à la philosophie anglaise. Malheureusement pour ce système, un examen attentif démontre que Shaftesbury lui-même tenait son déisme de seconde main, et, qui plus est, le tenait d'une main française, de Bayle, son ami et son maître. Mais laissons là ces disputes insensées. Les vérités nouvelles appartiennent à ceux qui les expriment le mieux;

c'est une moisson qui ne grandit pas dans les étroits enclos où notre égoïsme veut la circonscrire ; et elle mûrit pour tous les peuples. Que Leibnitz ait crié au plagiat lorsque Shaftesbury mit au jour un de ses essais, qui a plus d'un rapport avec l'optimisme de la Théodicée, quoiqu'il n'en ait nullement les prétentions scientifiques, c'est là une susceptibilité mesquine sans doute, mais d'autant plus excusable que l'optimisme était une idée fausse, et qu'un auteur tient surtout à ses idées fausses ; mais qu'on veuille faire d'une doctrine vieille comme le monde, et universellement répandue à la fin du dix-septième siècle, le patrimoine exclusif d'un homme ou d'une nation, c'est une prétention que la mauvaise foi seule a pu élever, et que seule l'ignorance peut admettre.

La théorie du déisme est connue. C'est un calcul de probabilités, appliqué à l'auteur inconnu de toute chose. C'est le thème éternel des poètes et la religion des cœurs généreux. Si elle n'exprime pas ce qui est, elle exprime du moins ce qui devrait être selon nos idées nécessairement bornées et incomplètes. C'est la protestation de l'esprit contre les ténèbres qui l'enveloppent. C'est un vœu, un désir, une revendication, un postulat, comme disait Cant ; ce n'est pas une science. Mais si l'homme n'a, aux yeux d'une critique sévère, ni le pouvoir ni le droit de rien affirmer sur la nature de Dieu, on ne saurait du moins lui disputer celui d'en rêver l'ombre ou l'idéal d'après les aspirations de son cœur et les facultés de son esprit. Ce rêve, mêlé d'espérance, est la seule part légitime de nos inductions sur la Divinité. Aussi les poètes ont-ils été de tout temps les plus grands *définisseurs* de Dieu. C'est par ce côté que Shaftesbury ressemble à Platon, et surtout se distingue des philosophes de son pays. Il a un sens exquis du beau. Il aime passionnément la vérité ; mais il l'aime surtout parce qu'elle est belle. « Toute vérité est beauté, » disait-il, et c'est encore parce qu'elle est belle qu'il aime la vertu. « Vivez avec honnêteté, avec ordre, avec *beauté*, » écrivait-il à un jeune homme. Heureux ceux qui n'ont point séparé, dans leurs adorations, les trois faces de l'éternel idéal, le beau, le vrai, le bien ! ils conservent après leur mort le sourire et la grâce divine d'une jeunesse inaltérable.

Toute la philosophie de Shaftesbury est empreinte d'un esprit de bienveillance qui n'a rien de banal, et n'exclut ni l'austérité, ni l'ironie. Il raille doucement sans acrimonie, et écrit un plaidoyer en faveur de la raillerie, comme s'il devinait Voltaire. En politique, il regarde justement un gouvernement libre comme la conséquence nécessaire de la liberté de penser : « Quel est le plus grand bien de l'homme, dit-il, si ce n'est le premier avantage qui l'élève au-dessus des brutes ; je veux dire la liberté de la raison dans le monde intellectuel, et un gouvernement libre dans le monde civil? La tyrannie, dans l'un de ces deux mondes, est bientôt suivie de la perte de la liberté dans l'autre. »

Shaftesbury mourut jeune et plein de foi dans ses idées. Il eut, au dix-huitième siècle, un renom moins éclatant que celui de Locke, mais une influence plus réelle peut-être. Un philosophe, sentimental comme lui, moins pur, moins net, moins délicat, mais incontestablement plus puissant, Diderot, s'éprit pour lui d'une belle et soudaine passion, et donna de ses *Essais sur le mérite et la vertu* une traduction telle que pouvait la faire Diderot, c'est-à-dire un libre commentaire où le traducteur se substituait à l'original. Voltaire, Montesquieu et Vauvenargues le mentionnèrent avec éloge ; puis ce fut tout. Le siècle crut avoir payé sa dette ; elle est restée entière.

De Shaftesbury à Toland, à Collins, à Tindal, il y a loin pour l'enthousiasme, l'éloquence et l'élévation des idées. C'est pourtant à ces penseurs qu'appartient l'honneur d'avoir les premiers compris le côté stratégique de la question. La moralité évangélique de la tolérance et l'imprescriptible légitimité de la liberté de penser étaient surabondamment démontrées; mais, pendant que ces honnêtes philosophes élevaient laborieusement l'édifice de leurs démonstrations, un pouvoir ombrageux et tyrannique, l'Église, puisqu'il faut l'appeler par son nom, mais un diminutif d'Église, l'Église anglicane, excommuniée à Rome et infaillible à Londres, faisait attacher au pilori l'immortel auteur de *Robinson*. Sur quels fondements divins ou sur quelle fatale méprise reposait donc le privilège de cette implacable ennemie qui, non contente de vouer ses adversaires aux éternels supplices de la vie future, les livrait, par anticipation, à l'exil, à la prison, à l'échafaud ? Et la liberté de penser était-elle possible tant que l'Église conserverait ses odieuses prérogatives ? C'est ainsi que le problème fut posé et la guerre résolue. L'évidente contradiction qui avait existé de tout temps entre la religion et la philosophie, n'avait jusque-là suscité chez celle-ci que des tendances purement défensives, parce qu'elle s'était contentée de vivre dans les sphères lointaines à l'abstraction. A cette époque critique, elle voulut pénétrer à son tour dans le monde réel, et, comme on lui en fermait la porte, elle fut forcée de prendre l'offensive. Ce qu'on a nommé la haine contre la religion n'est point une haine gratuite et platonique, comme le croient les niais; c'est une haine motivée et raisonnée ; c'est une guerre entreprise dans le cas de légitime défense. Elle a pour point de départ, en Angleterre, le pilori de Foé; en France, le bûcher de Vanini; en Italie, celui de Bruno.

Lors donc que Toland, Collins et Tindal commencèrent contre les religions cette lutte terrible qui dura un siècle et qui se réveillera toutes les fois qu'elles chercheront à sortir de leur véritable terrain, la conscience individuelle,

ils firent acte d'intelligence et d'héroïsme ; et nous, qu'ils ont affranchis, nous devons prononcer leurs noms avec respect et amour. Ils y apportèrent cet esprit de suite et cette inébranlable volonté qui a fait la gloire de la race anglo-saxonne. Ils n'ont ni enthousiasme, ni vivacité, ni grâce ; mais ils vont droit au but, traçant un sillon toujours égal et toujours profond ; et, bien que leur critique soit souvent en défaut à cause de la faiblesse relative de la science historique à cette époque, telle est la sûreté de leur bon sens, que les théologiens ne peuvent leur répondre que par des condamnations. Clarke, Burnet et Warbuton, les plus modérés, les réfutent le plus souvent avec des injures. Collins définit la liberté de pensée et lui donne son vrai nom : un droit ; plus encore : un devoir. « Ce devoir de penser n'existe-t-il pas, même pour le chrétien ? N'a-t-il pas tous les jours à se prononcer sur les divergences infinies qui se sont de tous temps manifestées entre les interprètes des dogmes les plus essentiels du christianisme ? » (*Discours sur la liberté de penser.*) Et il termine son livre en invoquant le nom de tous ceux qui ont rendu témoignage pour la liberté de penser : Socrate, Platon, Aristote, les deux Caton, Plutarque, Cicéron, Sénèque, Bacon, Érasme, Montaigne, Milton et Locke, soldats dignes d'une telle cause !

Ceux-là morts, d'autres succèdent. — Voici le violent Wolston, violent contre les forts, désarmé devant les faibles. Une dévote le rencontre un jour dans la rue et lui crache au visage : « C'est ainsi, lui dit-il avec une douceur stoïque, que les Juifs ont traité votre Dieu. » Puis vient Bolingbroke, cette ébauche de Mirabeau, tempérament de feu, cœur généreux, conscience élastique, génie d'orateur et d'homme d'État, imagination de poète et de libertin. On connaît sa vie orageuse et agitée ; elle se réflète jusque sur ses œuvres philosophiques ; on y sent l'accent amer de l'ambitieux trompé. Mais, si cette dure expérience lui fait perdre quelque chose en sérénité, combien n'y gagne-t-il pas en force et en clairvoyance? Qui a mieux dénoncé que lui le danger de cette prétendue abstraction, la théologie? Qui en a mieux compris le rôle historique? Le philosophe cède presque toujours la parole à l'homme d'État, et, dans Bolingbroke, le second efface le premier; il a sur ses prédécesseurs un avantage inappréciable : il connaît les hommes. Ses efforts achevèrent de délivrer l'Angleterre du joug de l'anglicanisme. Après Bolingbroke, la polémique antichrétienne, devenue sans objet, perdit son caractère haineux et militant. Hume et Gibbon trouvèrent des contradicteurs, mais pas un ennemi.

Il est difficile d'isoler Bolingbroke de ses deux amis, Swift et Pope. C'est même dans Pope qu'il faut chercher la partie dogmatique de ses doctrines : elles consistent purement et simplement dans le déisme et l'optimisme de Shaftesbury, avec cette différence que Shaftesbury était optimiste par l'illusion naturelle d'un esprit trop bienveillant qui ne voit dans la nature qu'une mère toujours attentive et toujours souriante; tandis que Bolingbroke était optimiste par système, peut-être aussi par ironie. Cet épicurien se disait, après boire, qu'en somme tout est pour le mieux dans le meilleur des mondes. Quant à Pope, nature mobile et vaniteuse, aujourd'hui catholique, demain déiste, selon son amitié du jour, il se donne un mal infini pour sauver son moi des mains violentes du sceptique Bolingbroke et du fanatique Warbuton, qui se l'arrachent tour à tour. Bolingbroke, dans un moment de triomphe, lui dicte son *Essai sur l'homme*, qui est le manifeste du déisme et de l'optimisme. Mais vienne Racine le fils pour lui démontrer la perversité de ses théories, et Pope confus fera amende honorable, reniera ses vers, et il faudra que Warbuton vienne panser ses blessures avec le grand spécitique qui guérit les poëtes : la louange. O race frivole et trop aimée! quand cesseras-tu de renier tes dieux? — Pope, comme penseur, n'est donc qu'un écho, un reflet. Comme poëte, sa gloire est plus durable; mais il est un crime que je ne puis lui pardonner : c'est d'avoir inventé le poëme ennuyeux.

La troisième personne de cette trinité, Swift, est bien une des physionomies les plus méphistophéliques de l'histoire. Mais nous n'avons pas, grâce à Dieu, à déchiffrer les énigmes de ce caractère bizarre et compliqué, et on a assez chanté d'élégies sur ses deux victimes, Stella et Vanessa, poétiques créatures mortes d'amour pour ce vampire. Quelque opinion qu'on se forme sur ces problèmes psychologiques, il est impossible de refuser à Swift un esprit supérieur et un merveilleux bon sens. Ses *Voyages de Gulliver* sont une des conceptions les plus ingénieuses de la littérature de tous les temps. Quelle vive et mordante satire de toutes les gloires humaines! quelle fine et transparente allégorie! Gulliver! tu fais rire les enfants et pencher tristement le front du vieillard. Ton conte bleu est une sombre histoire, vraie alors et vraie encore aujourd'hui. L'homme de génie n'est plus l'antique Prométhée enchaîné sur son roc et dévoré par des vautours; nous avons changé cela : il est surpris et emmailloté pendant son sommeil par des hommes de six pouces. Les voilà à l'œuvre. Ils le lient avec des cordes grosses comme des cheveux, et le menacent avec des armes grosses comme des épingles. Car c'est à Lilliput que les coups d'épingle ont été inventés. Puis ils le discutent, le haranguent, l'interrogent. Comment se délivrer de cet hôte incommode? le fera-t-on mourir? le laissera-t-on vivre? ou ne vaudrait-il pas mieux lui crever simplement les yeux? Graves questions! Ainsi devise la race de Lilliput, et pendant que le parlement délibère, le géant au cœur pitoyable retient son souffle, de peur de renverser leurs châteaux de cartes, et reste immobile, de peur d'écraser la fourmilière.

L'auteur de cette ironique épopée devait aimer la liberté de pensée, sinon pour les autres, du moins pour lui-même ; et c'est bien là en effet ce qui résume le mieux l'opinion de Swift. Comme son ami, il prit part à la lutte antichrétienne, mais sous le voile prudent de l'allégorie, et avant sa candidature au doyenné de Saint-Patrick. Son conte du *Tonneau* est une critique judicieuse et sensée au fond du catholicisme et des deux sectes qui selon lui en sont nées : le luthéranisme et le calvinisme ; mais la forme en est tout à fait manquée. Swift y avait débuté par le genre de fiction qui devait si bien lui réussir depuis dans Gulliver. Mais Gulliver peut passer sans invraisemblance pour un personnage réel, tandis que des systèmes théologiques ne sauraient s'incarner qu'en devenant des héros fort ennuyeux. C'est ce qui arrive à Jean, à Pierre et à Martin, qui sont, dans le conte du *Tonneau*, les trois personnifications des systèmes discutés. L'allusion nuit à la fable, comme la fable nuit à l'allusion. L'esprit est rebuté par cette incessante investigation, qui lui est nécessaire pour découvrir le sens caché sous le sens apparent. Quoi qu'il en soit, ce livre n'en est pas moins une très claire profession de foi ; sa conclusion est évidemment négative. Quant à la métaphysique, Swift est encore plus explicite à son endroit, et la traite fort irrévérencieusement dans ses *Voyages de Gulliver* toutes les fois qu'il la rencontre sur son chemin. « Pourquoi agitez-vous des questions que l'évidence ne peut décider, et où, quelque parti que vous preniez, vous serez toujours livrés au doute et à l'incertitude ? A quoi servent ces vains raisonnements sur des matières incompréhensibles, ces recherches stériles et ces disputes éternelles ? »

Mais déjà s'épaississait le nuage qui devait obscurcir

pour jamais cette belle intelligence. Après avoir fait et défait des ministères, Swift aspirait aux obscurs mais confortables honneurs du doyenné de Saint-Patrick, en Irlande. Ce roi des railleurs y passa les dernières années de sa vie dans un état d'imbécillité qui était une mort anticipée ; et ses valets, spéculant sur son malheur, montrèrent aux étrangers, pour quelques pièces d'argent, l'ombre de celui qui avait écrit *Gulliver*.

## CHAPITRE VI

### LES LETTRES ANGLAISES. — DUBOIS. — LE CULTE DU SACRÉ-CŒUR. — LES CONVULSIONS.

Ce court aperçu sur la philosophie anglaise suffit, si incomplet qu'il soit, pour donner une juste mesure des emprunts que la France lui a faits. Ces emprunts se réduisent, en dernière analyse, à deux ou trois idées que l'on trouve, en remontant à leur source, avoir été importées sur le sol britannique par des étrangers, ou plutôt qui sont nées spontanément et simultanément dans toute l'Europe, mais que les Anglais eurent l'incontestable mérite de réaliser les premiers. Ce qui frappa Voltaire et Montesquieu durant leur séjour, c'est évidemment l'imposant spectacle de cette réalisation, c'est-à-dire la liberté de penser et la liberté politique. Si loin qu'ils eussent porté l'audace de leurs négations, les penseurs anglais n'avaient point dépassé celle de Rabelais et de Bayle ; mais cette audace avait été féconde, et il en était né ce que Voltaire, dans son enthousiasme, nommait le citoyen anglais, comme on avait dit, deux mille ans auparavant, le citoyen romain. Ce fut une révélation pour le poète ; dès ce jour il comprit la dignité de l'homme. Il y avait eu certes beaucoup de liberté dans les mœurs et les idées de la Régence ; mais cette liberté dépourvue de garanties légales et souillée par des excès sans nom, était comme une surprise, un vol fait à un pouvoir représenté par un enfant ; ou plutôt ce n'était pas de la liberté, c'était du libertinage : on en jouissait comme d'un fruit défendu, à la hâte, à la dérobée, sans sécurité. D'un côté le prêtre, de l'autre le magistrat, réclamaient incessamment contre ce qu'ils regardaient comme une usurpation sur leurs prérogatives, et on pressentait d'implacables représailles. En arrivant en Angleterre, Voltaire fut frappé du contraste qu'offraient ces deux sociétés si opposées : l'une se reposant de la servitude par une licence effrénée ; l'autre, calme, attentive à ses grands intérêts, le commerce et les colonies, et jouissant de ses droits avec un orgueil tranquille et la gravité traditionnelle de John Bull. C'est cette supériorité morale qu'il lui envia. Il n'avait point à emprunter aux Anglais la théorie de l'incrédulité ; l'*Épître à Uranie* était faite depuis longtemps ; mais son caractère était incertain et irrésolu, comme celui de la nation elle-même. Il s'abaissait avec les grands à des flatteries où son esprit sauvait à grand'peine sa dignité ; il se préoccupait beaucoup trop des bals de la cour et des pensions sur la cassette royale ; enfin il aimait la liberté de penser, mais comme un idéal presque irréalisable. Quant à la liberté politique, il n'y songeait nullement. Sa mésaventure à l'hôtel de Sully lui fit entrevoir les inconvénients des aristocraties. Son séjour en Angleterre lui révéla les grandeurs de la vie libre ; il y prit la ferme volonté d'en doter son pays. Sa vie eut un but : il dépouilla la frivolité française. Dans l'âme de Montesquieu, l'impression fut moins vive peut-être, mais tout aussi profonde. Elle lui inspira à vingt ans de distance, l'immortel *Esprit des lois*. On peut dire seulement que Voltaire fut plus frappé des avantages de la liberté religieuse, et Montesquieu de ceux de la liberté politique. Deux faces différentes d'un même objet... L'influence anglaise en France fut donc surtout une influence morale, et c'est ce qui la rendit féconde.

L'exil de Voltaire dura trois ans ; ce sont, à coup sûr, les trois années les plus fructueuses de sa vie. Pour mieux se pénétrer de l'esprit de cette civilisation nouvelle pour lui, il s'isola absolument de toute communication avec sa patrie et ses anciens amis. Il vécut avec Falkener, Bolingbroke, Pope et Swift, c'est-à-dire avec des individualités qui avaient le privilège de représenter leur pays tout entier : le commerce, la politique, la littérature et la philosophie. Nous y avons perdu trois années de cette correspondance merveilleuse qui est à la fois toute l'histoire d'une grande époque et l'œuvre la plus étonnante de Voltaire ; mais je n'ai pas besoin de dire ce que nous y avons gagné.

Les *Lettres anglaises* sont le premier manifeste raisonné et complet de sa philosophie, c'est dire qu'elles sont le programme même du siècle ; elles en résument toutes les tendances. Au premier abord, et pour un lecteur inattentif, il n'y a là qu'un tableau général de l'état de la société anglaise à une époque donnée, un rapide inventaire de ses richesses intellectuelles ; en réalité, c'est une critique sanglante et impitoyable de tous les côtés faibles de la société française : les lettres sur les quakers sont un plaidoyer en faveur de l'Évangile contre le clergé catholique ; les lettres sur le gouvernement, le parlement, le commerce, sont un plaidoyer en faveur de la liberté et de l'égalité contre la monarchie absolue et les privilèges ; les lettres sur Bacon, Locke et Newton, sont un plaidoyer en faveur du bon sens et de la science, contre la métaphysique et la révélation. Et telles sont les ressources infinies de ce charmant esprit, que ce parallèle périlleux ne paraît presque jamais être son ouvrage : il lui suffit d'en poser un terme, et la comparaison s'achève d'elle-même dans l'esprit du lecteur, grâce à des réticences et à des ironies mille fois plus éloquentes que de longs commentaires.

Ce qui revient le plus souvent dans cette continuelle opposition, c'est le caractère logique, persévérant et pratique d'un peuple dont les crimes mêmes ont toujours eu pour but la défense d'un grand intérêt. Ses libertés, sa politique et sa constitution y sont surtout définies en traits de feu qui marquent évidemment que c'est un côté dont Voltaire fut très vivement frappé. Il définit le gouvernement anglais celui « où le prince, tout-puissant pour faire le bien, a les mains liées pour faire le mal. » Montesquieu démontrera plus savamment les rouages de la constitution anglaise ; mais pourra-t-il jamais surpasser la lumineuse clarté de cette définition qui en reproduit à la fois le but, l'esprit et la moralité ?

C'est donc le spectacle de la liberté et non telle ou telle argumentation de Locke qui opéra dans Voltaire sa grande transformation morale. Il n'avait rien à emprunter au bon Locke, si ce n'est le bénéfice de sa qualité de trépassé qui le mettait à l'abri des vengeances ecclésiastiques ; et c'est ce qu'il fit, avec l'insouciance d'un vivant qui s'installe sans cérémonie dans le logis d'un mort et l'encombre de ses propres richesses. Locke eût été bien étonné, en ressuscitant, de se trouver si riche; peut-être aussi eût-il réclamé contre certaines violences que lui faisait son disciple : Locke avait, par excès de modération, « étranglé des vérités qui ne demandaient qu'à sortir de sa plume. » Voltaire n'eut ni ce scrupule ni cette inhumanité. Les *Lettres anglaises* sont non-seulement le livre du siècle où il y a le plus de vérités nouvelles, mais ces vérités y sont armées en guerre et sonnent comme les flèches inévitables du dieu à l'arc d'argent.

Le clergé s'émut et demanda la suppression de l'ouvrage ; le grand conseil l'accorda en retour du don gratuit. Le parlement vint ensuite et le condamna au feu. Voltaire, exilé une seconde fois, fut averti à temps et attendit la fin de l'orage dans un asile sûr et secret.

Déjà l'opinion, séduite et passionnée par l'audace de ce jeune homme et par la beauté de son génie, prenait parti pour lui contre ses persécuteurs, moins encore à cause des intérêts sacrés qu'il défendait, que parce qu'il était faible et qu'eux étaient forts et tout-puissants. Ces combats, d'un seul contre tous, ont une sorte de grandeur héroïque qui remue profondément le cœur des hommes. La génération qui devait créer le dix-huitième siècle grandissait ; et, impuissante encore à seconder son maître, elle le suivait avec des regards d'envie et d'admiration. Voltaire fut l'idéal secret de tous les jeunes hommes de cette époque : Rousseau lui-même avoue avoir subi l'influence de son prestige. Dans les cafés, — sortes de clubs improvisés le lendemain de la mort de Louis XIV, — cette ardente jeunesse agitait librement tous les problèmes dont un pouvoir ombrageux voulait lui interdire la discussion. Des poètes, des savants, des hommes du monde, des abbés, mi-partis de religion et d'athéisme, formaient, haranguaient, disciplinaient l'impatiente armée. Il s'y livrait des combats de parole ennoblis souvent par une éloquence inattendue, un mot saisissant, une idée neuve, jaillissant comme un éclair du choc des opinions contraires. Le caustique Nicolas Boindin, qui eut autant d'incarnations successives qu'un dieu indien, d'abord mousquetaire, puis poète dramatique, puis grammairien, puis athée, puis je ne sais quoi encore, mais homme d'esprit toujours, portait dans ces débats l'impétuosité agressive et provocante de son premier métier. Il échappait, malgré ses opinions bien connues, à la persécution, grâce à une distinction pleine d'à-propos; il était, disait-il, athée moliniste. Or, les jésuites étaient au pouvoir. La Motte, Saurin et l'abbé Terrasson lui donnaient la réplique; Terrasson, dont la mort vaut, à elle seule, une longue vie[1]. Fréret y épanchait, mais seulement devant un cercle choisi d'intimes, si l'on en croit le témoignage de son ami, les trésors d'une immense et formidable érudition, que l'intérêt de sa sûreté le forçait de tenir cachés au public. Le jeune Duclos y aiguisait son esprit sarcastique et mordant, arme redoutée à une époque où le ridicule tuait encore en France. Lafaye, Dumarsais, le futur grammairien de l'Encyclopédie; Maupertuis, esprit mordant et d'humeur guerrière, complétaient cette vaillante élite; et, témoin d'un autre âge, le vieux Fontenelle encourageait leurs efforts de son fin et bienveillant sourire. Le contre-coup de cette agitation se faisait ressentir jusque dans le grand monde. L'abbé Alary dressait, dans le club de l'Entresol, la tribune des mécontents de la politique, troupe moins dangereuse et moins active, et qui pourtant mérita de donner de l'ombrage à Fleury.

Or, pendant qu'ils étaient là essayant leurs forces et aiguisant leurs armes comme des soldats à la veille d'une grande bataille, il est curieux de jeter un coup d'œil sur ce qui se passait dans le camp ennemi. Le clergé avait perdu tous ses grands hommes; mais il n'avait renoncé à aucune de ses prétentions : d'abord déconcerté par l'échec du duc

---

1. Selon Grimm, lorsque l'homme d'église se présenta chez lui selon l'usage pour recevoir sa dernière confidence, Terrasson agonisait « Monsieur, dit-il au confesseur, interrogez madame Luquet; elle sait tout. » C'était sa gouvernante. Le confesseur insista : — « Voyez, Monsieur, si vous avez été luxurieux. — Madame Luquet, ai-je été luxurieux? demanda le malade. — Un peu, monsieur l'abbé, répondit-elle. — Un peu, » répéta le malade.

du Maine, qui lui promettait un régent selon son cœur, et par les mesures pleines d'humanité qui signalèrent l'avènement du duc d'Orléans, il sut bientôt se poser en ennemi avec lequel il fallait compter. Le duc fit des concessions; mais elles furent plus apparentes que réelles. Il usa heureusement, en cette rencontre, du génie astucieux de sa race et de la politique d'équilibre et de contre-poids de son aïeul Henri IV. Il donna au clergé le conseil de conscience; mais le conseil de l'intérieur fut organisé de manière à en neutraliser les pernicieux effets. Il maintint tous les édits de Louis XIV contre les protestants; mais quelques-uns des anciens intendants, Roquelaure, Médavy, Bervic, ayant cru devoir en exécuter les odieuses dispositions, on leur intima l'ordre de modérer cet excès de zèle. Il intervint plus franchement en faveur des jansénistes. Fort de l'appui des parlements, de la Sorbonne, des facultés et d'une minorité de l'épiscopat, le parti pouvait se défendre tout seul, il ne demandait au gouvernement que sa neutralité; c'est tout ce que voulait le régent. Méprisant presque également les deux partis, mais tenant à les ménager tous deux, il les laissa se déchirer l'un l'autre dans l'espoir de les affaiblir à son profit.

Ce fut alors un déchaînement effroyable de querelles théologiques; la bulle *Unigenitus* en est toujours le thème et le prétexte. Les évêques orthodoxes foudroient les évêques appelants; ceux-ci vouent leurs adversaires aux flammes vengeresses de l'enfer. C'est un inexprimable concert d'injures, d'imprécations, de cris de rage : mandements contre mandements, textes contre textes, saints contre saints; les excommunications se croisent dans l'air et retombent à terre comme des traits émoussés. Au milieu de ce tumulte, l'autorité royale intervient par des appels suppliants à la paix et à l'union; personne ne l'écoute. Les bulles succèdent aux bulles, les brefs aux brefs; on les livre à la dérision de la foule : telle est l'armée du Christ.

Ce n'est pas tout : il n'y a là que des ridicules et des folies qu'on retrouve dans l'histoire de tous les cultes, à l'époque de leur décadence. Pour que l'enseignement fût plus complet ou la ruine plus certaine, on vit s'y joindre des mœurs d'une corruption et des traits d'une infamie qui n'ont jamais été égalées, et dont les héros étaient tous cardinaux ou évêques. Raconter leurs exploits serait souiller l'histoire ; il suffit de citer leurs noms flétris : Tencin, Tressan, Bissy, Rohan, l'archevêque d'Arles, l'évêque de Montauban, l'archevêque de Reims; et cet évêque de Tours, sacré par Richelieu évêque de Sodome *in partibus* [1],... et le jésuite Lafitteau, évêque de Sisteron, âmes abjectes dans lesquelles les plus ignominieuses turpitudes s'alliaient à une cruauté froide et impitoyable, prélats doublés de bourreaux, qu'on voyait, au sortir de leurs orgies, requérir, au nom de la religion et de la morale, la peine des galères contre un protestant dont tout le crime était d'obéir à sa conscience. Dubois lui-même, ce Frontin qui at roi de France, les domine autant par son génie et son caractère, qu'il les efface par l'éclat de sa fortune. C'est leur maître à tous : ils le grandiraient si Dubois pouvait paraître grand.

Arrêtons-nous devant ce nom voué à l'opprobre ! Aussi bien cette époque est inexplicable sans lui, et il enveloppe l'Église bien plus que la royauté dans son ignominie.

Le lendemain de la mort de Louis XIV, de Bossuet et de Fénelon, il se passa ceci : Un familier du duc d'Orléans et portant sa livrée, moitié précepteur et moitié laquais, figure de singe pétrie de bassesse et d'effronterie, où tous les vices avaient laissé leurs marques, se sentit pris d'ambition un

1. « Vous voulez des maîtresses, disait le Régent à l'abbé de Saint-Albin; attendez que vous soyez évêque. »

beau matin : il voulut être conseiller d'État, il le fut ; — il voulut être prêtre, il le fut ; — il voulut être ministre, il le fut ; — archevêque, cardinal, roi, il le fut. Et ces hautes dignités ne lui coûtèrent ni efforts ni sacrifices ; pour les prendre, il n'eut qu'à se baisser.

Comment il devint ministre, on le sait ; ce fut en parodiant le rôle de ces affranchis fameux auxquels les césars de la décadence cédaient l'empire en échange de leurs honteux services. Pour devenir archevêque, il n'eut qu'à faire un signe. Monseigneur le cardinal de Gesvres fit l'information de bonne vie et bonnes mœurs ; messeigneurs de Tressan, évêque de Nantes, et Massillon, évêque de Clermont, l'orateur aimé de Louis XIV, celui-là même qu'on nommait de son vivant le dernier Père de l'Église, rendirent témoignage, devant Dieu et devant les hommes, de la pureté immaculée de sa doctrine, et prononcèrent le *Dignus es intrare*. Puis le clergé tout entier se déclara solidaire, et vint témoigner à son tour, en le nommant président de l'Assemblée générale de 1723. Pour devenir cardinal, Dubois choisit un moyen plus expéditif encore : il acheta deux papes et un conclave. C'était faire les choses en grand ; mais ce marché coûta cher à la France.

Albani régnait à Rome sous le nom de Clément XI. C'était, si l'on en croit l'épitaphe que lui décerna Pasquin (*Hic jacet Unigenitus cum patre*), le propre père de cette terrible bulle *Unigenitus*. Mais le jésuite Le Tellier a au moins droit aux honneurs de la collaboration. Ce précédent, qui annonçait un pontife zélateur, ne découragea point Dubois, homme sceptique s'il en fut. Un autre jésuite, Lafitteau, évêque de Sisteron, fut chargé par lui de la négociation. Le ministre d'État anglais Stairs, le prétendant d'Angleterre, chevalier de Saint-Georges, et le Régent lui-même, agirent dans le même but à l'insu les uns des autres. En apprenant l'exorbitante prétention de Dubois, le pape parut surpris; mais il ne répondit ni oui ni non. Dubois, encouragé, redouble d'artifices. Il gagne pour mille écus romains le cardinal-neveu Albani, c'est-à-dire le favori, le bras droit du pontife. Ce neveu, qui, dans toute cette intrigue, ressemble fort à un compère, laisse entrevoir ingénument à Lafitteau que son oncle a un faible irrésistible pour les bijoux, les estampes, et les livres surtout; « car c'est sa passion que les livres proprement reliés. » (Lafitteau à Dubois.) C'est par ce chemin que Dubois ira jusqu'au cœur du saint-père. Il fait pleuvoir les présents sur la cour romaine : gratifications, montres, diamants, livres rares et précieux, ne coûtent plus rien à son avarice. Il promet encore plus qu'il ne donne. Il fera recevoir la bulle *Unigenitus* dans tout le royaume, et reconnaître par son gouvernement les droits du Saint-Siège sur Parme et Plaisance. Le pontife reçoit présents et promesses, et répond avec une nuance d'égards très marquée. Bientôt il encourage, en termes voilés, ces espérances, si lucratives pour lui. Dubois triomphe; mais, presque au même instant, une promotion de cardinaux a lieu à Rome, et il n'en est pas.

Un autre eût abandonné la partie; mais lui, après les premiers éclats d'une fureur comique, accompagnée de menaces et de blasphèmes, il fait intervenir en sa faveur un nouveau champion. Et qui? l'empereur d'Autriche lui-même, Charles VI. En même temps, les cadeaux redoublent de plus belle, et tous ses autres protecteurs, le régent, milord Stanhope et le prétendant, réunissent leurs instances dans un dernier et suprême effort. Clément, vaincu, signe enfin, entre les mains du chevalier de Saint-Georges, la promesse formelle d'élire Dubois à la prochaine promotion. Mais la mort vient le prendre à l'improviste, et l'emporte tout honteux encore de son crime.

Cet accident était gênant pour notre candidat. Presque en même temps, il apprit que son agent Lafitteau le volait.

Cet évêque de Sisteron, homme de plaisir et de peu de foi, opérait de fortes retenues, au profit de ses maîtresses, sur les bijoux et les diamants qui lui passaient par les mains. Dubois ne le rappela point : la ruse et l'effronterie dans la scélératesse lui plaisaient par-dessus toutes choses ; mais il lui adjoignit le cardinal de Rohan et l'abbé de Tencin. Ces trois vices se contrôlèrent mutuellement. Avec leur concours et celui d'Albani, de Gualterio et d'une courtisane nommée Marinacia, fort influente, disent les historiens, dans les conseils du sacré collège ; grâce surtout à des sommes énormes habilement répandues, Dubois se rendit maître du conclave. Conti ne fut élu qu'après avoir signé un engagement formel.

Il était temps, ses ressources s'épuisaient. « J'ouvrirais, écrivait-il à son confident, toutes les veines à Son Altesse Royale sans qu'il en pût sortir une goutte de sang... Je me vendrais moi-même, fussé-je acheté pour les galères. » C'était l'époque où Law venait de bouleverser les finances. Une effrayante misère avait succédé aux passagères illusions du système. La France était épuisée, le peuple mourait de faim dans les rues, et c'est lui qui payait la ruineuse fantaisie de Frontin. Mais Frontin avait son chapeau de cardinal ; quoi de plus ?

Le régent triomphait : avilir le clergé pour tuer son influence en le perdant devant l'opinion, tel est le seul but qu'on puisse découvrir dans sa politique à son égard, si tant est qu'il en ait eu une ; facile tactique qui lui évitait une lutte dangereuse. Il sembla d'abord avoir réussi au delà de ses vœux ; mais, à sa mort, on put voir clairement combien il faut peu compter sur ce genre d'expédients pour détruire les abus. Ce clergé, si méprisé qu'il fût, avait gardé son pouvoir et tous ses privilèges intacts : il rencontra dans le duc de Bourbon, ou plutôt dans sa favorite, la marquise de Prie, qui le gouvernait entièrement, un ministre disposé à le servir, et la persécution recommença aussitôt avec un acharnement qu'elle n'avait pas eu sous les plus mauvaises années de Louis XIV.

La déclaration de 1724 raviva, en les aggravant encore, les plus cruelles dispositions des édits contre les protestants. On vit de nouveau, mais cette fois sur la simple déposition d'un curé, les pasteurs exécutés; les morts traînés sur la claie; les fidèles attachés à la chaîne des forçats; les femmes rasées, battues de verges, enfermées pour la vie dans toutes les prisons du royaume, et principalement dans les humides cachots de la tour de Constance. Lugubres souvenirs! Lorsque, bien des années après, le prince de Beauvau y pénétra, ministre d'une justice tardive, il y retrouva plusieurs de ces infortunées qui avaient survécu à ces longues tortures! Il leur offrit avec empressement leur liberté : elles étaient folles !

La même année, — année maudite! — la famine changeait les populations en hordes de mendiants : en Normandie on vivait d'herbes des champs, selon le témoignage de Saint-Simon, et le royaume était devenu un vaste hôpital de mourants et de désespérés. Pâris-Duverney, le ministre des finances, à bout d'expédients, proposa l'impôt du cinquantième.

Le nouvel impôt frappait les revenus de la noblesse et du clergé, en même temps que ceux du tiers état; il souleva une explosion de colères et de plaintes tellement violente, qu'elle renversa le duc de Bourbon. De la part de la noblesse on conçoit ce déchaînement : l'impôt attaquait non-seulement son orgueil, mais des prétentions héréditaires auxquelles elle ne pouvait renoncer sans périr. N'était-elle pas la race conquérante? était-ce à elle de payer la rançon de ses affranchis? — Mais de la part du clergé, comment l'excuser? Ses biens n'étaient-ils pas, de son propre aveu, la propriété du pauvre? Quelle occasion pour lui de relever, aux yeux de la nation, par ce grand acte de bienfaisance, son autorité déchue et son caractère avili? Il n'en fit rien; il accumula, dans ses remontrances, tous les sophismes bien connus dont il a toujours étayé son avarice. Il assura « que les biens de l'Église n'étaient possédés que par usufruit, » comme si ce fait préjugeait en rien la question; et quitte à démontrer, en 1790, qu'il en était propriétaire, — pour lors ces biens « n'appartenaient qu'à Dieu, » messieurs du clergé terminaient leur harangue en rappelant au jeune roi cette recommandation naïve attribuée à saint Louis par Joinville : « Aime les gens d'église, et garde qu'on ne leur tollisse leurs revenus. »

Ce revenu était de douze cents millions, et le peuple mourait de faim; mais la maxime était péremptoire. Après quelques hésitations, le duc de Bourbon fut exilé à Chantilly, et Fleury prit sa place. Quelques jours après, le clergé, admis en corps devant ce roi de quinze ans, le félicitait « des grâces extérieures qui ornaient sa personne sacrée, » et le remerciait solennellement « de la glorieuse résolution qu'il avait prise de gouverner par lui-même! » De son côté, cette Majesté au maillot publiait une déclaration qui affranchissait les biens du clergé de l'impôt du cinquantième.

Ainsi, des querelles insensées, une dépravation inouïe, une avarice insatiable, une intolérance poussée jusqu'à la barbarie, voilà le bilan des vertus apostoliques de cette époque; et pas un grand écrivain pour en effacer la honte devant l'éclat de son génie; pas un orateur pour faire tonner sur ces pervers la parole vengeresse de l'Évangile ! Personne ne se préoccupait de l'agression imminente méditée par le camp philosophique; en revanche, la bulle *Unigenitus* et les œuvres de Quesnel étaient l'objet de mille doctes commentaires, aussi recommandables par le zèle que par la doctrine; chefs-d'œuvre d'ineptie et de ridieule. Et, à défaut de la bulle, n'avait-on pas cent autres thèmes à distinction et à dispute ; par exemple, la question de savoir par qui le monarque enfant serait confessé ? Graves débats, tâche enviée ! A qui reviendra la gloire d'avoir formé la conscience du roi Louis XV ? — Pendant longtemps l'Église fut partagée en deux camps : monseigneur le cardinal de Noailles tenait pour M. Chuperel, de l'Oratoire, suspect de jansénisme ; mais monseigneur l'évêque de Fréjus tenait pour le jésuite de Lignières : et cet honneur fut adjugé au jésuite.

Quant aux questions de vie et de mort, — réforme morale, réforme disciplinaire, — examen, solution des grands problèmes posés par la raison à la foi, nul n'y songe ; je me trompe, un pauvre diable d'abbé, enflammé d'un beau zèle, Jean Denyse, professeur au collège de Montaigu, prend la plume pour écrire une victorieuse apologie de sa religion ; mais, hélas ! il prêche dans le désert. L'hydre de l'incrédulité rit de ses efforts et le siffle par chacune de ses cent têtes. Avec l'instinct malencontreux des faibles d'esprit, le pauvre abbé choisit tout d'abord un titre qui est à lui seul un épouvantail : *La Religion démontrée par ordre géométrique*. Qui diable ira s'aventurer là-dedans ? Est-il besoin d'ajouter que le livre ne démontre que la parfaite candeur de l'honnête Denyse, et qu'il s'en exhale un effroyable ennui ?

En même temps, mais avec des intentions moins sincères, le cardinal de Polignac écrivait, en vers latins, son *Anti-Lucrèce*, curiosité littéraire, œuvre de dilettantisme, mais non œuvre de foi ; et le jésuite Berruyer sa fameuse parodie de la Bible. Par ses aspérités abruptes et grandioses, par sa franchise mâle et rude, quelquefois sublime d'impudeur ; par son mépris ouvert pour toutes les susceptibilités de la raison humaine, la Bible a toujours répugné à la politique de transaction et d'accommodement dont les jésuites étaient les représentants. Elle était pour eux une cause permanente d'embarras, et presque un objet de scandale ; ils l'auraient volontiers supprimée, de même qu'ils supprimèrent, en Chine, la *folie de la croix*. La suppression étant impossible, Berruyer se chargea d'une contrefaçon : au lieu de ce livre terrible, plein d'éclairs et de ténèbres, sombre poëme d'une incommensurable tristesse, qui ne chante que la colère, l'expiation et le châtiment, mais où l'on rencontre parfois, au milieu du sang et des larmes, une fleur, un rayon, un sourire d'une grâce divine, et comme un pressentiment de l'Évangile, — on eut un roman doucereux, bénin et nauséabond, où les vierges de Juda, transformées en bergères équivoques, donnaient la main aux guerriers de leurs tribus, transformés en jeunes gens convenables et galants, élevés au collège des jésuites, et où les rudes patriarches, habitués à converser avec Jéhovah lui-même et à lutter contre ses anges, parlaient le radotage imbécile des casuistes à la mode.

Et pendant qu'il dépouillait ainsi les livres sacrés de leur prestige et de leur poésie, son confrère Hardouin, jaloux de ses succès, appliquait une méthode analogue à la tradition catholique, dont il niait hardiment les éléments les plus essentiels. Pour Hardouin, le catholicisme commençait au concile de Trente ; c'était dire qu'il commençait avec la compagnie de Jésus, dont la fondation coïncide avec cette date. Étrange aveuglement qui les armait contre leur propre cause ! Ils furent condamnés à Rome ; mais cette condamnation n'a jamais été ratifiée par leur ordre.

Vers la même époque parut un livre unique, qui est à la fois la date, l'histoire et le manifeste d'un culte. Né et développé au sein du catholicisme, ce culte fut d'abord traité en intrus, méprisé comme une superstition grossière ; il grandit et se fortifia en silence, jusqu'au jour où il vint sommer son père de le reconnaître pour son fils légitime.

et fit passer sa requête moitié par menace, moitié par contrainte. Le livre se nommait la *Vie de Marie Alacoque*; Il était dédié à la reine Marie Leczinska. L'auteur se nommait Languet de Gergy, évêque de Soissons ; il était un des plus hauts dignitaires du clergé de cette époque. Le culte se nommait et se nomme encore le culte du Sacré-Cœur de Jésus.

Or, écoute et apprends, lecteur, comment naissent les cultes ; je te dirai plus tard comment ils finissent.

Vers 1647, à Lauthecourt, près d'Autun, naquit un enfant du nom de Marie Alacoque. Son évangéliste, l'évêque de Soissons, ne donne pas sa généalogie, mais il fournit les détails les plus complets sur sa glorieuse enfance. Sa sainteté n'attend pas le nombre des années, elle fait explosion dès le berceau : « Mon Dieu, s'écrie Marie Alacoque à l'âge de *trois ans*, je vous consacre *ma pureté*; je fais vœu de chasteté perpétuelle. » (Page 4.) A dater de ce jour, « la Sainte Vierge lui donna des marques sensibles de sa protection. » (Page 6.) Cependant, comme de très bonne heure aussi « son naturel la portait vivement au plaisir, » Dieu lui envoya une paralysie pour la guérir de ce penchant funeste ; après quoi la Vierge vint à son tour pour guérir la paralysie. Mais abrégeons ces graves détails en nous contentant de constater que, lorsqu'elle entra en religion chez les Visitandines de Paray, Dieu lui était apparu dix fois consécutives.

Ici la scène s'agrandit, et le biographe trouve des paroles à la hauteur des événements. La jeune Marie Alacoque livre à la chair les grands combats qui sont le prélude de la vie spirituelle ; et, autant de combats, autant de victoires. La pauvre fille avait une aversion horrible pour le fromage ; et pourtant, comment avancer dans les voies de la perfection si l'on dédaigne ainsi le fromage du bon Dieu ? « Dans ce combat, elle recourut à Dieu et lui dit avec beaucoup de larmes : « Hélas ! faut-il que l'holo-

« causte ne soit pas encore consommé ? Oui, mon Dieu, il « faut se vaincre ou mourir ! » Et elle vainquit, et elle mangea le fromage, et elle ne mourut point.

Peu touchées de tant d'héroïsme, les visitandines, ses sœurs, lui faisaient garder l'ânesse du couvent. Marie se consolait des déboires de sa besogne grossière en se disant : « Puisque Saül, en gardant les ânesses, a trouvé le royaume d'Israël, il faut que j'acquière le royaume du ciel en courant après de pareils animaux. » (*Vie de Marie Alacoque.*)

Mais Dieu veillait sur elle, « parfois même il lui faisait la grâce de la gratifier de sa divine présence d'une manière qu'elle n'avait pas encore expérimentée : elle le sentait, pour ainsi dire, près d'elle. » Les religieuses, effrayées de ces emportements mystiques qu'elles ne comprenaient pas, s'efforcèrent d'en calmer les ardeurs. La nuit suivante, Jésus-Christ lui apparut et lui dit d'un ton irrité : « Apprends que si tu te retires de ma présence, je te le ferai sentir et à toutes celles qui en seront cause. » Et, pour resserrer encore cette union, il se fit voir de nouveau à elle le jour de la Toussaint et lui laissa, comme gage de son affection, le quatrain suivant, qui ne donne pas une haute idée de la poétique céleste :

> Rien de souillé dans l'innocence,
> Rien ne se perd dans la puissance,
> Rien ne passe en ce beau séjour,
> Tout s'y consomme dans l'amour.

L'authenticité de ce quatrain fut vivement contestée par les compagnes de Marie Alacoque, qui la qualifièrent de visionnaire et l'accablèrent de mauvais traitements. Mais le commentaire de l'évêque de Soissons dissipe tous les doutes, et on ne peut que se ranger à son avis.

Enfin, après tous ces préliminaires grandioses, les temps

se trouvèrent accomplis : c'est en 1678 que Jésus-Christ révéla à la sœur Alacoque le culte du Sacré-Cœur ; en même temps il lui en expliqua le sens et le symbole : « L'amour en est l'objet, — l'amour en est la fin, — l'amour en est le motif ; or le cœur et l'amour sont synonymes parmi les hommes. » (Page 115.) Le cœur fut donc choisi comme l'objet même de l'adoration ; non pas ce cœur idéal dans lequel les poètes personnifient l'âme humaine, mais le muscle lui-même, un morceau de chair saignante, lardée de plusieurs blessures et embrochée à un petit poignard. Jésus-Christ l'arracha de sa propre poitrine, le lui donna, et « ensuite lui demanda de lui donner son cœur pour le prix du présent qu'il venait de lui faire. La sœur le lui offrit avec toute l'ardeur dont elle put être capable ; le fils de Dieu le prit effectivement et le *plaça dans le sien.* »

La nouvelle religion était révélée, mais, faute d'un metteur en scène intelligent, elle courait grand risque de mourir aussitôt que née, entre les quatre murs du couvent de Paray. Les visitandines en faisaient des gorges chaudes ; les curés du voisinage l'anathématisaient sans ménagement. Dieu pourvut encore à ce danger. Tout révélateur a droit à un prophète ; Alacoque trouva le sien dans la personne du père Lacolombière. Ce jésuite, homme entreprenant, exilé d'Angleterre avec les Stuarts, rôdait en France, cherchant fortune et assez embarrassé de son oisiveté forcée. Il entendit parler de la sœur, il la vit, leurs atomes crochus s'accrochèrent. Lui avait trouvé un sujet, elle un apôtre. Ils eurent ensemble des entretiens longs et fréquents, et le culte naquit d'un de ces mystiques rapprochements. La compagnie de Jésus le prit sous son patronage ; elle en fit sa chose, son exploitation. Sous Louis XIV, il fut accueilli par le ridicule ; les Pères ne l'abandonnèrent pas pour autant. Sous la régence, Belzunce, et, à sa suite, une partie notable de l'épiscopat, l'adoptèrent ouvertement. Enfin, en 1765, au moment même où l'Europe entière demandait à grands cris à Clément XIII la destruction de l'ordre des jésuites, le pape lui répondit par un décret qui approuvait solennellement et imposait à toute la chrétienté le culte inventé par eux et déjà autorisé par la congrégation des Rites.

Ainsi les rêveries d'une pauvre idiote, visiblement atteinte de nymphomanie, prirent corps et devinrent un symbole offert à l'adoration des peuples ! Ainsi les peuples l'adorèrent. Leçon vraiment humiliante pour notre orgueil ! éternel démenti infligé par les faits aux présomptueux calculs de notre politique ! Ah ! que les historiens, pour qui toute l'histoire est dans une caserne ou dans une antichambre, ne voient là, s'ils le veulent, que des événements sans conséquence, des détails indignes de leur attention ! Pour nous, nous y rappellerons sans cesse les regards de cette génération insouciante qui n'a pas fini d'expier ses légèretés. Quoi donc ! ces monstruosités déshonorantes pour la nature humaine sont possibles encore aujourd'hui, comme elles l'étaient hier, et vous parlez d'égalité, de progrès, de civilisation ! Bâtissez, bâtissez vos républiques idéales, ô rêveurs ! et le jour où, pour les peupler, vous chercherez autour de vous des citoyens, vous trouverez des sectateurs de Marie Alacoque, — ou des évocateurs de tables tournantes !

Cependant le parti janséniste agonisait. Le cardinal de Noailles faisait défection, brisé par la vieillesse et par les longues luttes qu'il avait soutenues. Fleury, nommé cardinal à la condition expresse de faire observer la constitution *Unigenitus*, exécutait religieusement sa promesse sur l'échine des appelants. Il fut soutenu dans ces efforts par les anciens agents de Dubois, Lafitteau et Tencin. Sous leurs auspices, un concile s'assembla à Embrun et sévit avec vigueur contre la secte. C'est alors qu'on vit un vieillard vénérable par ses cheveux blancs, Soanen, évêque de Senez, interdit et chassé de son diocèse, errer de retraite en retraite, sans avoir une pierre où reposer sa tête. Il alla mourir de faim dans les montagnes de l'Auvergne.

L'année suivante, la faculté de théologie de Paris renia à son tour la cause proscrite. Restait le parlement, qui la soutint seul, opposant ses arrêts aux excommunications de ses adversaires. Le 24 mars 1730 parut une déclaration royale qui déclarait la bulle *Unigenitus* loi de l'État et portait la peine du carcan contre les appelants. Le parlement protesta, fut exilé, puis rappelé, sans qu'on pût obtenir de lui autre chose que des concessions purement dérisoires. Les hostilités continuèrent donc avec des alternatives diverses ; mais les deux partis rivaux allaient inévitablement tomber tous deux sous le ridicule même de leur querelle, lorsqu'elle se compliqua d'un élément nouveau, qui est l'*ultima ratio* de toutes les sectes persécutées : l'élément miracle. Les convulsions éclatèrent dans Paris.

Un mendiant, d'autres disent un abbé, nommé Bécherand, janséniste d'opinion et boiteux de naissance, s'avisa un jour de se faire guérir sa jambe malade par l'intercession d'un diacre Pâris, mort récemment en odeur de sainteté, et bien et dûment enterré au cimetière de Saint-Médard. Le voilà aussitôt qui s'installe sur la tombe où gisait cet honnête cadavre, attendant sa guérison avec foi et patience. La nouveauté du spectacle attira des curieux. Les uns le raillent, les autres prennent parti pour lui. Quant au boiteux, sûr de son fait, il prie et espère. Après plusieurs semaines de ce régime, sa jambe ne se modifiant pas, notre homme tombe en convulsions sur la tombe du saint. Ces convulsions ayant été très productives pour lui le premier jour, il en fait une crise périodique, qui le prend à heure fixe. La foule accourt. On crie au prodige.

Des femmes d'abord, êtres nerveux, à imagination exaltée, puis des dévots, cerveaux malades et fêlés, se déclarent atteints du mal mystérieux qui possède l'infirme : il devient une maladie épidémique. Bientôt on les voit s'agiter, trépigner, hurler en chœur autour de lui : les femmes se roulent sur le sol, pâmées, à demi nues, le regard effaré, écumantes comme des sibylles que visite le dieu. A la fin de chaque séance, on mesure la jambe miraculeuse du boiteux. Il y eut tel jour où il fut constaté par procès-verbal qu'elle s'était allongée d'une ligne.

Voilà où venait aboutir le mysticisme de Pascal.

Une ordonnance de police refoula hors du cimetière cette canaille éhontée. Elle se rallia dans des conciliabules secrets et placés sous le patronage de plusieurs hauts personnages ardents zélateurs de la foi nouvelle. On y voyait des évêques, des conseillers au parlement, des grandes dames. La mise en scène dut se modifier avec le théâtre lui-même. Les convulsions firent place à des pratiques moins bruyantes où l'on retrouve les extravagances ascétiques et le sensualisme grossier des mystiques de tous les temps. Les initiés s'administraient les uns aux autres ce qu'ils appelaient, dans leur pieux jargon, *des secours*, sorte de flagellation mutuelle où on mortifiait son prochain, à charge de réciprocité. Seulement, il était essentiel pour les femmes que le secours vînt d'un homme, et pour les hommes qu'il vînt d'une femme. On donnait alors des preuves d'un courage surhumain. Une femme se faisait, pendant une heure entière, fouler aux pieds par deux hommes, les excitant du geste et de la voix, défiant la torture; et on entendait ses os craquer sous leurs talons. Une autre recevait sur le sein jusqu'à cent coups d'une bûche énorme et pesante. Plus tard, on en vint à parodier dans ses moindres détails le crucifiement du Christ. Le procès-verbal suivant, que nous abrégeons, contient des faits tellement étranges, qu'on aurait peine à les croire, s'ils n'étaient attestés par mille témoins tous dignes de foi.

*Procès-verbal de la séance du vendredi saint 1759, fait par la Condamine et M. Doyer de Gastel. — Furent présents, entre autres personnes, le marquis de la Tour-du-Pin, brigadier des armées du roi ; M. de Mérinville, conseiller au parlement ; M. de Janson, officier des mousquetaires. — Prêtres directeurs, le P. Cottu et le P. Guidi, de l'Oratoire.*

« ... Sœur Françoise était à genoux au milieu de la chambre, dans une espèce d'extase, baisant un petit crucifix qui avait, dit-on, touché aux reliques du bienheureux Pâris. Le directeur d'une part, et un séculier de l'autre, la frappaient sur la poitrine, sur les côtes et sur le dos, en tournant autour d'elle avec un faisceau de grosses chaînes de fer qui pouvaient bien peser de huit à dix livres. Ensuite, on lui appuya les extrémités de deux grosses bûches, l'une sur la poitrine, l'autre entre les épaules, et on la frappa une soixante de fois à grands coups avec ces bûches, alternativement par devant et par derrière. Elle se coucha ensuite le dos par terre ; le directeur lui marcha sur le front en passant plusieurs fois d'un côté à l'autre : il posait le plat de la semelle, jamais le talon...

« Alors, je pris un crayon, et commençai à écrire ce que je voyais

« CRUCIFIEMENT DE FRANÇOISE. — A sept heures, Françoise s'étend sur une croix de bois de deux pouces d'épais et d'environ six pieds et demi de long, posée à plate terre. On lui lave la main gauche avec un petit linge trempé dans de l'eau qu'on dit être de saint Pâris. J'observe que les cicatrices de ses mains, qui m'avaient paru récentes au mois d'octobre dernier, sont aujourd'hui bien fermées. On essuie la main gauche après l'avoir humectée, et le directeur enfonce, en quatre ou cinq coups de marteau, un clou de fer carré, de deux pouces et demi de long, au milieu de la paume de la main, entre les deux os du métacarpe qui répondent aux phalanges des troisième et quatrième doigts. Le clou entre de plusieurs lignes dans le bois, ce que j'ai pu vérifier depuis en sondant la profondeur du trou. Après un intervalle de deux minutes, le même prêtre cloue de la même manière la main droite.

« Françoise paraît souffrir beaucoup, mais sans faire un soupir ni un gémissement ; mais elle s'agite, et la douleur est peinte sur son visage...

## AU DIX-HUITIÈME SIÈCLE.

« A sept heures et demie, on cloue les deux pieds de Françoise sur le marchepied, avec des clous carrés de trois pouces de long.

« A sept heures trois quarts, on soulève la tête de la croix à trois ou quatre pieds de hauteur...

« A huit heures un quart, on retourne la croix de Françoise de haut en bas.

« A huit heures et demie, on couche la croix à plat, puis on la relève. On lui présente douze épées nues dont on appuie les pointes sur sa poitrine.

« A dix heures, on la recouche ; on arrache les clous des mains avec une tenaille. La douleur lui fait grincer les dents.

« Puis, avant de lui déclouer les pieds, on découvre la chair de son côté gauche, et le prêtre y enfonce la pointe d'une lance. Elle demande ensuite à boire, et on lui donne du vinaigre et des cendres. »

Faites donc, après cela, un argument sans réplique de l'intrépidité des martyrs ! Voici, entre quatre murs solitaires, l'intrépidité des martyrs ! Voici, entre quatre murs solitaires, une poignée de fous qui dépensent à huis clos, loin du tumulte enivrant de la place publique et pour une cause absurde, plus d'héroïsme qu'il n'en faut pour souffrir mille morts.

En même temps, les miracles allaient leur train. Ne rions pas des miracles jansénistes ; ils sont la plupart beaucoup plus authentiquement attestés que tous ceux de la légende chrétienne. Cent vingt témoins oculaires et deux évêques, messeigneurs de Colbert et de Caylus, signèrent le procès-verbal du miracle opéré sur la fille Legrand. Un conseiller au parlement, M. Carré de Mongeron, en écrivit l'apologie et la présenta au roi lui-même, qui, pour toute réponse le fit embastiller : auguste exemple qui montre la créance qu'on doit aux miracles !

Mais c'était là, pour les catholiques purs, une concurrence dangereuse, sinon une manifeste usurpation de privilège. La persécution redoubla. Vains efforts ! Du haut de la tribune révolutionnaire, la secte proscrite devait proclamer un jour, par la bouche de Grégoire, son dernier soldat, la déchéance de ses ennemis, pour aller se perdre à son tour dans l'abyme sans nom où tombent les faux systèmes.

## CHAPITRE VII

### FORMATION DE L'ARMÉE PHILOSOPHIQUE. — MAHOMET. — FRÉDÉRIC.

Le siècle vient à peine de naître et déjà il s'est tracé sa voie et marqué son but par des actes sur le sens desquels il est impossible de se méprendre. Héritier des douleurs, mais aussi de l'expérience de ses devanciers, il s'est donné la mission de porter la lumière de l'analyse, de la réflexion et de la raison dans les graves problèmes dont on n'a confié jusqu'ici la solution qu'au tranchant de l'épée ou aux vaines théories de l'imagination. On lui a légué cet éternel et effroyable procès entre la foi et la raison qui a ensanglanté vingt siècles, qui a dressé des bûchers, arrêté la science, immobilisé la civilisation, découragé l'espérance elle-même. Il le jugera par un arrêt suprême et définitif ; et, pour en détruire à jamais le germe dans sa racine, il fera sur la métaphysique le même travail que sur la religion, en les déclarant solidaires. Il sommera cette orgueilleuse et chimérique prétendante de produire ses titres à gouverner le genre humain ; il lui demandera compte des sublimes intelligences qu'elle a perverties et détournées du droit chemin : Qu'as-tu fait de Descartes, de Malebranche, de Leibnitz, de Pascal? Que sais-tu de Dieu? Que sais-tu de l'âme? Que sais-tu de l'infini? A quels résultats certains es-tu parvenue depuis trois mille ans? Et, lui refusant le nom de science, il la bannira de ce domaine de la philosophie que naguère encore elle usurpait tout entier, en la couronnant de ces roses symboliques que Platon destinait aux poètes.

Ce n'est pas tout ; non content de débarrasser la philosophie des éléments qui entravaient sa marche sous prétexte de la favoriser, c'est-à-dire des abstractions, des hypothèses et des quintessences métaphysiques, il la transporte dans un monde nouveau pour elle, le monde des réalités ; et en redescendant du ciel à terre, la vierge immortelle reprend ses forces comme Antée et redevient féconde. Toutes les sphères de l'activité humaine la reconnaissent pour reine et gravitent autour d'elle. Au lieu de la vieille et stérile philosophie des docteurs de l'école, il y a la philosophie morale et politique, — la philosophie de l'histoire, — la philosophie de l'art, — la philosophie des sciences, — la philosophie pratique en un mot. Cette transformation, cette renaissance, cette inauguration de la royauté de la raison, cet hymen de la philosophie avec les réalités de la vie, est le plus grand fait de l'histoire moderne. Pour celui qui ne le voit pas, ces deux derniers siècles sont inexplicables ; il croira avoir écrit l'histoire de la philosophie au dix-huitième siècle en écrivant la biographie du bon et vertueux Condillac, et n'aura pas même entrevu un pan de sa robe étoilée. Ce fait a été justement salué par l'enthousiasme des penseurs. Mais, s'il est un spectacle plus beau encore que celui de son avènement, c'est, sans contredit, celui de ses origines ; ce sont elles qui font la beauté intellectuelle du dix-huitième siècle. Il procède avec une sagesse, une rigueur toute mathématique. Son premier travail est une détermination préliminaire de tous les sujets inaccessibles à la connaissance humaine. Ces sujets une fois reconnus, il en proclame l'élimination nécessaire et soumet toutes les autres aux lois immuables de la raison, dont il n'a restreint l'empire que pour le rendre plus absolu. Tous les grands penseurs du siècle, depuis Locke et Bayle, qui marquent son début, jusqu'à Kant, qui en est le dernier écho, ont laissé dans leur œuvre l'empreinte évidente de cette méthode.

On nous pardonnera d'insister sur ces généralités, quelque arides qu'elles paraissent, si l'on considère qu'elles sont non-seulement toute la vie, mais toute l'histoire de la première moitié de cette grande époque. Jamais, en effet, il n'y eut de divorce plus complet entre la pensée et l'action, que pendant les soixante premières années. On l'a dit depuis longtemps, ce qui combat sur un champ de bataille ce ne sont pas des hommes, ce sont des idées. Or pendant toute cette période de temps, rien de semblable : au lieu d'être un tournoi d'idées, la politique n'est qu'un jeu de hasard entre des partenaires ennuyés et insouciants. C'est une courtisane vaniteuse qui porte la paix et la guerre dans les plis de sa robe. Les peuples s'égorgent pour qu'une impératrice lui écrive : « Madame et chère sœur. » — De même encore, ce qui fait les institutions, ce sont les idées ; or ces institutions reposent sur le despotisme, et tout le monde appelle la liberté ; — sur l'intolérance, et tout le monde invoque l'humanité ; — sur les privilèges, et tout le monde atteste le droit ; — sur la foi, et personne ne croit plus... Ce qui fait les arts ce sont plus que jamais les idées : or qu'ont de commun, je vous prie, les idylles de Watteau et les bergeries de Boucher avec les austères préoccupations du siècle ? De tous les éléments qui forment l'histoire, un seul en reflète faiblement l'image, c'est la littérature ; tous les autres sont avec elle en désaccord complet : infaillible pronostic d'une révolution prochaine. Omettre ces développements en se bornant aux faits et aux apparences extérieures, c'est donc faire de cette histoire un mensonge. Dans la seconde moitié du siècle, au contraire, l'harmonie se rétablit entre les faits et les idées ; on peut raconter ceux-là sans crainte de trahir celles-ci. C'est l'ère des réalisateurs, plus compréhensible, plus claire, plus parlante, si je puis m'exprimer ainsi, que celle des penseurs qui la préparent, et pourtant énigme inexplicable sans elle.

Mais pour longtemps encore, les batailles sérieuses se préparent et se livrent dans les obscurs réduits où, pâles et pensifs, des savants, des poètes, des moralistes, la plupart jeunes encore, pauvres, isolés, méconnus, réunis à leur insu par une haine commune et par une commune espérance, observent d'un œil inquiet et mécontent le cours des événements et cherchent le secret de leur propre destinée. — C'est Diderot, qu'un démon intérieur enlève à la vie béate, oisive et contemplative de la province, et pousse à travers Paris le cerveau en feu, le cœur dévoré de désirs, cherchant sans relâche un aliment pour cette activité infatigable qui devait enfanter l'*Encyclopédie*; en proie à tous les maux de la misère et les oubliant devant une page de Richardson, — enthousiaste et libertin, — les pieds dans la boue, mais la tête dans le ciel, il s'ignorait encore lui-même et cherchait sa voie. C'est le marquis d'Argens, figure plus effacée, esprit sans originalité et sans profondeur, mais intelligence souple et facile, écho fidèle et propagateur dévoué des idées nouvelles. Après une vie déjà fort traversée, quoiqu'il fût jeune encore, maltraité par l'amour, maltraité par la guerre, déshérité par son père, le marquis invalide s'était donné tout entier à la philosophie, qui ne maltraite ni ne déshérite personne. Il la servait en sentinelle perdue. Son zèle lui tenait lieu de génie. Du fond de la Hollande, d'Argens prenait à Cirey le mot d'ordre de Voltaire. Il inondait la France de ses *Lettres juives*, espèce de journal hebdomadaire, pâle imitation des *Lettres persanes*, mais dont Bayle, Montesquieu et Voltaire faisaient tous les frais, et qui par là même, échappaient à l'insignifiance dont leur auteur n'aurait pas su les préserver

C'est Duclos, mais Duclos avant la lettre, c'est-à-dire avant la nomination à la charge d'historiographe. Il n'avait pas encore enchaîné sa rude indépendance. C'était un puissant vulgarisateur, mais par la causerie plutôt que par les écrits. Philosophe de conviction, il ne voulut être dans ses livres qu'un littérateur, et s'interdit soigneusement les pensées compromettantes pour son crédit : aussi eut-il du crédit et point de gloire. Mais, dans la conversation, cet esprit discuteur et ferrailleur oubliait les ménagements conseillés par la politique. Il était le roi des discussions hasardeuses ; il excellait à en faire jaillir l'éclair, et, quelque embarrassante et scabreuse que fût la conclusion pour un futur historiographe, il concluait avec la liberté, la brusquerie et la verve d'un Breton bretonnant. — C'est d'Alembert, rare et grand esprit d'une inflexible droiture. Abandonné par sa mère, sans protecteurs, sans famille, par la seule force de son génie il était devenu un savant déjà illustre à vingt ans. Il luttait encore contre la pauvreté et allait appliquer aux études philosophiques cette intelligence sûre et lucide habituée aux exigences du raisonnement mathématique, et s'en assimilait la rigueur. Il continuait la glorieuse école, française entre toutes, de ces savants-philosophes qui n'estimaient pas que les préoccupations de la science les dispensassent d'être des hommes, c'est-à-dire d'avoir une pensée à eux en philosophie, en politique, en art, en littérature. Elle date de Descartes ; mais Pascal en est la plus haute personnification ; Fontenelle en fut un disciple, d'Alembert un maître. Buffon en fit partie jusqu'à sa rétractation des *théories de la terre*. Plus tard Condorcet succéda à d'Alembert, Cabanis à Condorcet, et un homme pour lequel la postérité est déjà venue, quoique ses cendres soient à peine refroidies, François Arago, fut le dernier anneau de cette chaîne lumineuse.

— C'est Vauvenargues ; c'est toi, noble et touchant

jeune homme, fils de Pascal et de Shaftesbury! Mort avant le combat, tu n'as éprouvé ni ses enivrements, ni ses défaillances, ni les fortes joies du triomphe ; mais ce siècle serait diminué si ton nom manquait à sa gloire. Vauvenargues n'est, à proprement parler, qu'un moraliste et un littérateur. Il est vrai que c'est un moraliste unique par la grâce et le sentiment, et un littérateur d'un goût délicat, exquis, presque féminin. Toutefois, plusieurs de ses pensées témoignent évidemment qu'il se préoccupait des grands problèmes qu'on allait débattre, et laissent voir ses préférences. Elles respirent toutes la passion de la vérité et la mansuétude d'un grand cœur amoureux de la gloire et de l'amitié. L'ami et l'admirateur de Voltaire aurait-il pu jamais penser comme ses persécuteurs? Celui qui, sur les champs de bataille de l'Allemagne, chargeait un jonc à la main, par horreur pour le sang versé ; celui qui a écrit : « Toutes les grandes pensées viennent du cœur, » aurait-il pu rester sourd à toutes ces voix qui criaient : Justice! humanité! tolérance! civilisation! progrès? Non. Il eût servi cette cause, et par le cœur encore plus que par l'esprit ; il eût été, au dix-huitième siècle, un élément de conciliation, un messager de paix. Sa mémoire nous appartient, son nom nous protège ; et, dans la pénombre où il est resté, il sera toujours entouré d'une auréole de douceur et de pureté.

Rousseau promenait de contrée en contrée son génie inquiet et tourmenté. Infatigable en projets, en découvertes, en chimères, toujours trompé par la fortune, qui le réservait à quelque chose de plus grand, il amassait dans la contemplation du sort des déshérités de ce monde et dans le ressentiment de ses propres malheurs, d'amers trésors de colère et d'indignation. Il conservait au milieu des humiliations sans nombre de sa destinée, et jusque dans l'abaissement moral où il tomba souvent par sa faute, l'indomptable fierté d'un héros de Plutarque; il en avait les mâles aspirations. Comme Spartacus, il sentait gémir et tressaillir en lui les fils d'une race asservie; il devait en être le rédempteur; il était marqué au front du sceau fatal des prédestinés. A plusieurs reprises, abattu, découragé, effrayé de sa tâche, ou emporté par des courants contraires, il tente des voies moins austères et cherche, comme la sibylle, à se soustraire au dieu qui le possède. Vains efforts! tu ne seras ni précepteur, ni laquais, ni prêtre, ni secrétaire d'ambassade, ni musicien, ni caissier d'un fermier général; tu seras Jean-Jacques le proscrit. Le dieu t'attend sur la route de Vincennes, où tu tomberas comme foudroyé par lui, pour écrire sous sa dictée la sublime prosopopée de Fabricius!

Grimm, l'ami de Diderot; grand critique auquel manque pour être complet, non pas la perception, mais l'amour du beau; — et Raynal, son prophète; — Mably, le clair de lune de Rousseau; — le baron d'Holbach[1], l'opulent maître d'hôtel de la philosophie; — Lamettrie, qui en fut le fou et le bouffon; — Boulanger, qui porta dans l'étude des cosmogonies antiques une divination aussi clairvoyante que la science; — le bon Marmontel, qui à défaut de génie, apportait au service des idées nouvelles ses vertueuses tragédies, son honnêteté et sa droiture, qualités peu appréciées en littérature, mais non pas inutiles à une cause menacée; — le malin abbé Morellet, caustique et mordant pamphlétaire; — Helvétius, qui sacrifia noblement son repos et sa fortune à une gloire qu'il ne devait jamais atteindre; — Malesherbes, le protecteur des philosophes;

---

1. D'Holbach, qui fut l'homme le plus bienfaisant de son siècle, honora la cause philosophique par ses vertus privées, et par un dévouement dans lequel on ne peut relever une seule défaillance. C'était, comme on sait, l'original de Wolmar de la *Nouvelle Héloïse*. Ses travaux embrassent l'ensemble entier des connaissances de cette époque.

— Turgot, leur ministre futur, — appartiennent aussi, quoique plus jeunes, à la même génération intellectuelle. Tous ces jeunes hommes, pauvres et riches, nobles et déshérités, — les uns grands par l'esprit, les autres grands par le cœur, échauffés, inspirés par l'âme du siècle et par les généreux instincts de la jeunesse, formaient une propagande encore invisible, mais partout présente et active, une vaste conspiration qui n'attendait pour éclater qu'un signal de ce qu'on nomme la Providence, et n'est en réalité que la secrète maturité des événements et la force même des choses.

Elle éclata en effet vers 1750 et donna lieu à la plus magnifique explosion d'intelligence qu'on ait peut-être jamais vue. Les quinze années qui la précèdent paraissent, à côté de celles qui la suivirent, vides et décolorées. Un seul homme les remplit de ses œuvres et de son nom ; c'est Voltaire. Encore sont-ce, en apparence, les années les moins fécondes de sa vie. Et pourtant quelle étonnante activité ! c'est le temps de son excursion, beaucoup trop dédaignée, sur le domaine des sciences ; elle eût suffi à la gloire d'un autre, et ne put rien ajouter à la sienne. En popularisant les théories newtoniennes, il amena l'expédition scientifique chargée par Maurepas de mesurer le méridien, — date mémorable du réveil des sciences. C'est aussi le temps de ses plus beaux drames : *Zaïre*, *Alzire*, *Mérope*, et surtout *Mahomet*, son chef-d'œuvre tragique. Ces pièces, faites dans le but constant et avoué de prêter à des abstractions et à des principes philosophiques la forme vive, brillante, la sonore harmonie du rhythme, et de leur conquérir ainsi les sympathies et la complicité d'une foule séduite, jetées d'ailleurs dans un moule usé et vieilli, mais que le goût corrompu du public imposait à leur auteur, ont perdu pour nous leur intérêt dramatique. On leur reprochait d'être trop hardies, elles nous paraissent timides ; — de violer les trois unités, nous trouvons qu'elles ne les violent pas assez ; — on y voyait des personnalités, les caractères nous paraissent dépourvus de physionomie et de réalité. Ainsi nous croyons accuser l'auteur, et nous accusons son siècle. Mais les beautés admirables que ces drames renferment ne seront point oubliées tant que le culte des beaux vers existera sur la terre. L'avenir se souviendra aussi de la révolution qu'ils ont opérée dans les esprits, de ces plaidoyers vivants en faveur de la liberté et de la tolérance. *Mahomet* sera toujours une belle et grande œuvre, quoi qu'on en ait dit. Il est hors de doute que, si on le lit avec nos préoccupations de vérité historique et notre manie de couleur locale, on risque d'être fort désappointé. Le *Mahomet* de Voltaire n'est pas le Mahomet de l'histoire, c'est-à-dire, à tout prendre, un fanatique barbare, exalté et superstitieux, quoiqu'il paraisse grand à côté de ses contemporains. Le poète a méconnu, et avec intention, cette foi aveugle, non pas dans leur génie, mais dans leurs idées, qui fait toute la force des fondateurs de religion. La première dupe du Mahomet de l'histoire était Mahomet lui-même. Les augures du temps de Cicéron ne pouvaient se regarder sans rire ; mais c'étaient les prêtres d'une religion expirante. Si leurs prédécesseurs n'avaient pas cru, ils n'auraient rien fondé. Mais, outre qu'un personnage ainsi compris eût été, par sa simplicité même, peu propre au drame, qui exige des caractères plus complexes et des cœurs plus combattus, Voltaire devait, dans l'intérêt même de sa cause, l'envisager à un autre point de vue. A quoi bon combattre le fanatisme sincère ? De son temps, il n'était plus dangereux. Mais un caractère plus fréquent dans le monde moderne depuis le seizième siècle, c'était celui de l'ambitieux sans croyance, avec le masque de la religion, — trompant les hommes pour les asservir, — ne voyant dans un dogme qu'un glaive à deux tranchants qui frappe des coups sûrs, — disant froidement qu'il faut des idoles au vulgaire, et n'ayant pas un Dieu pour lui-même, — persécuteur par politique, cruel par calcul, mais sachant se montrer au besoin clément et généreux, — à la fois superbe et souple, artificieux, éloquent, fascinateur, plein de perversité et de séduction, — Tartufe sur le trône, en un mot, mais Tartufe idéalisé par le génie. — Et n'est-ce pas là le *Mahomet* de Voltaire? D'un homme il a fait un type par ce don de transfiguration qui appartient aux poëtes. Infidèle à la vérité historique, il est resté fidèle à la vérité humaine, éternelle, indépendante des lieux et des temps. Ce type était un de ses contemporains ; c'est encore un des nôtres ! Hélas ! qui ne l'a connu ? qui ne se souvient de ses discours sur l'union du trône et de l'autel, et des concordats qu'il a signés? Mais ce personnage sinistre, depuis que sa physionomie a été dessinée en traits de feu par la main de Voltaire, va chaque jour perdant quelque chose de son funeste prestige. Il y a un siècle il était odieux ; aujourd'hui il n'est plus que méprisable. Né avec le fanatisme, il lui emprunte toute sa force et périra avec lui.

En même temps qu'il popularisait les idées nouvelles par ses tragédies, il se faisait une cour de roi et de grands seigneurs par le charme de ses manières et la grâce irrésistible de son esprit. Il enrôlait au service de sa cause la mode elle-même, cette sœur de l'opinion, plus ingouvernable qu'elle : il était de bon ton d'être un libre penseur. C'est dans la bonne compagnie qu'il fit ses plus ardents prosélytes. Depuis longtemps il y avait des complices tout-puissants : les femmes. Il était le maître souverain de ce monde frivole et voluptueux. Il dominait les grandes dames par le retentissement de sa gloire, par son éloquence originale et saisissante, par l'exquise délicatesse de son goût, et les grands seigneurs par ses épigrammes sanglantes et redoutées, et, il faut bien le dire aussi, par la flatterie, si toutefois on peut qualifier ainsi ces caresses charmantes et pleines d'ironie qu'il leur prodiguait d'une main libérale et insouciante, comme on fait aux enfants. Ce n'était pas de l'adulation, c'était la raillerie de Socrate. Il s'est trouvé de nos jours des paysans du Danube pour lui en faire un crime. Soit : ces hommes reprocheraient à la rose ses parfums ; mais n'est-ce pas le cas de s'écrier : *O felix culpa!* Péchez, ô puritains pourvu que la civilisation progresse : nous périrons par les puritains !

Dans ses relations avec les rois, même tactique, il laissait toujours dans l'ombre la question politique. Ce n'était pas faute de sentir fortement la nécessité d'une réforme politique aussi bien que d'une réforme religieuse ; mais il comprenait encore mieux celle de séparer leur cause de la cause des prêtres, de diviser pour régner. Il lui fut facile de faire ressortir des grandes luttes historiques du moyen âge, entre les Césars et les papes, un antagonisme perpétuel, une espèce de conspiration permanente de l'élément sacerdotal contre le pouvoir des rois. Cette thèse, qui n'a rien d'invraisemblable, et dont le seul tort est de transformer en acte raisonné et volontaire la tendance constante, il est vrai, mais instinctive et irréfléchie qui porte un pouvoir, quel qu'il soit, à se centraliser et à se fortifier sans cesse aux dépens de ses rivaux, est le principal lien qui, jusque vers la fin du dix-huitième siècle, retint les rois dans le camp de Voltaire.

Il serait ridicule, toutefois de prétendre que sa politique envers eux ait été toujours exempte de tout calcul personnel et n'ait jamais eu d'autre mobile que le pur amour de la philosophie. Comme tous les hommes, il recherche pendant un temps les petites satisfactions de la vanité. Il descendit des hauteurs de sa première ambition de poète et de réformateur ; il avait de la gloire et convoita des honneurs. Il aspira à être « domestique du roi, » gentilhomme ordinaire, académicien, historiographe, que sais-je ? Il rédigea des protocoles et conduisit des négociations ; il fit des divertissements pour la cour et fut admis au théâtre des petits cabinets entre Moncrif et d'Arboulin. Il chanta des hymnes en l'honneur du maréchal de Richelieu, un héros de ruelles, et de son éternelle prise de Mahon, un exploit fort peu épique qu'il suffisait de célébrer d'un mot : « Ventre-Mahon ! » Tout cela pour arriver à jouer un rôle politique. Mais par un singulier caprice de sa destinée, ou plutôt par une juste punition de son égoïste oubli des principes qu'il avait à défendre, tous ses projets d'élévation échouèrent. Il n'obtint de faveur et de crédit que ce qui pouvait profiter à sa cause, comme si en elle seule étaient sa force et sa fortune. Louis XV le craignait et le haïssait. Issu du sang des dieux comme il croyait l'être, la familiarité que le poète apportait jusque dans la louange, signe d'une royauté plus haute et plus durable que la sienne, révoltait ses plus chers préjugés : il n'aimait que les hommages serviles. Au sortir d'une représentation du *Temple de la Gloire*, pièce qui était l'apothéose de Trajan, Voltaire s'approcha du roi et lui dit : « Trajan est-il content ? » Pour toute réponse, Trajan tourna sur ses talons et passa. Trajan avait bien d'autres faiblesses : il aimait éperdument le plaisir et avait une peur effroyable de l'enfer. Voilà ce que son courtisan n'aurait pas dû ignorer.

Ces déboires et une foule d'autres mécomptes, l'envie des gens de lettres, la haine des gens d'église, sans cesse occupés à lui chercher des ennemis et à calomnier sa vie privée, la froideur de ses amis à le défendre, les préférences injustes du public pour le vieux Crébillon, ou plutôt pour l'ombre de Crébillon, qu'une cabale avait ressuscitée contre lui ; enfin la lassitude des plaisirs, la mort de son amie madame du Châtelet, la maturité de plus en plus pleine et de plus en plus achevée d'une vie qui entrait déjà dans la période de décroissance et de désenchantement, amenèrent dans son esprit une grande et salutaire révolution. Il brisa ces liens de convention qui enchaînaient son génie ; il dit adieu aux chimères, et revint à la philosophie plus fort et plus indépendant qu'avant, je ne dirai pas cette désertion, mais ce refroidissement passager. Frédéric, roi de Prusse, son disciple et son ami depuis près de quinze ans, lui offrait un asile à sa cour ; il l'accepta. Frédéric devait affermir et rendre définitif ce renoncement de Voltaire aux fausses grandeurs. On sait l'histoire de cette amitié singulière, si enthousiaste et si passionnée au début, plus tard si pleine d'aigreur et d'amertume, et pourtant indissoluble et survivant, dans le vieux Frédéric, à la mort elle-même. Il y a peu d'hommes entre lesquels, tout sentiment d'affection mutuelle étant éteint, la seule parenté de l'intelligence suffise à entretenir l'intimité et la communion des pensées. La correspondance de Voltaire et de Frédéric offre ce curieux spectacle psychologique : leurs cœurs sont divisés, leurs esprits sont restés unis. Admirable démonstration de l'unité intellectuelle de l'humanité ! Divorce étrange et contre nature ! Disons pourtant, à l'honneur de Voltaire, qu'il ne fut point son ouvrage.

Persécuté, emprisonné par son père, espèce de pandour brutal que le hasard avait mis sur le trône, Frédéric avait, alors qu'il n'était que prince royal de Prusse, recherché et obtenu l'amitié de Voltaire. Son haut rang ne l'ayant préservé d'aucune des misères qui assiègent d'ordinaire les autres hommes, il avait pu s'assurer par sa propre expérience, tout comme un simple mortel, que les biens réclamés par la nouvelle philosophie n'étaient point, comme on les en accusait, des désirs chimériques, des abstractions dénuées de réalité. En recevant sur sa joue le sang de son ami Katt, décapité sous ses yeux, à deux pas de lui, pendant que quatre grenadiers lui tenaient la tête à la fenêtre, il avait compris la justice. En voyant sa maîtresse fouettée par le bourreau sur la place de Potsdam, il comprit l'humanité. Dans les cachots de la citadelle de Custrin, il comprit la liberté. Ce n'était pas trop de ces épreuves pour faire un grand homme d'un prince. Elles lui donnèrent une sensibilité qu'il n'aurait jamais connue sans elles. Aussi toutes ses lettres de cette époque, soit à Jordan, soit à Wolf, soit à Rollin, soit à Voltaire, respirent-elles une candeur parfaite et l'amour le plus pur de toutes les vertus.

A l'époque où la mort de son père l'appela au trône, il était occupé de la meilleure foi du monde à réfuter Machiavel dans un traité très compacte, très moral et suffisamment ennuyeux. Il consultait « le divin Voltaire » comme l'oracle même de la sagesse. De son côté, le philosophe admirait très sincèrement son royal disciple et surveillait l'édition. Pourtant, en apprenant ce brusque revirement de fortune, son premier mouvement fut de la faire suspendre, preuve évidente qu'il avait déjà perdu quelques illusions sur son compte. Le Salomon du Nord était bien loin de ses homélies. Il concentrait ses troupes sur la frontière de la Silésie. Toutefois il approuva le scrupule prudent de son ami ; mais, comme il aimait beaucoup l'argent, nerf de la guerre, il préféra encore laisser imprimer sa prose que de désintéresser le libraire. Quelques jours plus tard il se chargeait de réfuter lui-même par ses actes sa réfutation de Machiavel.

Tel était l'hôte choisi par Voltaire : Une belle et magnifique intelligence, un héros antique par le courage et la volonté, mais donnant de perpétuels démentis à ses principes par sa conduite, parce qu'il n'était qu'un homme vulgaire par le cœur.

Il voyait le bien, mais il n'en avait pas le sentiment, il

ne l'aimait pas. Le sens moral était en lui une faculté esthétique, rien de plus. Aussi a-t-il pu étonner les hommes, mais il n'a jamais eu le don de les émouvoir ni de s'en faire aimer. Il paraît isolé au milieu de ses contemporains. Il y a comme un désert entre eux et lui, désert infranchissable à la sympathie pour nous comme pour eux. Et il n'a rien fondé, à moins qu'on ne lui fasse un titre de gloire d'avoir transformé la Prusse en une vaste caserne, car le génie qui fonde et civilise ne va pas sans une grande âme.

D'après cette donnée, il est facile de prévoir les orages qui vinrent troubler la liaison du roi et du philosophe, surtout si l'on considère que ce roi était un bel esprit, un rimeur infatigable, fort entiché de ses petits vers, et tenant encore plus à ses fautes d'orthographe qu'à ses victoires ; et que, de son côté, ce philosophe était un poëte au génie irritable, entouré d'envieux et de mécontents. Après une guerre sourde d'épigrammes, où le disciple ne se montra point inférieur à son maître, et où il n'y eut de tué que le pauvre Maupertuis, qui fut mortellement atteint d'une des flèches les plus acérées qu'ait lancées Voltaire, la *diatribe du docteur Akakia*, celui-ci s'échappa de Berlin en flétrissant son hôte du nom de Denis de Syracuse.

Il revint en France plus guéri que jamais de son engouement pour les faveurs royales. Il avait laissé sa patrie aux mains de ses ennemis, incertaine, silencieuse et opprimée ; il la retrouva comme renouvelée et rajeunie. Elle était entrée dans cette magnifique période intellectuelle de 1750 qui fera époque dans les annales de l'humanité. Elle avait la fièvre de l'enfantement. Son retour fut salué d'un long cri de joie. Il reconnut ces voix amies. C'étaient les fils même de son intelligence et de son cœur qui acclamaient en lui le génie paternel et la vivante personnification du siècle. Moment solennel. Unanimité vraiment féconde. Pas une pensée de division, pas une rivalité, pas une haine. On eût dit que tous ces hommes n'avaient qu'une âme comme ils n'avaient qu'un but : le triomphe de la raison. Et pour annoncer au monde le dogme nouveau, Montesquieu apportait l'*Esprit des lois*; Diderot et d'Alembert, l'*Encyclopédie*; Buffon, l'*Histoire naturelle*; Rousseau, ses premiers discours, et lui, le roi de ces grands esprits, Voltaire, la philosophie de l'histoire !

## CHAPITRE VIII

### L'ESPRIT DES LOIS. — L'ENCYCLOPÉDIE. — LA PHILOSOPHIE DE L'HISTOIRE.

L'*Esprit des lois* est le fruit d'un travail de vingt ans : c'est le testament de Montesquieu en même temps que son œuvre de prédilection : c'est dire que malgré tous les démentis que le temps lui a donnés, ce livre restera comme un monument de la civilisation moderne et durera autant qu'elle. C'est, en effet, un livre civilisateur par excellence. On a contesté et on contestera toujours avec raison beaucoup de ses affirmations ; on lui reprochera des réticences calculées, des ménagements outrés, une circonspection souvent excessive, cachée sous un ton personnel, dédaigneux, tranchant; des systèmes bâtis sur des faits hypothétiques ; des recherches et des raffinements de bel esprit. On dira surtout qu'il a exagéré l'influence des climats jusqu'à méconnaître l'unité de la race humaine et à faire de l'homme l'esclave de la nature ; qu'en décomposant les mécanismes des divers gouvernements, il a toujours évité de se prononcer sur leur valeur morale et absolue, leur donnant à tous tort et raison à la fois, et justifiant chaque nation par ses maximes, et enfin qu'il a eu des sympathies et des préférences plutôt que des idées arrêtées. Mais on dira aussi que l'esprit de sagesse et de justice, — l'amour de la liberté, — l'enthousiasme pour la vérité, — la haine et je ne sais quel stoïque mépris du despotisme que Montesquieu avait gardé de sa longue intimité avec le génie de la vieille Rome et que nul ne sait mieux exprimer, — s'y font jour à toutes les pages, quelquefois malgré l'auteur lui-même. Une lecture attentive fait discerner aisément, à travers les réserves ironiques de son langage, sa véritable pensée des artifices et des précautions oratoires sous lesquelles il croyait devoir la déguiser. C'est un livre qui ne veut pas être pris au mot.

Ainsi, dans son énumération des principes des gouvernements, Montesquieu indique, comme le principe de la démocratie, la vertu, après avoir toutefois restreint le sens de ce mot : « Ce n'est point la vertu morale, dit-il, c'est la vertu politique, l'amour de la patrie et de l'égalité ; la vertu morale existe dans la monarchie au même degré que dans la démocratie. » Cette distinction, imaginée dans le but de maintenir la balance égale et de ménager les susceptibilités de la monarchie de Louis XV (il lui faisait trop d'honneur en les lui attribuant), est démentie formellement quelques pages plus bas :

« L'ambition dans l'oisiveté, la bassesse dans l'orgueil, le désir de s'enrichir sans travail, l'aversion pour la vérité, la flatterie, la trahison, la perfidie, l'abandon de tous ses engagements, le mépris du devoir des citoyens, la crainte de la vertu du prince, l'espérance de ses faiblesses, et, plus que cela, le ridicule perpétuel jeté sur la vertu, forment, je crois, le caractère des courtisans marqué dans tous les lieux et tous les temps. *Or il est très malaisé que les principaux d'un État soient malhonnêtes, et que les inférieurs soient gens de bien... : que si dans le peuple il se* trouve quelque malheureux honnête homme, le cardinal de Richelieu avertit, dans son testament politique, que le monarque doit se garder de s'en servir. »

Et ailleurs il convient que « les mœurs ne sont jamais si pures dans les monarchies que dans les gouvernements républicains. »

Il est évident que Montesquieu reconnaît ici que les monarchies se prêtent peu à la réalisation de la *vertu*, en prenant ce mot dans son sens le plus général. Il y trouve, à la vérité, pour contenter tout le monde, un supplément, l'honneur, qui, dit-il, « mène au but du gouvernement comme la vertu. » Mais quoi? si ce but est la vertu elle-même, c'est-à-dire le plus haut développement moral et intellectuel de l'homme!

C'est ici que se trahit le vice radical de ce livre admirable malgré ses défauts. Une question domine, quoi qu'on fasse, tous les traités de politique : celle-ci : quel est le but des gouvernements et quel est celui d'entre eux qui y conduit le mieux? (sauf à faire la part des transitions nécessaires) ou, en d'autres termes : Y a-t-il dans les institutions politiques des formes successives et progressives, un bien, un mieux, un idéal? Montesquieu ne se préoccupe jamais de cette question, ou, s'il se la pose un instant, c'est en courant et sans la résoudre : « Quel est, se demande-t-il quelque part, le meilleur gouvernement? — C'est celui qui est le plus conforme à la civilisation d'un peuple donné. » C'est éluder, ce n'est pas répondre; car je vous demanderai alors quel sera le gouvernement le plus conforme à la meilleure civilisation possible.

Ailleurs, dans sa magnifique Étude sur le gouvernement anglais, il laisse clairement entrevoir ses prédilections pour lui; mais des prédilections ne sont pas des principes. Montesquieu décrit les gouvernements tels qu'ils sont, jamais tels qu'ils devraient être. Il les classifie, les analyse avec une admirable sagacité ; il en fait, en quelque sorte, l'histoire naturelle. Appliqué à sa méthode, ce mot est rigoureusement vrai. Donnez-lui un sol et un climat avec leur latitude, il vous en déterminera les mœurs et les institutions avec autant de sécurité et de précision que s'il s'agissait d'en pronostiquer les plantes et les minéraux. C'est faire du genre humain une variété du règne végétal. Il est à jamais regrettable qu'un dogmatisme si outré sur des questions de fait qui sont loin d'être élucidées, même aujourd'hui, fasse place à tant d'incertitude et d'hésitation lorsqu'il s'agit d'une question de principe.

Deux livres de l'*Esprit des lois* sont consacrés aux rapports de la religion avec les lois. On y remarque le même manque absolu d'idéal, et, de plus, je ne sais quoi d'étroit et de superficiel, s'il est permis de prononcer ces mots, à propos d'un si beau génie. Les religions, — si l'on en excepte *la vraie* qu'il mettait à part et pour cause, — ne sont guère pour lui que d'utiles institutions appropriées aux peuples et aux climats, bonnes pour ceux-ci, mauvaises pour ceux-là : « Quand Montézuma s'obstinait à dire que la religion des Espagnols était bonne pour leur pays, et celle du Mexique pour le sien, il ne disait nullement une absurdité. » Ainsi parle-t-il, sans se demander si ces différences qui le frappent ne sont pas, d'aventure, des traductions différentes d'une même idée et des faces diverses d'un même objet.

Nulle part non plus il ne se préoccupe de la nature de leur rôle, s'il est transitoire ou éternel, réservé à l'enfance, à l'éducation de l'humanité ou inséparable de ses destinées, et de cette tendance constante et universelle des sociétés avancées à substituer la philosophie morale aux religions. On a beaucoup abusé du fait de leur existence ; leur mort en est un aussi. Pour un disciple de l'école des faits, il y avait là et il y a encore une ample matière à réflexions ;

car ce fait est immense et général ; il a sa raison d'être ; il a eu pour interprètes et pour instruments les plus hautes intelligences qui aient honoré l'humanité, et le siècle de Montesquieu lui en offrait la plus éclatante reproduction qui fut jamais. Il devait non-seulement en constater l'existence, mais en discuter la légitimité. A ce point de vue fécond et neuf encore aujourd'hui, il substitua une énumération comparée des biens et des maux que les religions entraînent à leur suite ; puis il conclut en leur faveur après avoir vanté leur efficacité comme « motif réprimant. » Voilà qui est parler en profond politique. Reste à savoir si la conscience humaine ratifie ces accommodements.

Non ! l'intérêt n'a rien à démêler avec les croyances ; la logique ne se plie pas à ses exigences équivoques. Un semblant d'utilité ne suffit pas pour faire un axiome d'un raisonnement vicieux. On cherche la vérité pour elle-même, et ce culte désintéressé, étant le seul moral, est aussi le seul vraiment utile et le seul digne d'elle. Elle ne reconnaît pour raison d'État que les intérêts de la raison éternelle. Et c'est pour cela que les cœurs droits t'adorent, ô vérité ! Un dogme manifestement faux ne s'imposera jamais qu'à des esprits bornés ou à des âmes flétries.

Dans une lettre à Warburton, l'antagoniste de Bolingbroke, Montesquieu développe encore plus clairement ses vues sur ce point : « Milord Bolingbroke a certainement beaucoup de chaleur, mais il me semble qu'il l'emploie ordinairement contre les choses, et il ne faudrait l'employer qu'à peindre les choses. »

Tout Montesquieu est dans cette distinction, qui est l'apologie de son système. Peindre les choses, c'est beaucoup sans doute ; mais, si on se bornait à les peindre, les changerait-on jamais ?

« Quel peut être le motif d'attaquer la religion révélée en Angleterre ? On l'y a tellement purgée de tout préjugé destructeur, qu'elle n'y peut faire de mal et qu'elle y peut faire au contraire une infinité de biens... Je sais qu'un homme que l'on va brûler en Espagne parce qu'il ne croit pas tel ou tel article de la religion révélée, a un juste sujet de l'attaquer. Mais, en Angleterre, tout homme qui attaque la religion l'attaque *sans intérêt*... et *quand même il aurait raison dans le fond*, il ne ferait que détruire une infinité de biens pratiques pour des vérités purement spéculatives. »

Cet homme remplit un devoir sacré, car le Vrai sera éternellement solidaire du Bien. Toute atteinte à une vérité même « purement spéculative » est une source de mal moral et de mal « pratique, » même en prenant ce dernier mot dans son sens le plus étroit. Et sans vouloir motiver en détail, par une démonstration historique, l'agression de Bolingbroke, les scandaleuses richesses du clergé anglican ne constituaient-elles pas à elles seules un mal éminemment « pratique ? » Mais la vérité rougit et s'indigne d'être subordonnée à ces supputations.

Ceci dit, pour justifier dans son principe même l'œuvre capitale du dix-huitième siècle dont Montesquieu se sépare ici d'une manière si éclatante, nous devons constater que, sur toutes les questions secondaires débattues alors, il est entièrement d'accord avec lui. Les privilèges du clergé sont, à ses yeux, une usurpation odieuse; le monachisme est un fléau, l'intolérance un crime. La très humble remontrance aux inquisiteurs est un admirable chef-d'œuvre en vingt lignes. Est-il besoin d'ajouter qu'il met la morale fort au-dessus de la religion? « Dans les pays, dit-il avec une ironie charmante, où l'on a le malheur d'avoir une religion que Dieu n'a pas donnée, il est toujours nécessaire qu'elle s'accorde avec la morale. »

Et dans les autres ?

Que si vous voulez avoir le secret des réserves, des hésitations et de l'éclectisme de ce grand homme, lisez encore ces deux lignes : « Voilà donc Voltaire qui ne paraît pas savoir où reposer sa tête !... *Le bon esprit* vaut mieux que le bel esprit. » (28 septembre 1753, à l'abbé de Guasco.)

On sent là je ne sais quelle joie maligne et quel retour secret d'une égoïste complaisance sur sa propre politique. Politique heureuse en effet, puisque jamais aucun orage ne vint troubler sa vie. Mais la postérité, qui aime les téméraires, les audacieux, les martyrs, et pour qui *le bon esprit* n'est point un titre de gloire, confirmera à son sujet, tout en admirant sa belle intelligence, le jugement de d'Argenson, qui le connaissait bien. D'Argenson le compare au prudent Fontenelle, et dit ce mot sévère : « Au fond, ces deux cœurs sont de la même trempe. »

De tous les ouvrages originaux du dix-huitième siècle, de tous les monuments de cette guerre dont nous racontons les phases diverses, aucun n'a été plus déprécié, plus ridiculisé, plus calomnié que l'*Encyclopédie*. On a épuisé contre elle le vocabulaire des imprécations usitées contre les choses qu'il est plus facile d'injurier que de définir : c'est le chaos, c'est le néant, c'est la tour de Babel, c'est une œuvre de désordre et de destruction, c'est l'évangile même de Satan. Un auteur à bout de qualifications est allé jusqu'à le comparer aux ruines de Palmyre, tant le style figuré a de charmes ! Il n'est pas jusqu'à ses défenseurs naturels qui n'en parlent avec une nuance d'ironie ou d'embarras. C'est légèreté et ingratitude. Il faut absoudre l'*Encyclopédie* ou condamner le siècle, car ils ne font qu'un.

Laissons donc là ces métaphores inoffensives.

Le sens, la portée et les tendances de l'*Encyclopédie* sont formulées dans son seul titre : l'*Encyclopédie*, dictionnaire *des sciences*. » C'est donc la conception la plus élevée et la plus générale peut-être qu'ait eue le dix-huitième siècle, celle qu'on retrouve dans tous les grands monuments inspirés par lui, c'est l'idée de science qui a dicté l'*Encyclopédie*. Rechercher dans les notions humaines de tous les temps et de tous les lieux, dans toutes les sphères de notre activité, de notre connaissance, de nos sentiments, le principe immuable, absolu, légitime : voilà le but. C'était renouveler l'entreprise de Bacon et de Descartes, mais avec combien plus de généralité et de grandeur ! Il ne s'agissait plus seulement de déterminer le domaine de la vérité en métaphysique ou dans les sciences positives où elle porte son nom par excellence : le vrai. Il s'agissait de lui soumettre l'homme tout entier, c'est-à-dire de la chercher encore dans la politique et les institutions où elle porte le nom de bien ; dans l'Art où elle porte le nom de beau ; dans l'industrie, où on la nomme l'utile, car le bien, le beau, l'utile, c'est encore la vérité. Il fallait en fixer les procédés, les conditions et les règles. Tâche immense et glorieuse, mais dont le préliminaire indispensable était de dresser un inventaire complet de la société d'alors, afin de pouvoir mettre partout, en regard de ce qui était, ce qui devait être d'après l'état actuel des idées et de la science.

L'exécution de ce plan, dont la grandeur étonne, devait infailliblement provoquer un immense mouvement intellectuel ; car, si comparer c'est juger, quoi de plus propre à remuer les esprits, à forcer la raison publique de prononcer son arrêt, que ce tableau fidèle où une civilisation tout entière pouvait se contempler elle-même ? C'est encore et ce sera toujours là l'effet le plus salutaire de ces recueils, quelque défectueux qu'ils soient d'ailleurs. Les siècles y revivent, ou plutôt ils s'y racontent eux-mêmes. Ils y évaluent l'héritage légué par leurs devanciers et ce qu'eux-mêmes ont tâché d'y ajouter. Ils y consignent leurs regrets avec leurs espérances. Et quel enseignement plus éloquent que ce témoignage sorti d'une tombe, ce testament des générations tombées dans l'éternel silence?

L'*Encyclopédie* est l'œuvre de deux hommes : Diderot et d'Alembert. Cent autres collaborateurs, presque tous illustres, y fournirent des articles ; mais eux en furent l'âme. Diderot y consacra sa vie. Oui, dans ces pages aujourd'hui dédaignées, dans les obscurs dédales de ce labyrinthe sans fin, Diderot a enseveli son existence entière et emprisonné volontairement un génie de premier ordre, éblouissant de fantaisie et d'originalité. Il en a éteint les flammes de sa propre main. Il a étouffé les éclats de cette voix éloquente et passionnée, si connue de nos pères. Il s'y est fait humble, petit, méthodique, didactique, maître d'école. Il s'est sacrifié à un labeur ingrat, stérile pour sa gloire, bien convaincu d'avance que la postérité ne lui tiendrait aucun compte de son dévouement et de son abnégation. On a remarqué, et avec raison, que Diderot était, par l'universalité autant que par la puissance de ses aptitudes, le seul homme capable d'imprimer à cet immense travail l'unité de direction qui lui était nécessaire, et en même temps d'en combler toutes les lacunes. Quelle étonnante réunion de facultés les plus opposées en apparence! Rien d'humain ne lui est étranger. Ce philosophe est un poète, ce poète est un savant, ce savant est un artiste, cet artiste est un industriel. L'Encyclopédie a promis dans son programme une description détaillée des procédés de l'industrie. Il faut un homme spécial. Personne ne se présente. Diderot crée la science industrielle. Vous le verrez aller d'atelier en atelier, se faire patiemment démonter pièce à pièce les machines les plus compliquées, et mettre lui-même la main à l'ouvrage pour joindre la pratique à la théorie. Au sortir de là il écrira un article d'art ou de métaphysique. Il prodigue son génie comme une richesse dont il est plus embarrassé que vain. Il corrige les discours de son ami

Rousseau. Il écrit la correspondance de son ami Grimm. Il revoit les tragédies de Voltaire et les dialogues sur les blés de Galiani. Il illumine d'éclairs inattendus la prose banale de Raynal et les ternes élucubrations du baron d'Holbach ; il inspire Greuze, Chardin, Vernet, Cochin, Falconet. Plus tard, Grétry lui-même reconnaîtra sa suprématie. Il est dans son siècle ce que le Dieu panthéistique, dont il fut l'apôtre, est dans la nature, présent partout. Dominant ou égalant la plupart de ces hommes dans leur propre sphère, il en était le lien naturel. Sans ces rares et sublimes entremetteurs des intelligences, les grandes œuvres collectives sont toujours frappées de stérilité.

D'Alembert apportait à l'*Encyclopédie* un nom déjà illustre dans la science et un esprit hardi, ferme, lumineux, amoureux de la netteté et de la rigueur mathématique. C'est lui qui en écrivit l'admirable discours préliminaire. L'ouvrage entier y est résumé avec une vigueur de déduction et une sûreté de coup d'œil incomparables. C'est la théorie de la science humaine. L'ensemble de nos connaissances y est présenté comme un grand tout dont les parties se soutiennent et se défendent mutuellement par leur enchaînement même. Mais comment isoler et bannir du domaine scientifique la métaphysique et la religion que le siècle enveloppait dans une commune négation ? Ouvertement c'était le suicide. D'Alembert le fit au moyen d'un artifice dont ses ennemis eux-mêmes lui avaient donné dès longtemps le secret : « La nature de l'homme, dit-il, est, d'après Pascal lui-même, un mystère impénétrable à l'homme quand il n'est éclairé que par la raison seule. On peut en dire autant de notre existence présente ou future, de l'*essence* de l'Être auquel nous le devons et du genre de *culte* qu'il exige de nous. Donc ajoutait le spirituel géomètre, donc rien ne nous est plus nécessaire qu'une religion révélée qui nous instruise sur tant de divers objets. »

Écritures et en désavouant son ouvrage « comme une pure supposition philosophique. »

Vers la même époque, l'économie politique naissait obscurément au fond d'un entresol du palais de Versailles, au-dessus même des appartements de madame de Pompadour, chez Quesnay, son médecin. Là, par un de ces contrastes dont le passé abonde, à quelques pieds au-dessus de ce boudoir fatal où Louis XV venait oublier la royauté dans les bras de sa maîtresse, des hommes graves et recueillis, au front pensif, à la vie austère, exaltaient la classe productive aux dépens de la classe stérile, et les humbles travaux du cultivateur aux dépens du luxe et de l'oisiveté. Quesnay, Turgot, Mercier de la Rivière, le marquis de Mirabeau, le fougueux ami des hommes, préparaient par leurs laborieuses investigations, les voies d'Adam Smith, le véritable créateur de la science économique.

## CHAPITRE IX

PREMIERS DISCOURS DE ROUSSEAU. — LE CHRISTIANISME CHINOIS. — PROSPER LAMBERTINI.

Au milieu de ce concert de vœux et d'espérances, où l'unanimité des voix était l'image fidèle de l'étroite union des cœurs, une protestation hautaine et retentissante comme un cri de guerre en vint tout à coup troubler l'harmonie. Le *Discours sur les sciences et sur les arts* avait paru. Quel en était l'auteur ? un défenseur de l'ancien ordre de choses ? Non. Par la plus incroyable des contradictions, c'était un représentant des idées nouvelles, un ami de Diderot et de Grimm, Rousseau. A ces lettrés, à ces savants, à ces philosophes, à ces politiques épris de leur œuvre, il disait : « Votre œuvre, c'est la corruption. » Et, pour les dénoncer, il avait su trouver des accents d'une éloquence mâle et forte, sans modèle jusque-là dans la langue française.

La vie et le caractère de Rousseau expliquent, je ne dirai pas cette réaction, puisqu'il n'en fut que l'instrument et non la cause, mais l'étrange et singulière prédestination qui l'en fit l'interprète en dépit de mille impossibilités qui semblaient lui interdire ce rôle. Cœur ardent et passionné, ému jusqu'aux larmes à dix ans par la lecture de Plutarque, le malheur, plus précoce pour lui que pour les autres hommes, l'avait comme pris par la main et arraché tout enfant aux soins et aux caresses de la famille pour le jeter prématurément dans le monde des faibles et des opprimés. Depuis, il avait erré sur tous les chemins, tantôt accueilli, tantôt rebuté, toujours soutenu par une indomptable espérance et par ces illusions romanesques et héroïques qui sont la force et la consolation des grandes âmes. Et, comme si la fortune l'eût dès ce temps-là réservé à de plus hautes destinées, elle semblait lui offrir à l'envi les occasions de développer son intelligence et les puissances de son cœur, tout en brisant ses rêves d'ambition. Il connut l'amitié et les nobles passions ; il comprit la nature et sa poésie ; l'amour se révéla à lui aux Charmettes, l'art à Venise. Il vécut au milieu d'une société élégante et lettrée qu'il eût à peine connue de nom sans les traverses de sa vie. Il jouit, malgré sa pauvreté, de tous les loisirs et presque de tous les moyens d'instruction dont aurait pu disposer un gentilhomme ; mais toutes les fois qu'il essaya d'utiliser ces avantages pour s'élever à la richesse et à la liberté, une main invisible renversa ses projets.

Il arriva ainsi jusqu'à l'âge de quarante ans, toujours trompé dans ses calculs et dans ses attachements, ayant

Que lui importe cette concession ironique ? Du même coup il a mis la métaphysique et la religion en dehors de la science et de la raison. Les protestations de respect ne lui coûtent plus rien ; c'est un impôt forcé. Plus loin il invitait les théologiens persécuteurs à ne plus se servir contre leurs adversaires que de l'arme courtoise de la démonstration logique. Quoi donc ! ne venez-vous pas de briser cette arme dans leur main ? Théologie et persécution, ces mots sont à jamais inséparables.

Aux époques comme la nôtre, où on recherche beaucoup plus une certaine sonorité dans le style et un certain éclat dans les images que la justesse dans les idées, d'Alembert ne peut être que fort dédaigné. L'avenir le vengera. C'est un maître en bon sens. Son jugement ne fléchit jamais, et quelquefois redresse celui de Voltaire. Il a même, en matière littéraire, un goût exquis. Le premier, il a signalé l'infériorité littéraire de son siècle, et en a indiqué la cause et le remède : « Notre siècle, porté à la combinaison et à l'analyse, semble vouloir introduire les discussions froides et didactiques dans les choses de sentiment ; les passions et le goût ont une logique qui leur appartient, mais cette logique a des principes tout différents de ceux de la logique ordinaire. »

A ces deux hommes créateurs, qui, seuls avec Voltaire, savaient bien le dernier mot de l'œuvre, une foule de collaborateurs apportaient leur concours, les uns comme d'utiles ouvriers, les autres comme des protecteurs dont l'éclatant patronage défiait les vexations subalternes : des lieutenants généraux du royaume, des conseillers au parlement, des fermiers généraux, des abbés, — beaucoup d'abbés surtout : l'abbé Mallet, l'abbé Yvon, l'abbé de Prades, l'abbé la Chapelle, l'abbé Morellet. On en mettait partout, cela faisait très bien. Les jésuites avaient essayé de s'y introduire ; mais leur admission eût été un acte par trop jésui-

recte — date incorrecte : 43-120-12

tique. On les refusa vertueusement. D'Aubenton se chargea de l'histoire naturelle ; Dumarsais, de la grammaire ; Rousseau, de la musique ; Falconnet, Bornouilli, Tarin, Condorcet, Blondel, de leurs différentes spécialités scientifiques. Et sous la plupart des articles de théologie et de métaphysique, on lisait la signature rassurante des abbés. Seulement, de loin en loin, un article de Diderot, de d'Alembert, ou de Voltaire détruisait en quelques lignes tout l'édifice de leur argumentation : « Le temps, disaient-ils, fera distinguer ce que nous avons pensé de ce que nous avons écrit. »

Venons maintenant à l'œuvre nouvelle de Voltaire : *Monumentum ære perennius*.

La philosophie de l'histoire est la réflexion de l'humanité sur son passé et sur sa destinée. Et de même que, chez l'individu, l'époque de la réflexion coïncide avec celle de l'âge viril, de même l'idée d'une philosophie de l'histoire ne pouvait faire son apparition qu'avec le siècle qui représente l'avènement de l'âge viril pour l'humanité ; je veux dire le dix-huitième siècle. En jetant les yeux en arrière sur cette longue chaîne d'événements qui avaient formé sa vie antérieure, elle se demanda s'il n'y avait là qu'une insignifiante succession de scènes et de changements conduite par le hasard, sans but, sans liaison, sans projet ; ou si elle devait y reconnaître un développement continu, une suite, une logique, une loi, un progrès. Un progrès ! Prononcez avec respect ce mot qui a été une révélation ! Il n'a pas seulement porté la lumière au sein d'un passé qui n'avait été jusque-là qu'une obscure énigme, il a, par la seule vertu qui est en lui, décuplé l'énergie et l'activité du genre humain. Car l'homme n'est véritablement en possession du progrès que le jour où il en a conscience. Il grandit ce jour-là de la supériorité du raisonnement sur l'instinct. Le progrès à l'état d'instinct, qui est son état primitif, dépense d'immenses trésors pour de faibles résultats ; il entasse ébauches sur ébauches, ruines sur ruines ; — à l'état de raisonnement, il suit une marche régulière, constante, et les yeux toujours fixés sur le but. L'idée de progrès a donc, outre son importance scientifique au point de vue de l'histoire, une importance bien plus haute comme principe d'activité et de moralisation.

Mais on devait mettre bien du temps pour arriver à cette conception si simple et si féconde. Bossuet le premier, dans son *Histoire universelle*, soupçonna et entrevit une loi dans le développement de l'humanité. Celle qu'il lui assigna ne soutient pas la discussion ; mais il devina qu'il y en avait une, et cela suffit à sa gloire. Il fait graviter toutes les civilisations antiques autour de l'imperceptible peuple juif, à peu près comme les anciens astronomes faisaient graviter l'univers entier autour de notre globe microscopique. Dieu suscite la civilisation assyrienne pour le châtier, — la civilisation perse pour le rétablir, — la civilisation grecque et Alexandre pour le protéger, — les Égyptiens pour l'exercer, — les rois de Syrie pour le punir de nouveau, — les Romains pour le délivrer des rois de Syrie, et enfin pour l'exterminer après son dernier crime, — résultat final peu consolant, ce semble, si Dieu faisait tant de bruit pour rien. A la tribu juive succède aussitôt l'Église, qui est à son tour le centre du monde. C'est encore à elle que se rapportent tous les événements du passé. Je me trompe : les révolutions des empires ont, avec la gloire de l'Église, un autre but, une autre fonction historique : « elles servent à humilier les princes. » Grand bien leur fasse !

Tel est, en peu de mots, le thème de Bossuet. Il rapetisse les hommes, l'histoire et Dieu lui-même ; car, en le faisant intervenir ainsi à tout propos dans les événements de ce monde, il ôte à sa sagesse et à sa prévoyance tout ce qu'il donne à son activité. Le sens commun, « ce maître de la vie humaine, » comme il le dit dans ce livre même, en a depuis longtemps fait justice. Il y a de plus vraie philosophie dans deux lignes de Pascal que dans tout le volumineux ouvrage de Bossuet. « L'humanité, a dit Pascal, est un homme qui vit toujours et se perfectionne sans cesse. »

Inspirée par les mêmes préoccupations et arrêtée par les mêmes difficultés, la *Science nouvelle*, de Vico, est encore un pressentiment plutôt qu'une inspiration sérieuse et acceptable de la philosophie de l'histoire. Frappé d'un fait vrai, l'identité de la nature humaine dans tous les pays et dans tous les temps, et du retour de certaines périodes de jeunesse, de maturité, de décroissance, il compose sur cette vague donnée « une histoire idéale et éternelle, type de l'histoire de tous les siècles et de toutes les nations. » Selon lui, tous les peuples parcourent trois époques : l'âge divin, l'ère des prêtres et des théocraties ; l'âge héroïque, l'ère des héros et des aristocraties ; et l'âge humain, l'ère des monarchies et des démocraties... Une fois ce cercle parcouru, un peuple nouveau survient, qui pousse son prédécesseur dans l'abyme où il ira bientôt le rejoindre. Puis un autre recommence le dur labeur ; et ainsi de suite, sans fin ni relâche. Conception étroite et désespérante s'il en fut ! Autant valent les cercles de l'*Enfer* du Dante. Non, les peuples ne meurent pas ; ils se métamorphosent. Rome n'a point tué la Grèce, elle l'a fait revivre en elle-même en s'appropriant sa civilisation. Le christianisme et ses alliés les Barbares n'ont point tué Rome. C'est en vain qu'ils ont incendié ses palais, brisé ses monuments, jeté au vent les cendres de ses grands hommes ; mille ans après, Rome prend sa revanche, et ces mêmes barbares se réveillent un matin, subjugués et domptés par son génie ! La civilisation antique revit en eux dans ce qu'elle a de meilleur ; ils obéissent aux lois romaines, ils lisent avec transport Platon, Plutarque et Cicéron ; ils copient Phidias, et, dans leur ravissement, ils saluent cette époque du nom de Renaissance !

Ainsi les nations périssent si l'on veut, mais elles laissent toutes un héritier commun, qui est le genre humain. Vico en fait abstraction, et par cela même, il ne peut voir dans l'histoire que des formes et non un but, ni par conséquent de progrès quelconque. Il ne s'aperçut pas que le tout, c'est-à-dire l'humanité, allant sans cesse en se développant, devait forcément influer à la longue sur le développement de la partie, c'est-à-dire des peuples, et empêcher ainsi fatalement le retour de certaines époques. Je demande, par exemple, comment un peuple nouveau s'y prendrait aujourd'hui pour traverser l'âge divin et l'âge héroïque avec les caractères que Vico leur assigne. Ce fait n'a été possible qu'à une époque où l'unité du genre humain n'était pas constituée. Les éclairs de génie qui sillonnent son livre ne suffisent pas à racheter ce défaut capital. Il a encore un tort : c'est celui d'avoir mis les formules à la mode. C'est aux trois âges que Vico assigne pour lois de développement aux peuples, que nous devons toutes celles dont nous avons été affligés depuis. Ces formules échappent à la critique par leur généralité même, et elles n'apprennent rien sur les destinées de l'humanité. Écoutez plutôt la loi de développement découverte par un grand philosophe venu plus d'un siècle après Vico : L'homme, dans ses actes, développe trois idées : l'infini, le fini et le rapport du fini à l'infini[1]. Quoi ! nous développons cela !

---

1. M. Cousin, *Histoire de la Philosophie*. — Cette solennelle mystification a tout l'air d'être une de ces idées que l'illustre professeur demandait à Hegel en s'engageant « à les faire sonner. »

Comme il est grand partisan des transactions philosophiques, je lui soumets en toute humilité un amendement à sa formule, imaginé par un de mes amis, garçon très contemplatif et qui se pique d'éclectisme : l'humanité se développe en largeur, en longueur et en profondeur.

O le savant homme ! Qu'on me ramène aux oracles de la dive bouteille !

Le véritable créateur de la philosophie de l'histoire fut Voltaire. Nulle part, il est vrai, il n'en laissa une théorie bien complète ; ce lumineux génie avait horreur des théories ; mais il fit mieux, il la mit en application. Elle se trouva réalisée dans ses travaux avant qu'il en eût formulé les lois. Loin de procéder, comme ses devanciers, par le système pour en venir au récit des faits, ce merveilleux bon sens comprit que le système devait ressortir tout naturellement d'une étude complète des faits. Cette idée le conduisit à la seule base possible de toute philosophie de l'histoire. Pour que l'étude des faits fût complète, il fallait nécessairement qu'elle portât sur tous les objets de l'activité humaine, sur tous les éléments qui réfléchissent, à quelque titre que ce soit, la personnalité et les idées des peuples. Jusqu'à Voltaire, les historiens n'avaient guère fait entrer dans le cadre de leurs récits que l'histoire de la politique et de la religion. Or, pouvait-on dire que ce fût là un tableau fidèle des civilisations passées ? Non ; car dans une civilisation, outre la politique et la religion, il y a les mœurs, ce souverain à mille têtes qui commande à la politique ; il y a la philosophie, cette reine impérieuse qui domine la religion ; il y a les lettres ; il y a les arts, la science, l'industrie.

Il est curieux et instructif de suivre, dans les ouvrages historiques de Voltaire, la progression croissante et raisonnée de ses idées sur l'histoire. La *Vie de Charles XII* est une étude de physionomie et de couleur locale, un modèle achevé de narration vive, animée, rapide ; mais par son caractère épisodique, elle se prêtait peu aux développements d'une thèse nouvelle. De ce livre au *Siècle de Louis XIV*, un progrès immense est accompli. Le *Siècle de Louis XIV* est vraiment le tableau complet d'un siècle ;

j'y reconnais tous les éléments de l'humanité : la politique, la religion, les mœurs, la philosophie, les lettres, les arts, les sciences. Une chose pourtant choque dans ce tableau, sans qu'on sache d'abord pourquoi. Voltaire n'a pas encore compris que tous ces éléments divers ont un développement harmonique et expriment la même idée sous des formes différentes. Aussi leur histoire est-elle présentée isolément, dans des chapitres séparés, sans connexion, sans unité, sans lien, et perd-elle beaucoup en intérêt. Plus tard, il fut frappé de cette harmonie déjà soupçonnée par Montesquieu, et dans son *Essai sur les mœurs*, il formule ainsi le but suprême de l'histoire : « Démêler dans les événements l'histoire de l'esprit humain ; » ce qui implique que ces événements reflètent tous la même image. Quant à l'idée de progrès, il en a le sentiment à un rare degré ; on la sent partout présente dans ses œuvres ; et, malgré ses fréquentes boutades contre son siècle, il est hors de doute qu'il le considérait comme une époque d'affranchissement moral et intellectuel. Toutefois elle ne fut bien comprise et expliquée que par Herder et Condorcet. *Tantæ molis erat!*

Lorsque le *Siècle de Louis XIV* parut, les encyclopédistes, qui déjà contrôlaient d'un œil jaloux les actes du maître, s'élevèrent, avec raison, contre l'espèce d'apothéose dont le grand roi y était l'objet. « Mon cher, lui disait d'Argenson, vous n'êtes qu'un enfant qui aimez les pompons et rejetez l'essentiel. » Le faste y était, en effet, un peu trop vanté comme de la majesté, et l'orgueil comme de la grandeur. Qu'on y prenne garde, pourtant ; ce que Voltaire glorifie dans Louis XIV, ce sont les lettres et les arts, et non le roi. Il n'y a point là un calcul de courtisan, mais un éblouissement de poëte. Quant aux justes sévérités que l'histoire doit à cette mémoire trop célébrée, s'il ne s'en fit pas l'organe, il faut reconnaître que ce rôle était à peu près impossible à cette époque, surtout en France. Tout indulgent qu'il soit, le livre souleva à son apparition un flot de protestations et de réclamations dont il est difficile de se faire une idée. Le seul cardinal de Tencin, dont il était dit en une ligne « qu'il avait présidé le *petit* concile d'Embrun, » menaça, supplia, intrigua pendant plusieurs années de suite pour faire rayer du livre cette qualification de *petit*, qui offusquait son orgueil apostolique.

Le premier usage que Voltaire fit de sa théorie historique fut d'en faire une contre l'Église. Si cette préoccupation trop exclusive passionne quelquefois son jugement et rétrécit ses vues en les concentrant sur un seul objet, que d'éloquence et d'unité ne lui donne-t-elle pas ! Qui oserait d'ailleurs contester la légitimité de cette tactique ? L'histoire du passé est un plaidoyer en action au profit de l'avenir, et l'historien a aussi bien le droit d'en choisir un seul élément que celui de les embrasser tous. D'ailleurs, toute la science d'alors n'était-elle pas aussi un plaidoyer ? ou plutôt pouvait-elle faire un pas sans rencontrer son infatigable ennemie ? Voyez Buffon, le génie le moins agressif du dix-huitième siècle : celui-ci ne s'occupe ni de politique, ni de morale, ni de religion ; c'est le peintre inoffensif des magnificences de la nature : eh bien ! le premier volume de l'*Histoire naturelle* parait en 1749, et, dès 1750, il est dénoncé par la Sorbonne. Pour quel crime ? Pour avoir osé avancer qu'aux faibles yeux de la raison humaine les fossiles paraissaient attester, avec quelque probabilité, l'existence de plusieurs créations successives, et que la terre pouvait bien n'être, au fond, qu'un lambeau détaché du soleil. Ces scandaleuses affirmations furent jugées attentatoires au *ferebatur spiritus super aquas* et à la théorie fantastique de la Genèse sur la création du monde. Le savant n'évita l'exil qu'en protestant de sa soumission aux

conscience de sa force et d'une vie entière perdue en efforts stériles ; dédaigné, aigri, découragé et plein de mépris pour une société où un sot comme M. de Montaigu pouvait, parce qu'il avait de la naissance, briser à jamais l'avenir d'un honnête homme qui n'avait que du mérite. Tel était Rousseau au moment où une espèce de révélation, qui n'était autre chose que l'appel secret du génie et une révolte généreuse contre la servitude, vint en faire le tribun des révolutions futures.

Un jour qu'il allait voir à Vincennes son ami Diderot, embastillé pour la *Lettre sur les aveugles*, il se mit à feuilleter le long du chemin un numéro du *Mercure de France*. Ses regards tombèrent sur cette question proposée par l'Académie de Dijon : *Le rétablissement des sciences et des arts a-t-il contribué à épurer les mœurs!* « Si jamais quelque chose a ressemblé à une inspiration subite, c'est le mouvement qui se fit en moi à cette lecture. Tout à coup, je me sens l'esprit ébloui de mille lumières, d'une foule d'idées qui s'y présentent à la fois avec une force et une confusion qui me jeta dans un trouble inexprimable. Je sens ma tête prise par un étourdissement semblable à l'ivresse ; une violente palpitation m'oppresse, soulève ma poitrine. Ne pouvant plus respirer en marchant, je me laisse tomber sous un des arbres de l'avenue, et j'y passe une demi-heure dans une telle agitation, qu'en me relevant j'aperçus tout le devant de ma veste mouillé de mes larmes, sans avoir senti que j'en répandais. »

La fidélité de ce récit, tracé par Rousseau lui-même, a été contestée par Morellet et par Marmontel sur un propos de Diderot. Mais, sans relever ce que le témoignage de ces deux littérateurs offre de peu concluant, puisqu'il n'est que la reproduction des vagues souvenirs de Diderot vieilli et influencé peut-être par sa malveillance pour son ancien ami, il suffit de faire remarquer que, si le récit des *Confessions* a pu être une scène arrangée à plaisir, il est bien peu probable que celui de la lettre à Malesherbes, qui le confirme, l'ait été. Une preuve péremptoire pourrait seule être admise à faire foi contre lui, parce qu'il a en sa faveur la vérité de caractère et la vérité de vraisemblance, ce qui, en histoire, vaut mieux pour lui que s'il n'était qu'une vérité de fait. Le *Discours sur les sciences* est évidemment, quelle que soit d'ailleurs sa valeur philosophique, une œuvre de spontanéité et d'inspiration. On n'en attend pas, je pense, une réfutation : on ne réfute pas un système de cette nature, on l'explique. Les savants hommes qui l'ont pris au mot pour se donner le facile triomphe d'en rétorquer l'argumentation, ont eu vraiment trop beau jeu.

Historiquement, Rousseau représente un grand fait : l'introduction de la morale, de l'idéal, du droit dans la politique ; non que cette idée n'eût pas été développée avant lui (depuis Platon elle n'a jamais manqué de défenseurs), mais parce qu'il en a été le plus grand et le plus éloquent interprète. Pour Montesquieu lui-même, la politique est surtout une science d'observation ; Rousseau lui restitue son caractère moral. Dans son siècle, il représente plus particulièrement la triple réaction du sentiment contre les exagérations ridicules du dogmatisme sensualiste formulé par Condillac et Helvétius ; de la conscience contre les mœurs et les institutions de son temps ; de la nature contre le faux, le maniéré, la convention, le fard, le goût efféminé et les raffinements inimaginables qui avaient envahi les arts et la littérature aussi bien que le monde. En politique, il a été un des plus puissants promoteurs de la Révolution française ; en morale, l'apôtre et le vengeur des vertus viriles ; en littérature, il a, bien longtemps avant Gœthe, Byron et Chateaubriand renouvelé l'inspiration épuisée, détruit l'influence corruptrice des femmes, et brisé les formes conventionnelles. Il a ranimé la poésie expirante en la retrempant dans la contemplation de la nature. Intelligence moins haute et moins lumineuse que Voltaire, il lui est bien supérieur comme poète; son influence est encore vivante dans toutes les grandes organisations poétiques de notre époque : qu'elles le veuillent ou non, elles sont filles de Jean-Jacques.

Toutes ces tendances réformatrices se trouvent en germe et en substance dans les deux premiers discours de Rousseau. Le *Discours sur les sciences* est le manifeste de la réforme morale, et le *Discours sur l'inégalité* le manifeste de la réforme politique. Rousseau y refuse à son siècle la supériorité de civilisation dont il se vantait ; il y nie résolument l'idée de progrès. Mais ne voit-on pas qu'il n'y a là qu'un artifice de langage, une exagération de poète? Il ne nie ce progrès que parce que ses contemporains, en recherchant le progrès intellectuel, le progrès des lumières, comme on disait alors, ont laissé dans un oubli coupable le progrès moral, le plus important de tous. Au tableau de la société dissolue de Louis XV, il oppose l'état de nature et les beaux siècles de Rome et de Sparte. Or, la critique historique a laissé subsister peu de choses des vertus romaines et spartiates, et la critique psychologique a prouvé de reste que ce prétendu état de nature était quelque chose d'idéal et de fantastique, qui n'eut jamais de réalité que dans son imagination. Mais qu'importe? pour être imaginaire, le modèle n'en existe pas moins. Il nous suffit, pour préciser le sens de la réaction de Rousseau, que cette fiction ait été pour lui, dans l'origine, le synonyme même du mot de vertu, qui se retrouve aussi à chaque ligne de son premier discours. Il en vint plus tard, il est vrai, soit par entraînement de polémique, soit par le désir de rendre la satire du siècle plus amère et plus sanglante, à soutenir l'excellence et la supériorité, non plus de l'état de nature, mais de l'état sauvage lui-même, sur la civilisation moderne ; mais il ne faut voir là qu'une gageure de rhéteur ou une ironie à la façon de Juvénal.

Le *Discours sur l'origine de l'inégalité* est bien loin déjà de ces sphères pacifiques. Il est plein de haine et de menace. La politique y secoue ses torches de feu, et on y entend comme un écho lointain du tocsin de la guerre sociale. C'est tour à tour la parole indignée des Gracques, la plainte du serf courbé sous l'esclavage, et le monologue d'un utopiste désespéré. Rousseau ne formule pas encore les théories du *Contrat social*, mais on peut les y pressentir.

Tel qu'il nous apparaît dans ce premier et vague dessin, Rousseau, loin de scinder en aucune façon l'unité philosophique du dix-huitième siècle, l'achève et la complète. Ses attaques contre le parti encyclopédique furent sans doute quelquefois injustes et souvent inopportunes. Suscité pour combattre la morale matérialiste, il oublia sa mission et se laissa entraîner jusqu'à dogmatiser à son tour. Il se fit le prêtre d'un Dieu nouveau, l'*Être suprême*, un faux Dieu, puisqu'il est intolérant. Ce sont là les écarts d'un génie trop fougueux. Mais le sens général de ses doctrines, loin d'être en contradiction avec les grands principes de la philosophie nouvelle en sont la plus éclatante confirmation. En les rapprochant, par exemple, de celles de Voltaire, à qui on l'a souvent comparé dans le but de les opposer l'un à l'autre, il se trouve que cette prétendue opposition se résout au fond dans un accord presque constant : ils s'impliquent et se soutiennent mutuellement. Ils seront inséparables dans l'amour et le respect de la postérité, comme ils le sont dans la haine des ennemis de la civilisation. Ce que Voltaire accorde à la raison, Rousseau l'accorde au sentiment. En conciliant leurs opinions, on arrive à la vérité.

En religion, leurs principes sont identiques, et s'ils arrivent à des conclusions différentes sur quelques détails, ce n'est que par suite d'une inconséquence de Rousseau. Lorsqu'il admettait la tolérance et la liberté de pensée,

Rousseau renversait par là même le fondement de toutes les religions d'État, même celui de sa « religion essentielle. » Il réduisait le culte à une question de conscience, à un acte purement individuel, et n'est-ce pas la thèse de Voltaire? Leur déisme est identique, quoique l'un soit plus sentimental et l'autre moins dogmatique. En politique même, où l'on s'est plu spécialement à faire ressortir leur antagonisme, ces deux grands hommes représentent encore une seule et même idée, la justice, sous ses deux faces différentes : le droit et le devoir. Mais Voltaire, ajoute-t-on, combat comme Montesquieu pour l'affranchissement de la bourgeoisie, et Rousseau pour celui des classes pauvres ! Je l'avoue, et ne vois là aucune contradiction. En hâtant le triomphe de la bourgeoisie, Voltaire et Montesquieu faisaient-ils autre chose que préparer l'avènement du prolétariat, et la transition n'était-elle pas indispensable? L'histoire, ô tribuns impatients! n'est qu'une suite de transitions.

Cependant la barque de saint Pierre penchait visiblement. L'anarchie était dans l'Église. On y cherche même en vain, à défaut d'unité de doctrine, cette unité hiérarchique et gouvernementale qui l'avait rendue naguère encore si puissante ; ou du moins, si elle subsiste encore, l'âme et la volonté en sont absentes. Tout conspire contre elle, jusqu'aux vertus de ses prélats, lorsque, par exception, elle a des prélats vertueux. A Rome, son chef Lambertini professe la tolérance ; il correspond avec Voltaire ; il a des amis parmi les réformés de Londres et parmi les schismatiques russes ; il hait la persécution. — Mauvais pape !

En France, le clergé persécute, et cela lui réussit encore plus mal. Inattentif aux symptômes alarmants de l'opinion, il s'acharne à exterminer les misérables restes de la secte janséniste, et ne se repose de cette triste tâche que pour implorer de nouvelles rigueurs contre les protestants.

« Sire, disait au nom du clergé le cardinal de la Rochefoucault, les ministres prient en public, ils baptisent, ils marient, ils exhortent les malades, ils enterrent les morts ! » Abomination de la désolation ! Le résultat de ces homélies était de faire supplicier les ministres Rane et Roger, et mettre aux galères plus de deux cents individus dans la seule province du Dauphiné.

La conversion des jansénistes ne pouvait plus désormais donner lieu à des épisodes aussi tragiques, parce qu'ils étaient puissamment protégés par le parlement contre le zèle des convertisseurs ; mais elle fit naître des incidents d'un burlesque épique. « Mon Dieu ! rendez nos ennemis bien ridicules, » disait Voltaire. Il fut servi à souhait. Toute la lutte entre le clergé et le parlement, et surtout la querelle dite des *billets de confession*, est empreinte, dans ses moindres péripéties, d'un caractère de rage froide et d'exaspération dont le contraste avec les minuties lilliputiennes qui en étaient l'objet ne laisse pour impression qu'une violente envie de rire. Voici aux prises deux grands corps d'État d'une grande nation : des deux côtés on se décrète, on se maudit, on se calomnie. Des prêtres sont emprisonnés, des évêques chassés de leur diocèse, le parlement est exilé. Toutes ces inviolabilités s'injurient et se collettent sur la place publique. C'est une tempête qui ébranle la royauté elle-même. De quoi s'agit-il ? Du salut de l'État ? Non. Il s'agit de savoir si un prêtre aura le droit d'exiger un billet de confession d'un malade avant de lui administrer les derniers sacrements. En vérité, cela est d'un haut comique. Il n'y a pas même là l'esprit de vertige et d'erreur dont parle le poète. Les héros de ce pugilat sans dignité sont évidemment les jouets de je ne sais quel lutin malfaisant qui les turlupine en les avilissant. Et le jour où on les voit, faisant trêve à leurs ressentiments, se réunir au nom de la morale et de la raison publique contre la science et la philosophie, on se croit sous l'empire d'une hallucination fantastique et folle. L'histoire dépasse la comédie.

Cette réconciliation s'opéra vers 1758. Mais déjà le clergé avait pris les devants et dénoncé l'ennemi commun. Nous avons déjà étudié sur le vif les rapports du clergé avec Louis XIV, et signalé certains moyens d'action d'une efficacité plus infaillible encore que celle de sa propagande : l'argent, le sacro-saint don gratuit. Les historiens ont trop méconnu, ce semble, l'importance de ce métal grossier en matière de religion et de philosophie. Soyons plus équitable et restituons-lui sa légitime part d'influence.

Qu'on ne se méprenne pas sur notre intention, et qu'on n'aille pas nous accuser d'élever cet élément à la hauteur d'une cause historique et d'un ferment de persécution ; non. Il ne faut calomnier personne, — pas même l'argent ; c'est un auxiliaire admirable, une arme habilement maniée : voilà tout. Bien loin que le clergé n'eût d'influence que grâce à ses richesses, il n'avait dû ses richesses qu'à sa suprématie intellectuelle et morale au moyen âge ; mais, celle-ci allant tous les jours en décroissant, l'effet avait peu à peu remplacé la cause. La richesse était devenue la plus sûre gardienne du sanctuaire. C'était l'arche sainte elle-même. La royauté continuait à revenir tous les trois ou quatre ans s'humilier devant l'Église pour en obtenir de faibles subsides, et jamais les prélats ne livraient le don prétendu gratuit sans se le faire chèrement payer par des édits contre l'hérésie ou l'incrédulité. Cela s'était fait sous Louis XIV, le plus absolu des maîtres, et longtemps malgré lui. Qui croirait que le joug qu'il avait subi ait paru trop humiliant à son débile successeur, et qu'il ait essayé deux fois de s'en affranchir : la première, que nous avons mentionnée, sous le ministère de monsieur le duc ; la seconde, sous celui de Machaut ? Je n'ai pas besoin d'ajouter que celle-ci échoua comme la première. Le clergé répondit :

« L'assemblée se trouve dans la triste nécessité de ne répondre au roi que par ses larmes. » Il y a un mot populaire pour qualifier ce genre de larmes : larmes de crocodile !

Ne recevant plus que des larmes au lieu d'argent, le roi dut se soumettre. Ce fut sa dernière tentative d'indépendance. Sous son règne, comme sous celui de son aïeul, le don gratuit est toujours accompagné de clauses conditionnelles, de stipulations, qui en font un véritable contrat à titre onéreux. La quotité même en est toujours réglée sur le diapason des promesses de l'agent du roi et la confiance qu'il inspire. Et le plus souvent, ce caractère de mercantilisme et de vénalité réciproque se trahit non-seulement dans les débats intimes de l'assemblée générale du clergé, mais jusque dans le discours solennel que son orateur prononçait devant le roi. Prenons pour exemple l'année 1748, où le clergé, occupé jusque-là à stipuler exclusivement contre les jansénistes et les réformés, en vient à soupçonner un danger dans les idées nouvelles. C'est encore une stipulation en règle qui formule aussitôt ses craintes et ses désirs : « Sire, dit l'archevêque de Tours au nom de l'assemblée, *en vous portant tous les trésors de nos églises, que désirons-nous ?* que l'impiété qui marche tête levée soit forcée d'aller, tremblante et confuse, cacher sa honte et sa confusion dans les contrées les plus reculées : que nous voyions pour toujours disparaître cet esprit d'incrédulité qui, sans pudeur, s'élève avec insolence contre la noble simplicité de nos mystères... Dieu vous réserve l'honneur de devenir la terreur de ces hommes inquiets et mauvais qui oseraient troubler la paix de l'Église. »

Voilà le prix de « nos trésors. » Est-ce assez cher, fortune de la France ?

Le même homme avait dit, dans la même circonstance, en 1745 (17 février) : « Sire, vous nous tiendrez compte de nos dons si souvent multipliés...; vous nous assurerez la paisible jouissance de nos privilèges...; vous nous soutiendrez dans l'exercice de cette autorité que nous ne tenons que de Dieu. » En 1750, ces insistances sont renouvelées et appuyées par des arguments identiques; elles se reproduisent périodiquement jusqu'à la fin de la monarchie. Il serait facile, mais fastidieux, d'en multiplier les trop significatives citations. En 1758, époque de la grande réaction religieuse contre la liberté de la pensée, on voit le clergé acheter pour seize millions de pénalités contre l'esprit d'irréligion. Jamais le don gratuit n'avait atteint ce chiffre; mais il fallait bien fêter la révocation du privilège de l'*Encyclopédie*, comme, à une autre époque, on avait fêté la révocation de l'Édit de Nantes.

Ainsi, en France, un clergé fanatique; à Rome, un pape tolérant : voilà l'Église. Et l'anarchie est encore plus dans les idées que dans les actes; les simples, les sincères, sont incertains, troublés, inquiets. L'esprit nouveau les attire visiblement; ce sont eux qui, plus tard, dans l'assemblée constituante, iront grossir la phalange du tiers. Tantôt c'est un simple prêtre, Travers, qui s'attaque à la hiérarchie épiscopale et revendique, pour le bas clergé, l'égalité évangélique de la primitive Église. Tantôt c'est Jean Meslier, curé d'Étrepigny, qui, dans un acte solennel et suprême, demande pardon à Dieu et aux hommes d'avoir publiquement professé un culte désavoué par sa conscience, et meurt de remords en léguant à ses paroissiens son testament antichrétien comme une réparation éternelle. Tantôt c'est l'abbé de Prades qui fait répéter aux échos étonnés de la Sorbonne la théorie du déisme voltairien; mais le pauvre abbé, qui n'est point, comme Meslier, protégé par la mort contre les vengeances orthodoxes, doit s'exiler en Prusse, où Frédéric l'accueille à bras ouverts. Tantôt, enfin, c'est un évêque de Soissons, Fitz-James, qui, empruntant aux philosophes leur langage et leurs maximes, ose, au grand scandale de ses confrères, imprimer dans un mandement « que, chrétiens ou infidèles, catholiques, hérétiques ou païens, tous les hommes sont nos frères, et que nous devons les chérir et ne leur faire que du bien. » Paroles dignes de Jésus le crucifié, et aussitôt désavouées comme une hérésie.

Quant aux habiles, ils semblent rechercher à plaisir l'odieux et le ridicule : nommer les habiles, c'est nommer les jésuites. Dans le catholicisme moderne, ils représentent le mouvement, le progrès, l'initiative ; ce sont les pionniers des terres nouvelles. C'est un jésuite qui réimprime les théories régicides de Busenbaum, revues et corrigées, pour servir de préface à l'assassinat du roi du Portugal ; c'est un jésuite, Mazotta, qui invente le tolérantisme, pour servir de contre-poison à la tolérance ; c'est un jésuite, Pichon, qui invente le pichonisme : lecteur, je te fais grâce du pichonisme ! C'est un jésuite, Benzi, qui invente les mamillaires : lecteur, Dieu te garde dans une heureuse ignorance et dans une sainte horreur des mamillaires ! Mais c'est la société tout entière, le jésuitisme lui-même, le génie de l'équivoque en personne, qui invente le christianisme chinois et le christianisme malabare. Cela, tu n'as pas le droit de l'ignorer.

La double ambition de la société, image de son double caractère à la fois laïque et monacal, a toujours eu pour objet d'allier la domination temporelle à l'autorité spirituelle, de constituer enfin un véritable pouvoir politique, aussi bien qu'un ordre religieux. L'entreprise était irréalisable en Europe : on dut se contenter d'y confesser les rois et les reines ; mais elle fut exécutée au Paraguay, et fut sur le point de l'être aux Indes.

Les prédicateurs de l'ordre ont souvent comparé, dans leurs panégyriques, François Xavier à Alexandre le Grand.

Il y a loin de Xavier à Alexandre; mais il est certain que l'apôtre des Indes servit, à son insu, une pensée politique, et qu'en croyant travailler à l'édification de la cité de Dieu, il jetait les fondements d'un empire tout temporel dont le plan sortit plus tard du cerveau fécond d'Acquaviva. Au reste, la conquête religieuse servait merveilleusement la conquête politique; mais elle lui fut désormais subordonnée, et chaque fois que le dogme embarrassa la marche triomphante des conquérants, ils laissèrent le dogme en chemin. Ils suivaient en cela l'exemple des Romains, ces conquérants modèles. Le Romain laissait au vaincu ses dieux et ses lois; le jésuite fit mieux encore, il déguisa son propre Dieu et le substitua clandestinement à l'idole de l'Indien : celui-ci, peu délicat sur les nuances, lui passa en retour quelques images de saintes et quelques amulettes miraculeuses; au besoin, le jésuite se déguisait lui-même et endossait le costume de brahmane afin que l'illusion fût plus complète. Au commencement du dix-septième siècle, le père Robert de Nobili en prit non-seulement le costume, mais les manières, les usages, les austérités, et sa prédication fut couronnée du succès le plus complet.

Cet exemple fut suivi et généralisé. Chez les Chinois, peuple positif et sans imagination, imbu de l'unité de Dieu et pour qui la religion ne consiste guère qu'en quelques articles de la philosophie de Confucius, ils supprimèrent la pompe des cérémonies, l'adoration des saints, la filiation divine et la plupart des fictions de la mythologie chrétienne. Le Père éternel fit seul les frais du culte. « Sommes-nous tenus, — demandèrent-ils un jour, par l'organe du dominicain Moralès, à la sacrée congrégation de la Propagande, — sommes-nous tenus, nous prédicateurs de l'Évangile, de prêcher dans ce royaume Jésus-Christ crucifié, et de montrer sa très sainte image dans nos églises ? La cause de ce doute vient de cé que les gentils sont scandalisés de ce spectacle et le regardent comme une très grande folie. »

La question est naïve pour des prêtres chrétiens ; en revanche, sur tout ce qui pouvait intéresser la prospérité de leur établissement, ils n'éprouvèrent jamais le moindre scrupule : le père Verbiest fond des canons pour l'artillerie de l'empereur ; Parennin l'étonne et le séduit, tantôt par l'exposition des sublimes découvertes de l'astronomie, tantôt par des tours de physique amusante ; d'autres se chargent de lui révéler les merveilles et les perfections transcendantales de la cuisine européenne, et dirigent la confection des confitures impériales. Ils remplissent les palais ; ils sont valets de chambre et mandarins de première classe ; et, à la mort des empereurs, ils ont leurs candidats au trône et excitent des soulèvements.

Au Malabar, au contraire, chez ces races endormies qui ne connaissent d'autre activité que le travail fiévreux de l'imagination et paraissent fatalement vouées à une éternelle superstition, leur culte revêt tous les prestiges propres à séduire la crédulité indienne. Les cérémonies, les images, les ornements, une mise en scène toute païenne, se substituent aux austères pratiques du spiritualisme et prennent la couleur locale. Entrez dans un de leurs temples ; vous croyez pénétrer dans une pagode, et le sacrifice lui-même ne fera point cesser l'illusion. Dans ces prêtres déguisés en bonzes, je ne reconnais point les ministres du Christ. Quelle est cette image impudique qui s'étale au cou des jeunes épouses ? C'est l'image du dieu Pullear, espèce de Priape, symbole de lubricité. Ne pouvant le chasser, les pères ont pris le parti de le consacrer de leurs mains sanctifiantes. Et cette cendre qui remplace l'eau bénite dans les réservoirs sacrés ? Voici : Les Indiens riverains du Gange ont, comme on sait, une grande dévotion pour la vache ; il a bien fallu représenter la vache de quelque manière. Cette cendre a été faite avec des excréments de vache; elle sert d'eau bénite. Les fidèles sont à ce prix. (Attesté par mille documents irrécusables et par le mandement du cardinal de Tournon.)

Appliquant ce système commode à tous les rites qui pouvaient choquer les grossiers instincts de ces peuples enfants, au baptême, au mariage, à l'administration des sacrements; adoptant avec leurs mœurs leurs préjugés les plus odieux, ceux, par exemple, qui proscrivaient les parias, les jésuites étaient devenus tout-puissants sur leurs esprits, et les gouverneurs de province avaient à compter avec eux. Malheureusement ce savant éclectisme ne fut pas également goûté par tout le monde. D'honnêtes capucins, qui leur faisaient concurrence dans la vigne du Seigneur, donnèrent l'éveil. De nombreuses dénonciations suivirent. Les avertissements pontificaux furent dédaignés. Rome s'émut de cette catholicité rivale qui se dressait contre elle aux extrémités du monde. Grégoire XV, Urbain VIII se consumèrent en efforts inutiles. Clément XI envoya sur les lieux le cardinal de Tournon avec le plein pouvoir de lier et de délier. Le cardinal publia un mandement par lequel il constatait à la face du monde et proscrivait sans retour toutes les innovations reprochées aux jésuites. Ceux-ci, pour toute réponse, le firent emprisonner à Macao, où il mourut victime des mauvais traitements de ses ennemis. Pendant ce temps, Tamburini, leur général, protestait à Rome de la parfaite soumission de son ordre au saint-siège, et les pénitents eux-mêmes écrivaient de Pékin à Clément XI des lettres pleines du plus pur dévouement.

La querelle durait depuis près d'un siècle, elle devait durer encore plus de trente ans, et on ne saurait dire si Benoît XIV lui-même, avec toute son intelligence politique, serait venu à bout de la terminer sans la révolution imprévue qui chassa les jésuites de la Chine. L'heureux pontife assista à leur défaite et les reçut avec clémence. Plus tard il vit se former contre eux en Europe l'orage qui devait les engloutir. Il ne paraît pas s'être douté un seul instant que leur chute en présageait une plus haute. Loin de soupçonner le danger des idées nouvelles, il en professait les maximes. Il acceptait de bonne foi la dédicace ironique du *Mahomet* de Voltaire, et lorsqu'on lui dénonçait les hardiesses d'un esprit fort, de Lamettrie, par exemple : « Ne devrait-on pas, répondait-il, s'abstenir de nous dénoncer les hardiesses des fous ? » Il disait encore : « Sachez que le pape n'a la main libre que pour donner des bénédictions. » Oh ! la belle parole ! le pape rare et précieux, qui ne frappe ni ne maudit ! Lambertini, le genre humain te doit un ex-voto au temple de mémoire !

« Voulez-vous un bonhomme, prenez-moi ! » s'était-il écrié devant les conclavistes, la veille de son élection. C'était en effet un bonhomme, d'une urbanité exquise, d'un esprit fin, gracieux, charmant, plein de saillies à la française, qu'il ne prenait pas la peine de contenir. Il s'appelait Prosper et fut heureux. Beaucoup plus occupé d'art et de belles-lettres que de théologie, il recommandait en toute chose la paix. Du reste, il laissait aller la machine comme elle pouvait. Il est à Grégoire VII ce que le roi d'Yvetot est à Philippe II. On le comparait à Mahmoud, un sultan fait à souhait, et l'on disait : « Ils sont si bons l'un et l'autre, que si on les changeait de place et qu'on fît l'un Grand Seigneur, l'autre pape, nul ne s'en apercevrait. » Son ministre et son ami, le cardinal Passionnei, correspondait avec Helvétius, Quirini avec Voltaire, Benoît lui-même avec tous les hérétiques des cinq parties du monde. C'était une cour accomplie. Un jour Passionnei s'approche, à l'autel, de son ami Valenti qui le surnommait le Pacha : *Pax tecum !* lui dit-il en lui donnant le baiser de paix. Valenti répondit en souriant comme un augure du temps de Cicéron *Salamalec !*

Foi sincère ! sombres et naïves croyances ! crainte austère de Dieu ! pieuses ardeurs des ascètes ! prière ! renoncement ! sacrifice ! vertu chrétienne ! adieu. Salamalec ! la philosophie est au Vatican.

## CHAPITRE X

RÉACTION RELIGIEUSE DE 1758. — LE JOURNALISTE RELIGIEUX AU DERNIER SIÈCLE. — LA LISTE CIVILE DE VOLTAIRE.

Dès 1752 un arrêt du conseil du roi avait supprimé les deux premiers volumes de l'*Encyclopédie* « comme tendant à établir l'esprit de révolte et d'incrédulité. » On enleva à grand bruit chez Diderot tous les exemplaires qui s'y trouvaient avec les pièces et documents destinés à servir de texte aux volumes suivants. Mais comme, après tout, l'entreprise avait été accueillie avec faveur en France et à l'étranger, comme le public en jugeait l'exécution glorieuse aux lettres françaises, et que les gouvernements avaient depuis Louis XIV la faiblesse de vouloir à tout prix s'entendre proclamer protecteurs des lettres, superstition tôt ou tard fatale aux rois absolus, le ministère imagina de faire continuer l'*Encyclopédie* par une coterie à ses gages. On aurait eu ainsi une *Encyclopédie* anodine, expurgée et dévote, qui aurait édifié le prochain et expié par sa vie exemplaire les errements de son aînée. L'idée était bonne. Malheureusement il est plus aisé, comme on sait, de trouver des moines que des raisons. Comment remplacer Diderot, d'Alembert et tant de savants illustres par quatre misérables folliculaires voués au mépris public? Au bout de trois mois d'hésitation, il fallut revenir et parlementer. On vit ce gouvernement, si prompt à frapper, si peu soucieux des droits de la dignité humaine, s'humilier au point de prier les auteurs flétris par lui d'un ouvrage prohibé, de vouloir bien reprendre et achever leur tâche. Par une dernière inconséquence, il refusa de révoquer l'arrêt. L'opinion était déjà plus forte que lui, et il voulait bien lui obéir, mais sans paraître lui céder. Lâche obéissance, dissimulation plus lâche encore.

Six ans plus tard, vers 1758, le tocsin sonne de tous les côtés à la fois. L'Église a enfin reconnu le but des novateurs. Il y va de son avenir, de son existence même. Elle organise contre eux une ligue ou plutôt une croisade formidable dont le premier exploit fut la résurrection d'une loi de 1563, qui condamnait tout imprimeur d'un ouvrage contre la religion « à être pendu par le cou jusqu'à ce que mort s'ensuivît. » Le clergé et le parlement à la fois unis et divisés firent taire leurs rancunes, sans avoir égard aux dangers que le monde allait courir faute des homélies sur les billets de confession, ou tout au moins à l'énorme déperdition de gaieté qui allait s'ensuivre dans le caractère national. L'orateur du clergé invoqua l'antique solidarité du trône et de l'autel, de la royauté et de la religion qui « seule apprend à aimer, à craindre et à respecter les rois » (Discours de monseigneur de Narbonne, 11 octobre 1758). Omer-Joly de Fleury lança un réquisitoire. L'archevêque de Paris, Beaumont, fulmina un mandement. Clément XIII, le fanatique successeur de Lambertini, y joignit l'infaillible anathème. L'*Encyclopédie* fut proscrite une seconde fois. En même temps toute la canaille littéraire, race immonde que le malheur attire comme l'odeur des cadavres attire les vautours, s'abattit sur cette facile proie avec des cris vainqueurs. C'est Abraham Chaumeix, convulsionnaire retraité qu'on avait vu figurer dans les crucifiements à huis clos de la rue Saint-Denis : il aboya plutôt qu'il n'écrivit huit gros volumes d'injures et de dénonciations. C'est un avocat sans cause, Moreau : dans un effort de génie et de vertueuse indignation, il créa un mot nouveau pour stigmatiser les encyclopédistes ; il les baptisa les *Cacouacs*. Ayant trouvé cela, sa verve comique se reposa. Ce mot est le seul trait qui reste de ses innombrables écrits. C'est le jésuite Berthier et sa bande des journalistes de Trévoux, espèce de coupe-jarrets littéraires embusqués sur tous les chemins qui conduisaient à la gloire ou à la popularité, insulteurs de profession, protégés contre les coups de bâton par leurs robes de prêtres et le crédit encore solide de la compagnie de Jésus. C'est l'*âne de Mirepoix*, l'évêque Boyer, le dispensateur tout-puissant des bénéfices, le rémunérateur de tous ces courages malheureux. C'est l'abbé Trublet, qui compilait, compilait, compilait. C'est le père Thayer, récollet ; il écrit la *Religion vengée* en vingt volumes : vengeance noire et bien digne d'un récollet ! C'est l'abbé de Saas, critique moins violent et moins injuste, mais de son propre aveu solidaire d'Abraham Chaumeix. Il déclare formellement s'en rapporter à lui sur les questions théologiques et morales. Quant à lui, sa spécialité c'est la science, la géographie surtout. Il laisse donc le confrère Abraham démontrer doctement que les encyclopédistes « n'admettent aucune différence essentielle entre l'homme et la brute. » Il a mieux que cela. De quel droit ces mêmes encyclopédistes ont-ils osé écrire dans leur livre de ténèbres *œcolompade* par un Æ au lieu de l'écrire par un Œ ?

Pauvre *Encyclopédie*, comme on lui disait son fait ! Comment tenir contre tant de science unie à tant d'éloquence ? Le théâtre lui-même, cette maison de Molière et de Voltaire, se faisait l'écho des colères sacerdotales, et on acceptait sans répugnance cet auxiliaire profane et à coup sûr inattendu. Charles Palissot mit les philosophes sur la scène. Or voici comment la comédie réfutait leurs maximes. L'un d'eux y était surpris la main dans la poche de son bienfaiteur, en flagrant délit de vol. Un autre c'était Rousseau lui-même sous les traits de Préville, y marchait à quatre pattes en vantant les douceurs de la vie animale. Un troisième, c'était Diderot dont le nom était à peine voilé sous l'anagramme de Dortidius, y jouait le rôle d'un plat et odieux coquin, sans même jouir du bénéfice de son personnage, puisqu'on l'y traitait de bête et de sot avec fort peu de cérémonie. Il donnait agréablement la réplique à Damis, le héros de la pièce, qui l'écrasait à son aise sous le poids de ses tirades. C'est ainsi que mons Palissot, un impudent Frontin égaré dans la république des lettres, vengeait les mœurs et Dieu, et ses propres injures. Cette plate rapsodie était hautement protégée par Séguier et Joly de Fleury, les austères auteurs du réquisitoire au parlement, et par Choiseul lui-même, sous prétexte que Palissot était le fils de son homme d'affaires, mais en réalité par impatience du protectorat un peu hautain qu'il subissait de la part des philosophes, et pour complaire à des rancunes féminines auxquelles l'intéressait son rôle d'homme à bonnes fortunes. Avec eux, des grandes dames que la lassitude des amours, ou le bel esprit, ou des blessures de vanité avaient jetées dans le camp orthodoxe, comme madame de Robecq, madame de Villeroy ou madame du Deffant, ne rougissaient pas de prêter leur concours à cette guerre inique et déloyale. Elles y portaient l'aveugle passion dont un autre autel et un autre dieu avaient eu les prémices, faute de pouvoir leur en consacrer les restes. La princesse de Robecq, surtout, montra en cette occasion une ardeur de haine qu'on ne soupçonnaît pas qu'une âme de femme pût nourrir sans en être consumée. C'était la fille de madame de Luxembourg, nom cher aux lettres. Elle se mourait d'une maladie de langueur. Elle avait forcé les comédiens à recevoir la pièce, elle la fit jouer malgré eux. Le jour de la première représentation, on la vit dans sa loge, toute pâle déjà de sa mort prochaine, impatiente et donnant d'une main crispée par la haine le signal des applaudissements. A la fin du deuxième acte, un crachement de sang la prit, et il fallut l'emporter du champ de bataille comme un général mortellement frappé au milieu du triomphe.

L'Académie elle-même, malgré ses intelligences avec l'armée encyclopédique, retentit un moment des mêmes accusations. Le discours de réception de Lefranc de Pompignan, auteur d'une *Didon* mort-née et de *Psaumes* imités de David, fut un véritable réquisitoire par la violence et l'audace des dénonciations. Lefranc succédait à Maupertuis. C'était le fils d'un bourgeois anobli, qui unissait les prétentions d'un Pourceaugnac gascon aux vanités d'un poète crotté. Il disait, parlant de sa personne : « Un homme de ma naissance ! » Pour lui, les philosophes étaient des Zoïles déclamant contre les richesses par envie contre les riches, et contre la religion par haine contre la morale. Il osa l'affirmer en pleine Académie. On n'a jamais bien su si cette rage lui fut soufflée par son frère Jean-Georges, l'évêque de Vienne, ou par le démon jaloux qui possède les rimeurs malheureux ; — *grammatici certant*. Toujours est-il que l'infortuné reçut une correction à jamais mémorable. Il fallait un exemple à la basse littérature. Dès le lendemain de sa malencontreuse sortie, il fut assailli par cent pamphlets venimeux comme des vipères. Les *si*, les *car*, les *quand*, les *qui*, les *pourquoi*, œuvre de la moquerie implacable, foudroyante de Voltaire, excitèrent un fou rire. Ses puissants amis de la veille s'éloignèrent de cet homme sifflé. Le Dauphin lui-même l'aborda à Versailles en lui disant :

Et l'ami Pompignan pense être quelque chose !

Mot trop cruel. Pompignan n'était déjà plus qu'un objet de pitié. Il dut littéralement s'enfuir de Paris et prendre le chemin de son beau château de Pompignan, où il finit ses jours dans la mélancolie des gens voués à l'immortalité du ridicule.

Nous n'avons pas encore nommé le plus redoutable athlète du parti antiphilosophique, Fréron, ou plutôt Desfontaines-Fréron, car ces deux hommes ne font qu'un. C'est qu'en effet ils méritent une place d'honneur dans ce dénombrement. Ce sont deux épreuves accomplies d'un type tout moderne et aujourd'hui devenu bien commun. Son histoire n'est pas longue. Il date du seizième siècle et de l'établissement de la Société de Jésus. Les premiers représentants en furent les casuistes bénins qui hurlèrent de douleur sous le fouet sanglant de Pascal. Le père Garasse lui donna l'impudence ; le père Annat, la calomnie ; Escobar, l'équivoque ; Sanchez, l'impudicité. — L'abbé Desfontaines lui apporta toutes ces turpitudes à la fois. Il avait professé chez les jésuites. En 1724, atteint et convaincu d'avoir commis contre les mœurs un crime que la législation d'alors punissait par le supplice du feu, probablement en commémoration du châtiment de Sodome, il a recours à Voltaire. Voltaire le sauve d'une mort certaine et de l'infamie, pire que la mort. Pour achever son œuvre il lui procure un refuge à la campagne. A peine arrivé, Desfontaines écrit un libelle contre Voltaire.

Voilà l'homme, voilà le défenseur de la morale, voilà le vengeur de la religion. Il porte sur son front les hideux stigmates des vices innommés. Au sortir de mauvais lieux, vous l'entendrez tonner contre la licence des romans du jour; il vante les douceurs de la chasteté; il a pris sous sa protection toutes les vierges d'Israël; il les connaît par leurs noms et leurs prénoms; il est le chevalier de la Conception immaculée. Son style, sorte de compromis grotesque entre le catéchisme poissard et le catéchisme des sacristies, crie et titube comme un homme pris de vin. Ses philippiques ressemblent à un sermon prononcé dans une orgie. Il ne connaît qu'une figure de rhétorique, l'injure; qu'une forme de raisonnement, l'injure; qu'un genre de polémique, l'injure. Mais, dans sa règle de conduite, il admet jusqu'à trois procédés différents : 1º la calomnie, 2º la calomnie, 3º la calomnie. Il s'appelle le chrétien par excellence. Il surveille le dogme et maintient la discipline; c'est sa chose, son patrimoine, son pain quotidien; il en vit, comme l'insecte vit de la plante qu'il ronge. Une seule chose égale son effronterie, c'est sa lâcheté. Dans ce bandit, il y a l'âme d'un cuistre. Il vous a insulté et déshonoré; mais ces principes lui défendent de se battre, — Le chrétien ne se bat jamais. En revanche on le bat quelquefois, car c'est là l'écueil du métier. Son échine de cynique appelle les coups de bâton; elle y est vouée par une sorte de prédestination. Qui pourrait compter les soufflets accumulés sur sa face impudente? Lui-même vous dira qu'il n'en tient pas registre. Autant il est prodigue d'insultes et d'outrages envers le faible, autant il est humble, mielleux, souple et rampant avec les puissants. Il a pour la force je ne sais quel culte superstitieux et barbare, parce que la crainte est le seul sentiment qui parle à son cœur. C'est lui qui a dit : « Le glaive est sacré. » Éternel objet d'opprobre et de mépris, indécis entre le monstre et la caricature, ce type ignoble, qui se nommait Desfontaines au dernier siècle, et depuis n'a fait que changer de nom en changeant d'époque ; ce type ne s'évadera pas des gémonies où l'histoire emprisonne, marquée d'un fer rouge, la sinistre armée du crime et de l'ignominie.

Desfontaines mourut en léguant à Fréron une haine que vingt ans d'une lutte incessante n'avaient fait qu'aigrir. Fréron recueillit pieusement l'héritage. Dans une espèce d'oraison funèbre à la louange du défunt, il le proclamait son ami, son illustre maître, son modèle; il se calomniait. Fréron n'avait pas l'âme assez basse pour égaler son modèle, et nous éprouvons même quelque remords de l'avoir placé dans le même cadre. Ce n'est pas qu'il fût dépourvu de vices; non: Fréron a fait ses preuves. Mais, soit que ses instincts d'homme de plaisir, soit que son goût de lettré protestassent, à son insu, contre l'abjection du rôle qu'il voulait s'imposer, il ne réussit jamais à reproduire complètement Desfontaines. Mais il arriva à être Fréron, et c'est déjà bien beau. Ivrogne incorrigible, il était en littérature pour le style sobre. Débauché et souteneur de filles, il était en morale pour les maximes austères. Mais il n'était point un insulteur éhonté comme Desfontaines: il sacrifiait aux Grâces, avait des formes littéraires pures et savantes, et maniait avec dextérité le poignard de l'ironie. Tout cela ne suffit pas, bien entendu, pour en faire un grand critique. Du reste, même mauvaise foi, même intrépidité dans le dénigrement et la calomnie. Qu'on ouvre l'*Année littéraire*, le recueil de ses méfaits, et qu'on y trouve un seul acte des hommes du parti philosophique, même le plus pur et le plus irréprochable, qui n'y soit odieusement dénaturé et systématiquement flétri. Voltaire apprend un jour qu'une petite-nièce de Corneille vivait obscurément à Paris, et que, privée d'appui par la mort de son dernier bienfaiteur, elle allait retomber dans sa première misère. Son cœur s'émeut. Il l'appelle auprès de lui aux Délices; il lui fait une dot avec les *Commentaires* sur *Corneille*, comme pour ôter à ses bienfaits ce caractère d'aumône qui humilie toujours les âmes délicates. Fréron l'accuse dans son journal de se faire l'entremetteur de mademoiselle Corneille. Il va jusqu'à nommer le comédien qui profitera de ce honteux service. Quelques années plus tard, Voltaire obtient, à force de génie, de larmes, de généreuse indignation, la réhabilitation de Calas. Eh bien! cette noble action, admirée de tous, égale à tout ce que les siècles offrent de plus beau, trouva un accusateur : ce fut Fréron. Et sa protestation demeura impunie. Contre les philosophes, tout était de bonne guerre. Mais que ce même Fréron se permit, à propos de mademoiselle Doligny, qu'il protégeait, une allusion transparente contre les désordres célèbres de la jeunesse d'une comédienne, la Clairon, et il était appréhendé au corps et enfermé à Fort-l'Évêque.

Finissons-en avec Fréron. Il mourut au champ d'honneur : je veux dire qu'il mourut d'indigestion au sortir de table : c'est la moralité de toute sa vie. Il avait assez vécu pour voir la ruine de ses espérances. Son journal était trépassé avant lui, et deux folliculaires jésuites, dont les noms seuls ont une singulière physionomie d'impudence et de ridicule que leurs écrits justifient pleinement, Nonotte (sauf votre respect!) et Patouillet (s'il est permis de s'exprimer ainsi), lui avaient succédé de son vivant dans son emploi et dans la faveur des âmes dévotes.

Cette persécution produisit sur le parti encyclopédique l'inévitable effet de toutes les persécutions : elle le rendit plus fort et en resserra l'union. Alors s'établirent et se multiplièrent ces vastes correspondances dont le réseau couvrait toutes les provinces et se reliait à trois centres principaux qui n'en faisaient qu'un : Diderot, d'Alembert et Voltaire. Cette espèce de franc-maçonnerie avait des agents infatigables, comme Damilaville, employé au bureau du vingtième, homme médiocre, mais soldat utile et dévoué, et des mots d'ordre dont les initiés seuls comprenaient le sens mystérieux ; tel est le fameux : *Écrasez l'infâme !* dont on a tant abusé.

D'Alembert s'était retiré de l'*Encyclopédie* au plus fort de la tempête. Cet acte de pusillanimité est la seule faiblesse qu'on puisse reprocher à sa mémoire. On a attribué sa retraite à des motifs d'intérêt ; mais le désintéressement de l'homme qui refusa cent mille livres de rentes de l'impératrice Catherine ne peut pas être soupçonné. La lassitude et l'amour du repos eurent seuls part à cette détermination : il s'en est expliqué lui-même très nettement dans une lettre à Voltaire :

« A l'égard de l'*Encyclopédie*, quand vous me pressez de la reprendre, vous ignorez la position où nous sommes et le déchaînement de l'autorité contre nous. Des brochures et des libelles ne sont rien en eux-mêmes ; mais des libelles protégés, autorisés, commandés même par ceux qui ont l'autorité en main, sont quelque chose, surtout quand ces libelles vomissent contre nous les personnalités les plus infâmes. Observez d'ailleurs que si nous avons dit jusqu'à présent quelques vérités hardies et utiles, c'est que nous avons eu affaire à des censeurs raisonnables, et que les docteurs n'ont censuré que la théologie, qui est faite pour être absurde, et qui pourtant l'est moins encore dans l'*Encyclopédie* qu'elle ne le pourrait être. Mais qu'on établisse aujourd'hui ces mêmes docteurs pour réviseurs généraux de tout l'ouvrage, c'est à quoi je ne me soumettrai jamais. Il vaut mieux que l'*Encyclopédie* n'existe pas que d'être un répertoire de capucinades. »

On voit par là que tous ses scrupules n'étaient pas des suggestions de la peur. Il s'efforça de les faire partager à Diderot et de le décider à abandonner l'entreprise. Voltaire lui-même, d'abord opposé à ces concessions, joignit ses efforts aux siens, mais dans un but différent. « Si on s'entendait, leur écrivait-il, si on avait du courage, si on osait prendre une résolution, on pourrait très bien finir ici (à Genève) l'*Encyclopédie*, et l'imprimer aussi bien qu'à Paris, sans que la Sorbonne et les jésuites s'en mêlent. Si on était assez peu de son siècle et de son pays pour prendre ce parti, j'y mettrais la moitié de mon bien : j'aurais de quoi vous loger tous et très bien. Je voudrais venir à bout de cette affaire et mourir gaiement. »

Diderot fut inébranlable ; il resta seul à porter, comme Atlas, le poids de ce monde qui était sa création. « Abandonner l'ouvrage, répondait-il, c'est tourner le dos sur la brèche et faire ce que désirent les coquins qui nous persécutent. » Une autre considération le retint : la ruine imminente du libraire qui avait fait des avances pour l'*Encyclopédie*, et n'en pouvait être remboursé que par l'achèvement de l'ouvrage ; il continua donc à paraître clandestinement, malgré la révocation du privilège.

Guillaume de Lamoignon de Malesherbes avait la direction générale de la librairie depuis 1750. C'était un petit-neveu de ce Basville qui avait laissé une mémoire maudite chez les populations du Languedoc. Dès sa jeunesse, il avait fait le vœu d'effacer cette tache héréditaire par une éclatante réparation, et il tint parole. Sa vie entière n'eut qu'un but : la réhabilitation des victimes de la révocation de l'édit de Nantes ; il eut, avant de mourir, la joie de le voir réalisé. Il avait compris de bonne heure que toutes les libertés sont solidaires, et qu'il n'arriverait à l'affranchissement désiré que par la philosophie, qui réprouve également toutes les persécutions. Placé entre ses obligations d'homme politique et ses devoirs d'homme de bien, il trahit le gouvernement pour rester fidèle à la justice, et mit sa conscience au-dessus de sa charge. Il est le premier homme de France, peut-être, qui ait eu une idée juste et complète de la liberté de la presse et en ait appelé l'entière réalisation. Les philosophes, et Voltaire tout le premier, uniquement préoccupés de la propagation et du triomphe de leurs idées, et emportés par la logique de la guerre, qui veut vaincre avant tout, rêvaient la liberté de la presse un peu trop exclusivement pour eux seuls. Ils auraient volontiers supprimé le droit de discussion dans leurs adversaires, accoutumés qu'ils étaient à le rencontrer armé de tous les artifices de la haine, de la violence, de la calomnie, et souvent même des vengeances du pouvoir. Malesherbes le voulait égal pour tous, même pour Fréron. Il allait plus loin : « Mon principe de liberté, écrivait-il dès 1738, n'est pas restreint à la littérature ; j'incline beaucoup à l'étendre jusqu'à la science du gouvernement, sans même en excepter la critique des opérations du ministère. » Il protégea l'*Encyclopédie* et les gens de lettres, non par boutade et par vanité comme Choiseul, mais par principe, par conviction, avec une persévérance patiente et réfléchie. Placé sous la surveillance jalouse du clergé, qui épiait tous ses actes d'un œil vigilant pour les dénoncer au roi, forcé d'éluder les dispositions des édits et des arrêts, qui se succédaient sans interruption, il en paralysait les rigueurs par les ruses pieuses du dévouement. Le libraire ou l'auteur désigné à ses poursuites était averti secrètement la veille du jour où il devait requérir contre lui en public, et avait ainsi le temps de se mettre en sûreté. Un jour, Diderot reçoit l'avis que le lendemain on viendra saisir dans sa maison ses papiers et tout le matériel de l'*Encyclopédie*. Grande panique. Où trouver un refuge ignoré des gens du lieutenant de police ou un homme assez hardi pour se faire le receleur de l'œuvre proscrite ? Diderot se désespérait. « Envoyez tout chez moi, lui dit Malesherbes, personne n'y viendra voir. » Pour Rousseau il fit mieux encore ; il corrigea les épreuves de l'*Émile*, qu'il avait été forcé de poursuivre comme l'*Encyclopédie*. Son intérêt s'étendait jusque sur les ouvrages que leurs auteurs, par une prudence trop bien motivée, faisaient imprimer à l'étranger. Il aplanissait pour eux les barrières des prohibitions, et, grâce à cette contrebande féconde et méritoire, la France pouvait prendre sa part des productions inspirées par son génie.

Le clergé ressentait le contre-coup de ses manœuvres et murmurait sourdement. De prime abord il avait deviné un ennemi dans Malesherbes, avec cette sûreté d'instinct qui ne le trompe jamais et ressemble à de la seconde vue. Il se plaignait de la tiédeur du magistrat, mais sans l'attaquer encore ouvertement : un acte de cette nature demandait réflexion. Ses hésitations cessèrent tout à coup. En 1765, il demanda purement et simplement sa succession. « Nous touchons au moment fatal, disait une adresse au roi, où la librairie perdra l'Église et l'État. Il serait juste et sage que la librairie fût soumise à notre inspection et que nous fussions appelés à une administration dont nous avons un si grand intérêt à empêcher les abus. » Il était déjà trop tard. Malesherbes ne tomba qu'en 1768, et ses successeurs ne purent ou n'osèrent pas changer un ordre de choses en faveur duquel tout un peuple conspirait à la face du ciel.

En même temps, une levée de boucliers générale avait lieu dans le camp philosophique pour punir les auteurs de cette agression déloyale. Ce fut une guerre de pamphlets et d'épigrammes comme on n'en vit jamais. Voltaire y excellait. Surveillant du regard l'armée ennemie, il y choisissait ses victimes et frappait d'une main sûre : chaque blessure était mortelle. Les mânes de Pompignan n'étaient pas encore apaisées, que Fréron fut exécuté dans l'*Écossaise;* le frère Jean-George, dans la *Lettre d'un quaker*; Trublet, dans le *Pauvre diable;* le *Journal de Trévoux* et le jésuite Berthier, dans dix satires sanglantes ; Omer-Joly de Fleury partout. Quant à Palissot, il avait été puni par l'abbé Morellet, joûteur agile et redoutable. Le reste ne vaut pas l'honneur d'être nommé. Le ridicule était devenu une arme plus meurtrière que l'épée. Nous ne voudrions pas soutenir qu'il fût toujours une arme courtoise et que toutes ces revanches fussent toujours dignes de la cause qu'elles voulaient venger : Voltaire se laissa plus d'une fois entraîner à des violences de langage qui traduisaient des ressentiments personnels plutôt que la juste colère de la vérité outragée. Il se permit des représailles souvent indignes de lui : mais qui oserait lui en faire un crime ? Et, s'il n'est pas absous par la victoire, par son génie, par la grandeur des résultats, ne l'est-il pas, du moins, par ce long sacrifice de son repos et de sa fortune à une cause qui, après tout, n'était plus la sienne, puisque depuis longtemps le sort l'avait placé au rang des riches et des privilégiés ?

C'est là un côté trop négligé de la vie et du caractère de ce grand homme. Dans cet ennemi du christianisme il y a, malgré toutes ses faiblesses que je ne veux point taire ni excuser, plus de dévouement, plus de charité, plus de grandeur morale, plus de véritable christianisme, en un mot, que dans tous les hommes de cette époque qui portent le nom de chrétiens. Et je ne parle pas ici de ces actions éclatantes que tout le monde sait par cœur ; la réhabilitation des Calas ; la famille Sirven accueillie, sauvée et rendue à sa patrie ; mademoiselle Corneille dotée et établie ; d'Étallonde mis à l'abri des maux de l'exil ; messieurs de Crassy réintégrés dans leurs domaines usurpés par les jésuites ; une ville construite à ses frais et enrichie par ses soins, et la pitié publique émue en faveur des serfs du mont Jura. Ces beaux traits n'honorent pas seulement Voltaire, ils honorent l'humanité ; mais, enfin, ils avaient le monde entier pour témoin, et l'amour de la gloire en pouvait peut-être réclamer sa part. Je parle de ce nombre infini de bonnes œuvres obscures, qui n'avaient pour confidents que ceux mêmes qui en étaient les objets et auxquelles il ne manque pas même ce je ne sais quoi de plus achevé que l'ingratitude ajoute aux bienfaits. Quelle longue liste d'hommes de lettres élevés, nourris, sauvés par lui, depuis l'indolent Thiriot, son ami d'enfance, qu'il entretint pendant soixante ans et dont il n'eut jamais pour tout remercîment que la plus parfaite indifférence, jusqu'à ce Baculard d'Arnaud, qui le paya avec une calomnie : Saint-Hyacinthe, de Mouy, Berger, de Linant, de Lamartinière, Mannory, de la Mare, l'abbé Prévôt, Morellet, Marmontel, La Harpe et cent autres, dont la plupart, à l'exception de ces derniers, écrivirent contre lui des libelles diffamatoires. Quant aux libraires, il leur faisait don de ses ouvrages et leur en laissait les bénéfices. Jore, l'un d'eux, avait imprimé et signé un libelle de Desfontaines contre Voltaire, vers 1738. Pour toute vengeance, Voltaire le servit toute sa vie ; vers 1770, c'est-à-dire trente ans plus tard, il lui faisait encore une pension à Milan, où le libraire vivait pauvre, accablé de vieillesse et d'infirmités. Et on aurait tort de croire que sa bienfaisance fût restreinte à des catégories de personnes ou d'opinions : lorsque les jésuites furent chassés de France, il en accueillit plusieurs à Ferney. Plus tard, les capucins du pays de Gex, qui étaient ses obligés, lui firent décerner par Ganganelli le cordon de Saint-François, avec le titre de père temporel des capucins du pays de Gex. Voltaire capucin ! quelle alliance de mots ! Cette étrange facétie du hasard symbolise ironiquement la désertion des vertus chrétiennes ; elles passent à l'ennemi et donnent la main aux idées nouvelles. Voltaire protégeait les capucins et accueillait les jésuites ; mais quel capucin eût protégé, quel jésuite eût accueilli Voltaire persécuté ?

## CHAPITRE XI

### LE MONDE ET LES FEMMES.

Le monde et les salons suivaient de loin et souvent à contre-cœur l'impulsion donnée par les philosophes. Et c'est ici que Voltaire était surtout indispensable. Les gens du monde appartiennent aux railleurs. On passionne les multitudes avec des idées ; on les subjugue par l'éloquence, par la justice, par la gloire ou même par la seule apparence de la force. Le peuple des salons ne se passionne pas ; car son code proscrit la passion comme un luxe de mauvais goût. Mais il est susceptible d'engouement. Il s'engouera d'une idée comme il s'est engoué de la dernière mode et pour le même motif, parce qu'elle est la dernière et parce qu'elle est la mode. On le subjugue par la crainte du ridicule ; car c'est là sa crainte de Dieu et toute sa morale. Aussi cette race, à la fois intelligente et imbécile, a-t-elle été de tout temps la proie légitime des génies ironiques qui s'en servent en la méprisant. Du temps de Molière, elle avait pris parti contre elle-même dans la longue croisade du poète contre les aristocraties ; du temps de Voltaire, elle fit de la propagande philosophique. L'esprit d'incrédulité devint comme un vernis de bon ton qui était le complément obligé d'une tenue de gentilhomme ; cela se portait comme la poudre et les talons rouges. Ajoutons, car il faut tout dire, qu'on espérait trouver dans les encyclopédistes des censeurs indulgents et faciles.

Du reste, en flétrissant, comme elles le méritent, cette inconséquence et cette légèreté d'esprit, — vices d'autant plus indélébiles dans ces natures, qu'ils font partie de leurs qualités, — on est forcé de convenir que jamais révolution ne fut servie par des auxiliaires plus séduisants et plus irrésistibles. A aucune époque, il n'y eut dans ce cercle un peu restreint qu'on nomme la bonne compagnie, autant de distinction, de charme, d'élégance et d'urbanité. C'est l'âge d'or des belles manières et l'épanouissement le plus complet de cette fleur exquise que le monde nomme encore l'esprit français, — non qu'elle soit la plus haute perfection du génie national ou seulement son trait le plus distinctif, puisque Corneille, Molière, Pascal et Voltaire lui-même l'ont le plus souvent dédaignée pour une muse plus éloquente et plus sévère, — mais parce qu'elle est née en France et ne s'acclimate pas sous un autre ciel ; plus délicate que l'atticisme athénien ; moins luxuriante de fantaisie, mais aussi plus élégante, plus fine et plus gracieuse que l'humour britannique. Les discussions du jour, c'est-à-dire les plus graves problèmes que se puisse poser la conscience humaine, venaient prendre place dans la causerie à côté des intrigues scandaleuses de la danseuse en vogue ; l'*Esprit des Lois* à côté d'un opéra-comique : l'*Émile* à côté d'une chanson. Des marquis déclamaient chaleureusement contre le despotisme ; des ducs et pairs vantaient l'agriculture nourrice du genre humain ; des abbés tonnaient contre le fanatisme, et nul ne songeait à relever l'étrangeté de ces contrastes.

Les femmes surtout avaient depuis longtemps pris parti pour la bonne cause, avec cette passion qu'elles portent dans toutes leurs affections et qu'elles savent si bien rendre contagieuse. Les femmes du dix-huitième siècle, à peu d'exceptions près, sont plus grandes par le cœur que par le caractère. Est-ce pour cela qu'on les aime si invinciblement ? Ce sont, pour la plupart, de vrais cœurs d'héroïnes, depuis cette noble, pure et touchante Aïssé, à qui il fut donné de réaliser l'idéal de la beauté, de la vertu et du malheur, jusqu'à mademoiselle de Lespinasse, la plus déplorable de toutes. Héritières et victimes des traditions licencieuses de la régence, leurs mœurs se ressentent de cette origine impure. Une seule chose remplit leur vie, l'amour. Mais l'amour même les purifie et les absout, car elles surent l'élever jusqu'au dévouement. Les dames en *us* du règne de Louis XIV, qui déjeunaient d'un sonnet et soupaient d'un sermon sur la grâce efficace ; les précieuses pédantes de l'hôtel de Rambouillet et les saintes du jansénisme sont bien plus sages, bien plus vertueuses, bien plus irréprochables ; mais elles ont beau faire, elles effrayent la sympathie. Elles ne passionneront jamais que des métaphysiciens sur le retour, — j'en excepte mademoiselle de Lavallière. — Leur sagesse dogmatique, leur logique tranchante et leur force de caractère nous laissent froids, tandis que les inconséquences et les faiblesses même de leurs petites-filles nous émeuvent et nous attendrissent ; c'est que celles-ci ont aimé, et que, dans les premières, vous chercherez en vain une effusion du cœur, une passion, une larme : les unes valent mieux que leurs défauts, les autres valent moins que leurs vertus. Il y a en elles un fond d'égoïsme sec et hautain que rien ne peut amollir, si ce n'est parfois la dévotion, et un fond d'hypocrisie que la dévotion ne fait qu'augmenter. C'est là, à vrai dire, leur péché favori ; elles avaient fini par le faire passer dans la langue elle-même. Sous Louis XV, une femme prenait un amant ; sous Louis XIV, « elle estimait quelqu'un. » Ce mot est aussi celui qui traduit le mieux l'espèce de sentiment que nous éprouvons pour elles ; nous les estimons. Les femmes pardonnent peu ce genre d'affection.

Lorsqu'on cherche à préciser le rôle et l'influence des femmes à une époque donnée, et qu'on étudie ce qui reste d'elles, une chose frappe tout d'abord l'esprit : c'est leur radicale inaptitude à généraliser, à embrasser de vastes horizons, à dégager les causes de leurs effets. Je sais qu'elles en ont appelé et qu'elles en appellent encore de ce jugement déjà ancien ; mais les deux ou trois exceptions qui se sont produites parmi elles dans le cours des siècles ne font qu'en confirmer la sévérité par leur isolement même. Est-ce à dire, toutefois, qu'elles soient condamnées à perpétuité aux servitudes intellectuelles, ou seulement à ce rôle, noble assurément, mais un peu sacrifié, des Sabines, auquel des moralistes, bien intentionnés d'ailleurs, voudraient les vouer exclusivement ? Non, à défaut de force de jugement, elles ont les puissantes intuitions du cœur qui les trompent rarement ; mais il y aura toujours un peu de superstition dans leur foi. Qu'on demande à madame Geoffrin, par exemple, pourquoi elle reçoit dans sa maison tous ces persécutés, frappés des anathèmes de la loi et de la religion ? Parce qu'ils sont persécutés. Et pourquoi dépense-t-elle cent mille écus pour soutenir leur œuvre, l'*Encyclopédie* ? Pourquoi leur croyance devient-elle la sienne ? Est-ce un effet de dialectique, le résultat de longues et profondes réflexions ? Non ; c'est qu'elle a l'âme généreuse, et qu'elle démêle vaguement en eux les apôtres d'une loi de justice et d'humanité ; c'est enfin par une de ces mystérieuses « raisons du cœur que la raison ne connaît pas. » (PASCAL). Bonne et admirable femme ! son nom, symbole de bienfaisance et de simplicité, protège et défend encore aujourd'hui, contre les calomnies de la haine, la mémoire et le caractère des hommes qu'elle honora de son amitié.

Son salon, où se tenaient les états généraux de la philosophie, était réputé entre tous par la grâce et le charme avec lequel elle en faisait les honneurs. Douce, familière, sensée, elle avait un sourire pour les plus inconnus comme pour les plus illustres : là, on voyait Montesquieu, d'Alembert, d'Argenson, Marivaux, Thomas, Morellet, Suard,

Helvétius, d'Holbach, Saint-Lambert, l'abbé Arnaud, un disciple de Platon, improvisateur éloquent et passionné tant qu'il restait dans ce milieu, et dans ses livres dissertateur froid et ennuyeux ; l'avocat Gerbier, éloquence sanctifiée par le dévouement ; Diderot, causeur éblouissant, tour à tour brûlant et enflammé comme un tribun, obscur comme la sibylle sur son trépied, bouffon comme Rabelais ; l'abbé Galiani, le *Machiavellino*, esprit plein de verve, d'originalité, de malice et de fantaisie, amoureux de la France, quoique Italien, et avec lui son inséparable Caraccioli, le spirituel ambassadeur de Naples. Fontenelle y passa littéralement ses dernières années ; devenu sourd et accablé d'infirmités, le vieillard s'y faisait transporter malgré son grand âge, et lisait la conversation sur les physionomies.

Les salons de madame de Tencin et de madame du Deffant eurent aussi pour un temps le privilège envié de réunir l'élite des beaux esprits de cette époque ; mais ils étaient plus exclusifs et empruntaient au caractère de ces deux femmes qui n'appartenaient à leur siècle que par leurs idées, je ne sais quel faux air d'intrigue et de coterie. La première, sœur du cardinal de Tencin, qui lui dut sa fortune, cachait une âme artificieuse et dépravée à l'excès sous les dehors d'une simplicité et d'une bonhomie qui lui gagnaient tous les cœurs, au point que, malgré sa réputation des plus équivoques, plusieurs de ses contemporains se sont portés garants de ses vertus auprès de la postérité. Or, cette Agnès avait été la maîtresse de Dubois. Sous le système, elle s'était enrichie d'agiotage. Plus tard, elle avait exploité sur une grande échelle la constitution *Unigenitus*. Un fils qu'elle avait eu du chevalier Destouches fut par elle abandonné sur les marches d'une église. Cet enfant s'appela d'Alembert. Lorsqu'il eut illustré ce nom, elle désira le voir. L'entrevue fut froide. « Mais enfin, lui dit-elle, blessée de sa réserve, je suis votre mère. — Vous ! ma mère ! s'écria-t-il ; non, la voici, je n'en connais pas d'autre ! » et il embrassa en pleurant madame Rousseau la vitrière, sa mère adoptive.

Un roman sentimental et de petits soupers expiatoires, offerts en holocauste à la libre pensée, n'effacent point de tels crimes. Reniée par son fils, madame de Tencin est aussi reniée par son siècle qui ne lui doit rien.

La seconde, madame du Deffant, n'avait guère qu'un défaut, — celui d'être méchante comme une vipère. Sa méchanceté faisait presque tout son esprit, et elle avait infiniment d'esprit. Longtemps on l'avait vue figurer parmi les dévotes de l'*Encyclopédie ;* tout à coup elle en devint la plus irréconciliable ennemie. Que s'était-il passé? Une personne gracieuse et intéressante, qui lui servait de secrétaire intime, abandonnée par sa mère, comme d'Alembert, enfant de l'amour comme lui, mademoiselle de Lespinasse enfin, lasse de subir ses caprices féroces de femme malade et ennuyée, et de lui faire la lecture pendant ses longues insomnies, avait déserté sa maison en lui enlevant Turgot, d'Alembert, Marmontel et quelques-uns des habitués de son salon. A dater de ce jour, la philosophie fut perdue dans son esprit. — Voilà les dames. — Elle déchira Voltaire, à qui elle écrivait : « Mon cher ami. » et persifla impitoyablement les transfuges. Tout ce qu'on admire et tout ce qu'on aime, la jeunesse, la passion, la poésie, la tendresse, lui rappelaient le souvenir détesté de sa rivale, et devinrent pour elle comme des ennemis personnels qu'elle poursuivit de sa raillerie amère et implacable.

Mais le dieu des éternelles illusions se vengea. Cette vieille femme, aveugle et septuagénaire, s'éprit d'un Anglais égoïste et spleenitique, qu'elle n'avait jamais vu, et supporta avec douceur pendant plus de quinze ans ses boutades, sa mauvaise humeur et ses bizarreries. Cette passion sénile eut tous les orages d'un amour de vingt ans. Moitié directeur et moitié tyran, Horace Walpole se prêtait par orgueil à cette adoration singulière, quoiqu'il en fût souvent importuné, satisfait d'en réprimer de temps en temps les ardeurs par trop séraphiques par un mot dur et dédaigneux. Il recevait l'encens avec le flegme et le sérieux d'un évêque anglican. Il avait lui-même une adoration aussi fantastique : il adorait une morte, madame de Sévigné. Ces deux phénomènes psychologiques sont consignés tout vivants dans une correspondance pleine de naturel, d'esprit et de malice, d'où s'exhale pourtant un sentiment pénible et triste : vous diriez que l'Envie, le Chagrin et la Vieillesse vous serrent tour à tour le cœur dans leur main froide et décharnée.

Je ne redirai point la vie et les souffrances de mademoiselle de Lespinasse ; elle les a écrites avec son sang. Mais je ne puis passer sans donner une larme à cette touchante victime de l'amour, si faible, si aimable, si charmante, une des poésies de son siècle ; — à mademoiselle de la Chaux, sa sœur d'infortune, dont Diderot nous a transmis la tragique histoire, mille fois plus attendrissante qu'un roman ; — et à toi, Aïssé, ombre chère aux poètes, leur reine à toutes. Tristes et douces héroïnes, toutes vos contemporaines pâlissent auprès de vous. Madame du Châtelet n'est plus, malgré tout son esprit, qu'un Leibnitz en jupons fantasque et raisonneur. Du reste, on peut le dire aujourd'hui sans indiscrétion, la belle Émilie ne fut guère qu'une méprise de Voltaire ; il l'avoua lui-même parfois tout bas. Sa vraie muse, c'est Ninon. Ninon, qui sourit à sa jeunesse, devina son génie et lui donna peut-être l'amour de la gloire. L'avenir te comptera ce sourire, ô Aspasie ! — Madame de Warens est une énigme et une contradiction, ce qui, du reste, ne tend nullement à ébranler le récit des *Confessions*, puisque la femme est essentiellement énigme et contradiction. — Madame d'Épinay, une tête romanesque ; madame d'Houdetot, une vertu coquette et sentimentale qui cherche un peu trop le danger ; madame Dupin, une noble et élégante de vignette keepsake. Toutefois, elles ont toutes entre elles un air de famille par la grâce, la délicatesse, le charme de l'esprit, et surtout par la générosité du cœur. Or, leur siècle est encore plus grand par la générosité de ses aspirations que par la hauteur de ses vues ; — et qui pourrait faire la part de ce qu'il leur revient dans ces nobles tendances, dans cet enthousiasme sacré, dans ces sentiments de sublime ivresse qui saluèrent l'aurore de la révolution ? — Pour moi, j'y entends un écho de leur âme.

## CHAPITRE XII

DE L'ÉMILE ET DE QUIBUSDAM ALIIS. — FINS DE NON-RECEVOIR CONTRE LA CERTITUDE MÉTAPHYSIQUE.

La réaction religieuse de 1758 n'avait pas eu seulement pour résultat d'activer les haines personnelles et les guerres d'épigrammes. Les siècles procèdent avec plus de logique. Ces duels à coups de plume, ces funérailles burlesques de héros tués par une chanson, n'auraient qu'une importance fort secondaire s'ils n'eussent été le prélude de luttes plus sérieuses. Les positions étant désormais plus nettement dessinées, la nécessité de la victoire devint claire et manifeste pour tout le monde. On comprit l'inutilité des ménagements, des transactions, des demi-mesures ; et les attaques, contenues jusque-là dans les domaines vagues et transparents de l'allusion, par l'esprit de conciliation ou par des scrupules de prudence, prirent un caractère de résolution extrême, de suite et d'universalité, qui annonçait un plan arrêté et la ferme volonté de le réaliser. Des discussions générales, le plus souvent inabordables au commun des intelligences, on descendit à une critique plus compréhensible, plus agressive, plus minutieuse. Toutes les traditions, tout l'enseignement, toute l'organisation de l'Église furent tour à tour sommés de comparaître devant le tribunal du bon sens. On se distribua les rôles et les positions, comme font les chefs d'armée autour d'une place assiégée. A toi les miracles ; à toi les mystères ; à toi les conciles ; à toi la Bible ; à toi les Évangiles ; à toi les cérémonies ; à toi la hiérarchie. Et l'heure des derniers assauts sonna.

Au début parut le célèbre livre d'Helvétius : *De l'Esprit*, paradoxe spirituellement soutenu, mais œuvre trop vantée, où une tactique de parti, secondée par l'ignorance, a voulu faire voir le dernier mot de la philosophie du dix-huitième siècle. Helvétius a dit le secret de ses contemporains, répète-t-on niaisement depuis cinquante ans. Helvétius n'a dit le secret de personne, pas même le sien, car sa morale ne lui appartient pas, et c'est fort gratuitement qu'on en fait honneur à ses comtemporains, puisqu'elle est désavouée par Montesquieu, par Voltaire et par Rousseau. Dans tous les siècles, depuis Aristote, et surtout dans les sociétés voluptueuses et blasées, il y a eu des philosophes pour confondre l'intelligence avec les sens, de même qu'il y en a toujours eu depuis Hobbes et Larochefoucauld pour faire du plaisir, de l'égoïsme et de l'intérêt bien entendu, la base de la morale. Cette théorie, mille fois réfutée dans le passé, et réfutée chaque jour encore dans le présent par les actes de dévouement et d'abnégation qui s'accomplissent à toute heure sur la terre, sera toujours le thème favori des voluptueux. Et c'est peut-être là le secret de la prédilection d'Helvétius.

Dépourvu de génie, quoique avide de gloire par un contre-sens qui se rencontre rarement dans la nature, qui proportionne habituellement les ambitions aux facultés, jeune, beau, spirituel, opulent comme un fermier général, il ne comprit bien qu'une chose, le plaisir. Et comme il fit le bien lui-même par plaisir, il crut que ce mobile suffirait aux autres hommes, comme il lui suffisait à lui-même. Bon, généreux et désintéressé, en dépit de sa doctrine, il fut souvent trompé comme tous ceux qui font le bien : de là sa théorie de l'égoïsme. Il n'avait vu le cœur humain que par ses mauvais côtés. Il y a de lui un mot cruel : « Aimer, c'est avoir besoin. » Que d'amères déceptions dans ce mot d'un homme bienfaisant !

Ce livre décourageant eut un immense succès, non pas en France, comme on pourrait le croire, — car il y fut généralement blâmé, — mais en Italie, cette terre du découragement, qui était aussi, au dix-huitième siècle, celle des voluptés énervantes. Le pape dut le proscrire, en raison même de ce succès ; mais plusieurs cardinaux et Passionnei lui-même écrivirent à l'auteur pour le féliciter. A Paris le Parlement s'émut, non des théories matérialistes, mais des appels en faveur de la tolérance et de quelques hardiesses anticatholiques que l'ouvrage renfermait, et le fit brûler. Helvétius, menacé d'une poursuite plus sérieuse, se refusait à toute rétractation. Il s'y résolut pourtant dans l'espoir de sauver le censeur qui avait approuvé le livre. Dévouement inutile et d'autant plus honorable qu'il exposait son auteur à des accusations imméritées, et devait longtemps passer pour un acte de faiblesse. C'était un démenti éclatant donné à sa théorie des vertus intéressées.

Le livre *de l'Esprit* n'avait nullement été inspiré par l'idée préconçue d'une agression contre l'Eglise. L'auteur recevait les jésuites et répugnait par caractère aux partis extrêmes ; mais tel était l'empire exercé par l'opinion sur l'écrivain, que bon gré ou mal gré, il lui fallait descendre sur le terrain choisi par elle. Du reste, pas une des routes aujourd'hui ouvertes à la pensée humaine qui n'eût déjà été occupée et murée par elle contre le droit d'examen. Si récemment découverte qu'elle fût, après quelques pas on se heurtait contre le *veto* ecclésiastique. « Tu n'iras pas plus loin, » avait-on dit à Buffon. Ce mot, on le répétait à tout le monde. Le savant lui-même, c'est-à-dire l'homme le plus dégagé de tout esprit de parti, devait donc être prêt à livrer bataille, sous peine de trahir la vérité ou de renoncer à la science. Tel avait été le sort de Fréret ; tel aurait été celui de Boullanger, s'il eût vécu. Ce n'est certes pas une pensée de haine qui lui mit la plume à la main. Rêveur inoffensif, intelligence calme et sereine, figure socratique, grave et douce à la fois, Boullanger n'avait rien d'un agitateur : c'était un homme de paix et d'étude ; il vécut ignoré ; il mourut jeune, laissant des ouvrages inachevés, fruit de ses observations sur la nature et de ses recherches sur les langues et les monuments de l'antiquité. Dans les civilisations antiques, il avait surtout étudié les théogonies qui en sont l'âme. Eh bien ! ces fragments tronqués par la mort, ces travaux d'une érudition encore incomplète, mais consciencieuse, étrangers par leur objet comme par leur intention aux polémiques envenimées des partis, furent, dès le jour de leur apparition, frappés des anathèmes de l'Eglise. Et ils lui étaient hostiles en effet, mais ils l'étaient sans préméditation, comme la *Théorie du monde*, par la contradiction naturelle de la science et de la foi, et aussi par suite de cette parenté mystérieuse qui rend solidaires toutes les religions. L'*Antiquité dévoilée*, cette critique des religions déchues, se trouva être une critique frappante des cultes survivants. Comment parler des usages hydrophoriques, sans faire penser au baptême ? des sibylles, sans faire penser aux prophètes ? de l'antique Janus, accompagné du coq et des clefs symboliques, sans faire penser à saint Pierre ? de Maïa, mère et épouse de dieux dans le paganisme comme dans la théogonie brahmanique, sans faire penser à Marie, mère et épouse de Dieu dans la théogonie chrétienne ? Comment enfin parler de tant de dogmes, de mystères et de fêtes, dont l'esprit, les cérémonies et souvent le nom même ont passé presque intacts des anciens cultes dans les derniers venus, sans éveiller dans les esprits de légitimes défiances, ou tout au moins des doutes irrésistibles ? En présence de ces résultats accusateurs, une seule conclusion est possible pour les théologiens : supprimer l'antiquité. Ils y ont songé plus d'une fois et pour plus d'un motif. Qu'ils essayent !

On a faussement attribué à Boullanger un livre qui parut vers la même époque, et qui est tout à fait étranger à sa méthode, à son style et à ses habitudes d'esprit ; je veux parler du *Christianisme dévoilé*, ouvrage déclamatoire de d'Holbach, manifeste improvisé de la guerre à outrance et qui ne mérite pas de lui survivre, mais dont quelques pages sont finement observées et contiennent un tableau historique des effets politiques de la religion catholique, qui est encore vrai aujourd'hui, et auquel on ne peut reprocher que d'être incomplet, puisqu'il en énumère les inconvénients sans en mettre en regard les avantages. Mais dans sa partialité même, d'Holbach était logique et il était de son temps. Que restait-il, en effet, je vous prie, au dix-huitième siècle, des bienfaits historiques de l'Église du moyen âge ? Que restait-il de ses vertus ? Que restait-il de l'intervention des évêques entre le seigneur et le serf ? Que restait-il de l'antique protectorat exercé par les papes en faveur des peuples contre les rois et les empereurs ? Que restait-il des services et des conquêtes jadis quotidiennes du clergé dans les lettres ? Tout cela avait depuis longtemps disparu. Le pape et les évêques étaient non-seulement complices des oppresseurs, mais ils opprimaient et persécutaient pour leur propre compte. Les laïques avaient dépossédé le clergé de la gloire des lettres. Or, les vertus évanouies, les inconvénients restaient seuls. Quoi d'étonnant, dès lors, que d'Holbach n'ait été frappé que par ce côté ? Aussi son énumération est-elle un tableau fidèle des funestes effets de la politique du clergé au dix-huitième siècle. Rien n'y manque : ni ses tracasseries et ses disputes incessantes, source éternelle de troubles et de désordres ; ni sa complaisance à toute épreuve, ses absolutions toujours prêtes pour les rois qui servent sa cause ; ni ses tendances séditieuses, ses appels à la révolte lorsque ces mêmes rois manquent de docilité ; ni ses répugnances contre la science, sous l'hypocrite prétexte que « la science enfle, » et contre l'industrie, parce que « les chrétiens mènent une vie provisoire sur la terre et doivent se détacher des choses d'ici-bas. » Quant au dernier mot de la politique sacerdotale, ce ne fut pas d'Holbach, mais un prêtre, l'abbé Morellet, qui le divulgua.

Il venait de publier sa traduction du *Directorium inquisitorum*, de Nicolas Emeric. L'inquisition, telle est, en effet, non-seulement l'*ultima ratio*, mais la résultante nécessaire de la doctrine de l'infaillibilité. Théoriciens de l'autorité, soyez sincères, voilà votre idéal et voilà votre espérance : le glaive ! Devant ce mot terrible les timides se troublent et balbutient ; mais demandez aux logiciens ! La dureté des temps ne peut rien sur un syllogisme ; on le tait, mais il reste. Il reste comme une épée dans le fourreau. Si, par un miracle impossible, le système qu'ils rêvent se relevait de l'abyme du passé, vous verriez se redresser aussitôt le sanglant fantôme de la législation inquisitoriale. Pour nous, ce droit détrôné n'a qu'un intérêt de curiosité, celui qu'inspire la vue d'une chose morte, d'un fossile monstrueux, débris d'un monde ébauché; pour nos pères, il était à la fois un souvenir et une menace. Morellet arracha un cri d'horreur à son siècle. Cette simple traduction d'un code oublié fut plus éloquente que la plus chaleureuse philippique. Toute cette jurisprudence abominable, qui est encore bien plus l'art de torturer l'esprit que celui de tourmenter le corps, s'y étalait naïvement, sans voiles, dans son horrible bonne foi, avec ses maximes, ses autorités, ses cas controversables, et l'immense cortège de ses commentateurs : Pegna, Souza, Sallélès, Masini, etc., etc. Et pour commentaire des articles de procédure on avait mis en regard les faits : à côté du précepte « de procéder tout uniment sans les criailleries des avocats et sans admettre une multitude inutile de témoins, » on pouvait lire comme corollaire que pendant la première moitié du siècle et dans un seul royaume l'inquisition avait fait onze mille victimes, dont deux mille trois cents avaient péri dans les flammes.

Mais plus haute et plus puissante retentissait la parole de l'homme qui avait donné le signal de cette étonnante révolution. La voix de Voltaire couvrait toutes les voix du siècle : les uns le bénissaient comme un de ces héros des premiers temps envoyés pour délivrer les peuples; les autres le maudissaient comme le génie fatal prédit par les Écritures; mais nul ne songeait à contester sa royauté. De sa maison des Délices ou de Ferney, sur les bords charmants de ce lac chanté par les poètes, dans le pays

> Qu'habite des humains la déesse éternelle,
> L'âme des grands travaux, l'objet des nobles vœux,
> Que tout mortel embrasse, ou désire, ou rappelle,
> Qui vit dans tous les cœurs et dont le nom sacré
> Dans les cours des tyrans est tout bas adoré,
> La liberté.. ..

il dirigeait l'essor de ce vaste mouvement d'idées qui n'avait plus seulement pour théâtre quelques salons de Paris, mais la France, l'Europe, le monde entier. Il rappelait avec orgueil, avec une confiance tous les jours croissante, l'orgueilleux défi qu'il avait jeté dans sa jeunesse, à l'époque de ses revers, à M. Hérault, le lieutenant de police. « Vous avez beau faire, jeune homme, avait dit M. Hérault après une admonestation, vous ne détruirez point la religion catholique. C'est ce que nous verrons, » avait répondu Voltaire. Terrible promesse que les événements semblaient se charger de transformer en prophétie. Le vieillard voyait en souriant se réaliser les songes du jeune homme. Vieillard, ai-je dit : car Voltaire ne fut jamais vieux. Contes, romans, morale, histoire, tragédies, épigrammes, comédies et chansons, toutes les formes de la pensée et du sentiment, toutes les sources vives de l'esprit, continuaient à jaillir de cette tête puissante et féconde comme un flot impossible à contenir; et toutes vivaient de la même inspiration : la guerre aux préjugés. Et, par une espèce de magie dont il a emporté le secret dans sa tombe, rien ne trahissait en elles la monotonie des préoccupations exclusives, ni l'effort des polémiques à outrance. C'est toujours la même jeunesse, le même feu, la même grâce, *cette grâce plus belle encore que la beauté*; et surtout c'est toujours cette même raison droite et claire comme la vérité elle-même. Philosophes raisonneurs, c'est là qu'il faut étudier le véritable génie de l'évidence ! Voltaire ne raisonne pas, il éclaire. Chez lui, jamais de démonstration, ni de *parce que*, ni d'*ergo*. La seule clarté de la pensée lui sert de preuve. Ce don suprême de la clarté est le plus haut couronnement que puisse recevoir l'esprit de l'homme. Son mépris de l'appareil logique a valu à Voltaire le dédain de nos modernes métaphysiciens, qui l'ont accusé de manquer de profondeur : mot fait pour les niais et inventé par des gens qui se croient profonds parce qu'ils sont inintelligibles ! Ils se garderaient, quant à eux, d'être clairs, car ils savent bien que toute pensée fausse exprimée clairement porte en elle-même sa réfutation.

Dans *Candide*, cette historiette qui est à la fois la plus sanglante ironie qu'ait inspirée le sentiment des misères humaines et une critique sans réplique du système métaphysique le mieux coordonné qui fût jamais, Voltaire révise après Leibnitz et Pope, l'éternel procès de la souffrance contre Dieu. Triste, brutal et vrai comme la réalité, malgré le souffle d'amère gaieté qui le traverse, ce livre a posé les seules conclusions auxquelles notre sagesse puisse arriver sur ces questions : c'est que nous n'en savons rien et n'en pouvons rien savoir. Mais où la certitude cesse, la poésie commence. Nos plaintes monteront sans cesse vers le ciel tant que le ciel sera muet ; mais aussi avec nos plaintes monteront nos espérances.

Quant au procès, il n'appartient à personne ici-bas de le juger, et les ridicules Pangloss qui ont, de tout temps, pris la Providence sous leur protection spéciale, — je veux dire qui l'ont prise à bail, qui en déjeunent et en dînent, et, pour dernier outrage, se mêlent de faire son apologie en la calomniant le plus souvent pour mieux la justifier, comme font les avocats pour les clients qu'ils désespèrent de sauver, — ces optimistes bavards reçoivent de leur vivant de larges honoraires en moqueries et en mépris.

Le *Dictionnaire philosophique* vint ensuite, vaste et redoutable arsenal d'une érudition qu'on a dépassée depuis, mais qui était alors sans rivale. On ignore trop généralement quels trésors de verve et de raison sont enfouis dans ce volumineux recueil. C'est une carrière de pierres précieuses. Avec lui furent publiés d'innombrables travaux embrassant dans leur ensemble toute la tradition chrétienne, et tels qu'on a peine à concevoir que la vie d'un seul homme y ait pu suffire.

Or il advint un jour qu'en voyant les ruines que l'héroïque lutteur amoncelait autour de lui, des esprits timorés lui demandèrent ce qu'il mettrait à la place. « Eh quoi ! leur répondit-il, je vous délivre d'une bête féroce qui vous dévore, et vous me demandez ce que je mettrai à sa place ! » Presque tous les hommes sont dupes de ces comparaisons banales empruntées à la vie matérielle, et qui n'ont rien à faire dans le monde moral. Eh quoi ! aurait-il pu leur dire encore, détruire, n'est-ce pas édifier ! détruire l'erreur, n'est-ce pas édifier la vérité ? renverser les abus, n'est-ce pas relever le droit ? nier l'intolérance, n'est-ce pas affirmer la charité ?

Rousseau avait depuis longtemps déjà opéré sa scission définitive avec les philosophes, qu'il appelait, dans l'aveuglement de sa haine, le parti holbachien ; mais il n'en continuait pas moins à servir leur cause par ses grands chefs-d'œuvres, l'*Héloïse*, l'*Émile*, le *Contrat social*, la *Lettre à Mgr de Beaumont*. Lorsqu'on cherche à pénétrer l'origine et le motif de cette rupture à jamais regrettable, qui partagea l'armée philosophique en deux camps ennemis, dont les funestes divisions ensanglantèrent plus tard une révolution qu'ils appelaient tous deux, on ne peut se défendre d'une amère tristesse et d'une douloureuse surprise. C'est la querelle impie et contre nature des frères ennemis ; c'est la mêlée sans nom où les phalanges fraternelles, trompées par la nuit, se frappent dans les ténèbres. Assez de sang a coulé. Amis, reconnaissez vos amis ! qui invoquent-ils ? la justice ; et avec elle ? l'humanité. Qui encore ? la civilisation, le progrès, la science. Vous combattez pour les mêmes dieux.

Cette discorde n'a été qu'un long malentendu, dont un

petit nombre de concessions (purement individuelles) de part et d'autre auraient prévenu les tristes effets. Nous en avons vu le point de départ dans la réaction même dont Rousseau était le représentant. Réprimer les excès du dogmatisme matérialiste, retremper l'inspiration dans la nature, et la politique dans la morale : voilà quelle était sa mission, telle qu'elle s'était annoncée dans ses premiers discours, et telle qu'elle reste encore devant l'histoire dans ses légitimes tendances. Il n'y avait rien là de contradictoire avec l'œuvre de ses contemporains, celle de Voltaire, par exemple. Loin de lui nuire, elle la complétait. On avait accepté la pensée réformatrice qui inspirait ses écrits, sans en prendre au mot les exagérations. Pour les uns, c'était Diogène et Juvénal revivant dans le même homme ; pour les autres, c'était un moraliste austère dont on admirait la mâle éloquence en rejetant sur une singularité de caractère ses paradoxes d'idées et de conduite. Au milieu d'un article de l'*Encyclopédie*, Diderot l'interpellait : O Rousseau ! comme il eût dit : O Caton ! Ce sont pourtant ces exagérations et ces paradoxes qui le brouillèrent avec ses amis.

Le sentiment unit et la raison divise, a-t-on dit après Rousseau. C'est précisément le contraire qui est vrai. Ce grand homme en fut un mémorable exemple. Le sentiment est aveugle, violent, partial, passionné, exclusif ; le sentiment fait les fanatiques. Si vous en doutez, lisez cet éloge du fanatisme tracé de la main de Rousseau lui-même, l'apôtre et la victime du sentiment : « Le fanatisme, quoique sanguinaire et cruel, est pourtant une passion grande et forte, qui élève le cœur de l'homme, qui lui fait mépriser la mort, qui lui donne un ressort prodigieux, et qu'il ne faut que mieux diriger pour en tirer les plus sublimes vertus. » Il n'est pas permis, je le sais, d'accoler l'épithète de fanatique au nom de Jean-Jacques ; mais, s'il ne le fut pas, c'est que sa grande âme protestait secrètement contre son système; et ses disciples Saint-Just et Robespierre, qui n'avaient pas le même préservatif, furent fanatiques à sa place. Son exaltation, sinon son fanatisme, fut la cause de tous ses malheurs. Lui seul en France avait pris au sérieux les rêveries du *Discours sur l'inégalité*, à propos de l'état de nature et de la vie sauvage. Lui seul prit au sérieux les déclamations de la lettre à d'Alembert contre les spectacles, qu'il supprimait d'une manière absolue pour les réformer plus sûrement. Croira-t-on que c'est dans son emportement et dans son obstination à défendre ces deux opinions extrêmes et paradoxales qu'il faut chercher la première origine d'une animosité que des dissentiments politiques ne firent qu'envenimer plus tard?

Pour justifier ses maximes par sa conduite, il s'était installé à l'Ermitage, au milieu des bois, et y vivait, autant que possible, en homme de la nature. C'est ainsi que, pour confirmer les tirades de son premier discours contre le luxe, on l'avait vu procéder à sa fameuse réforme somptuaire. Diderot et d'Holbach forment, avec Grimm, une ligue innocente pour l'en dissuader : le voilà brouillé avec eux, ou, du moins, de tous les griefs qu'il allègue contre eux dans les *Confessions*, on voit sans peine que c'est celui qui lui tient le plus à cœur[1]. Avec Voltaire, même histoire.

---

[1]. Il faut y joindre les manœuvres de Grimm pour le détacher de madame d'Épinay et mille particularités trop longues à raconter. En sa qualité d'homme de sentiment, Rousseau réfléchissait presque exactement sa vie privée dans ses ouvrages. Il n'en est peut-être pas un seul qui ne reçoive le contre-coup de ses impressions intimes. C'est ainsi que la lettre à d'Alembert est l'histoire de sa rupture avec ses amis, et que l'*Héloïse* est en partie l'histoire de ses amours avec madame d'Houdetot. Il est plus qu'évident pour nous que ces démêlés tout personnels influèrent beaucoup sur sa détermination. Cerutti me paraît marquer avec assez de justesse deux des griefs démesurément grandis par la sombre imagination de Rousseau. D'après lui, le baron

En 1755, il lui écrit : « Nous vous devons tous hommage comme à notre chef. » L'année suivante, il défend contre lui, dans une longue épître et avec un commencement d'aigreur, sa maxime favorite : « Que tout est bien en sortant des mains de la nature. » Puis, en 1760, il lui écrit *ex abrupto*, en pleine paix, sans provocation aucune, cette déclaration de haine : « Je ne vous aime point, Monsieur. Vous m'avez fait les maux qui pouvaient m'être le plus sensibles, à moi, votre disciple et votre enthousiaste. Vous avez perdu Genève pour prix de l'asile que vous y avez reçu. Vous avez aliéné de moi mes concitoyens, pour prix des applaudissements que je vous ai prodigués. C'est vous qui me rendez le séjour de mon pays insupportable, qui me ferez mourir en terre étrangère, privé de toutes les consolations des mourants, et jeté, pour tout honneur, dans une voirie, tandis que tous les honneurs qu'un homme peut attendre vous accompagneront dans mon pays. Je vous hais, puisque vous l'avez voulu, etc. » Qu'avait fait Voltaire ? Il avait introduit à Genève le goût civilisateur des spectacles, anathématisé par Jean-Jacques ; ce n'était pas précisément le faire jeter à la voirie. Voilà ce qui lui valait ces imprécations insultantes. Si elles ne justifient pas ses représailles contre Rousseau, elles les excusent et les expliquent. Ajoutons, pour laver le caractère de Rousseau indignement calomnié, qu'il était dès lors en proie à cette

---

d'Holbach trouvait la conversation ordinaire de Rousseau commune et vulgaire, mais elle devenait sublime ou folle dès qu'il était contrarié. Il multipliait ces contrariétés pour provoquer les moments d'éclat et de verve. Rousseau blessé cessa de voir le baron. Mais, à l'époque de la mort de madame d'Holbach, il lui écrivit une lettre fort touchante, et ils se réconcilièrent pour se brouiller de nouveau lors de l'union de Rousseau avec sa Thérèse. « Nous fîmes, disait le baron, Diderot, Grimm et moi, une conspiration amicale contre cette bizarre et ridicule union. » *Inde iræ.*

folie ombrageuse et défiante, éblouissement de sa gloire tardive, qui en fit sur la fin de ses jours, le plus malheureux des hommes[1].

Ainsi ce sont plutôt des passions, des blessures de va-

---

[1]. Il ne m'est pas permis de passer sous silence l'espèce de conspiration peu généreuse et peu loyale à l'aide de laquelle la critique contemporaine presque tout entière s'est efforcée dans ces derniers temps de noircir sa mémoire. Je sais bien quelles injures on vengeait sur lui et quels ennemis on espérait frapper dans ce mort glorieux. Mais ce n'est pas tout que d'insulter un mort : il faut encore le convaincre. Les critiques qui ont eu ce facile courage ont pour principe que les morts ne se défendent pas. Il faut les détromper. Les morts illustres grandissent sous les outrages. C'est ainsi que Dieu les venge. Leurs détracteurs peuvent briser la statue de Rousseau sur les places publiques ; mais comment renverseront-ils celle que ses lecteurs lui élèvent chaque jour dans leur cœur, tant qu'il restera une page de ses impérissables écrits ? Le monde les sait, et les aime, et s'en inspire, parce qu'il y reconnaît, malgré des erreurs bien expiées, le ton et l'accent d'une grande âme. — Mais qui est-ce qui se souvient aujourd'hui que MM. Sainte-Beuve, Saint-Marc-Girardin et Nisard, croisant leurs plumes en guise de poignards, ont décidé un beau matin, en petit comité, d'exterminer la mémoire de Rousseau ? Personne, à moins que ce ne soit quelque antiquaire en quête d'un ridicule oublié ou quelque platonique redresseur de torts. En faisant le bilan de cette cotisation d'injures et de diffamative, je suis resté étonné de la pauvreté de leur mise de fonds respective. C'est Grimm, homme perfide et haineux, et une calomnie en trois volumes imprimée sous le nom de Mémoires de madame d'Épinay, où l'honnête Duclos lui-même est présenté comme un monstre d'infamie qui en font tous les frais. Je me trompe : M. Sainte-Beuve y ajoute de son cru une réhabilitation du caractère de Grimm. — C'est ce qu'on appelle combattre *pro domo sua*. — Il avait de même réhabilité le petit président de Brosses contre Voltaire, selon sa méthode d'exhumer les petits contre les grands. De son côté, M. Nisard, se piquant d'honneur, reproche vertement à Rousseau de s'être plaint toute sa vie d'infirmités qui ne l'incommodèrent jamais, et cela par pure hypocrisie et perversité naturelle, car il avait une santé de rustre. L'honorable professeur ne peut lui pardonner cet excès de dissimulation. Elle annonce, en effet, une âme bien noire. Quant à M. Saint-Marc-Girardin, après avoir longuement et patiemment promené sa loupe de presbyte sur tous les ouvrages de Rousseau, après en avoir

nité, des incompatibilités d'humeur et de caractère que des divergences sérieuses de principes et d'intérêt qui divisent au berceau les écoles rivales du dix-huitième siècle. En les contemplant de haut, celles même qui survinrent plus tard, quoique plus réelles et plus profondes, s'effacent et disparaissent dans la magnifique unité de l'ensemble. Nous allons en suivre la progression dans les ouvrages mêmes de Rousseau, surtout en matière religieuse et en métaphysique, et voir par quelle pente insensible, en partant de la liberté de la pensée, il arriva à une intolérance presque ouverte.

La *Nouvelle Héloïse*, cette œuvre si inégale, si peu semblable à elle-même, où brillent tant de pages sublimes à côté des tirades ampoulées d'une rhétorique aux abois et du jargon suranné des grandes passions de 1760, est, à nos yeux, un chaos où une littérature nouvelle se débat contre des liens et des formes qui ne peuvent plus la contenir; ce livre est l'enfantement de l'inspiration moderne, le signal de la renaissance. Saint-Preux est le père légitime de Werther et de René; au besoin même René ne dédaignera point de lui faire des emprunts[1]. La nature

minutieusement compté les grains de sable et les infiniment petits sans en saisir nulle part ni l'ensemble, ni l'âme, ni la portée, il apprécie le caractère à l'aide du même procédé, mais de plus avec un luxe de qualifications qui atteste des rancunes toutes personnelles. Rousseau n'aurait-il pas d'aventure quelque peu interrompu sa carrière politique en février? C'est mal à lui sans doute; mais ce n'est pas assez pour mériter d'être traité d'effronté, et comparé tantôt à Priape, tantôt à un portier. Fi donc! Monsieur! un professeur de *belles-lettres*! Notez que le reproche s'adresse à Rousseau, à l'homme dont le prince de Ligne (un élégant pourtant!) a écrit « qu'il aurait ennobli un morceau de fromage s'il en avait parlé. »

Que pensez-vous de ces trois hommes sérieux? et Rousseau ne vous paraît-il pas bien compromis? Ah! pauvre grand homme! voilà un complot que tu n'avais pas prévu!

1. J'en mentionnerai un en passant; René dit : « La foule, un

fut vengée des faiseurs de bergeries, et l'amour des faiseurs de madrigaux. La portée littéraire de l'*Héloïse* dépasse donc, ou, pour mieux dire, efface tout à fait sa portée philosophique ; mais celle-ci n'en mérite pas moins d'être signalée comme une phase remarquable des opinions de Rousseau. Il hésitait encore à se prononcer contre ses anciens amis, et c'est une pensée de conciliation qui lui inspira les caractères de Julie d'Étange et de Wolmar : en faisant un athée vertueux et une dévote raisonnable, il voulut, dit-il, « apprendre aux philosophes qu'on peut être dévot sans être hypocrite, et aux croyants qu'on peut être incrédule sans être un coquin. » En les mariant ensemble, il voulut symboliser l'union tant désirée du sentiment et de la raison sur un terrain qui leur est commun : la morale. Intention excellente, mais impraticable dans un roman dont les personnages doivent être des êtres vivants, et non des symboles métaphysiques ; de là, l'air faux, transi et guindé de ce bon M. de Wolmar, et ce je ne sais quoi d'abstrait et de chimérique qui dépare parfois la charmante figure de Julie.

De l'*Héloïse* à l'*Émile*, un changement décisif s'opéra dans les idées de Rousseau : de conciliant il devint hostile. On peut relever à chaque page de l'*Émile*, les plus dures qualifications pour le parti philosophique : « Les prétendus sages..., âmes abjectes, etc. ; » il va même jusqu'à emprunter au vocabulaire des ennemis de la pensée leur mot favori : « Les philosophistes. » Ce n'est pas qu'il n'eût raison de réfuter, dans son admirable *Profession de foi du vicaire savoyard*, les Hérésies morales d'Helvétius et les excentricités de quelques enfants perdus de l'*Encyclopédie* ; mais il est permis d'affirmer que, sans les griefs

---

vaste désert d'hommes. » Longtemps avant lui, Saint-Preux avait dit : « J'entre avec une secrète horreur dans ce *vaste désert du monde.* »

tout personnels dont nous avons apprécié la valeur, sa polémique n'aurait pas eu ce caractère haineux et agressif, injuste même, puisqu'elle attribuait à tous les errements de quelques-uns. Peut-être aussi n'aurait-il pas choisi pour cette agression inopportune le moment où les philosophes avaient à se défendre contre des attaques plus dangereuses. Du reste, il se représentait volontiers comme le médiateur naturel entre les deux opinions ennemies. C'est la prétention de tous les partis depuis qu'on a dit que la vertu et la vérité se tiennent au milieu ; ce qui est incontestablement vrai ; mais le milieu est si difficile à trouver ! « Vous n'ignorez pas, Madame, que je me suis absolument détaché du parti des philosophes. Je n'aime point qu'on prêche l'impiété ; voilà déjà, de ce côté, un crime qu'on ne me pardonnera pas ; d'un autre côté, je blâme l'intolérance et je veux qu'on laisse en paix les incrédules. Or le parti dévot n'est pas plus endurant que l'autre. » En relevant ce qu'il y a d'inique dans cette assimilation des deux partis opposés, dont l'un appuyait sa doctrine par la persécution, et l'autre ne prétendait fonder la sienne que sur la libre discussion, il faut établir que Rousseau n'atteignit jamais à cet équilibre dont il se prétendait l'inventeur, et qu'il aboutit tout droit à cette intolérance qu'il se faisait gloire de blâmer dans les autres.

Il y a dans l'*Émile* un passage de vingt pages au plus bien connu de ceux qui aiment les grandes pensées traduites en grand style : c'est celui où l'humble vicaire, s'élevant, à la recherche du vrai Dieu, jusqu'à l'éloquence de Platon, passe en revue tous les cultes divers qui ont figuré tour à tour sur la scène changeante du monde, et, retrouvant dans chacun d'eux les mêmes éléments, les mêmes prétentions, la même tyrannie, les mêmes défauts et presque les mêmes vertus, épouvanté de la difficulté insurmontable pour la plupart des hommes de s'instruire assez pour faire un choix éclairé, motivé, consciencieux au milieu de ce nombre infini de systèmes, se retourne en soupirant vers le Dieu de la conscience et de la nature, et lui dit : « C'est toi ! » C'est d'une inspiration grave, recueillie, solennelle, éloquente comme la vérité. Mais devinera-t-on la conclusion qui suit cette fin de non-recevoir si formelle contre toutes les religions positives ! Il conclut : 1° qu'elles sont toutes bonnes quand on y sert Dieu convenablement ; 2° qu'il faut suivre celle dans laquelle on est né. De là il arriva à affirmer, dans la lettre à monseigneur de Beaumont, « qu'on ne peut pas légitimement introduire dans un pays des religions étrangères sans la permission du souverain. » Maxime évidemment contraire à la liberté de conscience.

Ce n'est pas tout : il y a encore, dans la *Profession de foi du vicaire*, un traité de métaphysique. C'est un beau poëme, le plus inspiré, à coup sûr, de tous ceux qu'a produits la contemplation des mondes inconnus ; et c'est, de plus, une œuvre neuve et originale, non par les conclusions, qui sont celles de la philosophie spiritualiste, mais par le fondement qu'il leur donne. Rousseau refuse à la raison le droit d'affirmer avec certitude en matière métaphysique, et en cela il est de son siècle ; mais le droit qu'il dénie à la raison, il l'accorde au sentiment. Par cette substitution, il rapprocha la métaphysique de son véritable foyer, ou plutôt de la seule lumière qui l'éclaire ; car le sentiment nous en apprend plus sur Dieu et sur l'âme que toutes les subtilités de la logique, qui n'aboutissent qu'à soulever des difficultés insolubles. Mais, en lui attribuant le même degré de certitude qu'à la raison, en le croyant propre comme elle à constituer une science, il se trompa.

Que nous importent ces distinctions ? dira-t-on. Insensés ! Quand donc saurez-vous voir le lien qui unit les idées aux événements ? Apprenez comment d'une pensée fausse on arrive à un faux système, et d'un faux système à un crime. Rousseau, comme tant d'autres avait inventé un dieu : c'était la manie du temps passé : comme eux aussi, il était certain de la supériorité du sien. Ces gens-là ne doutent de rien. Or la certitude, c'est-à-dire la vérité, s'impose ; c'est son droit. Dans le *Contrat social*, il attribua donc au souverain celui de fixer les dogmes d'une religion de sa façon et de l'imposer aux citoyens ; puis il ajouta comme sanction cet article, où se révèle la douceur d'âme qui est particulière aux théologiens : « Que si quelqu'un, après avoir reconnu préalablement ces dogmes, se conduit comme ne les croyant pas, qu'il soit puni de mort, » n'enlevant ainsi l'intolérance à l'Église que pour la donner à l'État. Moins de vingt ans après sa mort, ses deux disciples, Robespierre et Saint-Just, devenus les pontifes de la religion de leur maître, élevaient dans le sang des citoyens la statue de l'Être suprême, et transformaient en instruments de supplices ces théories en apparence inoffensives : leçon funeste et mémorable ! Vous en souviendrez-vous, faiseurs de divinités ?

N'est-ce pas ici le lieu de rechercher la cause et le secret de cette indomptable révolte de la conscience humaine contre la contrainte en matière religieuse ? Pour beaucoup de gens, c'est un vague instinct et rien de plus ; quant à moi, j'admire la force d'un instinct qui a pu briser un joug séculaire et produire tant d'actions héroïques, et je ne croirai point sortir de mon sujet si j'en démontre la légitimité et la raison d'être.

Qu'un magistrat, son code à la main, vienne requérir de vous obéissance à telle ou telle prescription que la loi civile n'a fait qu'emprunter à la loi morale, vous lui obéissez avec joie ; au besoin, vous lui prêtez main-forte pour la faire respecter, cela se voit tous les jours. Mais que le même homme veuille exiger de vous acte de soumission à tel ou tel article d'une loi religieuse quelconque, qu'il se borne même à vous interdire l'exercice de votre culte, sous prétexte qu'il en diffère, la colère s'allume et gronde dans votre cœur, votre conscience proteste. D'où vient cela ? De ce que cette contrainte est injuste, me répondrez-vous. Oui ; mais pourquoi est-elle injuste dans ce dernier cas et légitime dans le premier ?

De même que la loi civile n'est autre chose que la morale mise en préceptes obligatoires et sanctionnés par une peine, la religion, dans ses principes essentiels, n'est autre chose que la métaphysique mise en dogmes, en rites, en institutions. Dans toute religion il y a une métaphysique, et réciproquement. Nous avons vu tout à l'heure comment Rousseau fit de sa métaphysique une religion. Elles ont le même fondement, la même valeur scientifique, la même autorité, le même droit ; l'une est la théorie, l'autre la pratique : voilà tout ce qui les différencie. Or la morale est la plus certaine de toutes les sciences, et la métaphysique est absolument dénuée d'éléments de certitude. Voilà pourquoi on respecte la loi civile, qui est l'écho de la morale, et pourquoi on se révolte contre la loi religieuse, qui n'est que l'écho de la métaphysique.

L'idée de science est, grâce à Dieu, une des plus claires que possède l'esprit humain ; qu'on n'espère donc pas le tromper sur ce point. Les conditions et les procédés de la certitude sont connus. On fait une science à l'aide d'un petit nombre de premiers principes évidents par eux-mêmes et indémontrables, comme, par exemple, les axiomes de géométrie, d'où le raisonnement, qui serait impuissant sans eux, déduit des conséquences qui leur empruntent leur certitude. On fait une science à l'aide de l'observation et de l'expérience ; on peut encore lui donner, non comme fondement, mais comme confirmation, le consentement général des peuples, élément variable et peu facile à saisir.

La morale est la plus certaine des sciences, parce que l'évidence de ses premiers principes est placée à la fois dans le cœur et dans l'esprit. Tel est cet axiome moral : *Ne faites pas à autrui ce que vous ne voudriez pas qu'on vous fît*. Non-seulement vous voyez avec les yeux de l'esprit, et sans pouvoir le démontrer, que c'est là une vérité, mais vous le sentez plus puissamment encore dans votre cœur. Où est l'axiome de la métaphysique qui s'impose avec cette force, cette tyrannie, à la nature humaine? où sont ses premiers principes évidents? L'idée de cause, le seul fondement qu'on puisse lui donner, est une abstraction qui ne définit rien, une chaîne dont les anneaux vont se perdre dans l'infini. L'évidence ne lui est donc d'aucun secours comme élément scientifique ; l'expérience et l'observation lui réussissent encore moins. Quant au consentement général, son témoignage ne lui est pas plus favorable. Si l'histoire pouvait citer deux philosophes qui aient été d'accord en métaphysique dans le cours des siècles, elle les mentionnerait comme deux phénomènes uniques et précieux [1].

Ainsi, n'ayant pour instrument et pour contrôle que le raisonnement isolé de ses points d'appui naturels, l'évidence et l'expérience, la métaphysique est vouée d'avance, par sa nature même, aux éternelles variations de l'incertitude. Elle s'arrête sur le seuil de la science ; elle ne peut atteindre qu'à l'hypothèse, à la probabilité, et n'a par conséquent qu'une valeur purement esthétique. Il suit de là que, si elle peut être un légitime objet d'étude, de croyance,

---

1. Et les métaphysiciens opposent en vain les dissentiments que font naître les questions morales. Si les moralistes ne sont pas toujours d'accord, du moins leur opposition n'a jamais pour objet les grands principes de la loi morale en elle-même, mais seulement ses applications, ou les motifs sur lesquels elle est fondée. (*Note de la deuxième édition.*)

de foi, de la part des individus, elle ne peut passer sans injustice et sans oppression dans le domaine de la loi ; car la vérité seule a droit de commander aux consciences. Toute religion d'État est par là même une usurpation et consacre une servitude. La séparation absolue de l'Église et de l'État est la conséquence directe de ces considérations, qui seules la protègent efficacement. Lors donc que Bayle, et après lui Voltaire et tout le dix-huitième siècle, généralisant leurs attaques et élargissant le champ de bataille, enveloppaient la métaphysique dans le même anathème dont ils frappaient la religion comme élément législatif, ils obéissaient, sans le savoir, à une nécessité rigoureusement logique, et donnaient à la tolérance son seul fondement inébranlable.

Quelque évidentes que soient ces déductions, il y a une espèce de préjugé, ou plutôt de superstition fort universellement répandue qui retiendra longtemps encore les esprits timides sous le joug des docteurs de l'école : on s'imagine généralement, sur leur parole, que la métaphysique sert de fondement naturel à la morale, ou de couronnement, de clef de voûte nécessaire à tel ou tel système politique. C'est une double erreur qui a fait son temps. La morale se suffit à elle-même et se passe d'appui ; elle règne parce qu'elle est faite pour régner, et n'a nul besoin de cette investiture intéressée. Quant à la politique, on ne saurait nier qu'il n'y ait au premier aspect une sorte de parenté éloignée et de vague ressemblance entre certaines de ses théories et certains systèmes religieux ou métaphysiques ; mais cette analogie, frappante surtout dans l'antiquité, où les peuples faisaient leurs dieux à leur image, est vraie pour tout ce qui est physionomie extérieure, mais se dément à chaque pas lorsqu'on veut la chercher dans les principes. Prenez le système spiritualiste, par exemple, le plus beau, le plus satisfaisant, le plus consolant de tous. Direz-vous, comme on l'a affirmé, qu'il conduit en politique à la liberté? Oui, avec Platon et Shaftesbury. Mais comptez, je vous prie, les philosophes qui en ont tiré l'absolutisme, depuis Bossuet jusqu'à de Maistre! Direz-vous, au contraire, que le sensualisme y aboutit plus sûrement? Oui, avec Aristote, avec Locke, avec Helvétius ; mais avec Hobbes et ses disciples?

Les deux grandes manifestations de l'idée métaphysique, je veux dire le spiritualisme et le sensualisme (car je ne compte pas le mysticisme, parce qu'il n'est qu'une exagération spiritualiste et une maladie ; ni le scepticisme absolu, parce qu'il n'est qu'un jeu d'esprit), dont on a voulu faire une série d'époques successives que le genre humain serait condamné à parcourir à perpétuité, comme les *ricorsi* de Vico, ont toujours coexisté et coexisteront toujours dans sa pensée ; et, loin d'être le signe de l'esclavage intellectuel que la fatalité de ces retours périodiques annoncerait, ils indiquent, par leur coexistence même, l'insuffisance de leur certitude et le moment prochain où l'esprit humain s'affranchira de leurs prétentions en les renvoyant dans le domaine de l'idéal d'où ils n'auraient jamais dû sortir.

En posant ces conclusions sévères, mais justes, ai-je voulu faire le procès à tant de divins génies auxquels la métaphysique a inspiré les plus beaux efforts d'esprit et arraché les plus sublimes cris d'éloquence dont le monde ait gardé la mémoire? Non ; j'ai voulu marquer, après mes maîtres, les limites du cercle infranchissable où l'auteur inconnu de toutes choses l'a pour toujours confinée. Ces questions tiendront à jamais une place importante et légitime, la place d'honneur dans les préoccupations de la pensée humaine ; elles élèvent l'âme toutes les fois qu'elles ne l'égarent pas ; mais notre destinée est d'en chercher la solution, non de les résoudre. C'est ainsi que nous poursuivons le bonheur sans être faits pour en atteindre seulement l'ombre. Elles seront l'éternel tourment de cette humanité qui est plus grande encore par ses douleurs que par ses joies; et chaque fois qu'oubliant son impuissance, elle essayera de les faire sortir du monde des abstractions, qui est leur vraie patrie, pour les faire entrer dans le monde des réalités, elle l'expiera, comme au moyen âge, par d'effroyables calamités.

## CHAPITRE XIII

### DIDEROT. — L'ART AU DIX-HUITIÈME SIÈCLE. — L'ULTIMA RATIO DE LA THÉOLOGIE EN 1766.

Revenons.

L'*Émile* avait à peine été publié, que, malgré la protection déclarée de Malesherbes, du prince de Conti, du maréchal de Luxembourg, auprès duquel il vivait à Montmorency, Rousseau fut décrété de prise de corps par le parlement, et dut prendre le chemin de l'exil sous peine de compromettre son hôte. Il se dirigea vers la Suisse, sa patrie, où l'attendait une épreuve plus amère encore ; neuf jours après l'acte du parlement, le conseil de Genève rendit un décret tout pareil et fit brûler le livre. En même temps un cri général s'éleva contre l'infortuné, avec une fureur qui offre peu d'exemples. Les gazettes donnèrent, comme de raison, le signal. Il y a là une race trois fois lâche et infâme, qui vit de la curée que ses maîtres lui font, et toujours en quête d'une proie nouvelle; elle s'acharna sur le banni. Le continuateur du *Journal de Trévoux* le compara à un loup ; comparaison d'une vérité cruelle, non quant à Rousseau, mais quant aux limiers avides qui le traquaient. Malheur aux hommes qui tombent ! — Beaumont, archevêque de Paris, eut l'inexcusable faiblesse de se joindre à ces insulteurs subalternes pour accabler un ennemi à terre, et s'attira de la part du lion blessé cette terrible réponse qui est peut-être la plus éloquente récrimination que les outrages de la fortune aient arrachée à une âme fière. Rousseau fut peu défendu par ses anciens amis, que d'injustes attaques avaient à jamais éloignés de lui. On est heureux, toutefois, d'avoir à faire une exception en faveur de d'Alembert, qu'il a calomnié et qui plaida toujours sa cause; d'après quoi il paraîtrait infiniment probable et même avéré, malgré la critique fantaisiste, que ce géomètre avait un cœur.

Les infortunes de Rousseau ne firent qu'irriter ses défiances et son délire. Sa conduite avec Hume serait odieuse si la folie pouvait l'être. Jusque-là, il avait eu, de temps à autre, des révélations, des éclairs de raison qui l'arrêtaient tout à coup, plein de doute et d'horreur, au milieu de ses plus sombres hallucinations. Ces lueurs devaient être les dernières : « Je ne sais, écrivait-il un jour, quel aveuglement, quelle sombre humeur inspirée dans la solitude par un mal affreux, m'a fait inventer, pour en noircir la vie et l'honneur d'autrui, ce tissu d'horreurs dont le soupçon, changé dans mon esprit prévenu presque en certitude, n'a pas été déguisé mieux à d'autres qu'à vous. Je sens pourtant que *la source de cette folie* ne fut jamais dans mon cœur. Le délire de la douleur m'a fait perdre la raison avant la vie. En faisant des actions de méchant, je n'étais qu'un insensé. » O navrante confession ! agonie digne d'une éternelle pitié ! Ses derniers malheurs obscurcirent pour jamais cette belle intelligence qui, par une singularité unique peut-être, resta d'une lucidité parfaite en tout ce qui ne se rapportait pas à ses griefs imaginaires et à ses disgrâces personnelles, comme si la destinée eût craint de priver le monde des bienfaits de son génie, et eût voulu qu'il fût seul à souffrir de ses coups.

Diderot poursuivait, malgré les interdictions, l'achèvement de sa gigantesque entreprise. Tout en reconnaissant les glorieux services de l'*Encyclopédie* et en proclamant sa nécessité, on regrettera toujours involontairement qu'elle ait dévoré les forces et comme enseveli vivant le génie de ce puissant artiste, dont il ne nous reste guère que des ébauches et des improvisations imparfaites, mais grandioses et débordantes de verve, de sève et de vie.

Le *Neveu de Rameau*, la seule inspiration complète et vraiment achevée qu'on puisse citer de lui, marquera pour la postérité la hauteur à laquelle il pouvait atteindre. Ce grand chef-d'œuvre de cinquante pages est peut-être la plus parfaite et la plus originale production littéraire du dix-huitième siècle. Jamais Shakespeare ni Molière n'ont plus profondément fouillé le cœur humain, ni sculpté une figure plus étrange, plus vivante, plus réelle, plus tragique dans sa bouffonnerie : ce pauvre diable, en proie à tous les vices et à tous les désirs, conserve dans sa dégradation une sorte de grandeur sauvage ; on reconnaît l'homme écrasé par une loi fatale. Il a beau se vautrer dans la boue, il ne peut effacer de son front le signe importun de sa royauté. Il représente l'abaissement de l'intelligence devant la tyrannie des besoins, et le joug inéluctable du pain quotidien ; mais plus spécialement la misère et la servitude de l'artiste dans la société d'avant 89. C'est ainsi qu'on devrait écrire l'histoire.

Comme penseur, Diderot cède le pas à plusieurs de ses illustres contemporains ; mais nul n'a plus que lui la flamme créatrice du poète ; flamme mêlée de fumée, a-t-on dit méchamment, comme s'il y avait du feu sans fumée. Dans un de ses moments perdus il ressuscita, pour ainsi dire, le drame en brisant ses vieilles entraves de convention, et en le rappelant à la vraie source de toute inspiration et de toute beauté, à la nature. Ce n'est pas que je donne ses pièces comme des modèles à imiter. Non ; il vit et appela la réforme sans être assez heureux pour la réaliser lui-même. Mais il a mieux fait que le *Père de famille*, il a fait Sedaine, Lessing, Gœthe, Schiller et toute l'école dramatique moderne qui relève de lui. Ses admirables *salons*, où l'enthousiasme du beau et une étonnante sûreté d'instinct le guident plus infailliblement que toutes les vaines théories de l'esthétique, imprimèrent à l'art une heureuse impulsion qui, si elle ne le fit pas sortir immédiatement des voies funestes où il se perdait, éleva du moins ses tendances et prépara de loin la rénovation dont nous avons tous les bénéfices sans en avoir eu la pénible initiation. Qui pourrait faire la part de ce qui revient à Diderot dans Chardin, Fragonard, Falconnet, Vernet, Houdon, et surtout dans Greuze, dont les tragédies bourgeoises ont un si frappant rapport de parenté avec les drames de son Aristarque ?

De même, qui pourrait dire ce qui revient à Rousseau dans les tableaux de David et des maîtres de la période révolutionnaire ? Le *Serment des Horaces* et *Léonidas aux Thermopyles* ne vous semblent-ils pas la traduction exacte de ces pages véhémentes de Rousseau sur la vertu romaine et spartiate, qui retrempèrent dans l'héroïsme antique les frêles générations du règne de Louis XV, et firent les hommes de fer qui vainquirent l'Europe ? L'art et la littérature : deux images d'un seul objet. L'art devait reprendre une nouvelle vie au contact de la grande commotion ; mais, pendant tout le cours du siècle, il languit comme la littérature elle-même. On est allé chercher bien loin, ce semble, la cause de cette décadence momentanée et tout accidentelle. L'art et la littérature vivent surtout de sentiment et d'imagination ; le dix-huitième siècle vécut de science et d'analyse. La lutte philosophique absorba toutes ses forces intellectuelles. Les hommes d'imagination se firent les soldats de la pensée ; témoin Diderot. La philosophie y trouva la force et la victoire ; mais l'art et la littérature en furent nécessairement amoindris. Toutefois, dans leur abaissement même, ils ne cessèrent pas un instant de refléter les mêmes passions et les mêmes goûts, comme c'est leur destinée. A côté de Watteau, de Pater, de Lancret, de Vien, de Natoire, de Boucher, de Vanloo, mettez les poëtes Chaulieu, Gentil-Bernard, Dorat, Gresset, Piron, Bernis, Boufflers, Florian : c'est le même esprit, la même élégance, la même galanterie et la même grâce, — lorsqu'ils s'élèvent jusqu'à la grâce.

Loin de m'éloigner de mon sujet, cette digression m'y ramène. L'art de cette époque manque presque absolument d'idéal, de grandeur et de caractère, parce que, n'étant déjà plus inspiré par l'esprit ancien, il ne l'est pas encore par l'esprit nouveau ; mais combien, malgré cet état crépusculaire, il contraste violemment avec l'art catholique du moyen âge, ou seulement avec les austères conceptions de Lesueur ? C'est une négation qui vient s'ajouter aux autres. Avez-vous jamais aperçu dans quelque musée un tableau de piété, une sainte famille, par exemple, signée d'un nom même célèbre du dix-huitième siècle ? C'est un lamentable spectacle ; la plus franche parodie, la plus burlesque caricature inspirerait un sentiment moins pénible que cette interprétation guindée et pleine de contre-sens criants : la Madone est une Vénus-Pompadour qui a l'œil allumé et trois pouces de fard sur la joue ; le Bambin est un Cupidon joufflu auquel il ne manque que son arc et ses flèches ; et dans l'air bleu se balancent, en guise de chérubins, les amours effrontées de l'*Embarquement à Cythère*. Il n'y manque pas même ces petits clochers de fantaisie que Watteau sème dans tous ses lointains. Je pourrais pousser plus loin cette rapide investigation sur les tendances nouvelles de l'art, et dire que la musique elle-même n'y reste point étrangère, puisqu'elle déserte l'église pour le théâtre, et que la musique dramatique ne date vraiment que du dix-huitième siècle, mais il ne faut pas vouloir trop prouver.

Ainsi la philosophie n'est plus chrétienne ; l'art et la littérature, sans avoir encore trouvé leur voie nouvelle, ne sont plus chrétiens. Que dis-je ? cette inspiration chrétienne, vous la chercherez en vain dans la chaire elle-même et dans les livres que l'on écrit au nom du Christ. Et je ne parle plus ici des libelles des misérables écrivains que j'ai justement flétris, mais des travaux consciencieux d'un petit nombre d'hommes estimables, au premier rang desquels il faut placer l'honnête Bergier et l'abbé Guénée. Il manque à leurs écrits ce souffle ardent et cette onction évangélique qui sont l'âme même du génie chrétien. La flamme sacrée n'est jamais descendue sur leurs fronts ; leur pensée n'est jamais portée devant Dieu sur les ailes de l'extase ; leur rhétorique se meut pesamment et lentement, comme une machine savante et compliquée ; la vie est absente ; ils ne sont pas émus et n'émeuvent pas. Et on éprouve la même déception à ne prendre leurs apologies que comme œuvre de raisonnement. Peut-être sont-ils convaincus ; mais, à coup sûr, ils ne convainquent pas. Ils sont, dans toutes les questions générales, d'une insoutenable faiblesse, sans compter que souvent ils prêtent à l'Église des maximes et des justifications qu'elle n'eût point avouées en d'autres temps. La réponse de Bergier à l'*Émile*, sa réfutation de l'*Antiquité dévoilée* et du *Dictionnaire philosophique* sont autant d'aveux d'impuissance, où la pauvreté du fond est de temps en temps rachetée par une critique de détail habilement saisie, mais trop bruyamment exploitée. Quand il rencontre une petite inexactitude historique, il la fête comme un butin inespéré. On peut en dire autant de Guénée, qui, toutefois, est plus incisif et plus mordant ; il se sauve par le détail.

Mais le mot par lequel l'histoire résumera ce débat sera celui-ci : Ils n'ont pas répondu ! Ce mot fatal, on peut l'écrire dès aujourd'hui au frontispice de l'œuvre des apologistes de la religion chrétienne.

Ils n'ont pas répondu ! Il me reste pourtant à raconter leur dernière réponse.

Voltaire avait à peine obtenu la réhabilitation de Calas, après quatre années de démarches et d'efforts, pendant lesquelles « il ne lui était pas, disait-il, échappé un sourire qu'il ne se le fût reproché comme un crime » ; il venait à peine de prendre en main la cause de Sirven, qu'une autre victime du fanatisme vint frapper à sa porte et demander justice à cette voix vengeresse : c'était le chevalier d'Étallonde de Morival.

Dans la nuit du 9 août 1765, un crucifix, placé sur un pont d'Abbeville, fut mutilé par des inconnus. Le lendemain grande rumeur. L'évêque d'Amiens se transporte sur les lieux avec son clergé ; on y célèbre en grande pompe les cérémonies expiatoires propres à apaiser le Dieu irrité. Puis, les esprits étant suffisamment exaltés, on publie des monitoires pour arriver à la découverte du coupable. On nommait ainsi une injonction, adressée aux fidèles par le juge ecclésiastique, d'avoir à révéler, sous peine de damnation éternelle, tout ce qu'ils savaient sur un fait donné. Cette enquête odieuse et conçue de manière à perdre sûrement les accusés les plus innocents, parce qu'elle fait appel à des cerveaux troublés et à des imaginations malades, n'amena aucun éclaircissement sur le fait principal. L'auteur en demeura inconnu, mais il fut constaté que quelques jeunes gens, ou, pour mieux dire, quelques enfants des plus nobles familles de la ville, entre autres le chevalier de la Barre et son ami d'Étallonde, s'étaient permis, dans différentes circonstances, des étourderies irrévérencieuses envers le culte catholique. Ce n'était pas l'objet de l'enquête, mais on voulait à tout prix un exemple : en conséquence, et sur la déposition ou plutôt sur les commérages des âmes dévotes de l'endroit, les juges d'Abbeville les déclarèrent :

Véhémentement *soupçonnés* d'avoir mutilé le crucifix ;

Atteints et convaincus :

D'avoir passé à vingt-cinq pas devant la procession du Saint-Sacrement sans ôter leur chapeau ;

D'avoir proféré des blasphèmes contre Dieu, la Vierge Marie, les saints et saintes ;

D'avoir chanté quelques chansons de corps de garde et entre autres l'*ode à Priape*, dont l'auteur, Piron, jouissait en ce moment même d'une pension sur la cassette du roi ;

D'avoir profané le signe de la croix ;

D'avoir rendu des marques d'adoration à des livres impies ;

Et les condamnèrent :

A avoir le poing coupé, puis la langue arrachée, puis la tête tranchée et le corps réduit en cendres.

Et, pour qu'on ne se méprît point sur le sens de cet horrible holocauste, on ordonna que dans le même bûcher seraient jetés, comme complices de leur crime, le *Dictionnaire philosophique* et d'autres ouvrages de la philosophie nouvelle.

D'Étallonde avait pris la fuite ; le chevalier de la Barre paya pour tous : il marcha au supplice fier et impassible, et le subit avec une fermeté qui ne se démentit pas un seul instant. Il était âgé de dix-huit ans. Ceci se passait vingt-trois ans avant la prise de la Bastille.

Crime isolé, dira-t-on, dont les juges d'Abbeville sont seuls responsables. Crime de tous ! tous les pouvoirs d'alors y trempèrent : le parlement de Paris examina la procédure, la jugea bonne et régulière et confirma la sentence ; les parlements de province applaudirent ; le clergé bénit le bûcher ; le ministère se tut ; la royauté refusa la grâce, grâce ardemment sollicitée, s'il en fut ! Ce sang devait retomber sur ta race, ô roi Louis XV le Bien-Aimé !

Une stupéfaction universelle, qui bientôt fit place à l'horreur, accueillit la nouvelle de cet assassinat judiciaire. Les philosophes le ressentirent comme un coup qui leur était destiné et que le hasard seul avait détourné de leurs têtes. C'était eux qu'on avait frappés dans de la Barre : « Mon cœur est flétri ! écrivait Voltaire. Quoi ! c'est là ce peuple si doux, si léger et si gai ! Arlequins, anthropophages ! je ne veux plus entendre parler de vous. Courez du bûcher au bal, et de la Grève à l'Opéra-Comique : rouez Calas, pendez Sirven, brûlez cinq pauvres jeunes gens qu'il fallait mettre six mois à Saint-Lazare ; je ne veux pas respirer le même air que vous. »

Il adressa d'Étallonde au roi de Prusse, qui en fit un excellent officier ; puis il revint plus que jamais à son projet favori de fonder dans un pays libre, à Clèves, par exemple, une colonie de penseurs indépendants, un centre de lumières d'où les doctrines philosophiques auraient rayonné sur le monde. Il pressa vivement Diderot de se dérober à la persécution en acceptant l'asile qu'il lui offrait : « On ne peut s'empêcher d'écrire à Socrate, lui dit-il, quand les Mélitus et les Anitus se baignent dans le sang et allument les bûchers... Vous devriez bien venir dans un pays où vous auriez la liberté non-seulement d'imprimer ce que vous voudriez, mais encore de prêcher hautement contre des superstitions aussi infâmes que sanguinaires ; vous n'y seriez pas seul, vous auriez des compagnons et des disciples... Je ne conçois pas comment un cœur sensible et un esprit juste peuvent habiter le pays des singes devenus tigres. Si le parti plaît à votre sagesse, dites un mot et on tâchera d'arranger tout d'une manière digne de vous et dans le plus grand secret. » Diderot fut inébranlable. Il répondit par une lettre admirable d'éloquence et de dignité.

Il ne pouvait se résoudre à briser les liens si doux qui l'enchaînaient à sa patrie, à sa famille, à ses amis : « Que voulez-vous que je fasse de l'existence si je ne puis la conserver qu'en renonçant à tout ce qui me la rend chère?... Si j'avais le sort de Socrate, disait-il en finissant, songez que ce n'est pas assez de mourir comme lui pour mériter de lui être comparé... Illustre et tendre ami de l'humanité, je vous salue et vous embrasse. Il n'y a point d'homme un peu généreux qui ne pardonnât au fanatisme d'abréger ses années si elles pouvaient s'ajouter aux vôtres. Si nous ne concourons pas avec vous à écraser la bête, c'est que nous sommes sous sa griffe; et si, connaissant toute sa férocité, nous balançons à nous en éloigner, c'est par des considérations dont le prestige est d'autant plus fort qu'on a l'âme plus honnête et plus sensible. Nos entours sont si doux, et c'est une perte si difficile à réparer! »

Voltaire insista. Craintes vaines, la réaction religieuse avait remporté sa dernière victoire! Ces hommes de sang tombaient au milieu de leur triomphe comme frappés par une main invisible. Déjà les jésuites s'éloignaient, courbés sous la honte, de tous ces royaumes qu'ils avaient si longtemps gouvernés, et erraient en proscrits sur toutes les mers. Il est temps de raconter cette étonnante révolution, car elle est le nœud et la moralité de l'histoire philosophique du dix-huitième siècle, qui sera tout entière désormais dans les événements, comme elle a été jusqu'ici dans les idées.

## CHAPITRE XIV

### LES JÉSUITES CHASSÉS DU PORTUGAL. — DE LA RÉPUBLIQUE CHRÉTIENNE DU PARAGUAY.

Ici commencent les véritables conquêtes de l'esprit nouveau. Ses ennemis, comme frappés de vertige, travaillent eux-mêmes à accélérer son triomphe, et le servent à l'envi par leurs vertus aussi bien que par leurs crimes, et par leurs victoires éphémères aussi bien que par leurs défaites. De ce chaos d'intérêts hostiles et de volontés révoltées, sort un concert magnifique d'harmonie, un drame plein d'unité, dont chacun des acteurs vient à son tour apporter, bon gré ou mal gré, son concours à l'action, et son tribut au dénoûment. On le vit bien lors de la chute des jésuites. D'où partit le premier coup qui frappa l'Église? d'une main catholique. Et le dernier? de la main d'un pape. O Providence!

Le Portugal offre, vers le milieu du dix-huitième siècle, le triste et curieux spécimen de ce que peut devenir un peuple jeune et actif sous ce qu'on nomme un gouvernement religieux. Vous diriez d'un de ces royaumes fantastiques évoqués par l'imagination des conteurs orientaux : pas un mouvement, pas une voix, pas un écho; partout le silence des sépulcres. Sur ce simulacre de trône est assis un fantôme muet, — c'est le roi. Ces deux sombres figures, qui en gardent les degrés, ce sont deux jésuites. Ils gouvernent en souverains les domaines du monarque; — lui il règne, c'est-à-dire il dort. Ces ombres pâles et craintives ce sont les sujets. Si fidèle qu'elle soit, cette image est encore incomplète, car elle ne reproduit pas l'état de dégradation où était tombé ce peuple, naguère encore si chevaleresque, malgré ses instincts mercantiles; si entreprenant, malgré l'insuffisance de ses armées. L'avilissement est inférieur au néant. C'est la tyrannie sacerdotale et tout le hideux cortège qu'elle apporte avec elle, superstition, ignorance, dépravation, bûchers, servitude, délation, misère, maux sans nombre, douleurs innommées, hontes brûlantes, dont le dénombrement épouvanterait Dante lui-même. Ajoutez-y les effets de l'influence étrangère qui pénétra dans le Portugal en même temps que les jésuites, et pour n'en plus sortir. Ainsi agonisait sous une double oppression la patrie des Albuquerque, des Vasco de Gama et des Camoëns, lorsque l'Europe apprit, avec étonnement, qu'un homme essayait de ressusciter ce peuple mort. C'était le marquis de Pombal.

Pombal eut les commencements difficiles d'un ambitieux sur un théâtre trop étroit. Repoussé par l'aristocratie hautaine et exclusive de son pays, ce premier mécompte ne fit qu'irriter sa soif de parvenir, en fortifiant son amour du pouvoir de toutes les ardeurs de la vengeance; il changea de patrons, et s'éleva, grâce à la protection toute-puissante des jésuites. Ces pères, qui pressentaient ses hautes destinées et espéraient trouver en lui un instrument docile et dévoué, le produisirent à la cour de Jean V. Celui-ci éprouva pour lui, à première vue, cette sorte de répulsion superstitieuse que la force inspire à la faiblesse. On ne put jamais le décider à en faire son ministre. « Cet homme, disait-il, a le cœur couvert de poils. Il lui confia pourtant des postes diplomatiques. C'est dans cette espèce d'exil que le futur ministre médita son coup d'État contre la tyrannie ecclésiastique. A la mort de Jean V, une influence d'alcôve habilement ménagée, le fit nommer secrétaire d'État de Joseph, et ce choix fut vivement appuyé par les jésuites, qui se crurent perpétués au pouvoir dans la personne de leur créature.

Par quelle secrète transformation cet homme allait-il frapper les auteurs de sa fortune? Pombal n'était pas un homme de génie, et les historiens qui ont voulu le transformer en Richelieu ont méconnu à la fois et son rôle et sa portée intellectuelle. Mais il avait un profond sentiment des besoins de son pays et de l'état d'abaissement où il était descendu. Il se souvenait avec amertume de ce temps où le génie actif et aventureux de sa patrie avait donné un nouveau monde à l'Europe, et il osa penser à le faire revivre. Ce sera là son éternel honneur. Gloire à ceux qui ne désespèrent pas de la patrie! Le séjour qu'il fit en Angleterre, et l'imposant spectacle de sa prospérité industrielle, changèrent ce vague désir en résolution arrêtée. Mais par où commencer? Son instinct pratique lui montra, dans l'influence sacerdotale et monastique, représentée alors exclusivement par les jésuites, la cause véritable de la ruine de son pays. Jusqu'où allait son influence, eux-mêmes nous l'ont appris avec une complaisance naïve, pleine de vanité et d'ostentation : « Nulle place, dit le jésuite Georgel, ne se donnait, pour le gouvernement de l'Église ou de l'État, sans leur aveu ou leur influence : aussi le haut clergé, les grands et le peuple briguaient-ils à l'envi leur protection et leurs faveurs; le roi les consultait dans toutes les affaires importantes, etc. » Voilà ce qui fit de Pombal leur implacable ennemi. Peut-être aussi cet ambitieux ne pouvait-il leur pardonner le crime de l'avoir protégé.

Du reste, superstitieux jusqu'au fanatisme, il n'éprouvait que du dédain et de la haine pour les idées philosophiques de son temps. Et les pamphlétaires jésuites, qui font de lui le complice des encyclopédistes, lui adressent un éloge qu'il eût repoussé comme une injure. Il n'a rien fait pour le mériter. Ce Richelieu au petit pied resta même, le plus souvent, au-dessous de sa tâche. Il avait un système à détruire, il frappa des individus; un ordre de choses à élever, il s'érigea en réformateur ecclésiastique. Il ne fut ennemi des grands que par occasion et par rancune personnelle. Il perpétua l'inégalité des classes jusque devant la mort, qui efface toutes les distinctions; un échafaud fut affecté par lui, par privilège spécial, à la haute noblesse. Enfin le persécuteur des jésuites se fit le restaurateur de l'inquisition. C'est pourquoi il survécut à son œuvre.

Le nouveau ministre de Joseph n'attendit pas longtemps l'occasion de faire éclater une haine jusqu'alors si habilement dissimulée. Le roi Jean V avait ardemment convoité la possession des réductions du Paraguay, qu'il supposait riches en mines d'or, et qui appartenaient à l'Espagne. Un aventurier, Gomez Andrada, et un père, Gaspard de l'Incarnation, lui présentèrent à l'instigation du cabinet anglais, le plan d'un traité par lequel le Portugal cédait ses provinces du Saint-Sacrement au roi d'Espagne en échange des réductions. Ce projet, bientôt abandonné, fut repris sous le règne de Joseph. Les deux monarques stipulèrent que les Indiens changeraient de patrie, en même temps que de souverains; — clause inhumaine, qui devait porter ses fruits lors du démembrement des possessions espagnoles en Amérique. Le traité conclu, un obstacle inattendu, inouï jusqu'alors, vint s'opposer à son exécution : une poignée de moines tenait en échec les deux monarchies.

La politique des jésuites au Paraguay a été l'objet de ferventes apologies et de critiques timides, qui semblaient demander pardon de la liberté grande. Qu'on ait eu tort ou raison en cela, un point est bien établi : c'est que c'est là qu'il faut chercher l'idéal secret de la Compagnie. Séduits par les récits merveilleux des missionnaires, qui seuls pénétraient dans ces contrées soigneusement fermées aux étrangers, les philosophes célébrèrent à l'envi cette réalisation posthume de la république de Platon. Montesquieu dans l'*Esprit des lois*, Raynal dans l'*Histoire des deux Indes*, y virent un hommage rendu à leurs idées, et chantèrent les louanges de la société. L'illusion produite par ce long mensonge a trompé pour un temps la conscience de l'histoire, et dure encore aujourd'hui, grâce à ces sympathies qu'ils ont su habilement exploiter. Écoutez plutôt cette bucolique : « Les travaux commençaient et finissaient au son des cloches... Tout était réglé, jusqu'à l'habillement qui convient à la modestie, sans nuire aux grâces... Chez ces sauvages chrétiens on ne voyait ni procès ni querelles. Le tien et le mien n'y étaient pas connus. Abondamment pourvus des choses nécessaires à la vie ; jouissant, dans leur famille et leur patrie, des plus doux sentiments de la nature ; connaissant les avantages de la vie civile, sans avoir quitté le désert, et les charmes de la société sans avoir perdu ceux de la solitude, ces Indiens se pouvaient vanter d'un bonheur sans exemple sur la terre... L'hospitalité, l'amitié, la justice et les tendres vertus découlaient naturellement de leurs cœurs à la parole de la religion, comme des oliviers laissent tomber leurs fruits sous le souffle des brises[1]. »

Ce tableau, qui est faux au point de vue historique, porte heureusement le cachet des choses fausses, — il est d'un goût faux. C'est la carte du Tendre refaite au profit d'une coterie. Ces Indiens ne sont pas des hommes, — ce sont des agneaux sans tache qui parcourent des paysages faits pour les plaisirs des yeux. Quant aux pasteurs, quel air confit de sainteté et d'innocence ! C'est moi qui suis Guillot, berger de ce troupeau ! Rien ne manque à l'églogue, pas même le son des cloches, ce grand argument de l'auteur du *Génie du Christianisme*. Par malheur, si l'on tient à aborder la réalité, il faut un peu rabattre de ces perfections et de cette béatitude.

Les jésuites, que les rois d'Espagne avaient établis au

---

1. Chateaubriand, *Génie du Christianisme*.

Paraguay, d'abord comme missionnaires, puis comme gouverneurs, étaient parvenus, au bout de peu de temps, à s'y créer un gouvernement tout à fait indépendant et sans exemple, jusque-là, dans les annales du monde. Cet empiétement sur les prérogatives d'un roi absolu se fit longuement, lentement, à petit bruit, avec une patience infatigable, et par ces voies obliques et tortueuses qui sont le triomphe de la diplomatie jésuitique. A l'époque où nous sommes arrivés, la suzeraineté de l'Espagne n'était plus qu'un mot vide de sens, et les jésuites étaient les maîtres absolus du Paraguay. Ces prétendus lieutenants du roi catholique rendaient compte de leur administration au général de l'ordre, et c'est de lui qu'émanaient toutes les ordonnances et décisions relatives au gouvernement des réductions. Les rois imbéciles qui se succédaient sur le trône d'Espagne avaient bien d'autres soucis en tête : ils s'occupaient de leur salut, — trop heureux qu'on voulût bien les décharger du fardeau de la royauté.

Séduits et charmés par cet attrait irrésistible que les apparences seules de la civilisation exercent sur les peuples sauvages, plus de cent mille Indiens étaient venus se ranger autour des pères, — natures d'enfant, vives, impressionnables, toutes neuves, pour ainsi dire. Quelle occasion de faire des hommes! Ils ne voulurent en faire que des esclaves. Religion, lois, mœurs, éducation, tout le système repose sur cette idée unique. Le catholicisme se prête assez volontiers aux interprétations et aux théories qui condamnent l'homme à une éternelle servitude, mais il divinise par malheur un livre dangereux aux tyrans : l'Évangile. Faible obstacle! on leur refit un Évangile pour leur usage particulier, comme on avait fait en Chine et au Malabar. Cette ingénieuse simplification du christianisme pouvait se résumer, — dogme et morale, — dans un seul précepte : Obéissance aux *bénis-pères*. Propriétaires universels des biens et des personnes, législateurs civils et criminels, les jésuites choisirent pour sanction de leurs lois, dans cette prétendue cité de Dieu, une pénalité digne d'être le signe visible de leur justice: le fouet. Ce sont eux qui, les premiers, ont compris la mission civilisatrice de ce moyen trop méconnu de nos jours, et en ont réalisé l'application sur une vaste échelle. Ces vertueux citoyens « de la république chrétienne » recevaient le fouet pour les plus minces péchés véniels. Pour une distraction à la messe, le fouet! pour un geste irrévérencieux, le fouet! pour une parole indiscrète, le fouet! En revanche, une fois la correction subie, ils étaient admis à baiser le bas de la robe des bons pères. Ces détails sont écrits dans les lois de la république. Tout, dans la vie de ces pauvres enfants était surveillé, prévu, réglé par leurs infaillibles directeurs. Ils prononçaient en dernier ressort sur les vocations, faisaient et défaisaient les mariages, fixaient à chacun sa tâche quotidienne, ses heures de repos, ses heures de travail, et lui partageaient l'ombre et le soleil, ces biens que la nature donne à tous. Il y a des règlements jusque sur la forme de leurs habits. A cette inquisition de tous les instants, ajoutez la délation érigée en devoir de conscience et récompensée comme une vertu; et si vous me demandez comment ce système pouvait durer, je vous répondrai avec le jésuite Charlevoix, le Tite-Live de la république: « Ces Indiens ont naturellement l'esprit fort bouché, » et ailleurs : « Le génie borné de leurs néophytes exige que les pères entrent dans toutes leurs affaires et les dirigent autant pour le spirituel que pour le temporel. »

Du reste, la société représentant la Providence évitait avec soin de compromettre sa dignité dans les menus détails de l'administration (du fouet). Elle restait dans le nuage, laissant à des magistrats indigènes, exécuteurs de ses hautes œuvres, l'ignominie inséparable du rôle de bourreau. Un des plus beaux traits de sa politique est d'avoir su conserver aux Indiens leurs chefs naturels : c'est encore de l'histoire romaine. On ménageait ainsi leurs naïves vanités, et, plus on multipliait les degrés de la hiérarchie, plus on élevait l'autorité de la société. Il y a toute une kyrielle de fonctionnaires : caciques, corrégidors, alcades, dispensateurs du fouet soumis au fouet eux-mêmes. Quelle que fût la puissance de ce mobile unique, de temps en temps le naturel sauvage reprenait le dessus, et l'œuvre patiente du législateur était emportée comme par un ouragan. Alors ils se faisaient humbles, petits, caressants, et reprenaient possession de leurs sujets par la douceur. Mais le système qui survécut à ces vicissitudes passagères n'en fut pas moins la plus effrayante organisation de l'esclavage qu'on ait jamais conçue. Les généraux de l'ordre essayèrent à plusieurs reprises de s'opposer à des excès qu'ils prévoyaient devoir lui être funestes : leurs avis furent méconnus par l'esprit ambitieux et envahisseur de la compagnie : « Je vois avec douleur, écrivait Tamburini, que les châtiments et les mauvais traitements que l'on fait subir à ces malheureux Indiens sont portés à l'excès, et qu'on les traite avec une dureté qui dépasse tout ce que les tyrans ont pu inventer pour tourmenter les martyrs. » Plus tard, Benoît XIV dut leur défendre de vendre leurs sujets.

Tel est le régime qu'on a osé nous présenter comme la réalisation de l'idéal chrétien. Jamais on n'a apporté plus d'impudeur dans le mensonge. Tuer dans leur germe toutes les facultés nobles et généreuses qui font les hommes, enchaîner l'intelligence, corrompre la conscience, supprimer de la vie humaine toute poésie, toute jeunesse, toute grâce, tout essor libre et spontané : voilà à la fois le but avoué et l'inévitable résultat de cette politique. Et il s'est trouvé des législateurs pour la codifier, des ministres pour la mettre en pratique, des poètes pour la chanter ! Et c'est à propos

21.

de cette œuvre de ténèbres qu'on a osé prononcer les noms augustes de Lycurgue et de Solon ! rapprochement impie, s'il n'était ridicule. Mais on peut tromper dix historiens, — on ne trompe pas l'histoire.

A la nouvelle du traité, les Indiens se soulevèrent et chassèrent les commissaires royaux, dont les rapports accusèrent formellement les jésuites d'avoir fomenté l'insurrection. Ceux-ci se défendirent longtemps de toute participation à cet événement. Aujourd'hui leur plus intrépide panégyriste est réduit par l'évidence à écrire ces lignes qui équivalent à un aveu : « Les jésuites s'associèrent à ces naïves douleurs et nous regrettons qu'ils n'aient pas eu le courage de s'opposer à ces violences[1]. » On sait ce que signifie « ne pas s'opposer » dans le vocabulaire des restrictions mentales.

Pombal saisit avec joie l'occasion de perdre ses ennemis, et, en même temps qu'une armée partait pour réduire les insurgés, il répandait dans toute l'Europe des manifestes passionnés, pleins de sa haine, — véritable déclaration de guerre à cette puissance occulte et redoutée. Il y résumait tous les griefs que la voix publique avait dès longtemps élevés contre la Société : « son ardeur aveugle, insolente, sans bornes, à s'emparer des gouvernements politiques et temporels ; » son insatiable soif du gain, qui lui faisait entreprendre des opérations de commerce au mépris des canons de l'Église, etc. Passant ensuite au récit des événements du Paraguay, et mêlant le vrai au faux, le ministre grandissait à dessein l'importance de ses ennemis, et profitait habilement du mystère dont ils étaient enveloppés. Il comptait leurs soldats, nommait leurs chefs, racontait l'organisation militaire qu'ils avaient su leur donner, en faisait enfin un fantôme formidable qu'il posait en face des royautés

---

1. Crétineau-Joly.

comme un ennemi qu'il fallait vaincre à tout prix. L'étonnement produit par cette relation fut immense, et, pendant plus de deux ans, toute l'Europe crut à l'empereur Nicolas, généralissime des armées jésuitiques au Paraguay. Ce Nicolas, inventé par l'ingénieux marquis, fit presque autant de mal aux jésuites que les terribles *Provinciales* elles-mêmes, — tant on a raison de compter sur l'imbécillité humaine ! Du reste, point de ménagement pour les idées nouvelles ; il ne leur fait ni avances ni concessions ; il étale brutalement une orthodoxie de grand inquisiteur. Ce qu'il reproche aux pères, ce n'est pas un institut inconciliable avec les lois de la conscience humaine, — c'est une conduite contraire aux préceptes de ce même institut : il parle très haut de sa dévotion pour les « glorieux saints Ignace et Xavier. » Ainsi, ce qui devait les perdre en France, leur règle, est ici un titre de gloire ; tant il est vrai que le concert prétendu entre les ennemis de la Société est une fable inventée à plaisir.

Toutes ces accusations furent reproduites sous une forme plus solennelle et plus concise dans une lettre adressée au souverain pontife pour solliciter de lui un bref de réforme. Le prestige des accusés était tel, que Pombal recula devant l'idée de se faire leur juge et se crut obligé d'invoquer contre eux une autorité infaillible et sacrée aux yeux des peuples. Le spirituel et aimable Lambertini avait de longue main appris à les connaître dans les interminables démêlés des cérémonies chinoises, et l'ami de Passionei ne ressentait, on peut le croire, nulle sympathie pour eux ; mais, temporisateur et prudent, il avait toujours évité avec soin de s'en faire des ennemis. La plupart de ses bulles portent l'empreinte évidente de cette préoccupation et attestent les ménagements dont il croyait devoir user envers eux. En cette occasion critique, sommé de se prononcer entre le roi de Portugal et la compagnie, il resta fidèle à son système de prédilection. Il sut donner un commencement de satisfaction à Pombal en réservant tout entière sa souveraine appréciation des événements, — accordant à l'un une espèce d'encouragement, laissant aux autres l'espérance. Et comme si la fortune eût voulu lui épargner la peine de donner un démenti à la pensée de toute sa vie, pensée de paix et de conciliation, ce Fabius Cunctator mourut au moment où les hostilités allaient se compliquer d'un événement qui devait les rendre irrémédiables.

Le cardinal Saldanha, nommé visiteur réformateur par le bref de Benoît XIV, publia, le 15 mai 1758, un décret qui constatait solennellement la réalité des griefs formulés contre les jésuites, et leur enjoignait de se conformer désormais à l'esprit de leurs règles [1]. Bientôt après, un mandement du patriarche de Lisbonne leur retirait le pouvoir de confesser et de prêcher. C'était les condamner à mort. Tant de coups funestes et imprévus n'étonnèrent point leur audace ; mais il n'y eut dans leur attitude ni cette dignité, ni cette résignation, qui est la dernière ressource des partis sacrifiés. Ils se montrèrent petits, mesquins et intrigants. Ces chevaliers de la grâce suffisante, ces martyrs du probabilisme, disputèrent misérablement, pied à pied, le terrain envahi par leurs ennemis, remplirent le royaume de leurs criailleries et de leurs pamphlets, chicanant avec les hommes de loi, distinguant avec les hommes d'Église, suppliant avec la cour, mendiant sans pudeur le retour d'une faveur perdue et recrutant en secret toutes les haines, toutes les rancunes, toutes les colères amassées contre le ministre, pour les discipliner sous leur bannière. Une alliance s'offrit à eux, — celle de la noblesse humiliée par Pombal, — ils unirent leurs ressentiments.

1. Au nombre de leurs trafics, il mentionnait avec indignation « jusqu'à des boucheries et autres boutiques honteuses à des séculiers même de la lie du peuple. »

Au commencement de septembre 1758, d'étranges rumeurs circulèrent dans Lisbonne. On parlait vaguement d'une tentative d'assassinat sur la personne de Joseph, et on se nommait tout bas à l'oreille les auteurs présumés du crime. Des précautions mystérieuses, inusitées, semblaient autoriser ces bruits, sans que l'opinion, alarmée, pût se rattacher à rien de positif. Les portes du palais se fermèrent ; le roi et son ministre cessèrent de se montrer ; pendant près de deux mois rien ne trahit le mystère de leurs délibérations, et la ville attendit en silence la révélation de l'énigme. Cette révélation fut un coup de foudre. On apprit en même temps et le crime et l'accusation et l'arrestation des coupables. L'indolent et voluptueux monarque, à qui son ministre faisait des loisirs, se rendant sans escorte à un rendez-vous chez la marquise de Tavora, sa maîtresse, avait été frappé de deux balles de pistolet et n'avait échappé à la mort que grâce à l'adresse de son cocher. Le marquis de Tavora, le duc d'Aveiro, leurs parents et leurs amis, tous ennemis jurés de Pombal, furent arrêtés comme auteurs ou complices du crime, et les jésuites Malagrida, Mathos et Souza, comme instigateurs du complot. Le ministre n'eut garde de soumettre les grands à la juridiction de leurs pairs, ses adversaires personnels. Il les traduisit devant un tribunal d'exception, dit de l'inconfidence. Ce mépris des formalités protectrices des accusés, et la cruauté froide et implacable dont il fit preuve en cette circonstance laisseront sur son nom une souillure éternelle. La postérité n'a pas réhabilité les victimes, mais elle a flétri le bourreau.

La plupart des accusés fléchirent devant la torture et avouèrent leur participation à l'attentat. L'exécution suivit de près la sentence. On les fit périr dans d'affreux supplices : le duc d'Aveiro, le principal conjuré, homme brutal, insolent et vil, fut rompu vif ; il épouvanta les spectateurs par ses hurlements, et déshonora son forfait même par la lâcheté de ses derniers moments. Une mort fut sublime, celle de la vieille marquise de Tavora. Le bourreau, portant la main sur elle pour lui lier les pieds : « Arrête, lui dit-elle, ne me touche que pour me tuer. » Alors celui-ci, tombant à genoux devant elle, lui demanda pardon. Après quoi, il accomplit sa tâche et mit le feu à l'échafaud. Les cendres furent jetées dans le Tage.

Quelque graves que fussent les présomptions établies contre eux au procès, la cause des jésuites inculpés avait été réservée par un reste d'égards pour les prérogatives ecclésiastiques. Leurs relations intimes avec les conjurés, leurs prédictions sinistres sur la mort prochaine du roi, leurs conciliabules multipliés la veille même de l'événement, tout dans leur conduite révélait des conseillers et des complices. Un des accusés, le père Malagrida, jésuite italien, s'était fait en Portugal une éclatante renommée par ses prédications mystiques et son zèle ardent contre les idées nouvelles. Il n'avait pas craint, dans un sermon fameux, lors du tremblement de terre de Lisbonne, de rejeter la responsabilité du désastre sur les impies et les incrédules. Directeur de la marquise de Tavora, confesseur de plusieurs hauts personnages, il avait assuré son crédit auprès d'eux par plusieur miracles, tous, comme de raison, parfaitement authentiques. Peu de temps avant l'exécution du complot, mû par un sentiment de pitié ou tourmenté par ses remords, il écrivit à une dame du palais pour la prier de prévenir le roi qu'un grand danger le menaçait. Sommé au procès de s'expliquer sur cette lettre, il répondit avoir été averti par une de ses pénitentes « éclairée par des révélations divines. » Ces révélations parurent suspectes aux juges, et il faut convenir que c'est un moyen dont on a quelque peu abusé. De justes soupçons pèsent donc encore aujourd'hui sur sa mémoire, et l'on comprend que ses confrères aient mis en œuvre tout l'arsenal de leurs argumentations pour les dissiper.

Selon eux, le complot aurait été conçu et exécuté par Pombal lui-même, impatient de les perdre. Il aurait ainsi exposé sa fortune, sa politique, sa vie, pour accélérer leur ruine. On se refuse à admettre cette version, — car enfin cette ruine était déjà certaine à l'époque du crime. Et d'ailleurs, en tuant son maître, éventualité possible puisqu'il fut blessé, le ministre ne restait-il pas seul désarmé à la merci de ses implacables ennemis ? Ils ont déployé, pour soutenir cette thèse absurde, un luxe inouï de distinctions et d'opinions probables. Ils ont été jusqu'à contester l'authenticité du coup de pistolet. — Allons, mes pères, résignons-nous. C'est au moins un coup de pistolet *probable*, comme dirait Pascal.

La réponse de Clément XIII se faisant trop longtemps attendre au gré de ses désirs, Pombal trouva un moyen nouveau de concilier les intérêts de sa vengeance avec les antiques exigences de l'Église. Il tira le père Malagrida de sa prison et le fit accuser d'hérésie par l'inquisition. Il venait de reconstituer lui-même sur ses anciennes bases ce tribunal de sang si longtemps envahi et absorbé par les docteurs de la Compagnie. Il allait en éprouver le zèle et la docilité. Faire déclarer hérétiques ces maîtres des consciences, ces conducteurs des peuples, leur appliquer ce code sinistre, en grande partie leur ouvrage, dont chaque article était une torture, quelle fortune inespérée ! Pombal n'avait garde de la laisser échapper.

Les juges se conduisirent de manière à mériter les titres et les faveurs dont il les avait comblés. Malagrida fut condamné, étranglé et brûlé dans un auto-da-fé solennel, en compagnie d'une demi-douzaine de juifs. Du reste, la sentence fut motivée conformément aux règles de la législation qu'ils avaient à appliquer, et à ce point de vue elle est rigoureusement inattaquable, car ce pauvre fou était en effet hérétique — et qui ne l'est pas? L'arrêt, fils légitime du dogme de l'infaillibilité aussi bien que l'institution elle-même, restera comme un curieux monument de la civilisation catholique au dix-huitième siècle. Un homme fut brûlé pour avoir affirmé les propositions suivantes dans un livre intitulé : *Vie héroïque et admirable de la très glorieuse sainte Anne :*

« Que sainte Anne, dans le ventre de sa mère, connaissait, aimait et servait Dieu ;

« Que sainte Anne, toujours dans le ventre de sa mère, pleurait et faisait pleurer par compassion les chérubins et séraphins ;

« Que sainte Anne, encore dans le ventre de sa mère, avait fait ses vœux ;

« Que lui, le criminel susdit, avait entendu causer le Père éternel avec le Fils et le Saint-Esprit ;

« Que le corps du Christ avait été formé d'une goutte de sang du cœur de la Vierge ; »

Et pour avoir avancé, en outre, dans son *Traité de la vie de l'Antechrist :*

« Que l'Antechrist doit naître à Milan, l'an 1920, d'un moine et d'une religieuse, et se mariera avec Proserpine. »

(Extraits de l'arrêt du 20 septembre 1761.)

Le peuple portugais applaudit à ce spectacle comme il devait applaudir plus tard à la chute du ministre ; mais ces horreurs qui lui étaient si chères ne parurent pas aux yeux de l'Europe suffisamment motivées par quelques extravagances apocalyptiques communes à tous les esprits qui se sont aventurés dans les abymes du mysticisme. Les nouveaux appels de Pombal à l'opinion publique furent accueillis par une réprobation universelle. On se moqua des maximes autocratiques de cette créature d'un principicule imperceptible; on rit de ses prétentions théologiques; sa cruauté révolta. « Tout cela fait pitié et fait horreur, écrivait Voltaire. L'inquisition a trouvé le secret d'inspirer de la compassion pour les jésuites. J'aimerais mieux être né nègre que Portugais. » — « Les hommes ne méritent pas de vivre, puisqu'il y a encore du bois et du feu, et qu'on ne s'en sert pas pour brûler ces monstres dans leurs infâmes repaires. »

On est forcé d'avouer que ce langage n'est pas précisément celui de la sympathie et rend de moins en moins probable la connivence de Pombal avec les encyclopédistes. Les philosophes, et c'est leur honneur, n'employèrent jamais dans cette lutte inégale, où tous les dangers étaient pour eux, que les armes courtoises de la raison et de la loyauté. Ils ne virent dans l'étrange allié que le hasard leur donnait qu'un bourreau, et repoussèrent avec horreur cette main teinte du sang de leurs ennemis.

Les Pères furent enlevés et transportés à bord des bâtiments de la marine royale et marchande. Pombal, embarrassé du nombre de ces prisonniers dont l'entretien eût été onéreux pour l'État, les fit débarquer furtivement sur les côtes d'Italie. Le pape irrité brûla son manifeste. Pour toute réponse, un décret de confiscation réunit les biens de la Société au domaine de la couronne.

Ainsi s'accomplit, contre toute prévision, la chute de la Société chez un peuple dont elle avait laborieusement façonné à son image les mœurs, les idées, les institutions, dans le but avoué d'y éterniser sa domination. C'est dans cette domination elle-même qui asservissait à la fois l'âme et le corps, les fortunes et les consciences, prétention révoltante et odieuse, pouvoir illimité et par conséquent peu durable, qu'il faut chercher les causes qui la perdirent en

Portugal. Vous qui régnez, vous pouvez tout prendre à l'homme ; il aime la servitude. Au besoin il se ruera au-devant du joug. Mais gardez-vous de toucher à la conscience, car c'est là le royaume qu'on n'usurpe pas !

## CHAPITRE XV

### LES JÉSUITES CHASSÉS DE FRANCE ET D'ESPAGNE.

En France, la Société de Jésus eut à lutter contre d'autres éléments de ruine. L'occasion fut une intrigue où l'on trouve la main d'une femme, comme dans tout ce qui se fit à cette époque. La cause fut plus complexe. La haine invétérée des jansénistes transformés par elle en martyrs, les vieilles rancunes du parlement, l'antipathie de l'opinion pour qui, depuis les *Provinciales*, le mot de jésuitisme était le synonyme du « *fides punica ;* » puissance redoutable qui signifie ses volontés par des proverbes dont tôt ou tard elle fait des lois — par-dessus tout, enfin, l'ardeur impatiente des partisans de la philosophie nouvelle, — tels furent les éléments qui, sans concert et sans alliance, agirent dans un même but, tout en restant hétérogènes et contradictoires. Cette mystérieuse direction des forces sociales qui leur imprime une unité d'action sans laquelle elles seraient condamnées à une éternelle inertie, est le signe visible de l'esprit de l'humanité.

Voici l'intrigue :

Dès 1752, Madame de Pompadour, déterminée à redevenir vertueuse par des scrupules dont nous laissons l'énumération aux Mémoires secrets de cette époque féconde en scandales, sans renoncer toutefois aux bénéfices d'une position qui faisait d'elle la vraie souveraine de la France, avait sollicité de la Sorbonne et des docteurs de la Compagnie l'autorisation de rester auprès de la personne du roi, pour qui elle ne conservait plus, disait-elle, que les sentiments de l'attachement le plus pur. La négociation échoua. Elle fut renouée en 1756. La marquise, pour constater par un coup d'éclat sa faveur qu'on commençait à mettre en doute, demanda au roi un tabouret, c'est-à-dire la charge de dame de la reine. Qui oserait accuser sa présence à la cour lorsqu'elle y aurait une position officielle? Marie Leczinska, toujours douce et résignée, objecta timidement l'irréligion de la solliciteuse. Voilà ce qui la ramenait au confessionnal.

Le père de Sacy se chargea de la réconcilier avec le ciel. Il lui prescrivit un régime spirituel, fit changer les escaliers qui conduisaient à son appartement, et enfin exigea d'elle qu'elle écrivît à son mari, M. d'Étioles, pour lui proposer « de la reprendre. » Elle obéit sans faire la moindre objection. « Depuis longtemps, lui disait-elle dans sa lettre, le point capital de sa faute avait cessé, il ne s'agissait plus que d'en faire cesser les apparences. » Le bon père s'étonnait de son succès. Voici qui l'explique. La lettre en question fut portée par le prince de Soubise, le héros de Rosbach, plus heureux en diplomatie qu'à la guerre, et il dicta lui-même la réponse du mari. Cette réponse, qui était un refus superbe de stoïcisme et de fierté blessée, eut un succès d'enthousiasme dans ce siècle frivole, et coûta plusieurs millions à la favorite. Après un éclat aussi public, elle crut que le directeur n'aurait plus rien à lui refuser. Mais, soit que celui-ci ressentît des remords de s'être trop avancé, soit qu'il eût pénétré à temps le secret de la comédie, la marquise ne recueillit pas de ses démarches le double fruit qu'elle en espérait. Elle eut le tabouret, mais sans l'absolution. Le père de Sacy rompit brusquement les conférences en disant « que l'on s'était trop moqué du confesseur du feu roi, quand monseigneur le comte de Toulouse était venu au monde, et qu'il ne voulait pas qu'il lui en arrivât autant. » C'est ce refus méritoire, sans doute, mais où la politique a bien plus de part que les austères suggestions de la morale, que les jésuites ont exploité depuis pour se décerner les faciles honneurs d'une inflexibilité soigneusement dissimulée jusque-là, par humilité sans doute. Personne ne leur en tint compte. Quant à leur pénitente, ce manque de complaisance lui parut tellement inouï, qu'elle s'en plaignit au pape en personne. Mais pourquoi donner à cet incident burlesque une importance qu'il ne mérite pas? Venons-en au procès fameux qui remit en question non-seulement toutes leurs vertus théologales, mais leur probité elle-même qui ne put en sortir intacte.

Nous avons vu comment ils interprétaient les canons de l'Église, qui défendent comme un crime le commerce aux ecclésiastiques, et les prescriptions de leur propre institut, qui les voue à une pauvreté perpétuelle. Au moyen de certaines restrictions mentales, ils trafiquaient, en sûreté de conscience, sur tous les points du globe, et jusque sous les yeux du pape, au cœur même de l'Italie. A Macerata ils fabriquaient des draps destinés d'abord exclusivement à leur usage, puis vendus à tout le monde. En Afrique ils faisaient la traite des nègres. Leurs ennemis dénonçaient en vain depuis plus d'un siècle, les tendances mercantiles de l'ordre. Les jésuites niaient le fait, et poursuivaient imperturbablement leurs opérations. Au reste, ce crime leur sera facilement pardonné aujourd'hui. Mais ce n'est pas un des moindres signes de leur sûreté d'instinct politique, que d'avoir su deviner la pente qui entraînait l'esprit moderne vers les conquêtes industrielles, et d'avoir rompu sans crainte avec les stériles traditions de l'Église, en les encourageant au lieu de les flétrir, comme firent les jansénistes, à l'exemple des premiers docteurs du catholicisme.

Le père Lavalette était un des nombreux banquiers de la société. Homme actif, entreprenant, il avait été placé, avec un juif son associé, à la tête de l'établissement de la Martinique, qu'il faisait prospérer par ses aventureuses spéculations. Dénoncé une première fois en 1753 par les habitants, que sa concurrence ruinait, et rappelé en France, il se fit réintégrer dans ses fonctions avec un titre de plus, celui de préfet apostolique, et reprit hardiment ses premières opérations. Bientôt l'entreprise atteignit au plus haut point de prospérité. Des milliers de nègres défrichaient des terres immenses, dont les produits étaient chargés sur de nombreux vaisseaux. Il acheta de nouvelles possessions à la Dominique, et deux mille esclaves pour les exploiter. Mais voilà où la fortune vint placer son grain de sable. Une épidémie survint : les nègres se détériorèrent et moururent par centaines. Presque en même temps les vaisseaux apostoliques furent capturés par les corsaires anglais. — Et admirez l'esprit d'ironie qui se joue dans les choses humaines ! — Ce fâcheux accident survint au moment même où les jésuites protestaient le plus vivement, en Europe, contre le cardinal Saldanha, qui les avait accusés d'avoir du faible pour les entreprises industrielles. Ce démenti brutal, comme un flagrant délit, fut suivi d'une banqueroute de trois millions.

Mis en cause par les créanciers, comme responsables des opérations de leur confrère, les jésuites cédèrent à de mesquines considérations d'intérêt, et refusèrent de payer, alléguant un droit de non-solidarité, ou pour mieux dire un droit de spoliation, qui ne protégeait que les ordres, dont les couvents étaient séparés pour le temporel. L'adoption d'un pareil système de défense était déjà une faute bien grave. Ils la rendirent irréparable en faisant attribuer le jugement du procès à la grande chambre du parlement de Paris.

Les jansénistes se jetèrent avec joie sur cette proie inespérée, et le diacre Pâris en tressaillit d'alégresse au fond de sa tombe.

Du reste, il faut le reconnaître, quelle que fût l'animosité des juges, ils eurent la bonne foi ou l'habileté d'élever de prime abord le débat à la hauteur d'une question générale. Les faits s'effacèrent devant les principes. Sans cette tactique ils n'eussent jamais réussi à passionner l'opinion. Ce n'est pas aux individus qu'elle en voulait, — ces religieux ne méritaient, en cette qualité, ni plus ni moins de blâme que leurs confrères en moinerie, — c'est à leur institut qui pervertissait toutes ces volontés inoffensives, en les dirigeant le plus souvent, à leur insu, vers un but coupable. La lutte transportée sur ce terrain avait d'ailleurs, aux yeux du parlement, l'avantage précieux de relever son orthodoxie sur les ruines de la théologie jésuitique, qui l'avait si longtemps humilié par ses censures. « Messieurs » étaient bien aises aussi de donner en passant une leçon à ce haut clergé si jaloux de ses prérogatives et si sourd à leurs remontrances.

Sommés de produire leurs règles, pour établir ce prétendu droit de non-solidarité, les jésuites s'avisèrent trop tard de l'imprudence qu'ils avaient commise. On s'arrêta à peine à l'affaire qui avait donné lieu au procès. Ils furent déclarés solidaires, et l'on n'en parla plus. En revanche, l'ordre lui-même fut mis en accusation, et tous leurs actes, toutes leurs opinions, tous leurs écrits, furent appelés en témoignage contre lui. Alors commence un tolle sans exemple dans le passé. Tous les parlements du royaume, à l'exception de deux, imitent le parlement de Paris. On s'indigne, on rougit de ce joug si longtemps subi en silence, on réimprime des pamphlets oubliés, on se dispute les factum quotidiens des jansénistes, étonnés de ce succès nouveau pour eux; on s'arrache les réquisitoires de Joly, de

Fleury, de Dudon, de Ripert de Monclar, celui de la Chalotais surtout, qui portait l'empreinte irrécusable d'une conscience pure, et d'un esprit mâle et éclairé ; toute la France s'écrie comme dans *Candide :* Mangeons du jésuite. Mot féroce, — mais ce n'était qu'un mot. Jamais lutte plus passionnée ne fut plus inoffensive : pas une violence, pas une représaille contre ces hommes qui avaient si longtemps rempli les prisons de leurs ennemis ! L'idée qui les tuait était leur plus sûre sauvegarde.

On pouvait se croire revenu aux plus beaux temps des querelles théologiques. Les encyclopédistes, d'abord heureux de ce déchaînement qui se faisait à leur profit, virent ensuite avec chagrin l'importance inattendue d'une polémique qui témoignait de l'empire conservé sur les esprits par les idées religieuses. Cette guerre n'était pour eux que la préface d'une guerre plus sérieuse et plus décisive. « Tous ces imbéciles, s'étaient-ils dit d'abord, qui croient servir la religion, servent la raison sans s'en douter. Ce sont des exécuteurs de la haute justice pour la philosophie, dont ils prennent les ordres sans le savoir. » (D'Alembert à Voltaire, 4 mai 1762). « Il faut espérer, écrivait Voltaire à la Chalotais, qu'après avoir purgé la France des jésuites, on sentira combien il est honteux d'être soumis à la puissance ridicule qui les a établis. »

Mais bientôt la sombre exaltation des parlementaires les fit réfléchir ; ils furent effrayés de voir démuseler le « tigre janséniste » qui venait de dévorer Calas à Toulouse, cette même année, et qui devait, avant peu, immoler la Barre. « Savez-vous ce qu'on m'a dit hier de vous ? — Que les jésuites commençaient à vous faire pitié, et que vous seriez presque tenté d'écrire en leur faveur. » (D'Alembert à Voltaire). Ce n'était pas de la pitié, c'était de la politique, et de la meilleure, c'était le regret de voir compromis un équilibre qui avait servi les intérêts de la philosophie.

« Gare qu'un jour le jansénisme ne fasse autant de mal que les jésuites en ont fait... Que me servirait d'être délivré des renards, si on me livrait aux loups? » (Voltaire à la Chalotais). Ces alarmes n'étaient point exagérées ; on le vit bien le lendemain de la victoire ; mais elles furent passagères comme un pressentiment, et ne produisirent pas de modification importante dans la politique du parti. Il laissa le parlement poursuivre son triomphe, et revint à sa propagande, en s'abstenant d'insulter aux vaincus.

Pendant que l'imminence de leurs dangers désarmait ainsi une partie de leurs adversaires, les jésuites restaient-ils inactifs? On aurait tort de le croire. Mais cette situation désespérée ne leur inspira, pas plus qu'en Portugal, ni les résolutions qui relèvent les causes perdues, ni l'héroïsme d'attitude qui ennoblit une défaite. La source des grands sentiments aussi bien que des grandes actions est à jamais tarie chez ces hommes flétris de bonne heure par la loi d'obéissance. On ne supprime pas impunément la volonté, le libre arbitre et le stoïque orgueil des vertus viriles. En les déracinant de l'âme humaine, vous emportez l'âme elle-même avec elles. Une règle ne remplace pas la conscience. Le jour où l'ordre eut besoin de dévouement, de fierté, d'inspiration, d'héroïsme, il fut perdu, car on ne peut demander tout cela qu'à des cœurs d'hommes ; or le cœur de l'homme, il le nie comme le siège du Malin. Il le tue systématiquement : « Celui qui ne hait pas son père et sa mère et *même son cœur* ne peut être mon disciple. » Demandez donc de grandes actions à ces machines! Ils se montrèrent, comme toujours et partout, médiocres : ils intriguèrent à la cour, au palais, à l'église, mais ne s'élevèrent jamais au-dessus de l'intrigue!

Les jésuites avaient à la cour un parti puissant et dévoué : c'était d'abord Marie Leczinska. Délaissée par son époux qu'elle aimait avec passion, la pauvre reine cherchait, dans les pratiques minutieuses de la dévotion, une consolation qui la fuyait toujours. C'était encore le Dauphin, si aimé du clergé, qui voyait en lui l'incarnation de ses idées et l'avènement prochain de ses vengeances ; esprit étroit et borné, mais rigide et opiniâtre, il aurait offert sur le trône, et sous la tutelle d'un confesseur, le modèle d'un roi persécuteur. Toutes les rancunes, toutes les haines, toutes les espérances du parti qui avait triomphé sous les dernières années de Louis XIV, s'étaient ralliées autour de lui, et, à force d'en être entouré et flatté, il en était devenu la personnification vivante. On connaît son mot cruel sur Voltaire, répété par le bon et naïf Quesnay : « Cet homme mérite les derniers supplices ! » Son règne, il faut en convenir, présentait aux encyclopédistes une perspective médiocrement rassurante, et on n'a guère le droit de s'étonner qu'ils se soient réjouis de sa mort ; on s'étonnera moins encore que les jésuites appréciassent un tel prince et en fussent favorisés. Avec lui, la famille royale presque tout entière, plusieurs membres influents du conseil du roi, le chancelier, le contrôleur général, le garde des sceaux, les maréchaux de Soubise et d'Estrées, et, par-dessus tout, le roi Louis XV lui-même. Ce complice tout-puissant lutta longtemps en leur faveur, et c'est contre son gré qu'il signa l'acte d'expulsion. Le roi n'avait pas reçu en vain, pendant quarante ans, l'absolution de ces prêtres. Cette âme faible (eut-il une âme ?) qui appartenait au premier occupant, garda toujours l'empreinte du joug porté si longtemps avec vénération ; et nul doute que si, au lieu de l'insignifiant Pérusseau, il eût eu pour directeur un caractère énergique et dominateur comme le Tellier, il ne l'eût toujours subi. Cet empire était fortifié par je ne sais quelle honteuse peur de l'enfer qu'il nommait sa religion ; ses crimes étaient, à ses yeux, plus que suffisamment expiés par la protection qu'il accordait au clergé, et par quelques pratiques ridicules renouvelées de Louis XI. Sa religion supprimait le remords et la honte ; il y tenait dans l'intérêt de sa digestion et des voluptés du Parc-aux-Cerfs : « Le roi, a écrit Choiseul, était instruit de sa religion comme une tourière de Sainte-Marie. On ne pouvait l'en entendre parler sans dégoût. » Sa qualité de roi couvrait le reste : « Moi, disait-il, je suis l'oint du Seigneur; » se plaçant ainsi dans une sphère privilégiée où il traitait avec Dieu de puissance à puissance : et de fait, le roi de France ne guérissait-il pas les écrouelles? n'était-ce pas là un signe de Dieu, une émanation de ses attributs, une grâce d'État enfin, mot charmant inventé par les gens d'Église, à l'usage des pécheurs haut placés? — L'éducation de Fleury portait ses fruits.

Il jugea pourtant avec assez de justesse d'esprit la querelle élevée entre le parlement et les jésuites; il ne vit dans ceux-ci que des prêtres. L'Église seule, à ses yeux, recevait les coups que les deux partis se portaient avec tant d'acharnement : « Je n'aime point cordialement les jésuites; mais toutes les hérésies les ont toujours détestés, ce qui est leur triomphe (à Choiseul). » Mais, le jour décisif venu, il les sacrifia sans hésiter. Ce prince, dont l'avenir ne connaîtra qu'une parole, parole égoïste qui résume son règne et en formule la valeur historique: Après moi le déluge! devait, en cette circonstance, se montrer fidèle à sa maxime favorite et au sens général de sa vie. Il défendit d'abord au parlement par ordonnance « de rien statuer ni définitivement ni provisoirement sur tout ce qui pourrait concerner les constitutions de la Compagnie de Jésus, si ce n'est qu'il en fût autrement ordonné. » Le parlement l'enregistra comme par ironie et poursuivit sa procédure; il savait que le roi avait besoin de lui pour un nouvel impôt rendu nécessaire par l'éventualité menaçante d'une guerre en faveur de l'Espagne et contre l'Angleterre. Cet argument, appuyé par Choiseul et la favorite, triompha des scrupules de Louis XV ; il livra les pères pour soixante millions. Le Dauphin intercéda et fut accueilli avec une extrême froideur ; sa vie austère et retirée, critique involontaire des débauches paternelles, déplaisait. Le roi voyait en lui son héritier, jamais son fils ; il n'obtint rien.

Les jésuites furent plus heureux auprès du clergé. Ce corps avait compris la solidarité intime qui liait son sort à celui de la Compagnie dans un avenir plus ou moins prochain, mais inévitable ; il fit cause commune avec elle. Il eut à se prononcer une première fois le 30 novembre 1761. Le roi désirait connaître l'avis de l'épiscopat sur tous les points si ardemment controversés par l'opinion. La conférence réunie chez le cardinal de Luynes décida, à l'unanimité moins six voix, que la conduite, les mœurs et l'institut des jésuites étaient également irréprochables. La seconde fois sa démonstration en leur faveur fut encore plus éclatante. L'assemblée générale, s'étant ouverte le 1er mai 1762, mit en délibération une lettre au roi qui fut adoptée à l'unanimité et présentée par monseigneur de Narbonne : c'était une apologie sans réserves. Le parlement y répondit par son arrêt du 6 août.

Cet arrêt fameux est un triste et curieux monument de l'imbécillité humaine, et montre à nu l'ineptie qui se cachait sous ces dehors graves et solennels de la vieille magistrature. Qui donc a pu dire que Maupeou et Beaumarchais ont tué le parlement ? On ne tue pas les morts. Le ministre essaya sans succès un remède désespéré, la transfusion ; quant au poète, il ne fit que constater le décès. Le parlement est mort le jour où, dans le siècle de la raison, pouvant frapper ses ennemis au nom de la vérité et de la justice, il écrivit ces ridicules considérants :

Attendu que les doctrines de la Société « sont favorables

au schisme des Grecs, attentatoires au dogme de la procession du Saint-Esprit ; favorisent l'arianisme, le socinianisme, le sabellianisme, le nestorianisme ; ébranlent la certitude d'aucuns dogmes sur la hiérarchie, sur les rites du sacrifice et du sacrement ; reproduisent l'hérésie de Wiclef ; renouvellent les erreurs de Tribonius, de Pélage, de Cassien, de Faust, des Marseillais ; ajoutent le blasphème à l'hérésie ; sont injurieuses aux saints Pères, aux apôtres, à Abraham, aux prophètes, à saint Jean-Baptiste, aux anges ; outrageants et blasphématoires contre la bienheureuse Vierge Marie ; attaquent le mystère de la Rédemption ; favorisent l'impiété des déistes ; ressentent l'épicuréisme, apprennent aux hommes à vivre en bêtes, etc. »

Il est mort le jour où, sur le réquisitoire de Joly de Fleury, il rendit un arrêt portant défense d'inoculer « jusqu'à ce que la faculté de *théologie* eût prononcé sur l'inoculation. »

Si les jésuites méritaient l'expulsion, quelle peine méritaient donc de pareils juges ?

Pour appuyer sa décision par des pièces justificatives, il fit publier un énorme volume d'extraits des auteurs de la Société. A ce recueil de sottises théologiques et de rêveries immorales enfantées par des cerveaux de moines en délire, les jésuites auraient pu opposer une compilation non moins monstrueuse des doctrines parlementaires, et l'opinion publique aurait prononcé, sur les accusateurs comme sur les accusés, un jugement impartial en les flétrissant d'une égale réprobation. Ils préférèrent nier. On sait ce que valent leurs dénégations.

La victoire du parlement était complète. Il la cimenta en faisant lacérer et brûler par la main du bourreau un mandement de l'archevêque de Paris ; en exilant l'abbé de Caveyrac, écrivain aux gages de l'épiscopat, digne d'écrire une apologie de l'ordre de Jésus après avoir écrit l'apologie de la Saint-Barthélemy, et en faisant pendre un pauvre diable de curé « qui s'était un peu lâché à souper chez les Mathurins sur le compte de l'abbé de Chauvelin et de Messieurs. » (Volt. à d'Al.)

Toutefois un embarras restait. Qu'allait-on faire des ci-devant soit-disant jésuites? Louis XV eut une dernière velléité de les sauver. Il ne pouvait se résoudre à signer l'acte de bannissement. A ses scrupules religieux étaient venues se joindre des appréhensions motivées jusqu'à un certain point par le sinistre renom de leurs théories régicides. Il espéra un instant tout concilier par un arrangement diplomatique. Choiseul dressa, par son ordre, le programme d'une réforme de la Société. Elle consistait à faire nommer un vicaire qui aurait résidé dans le royaume et été indépendant du général. Cette prétendue réforme était la ruine de l'ordre, puisqu'elle brisait l'unité qui en est la vie et le fondement. Le général Ricci la repoussa. On connaît sa réponse : « Qu'ils soient comme ils sont ou qu'ils ne soient plus. » C'était là une belle et ferme parole qui eût honoré une plus noble cause. Aussi les jésuites se sont-ils empressés de repousser l'honneur de l'avoir prononcée. Ils sortirent de France et se dispersèrent à petit bruit, sans que personne s'émût en leur faveur. Je me trompe : Helvétius fit remettre une forte somme d'argent à celui qui avait trompé sa confiance et trahi son amitié; Voltaire, se souvenant qu'il était leur élève, recueillit chez lui le père Adam, dont il fit son aumônier en chef, sans se douter qu'il se donnait un espion en permanence; et d'Alembert fit, sur la défaite de l'ordre, un petit écrit qui en fut l'oraison funèbre dans une bouche impartiale. Puis on les oublia, et l'attention se porta d'un autre côté.

Cet oubli dura trois ans. Le 2 avril 1767, sur tous les points de l'immense territoire occupé par la monarchie espagnole, dont il a été dit que le soleil ne s'y couchait jamais, en Europe, en Asie, en Amérique, dans les îles, le même jour, à la même heure, les gouverneurs des provinces ouvrirent des dépêches de Madrid, scellées d'un triple sceau. Sur la première enveloppe, on lisait ceci : « Sous peine de mort, vous n'ouvrirez ce paquet que le 2 avril 1767, au déclin du jour. » La lettre était ainsi conçue :

« Je vous revêts de toute mon autorité et de toute ma puissance pour vous transporter sur-le-champ avec main-forte à la maison des jésuites. Vous ferez saisir ces religieux et les conduirez comme prisonniers au port indiqué dans les vingt-quatre heures. Là ils seront embarqués sur des vaisseaux à ce destinés. Au moment même de l'exécution, vous ferez apposer les scellés sur les papiers et les archives de la maison, sans permettre à personne d'emporter autre chose que ses livres de prière et le linge nécessaire pour la traversée. Si, après l'embarquement, il existait un seul jésuite, même malade ou moribond, dans votre département, vous seriez puni de mort.

« Moi le Roi. »

En même temps parut une pragmatique qui supprimait la Société purement et simplement, sans exposé de motifs et sans considérants ; par où l'on voit que la mort sans phrases n'est pas d'origine révolutionnaire. Charles III se bornait à dire qu'il renfermait dans son cœur royal le secret de sa détermination. Ce secret fut si bien gardé, que l'histoire en est encore aux suppositions. Voici pourtant des faits certains.

Un an avant avait eu lieu à Madrid un mouvement populaire. Ce drame, moitié sérieux, moitié burlesque, est encore désigné sous le nom d'*émeute des chapeaux*. Charles III, qui, à l'exemple de la plupart des rois ses contemporains, avait en portefeuille de grands et beaux projets de réforme pour la prospérité de ses sujets, crut devoir inaugurer le règne de l'âge d'or par un remaniement complet de la forme des chapeaux. On portait alors les chapeaux à ailes longues et rabattues avec les manteaux à longs plis, — costume favorable au mystère, et cher par conséquent à ce peuple voluptueux et romanesque. L'édit le proscrivit et voulut mettre en honneur les chapeaux à bords raccourcis. Ce prélude fut peu goûté. On protesta contre cette pédantesque et ridicule invasion des lois dans le royaume de la mode, et les intentions civilisatrices du monarque furent absolument méconnues. Peu à peu le mécontentement prit des proportions menaçantes. Les Madrilènes se soulevèrent et démolirent la maison du ministre signataire de l'édit, qui n'échappa qu'à grand'peine à la fureur des chapeaux insurgés. Le roi, sifflé à son balcon par la foule après une improvisation qui n'eut pas plus de succès que sa réforme, dut quitter Madrid en toute hâte, sous la protection de ses gardes wallonnes, et laisser sa capitale au pouvoir de l'ennemi. On crut un instant à une révolution nationale qui allait renvoyer en France la race de Louis XIV. Le marquis d'Ossun, représentant de la cour de Versailles à Madrid, s'empressa d'offrir à Charles le secours des armées de Louis XV. Le roi refusa et attendit. Au bout de quelques jours, les jésuites parurent dans la rue, comme le *deus ex machinâ*. On les vit circuler à travers les groupes, exhortant la foule à se retirer, et celle-ci, comme obéissant à un mot d'ordre, se dissipa en peu d'heures au cri de : Vivent les jésuites !

Telle avait été la préface de l'édit de bannissement. Le roi, rentré dans sa capitale, ne fit en apparence aucune démarche pour découvrir les causes secrètes de l'insurrection, ni pour en punir les auteurs. Les cabinets étrangers apprirent avec étonnement les détails de ces scènes inouïes, dans ce siècle où la majesté royale avait été insultée par une majesté en haillons qui allait avoir aussi, avant peu, son trône et ses courtisans. Il s'en exagérèrent l'importance. Louis XV surtout en fut frappé de stupeur. Il se rappelait le cercueil de son ancêtre assailli à coups de pierres sur la route de Saint-Denis ; il craignait les multitudes ; il avait le pressentiment d'un orage prochain. Il se fit raconter minutieusement les moindres épisodes de l'émeute de Madrid. Quant à Choiseul, il en fut indigné. Ce vrai gentilhomme, hautain et brave jusqu'à la témérité, se refusait à admettre l'idée d'un roi fuyant devant son peuple. Son indignation se changea en dédain lorsqu'il apprit l'impunité des émeutiers et l'apparente inaction de Charles. Toute l'Europe et les jésuites eux-mêmes, que la voix publique accusait d'avoir secrètement fomenté les troubles, s'y trompèrent avec lui. Cependant le roi poursuivait dans le mystère une instruction dirigée par lui avec cette opiniâtreté ardente et calme à la fois qui était le trait le plus saillant de son caractère : il y mit tout le temps nécessaire pour qu'elle fût complète et consciencieuse, et procéda avec des précautions qui lui étaient commandées par la vigilance bien connue de ceux dont il méditait le châtiment ; Campo-Manès, d'Aranda, Monino, qui remplissaient l'emploi de juges instructeurs, conféraient entre eux par des moyens qu'on dirait empruntés aux traîtres de mélodrame. Ils se rendaient la nuit, séparément et à l'insu les uns des autres, dans une maison isolée et sans apparence. Là, de jeunes pages, dont l'âge écartait tout soupçon, transcrivaient sous leur dictée les documents et les pièces du procès. D'Aranda les portait ensuite, en personne, au roi lui-même qui en discutait la valeur et indiquait la direction à donner aux poursuites.

Rien ne transpira jusqu'au moment où l'édit parut. Il trouva les jésuites dormant paisiblement sur la foi de leur faveur passée. Charles était en effet un prince digne par sa vie entière de porter son titre héréditaire de roi très catholique. Caractère droit, âme pure, mais esprit étroit et faible, il laissait percer ses préoccupations religieuses dans ses moindres actes. Ses dépêches diplomatiques à ses ambassadeurs auprès du saint-siège attestent qu'il poussa la dévotion jusqu'à la manie. Il y disputait au pape le privilège de faire les saints, antique monopole de la cour romaine; il s'ingéniait, à chaque canonisation nouvelle, pour glisser par contrebande un de ses protégés dans la glorieuse phalange des demi-dieux, et on le lui accordait volontiers en échange de ses bons offices. En plusieurs circonstances, il avait donné aux jésuites des marques non équivoques de sa protection, notamment en faisant brûler par la main du bourreau, selon l'usage classique, les manifestes de Pombal. C'était se compromettre avec eux, lier irrévocablement sa cause à la leur; qu'on juge de leur surprise à ce brusque réveil! Quoi! trahis, abandonnés, joués par ce dernier allié! — Rodrigue, qui l'eût cru? — Chimène, qui l'eût dit? Leurs commentaires et leurs étonnements, vrais ou feints, durent encore aujourd'hui. Ils en ont rempli des volumes.

Leur système consista d'abord à supposer une conjuration entre Choiseul, les encyclopédistes et la cour d'Espagne. Choiseul avait fait l'émeute pour la leur attribuer et les perdre; les encyclopédistes avaient empoisonné les ministres de Charles du venin de leurs doctrines; quant au roi, il avait naturellement joué le rôle de dupe. Les rois sont impeccables; la société n'a jamais fait remonter ses accusations jusqu'à eux: ce sont toujours les ministres qui ont tort: Louis, trompé par Choiseul, Charles par d'Aranda, Joseph par Pombal, Marie-Thérèse par Kaunitz. — Il faut garder un roi pour la soif, dit le proverbe. — Cette fable grossière et impertinente n'ayant aucun succès, ils insinuèrent que leur chute était l'ouvrage d'un ordre jaloux de leur prospérité, les dominicains. Personne n'y crut. Qu'imaginer alors? Ils avaient fait de Choiseul un entrepreneur d'émeutes, ils en firent encore un faussaire. D'après une troisième version, Choiseul aurait fait imiter l'écriture du général de l'ordre dans une lettre qui présentait le roi comme un bâtard d'Alberoni, et l'infant don Louis, son frère, comme le seul héritier légitime de la couronne. Mais pourquoi discuter des allégations qui ne s'appuient sur aucune espèce de preuves, et que repoussent également et la vraisemblance historique et le caractère bien connu des personnages. Les défauts mêmes du duc, sa légèreté, son insouciance, son indiscrétion, excluent jusqu'à l'idée d'une trame aussi noire. S'il avait été capable de haïr ces moines, il n'aurait jamais apporté autant de bassesse et de platitude dans sa haine. Or il ne leur faisait pas l'honneur de les haïr. Il les frappait en les dédaignant. Il se délivrait en eux d'un embarras, d'une influence hostile à sa politique, des importunes sollicitations de leurs nombreux ennemis; peut-être même, ce brillant héros des salons de Versailles mit-il plus de complaisance et de vanité dans cet acte que de cette austère impartialité qui est le devoir du juge; mais de là à un faux sous signature privée, il y a loin. En vérité, cette invention est bien maladroite, mes pères, et votre imagination s'est fourvoyée; car, qui ne reconnaîtra dans ce complot ténébreux et dans cette fourbe consommée la mise en scène de ce bon M. Tartufe et tout l'arsenal de vos arguments favoris?

La vérité est que les motifs réels de la détermination de Charles sont encore un mystère, comme il l'a voulu. En attendant que l'avenir déchire ce voile jusqu'à présent impénétrable, l'histoire a mille raisons pour croire que la condamnation fut méritée. Les dépêches du marquis d'Ossun à Choiseul donnent comme un fait certain la conviction intime du roi au sujet de la participation des jésuites à l'émeute de Madrid. On en avait arrêté distribuant de l'argent dans les groupes. Charles devait être entouré, le jeudi saint, au pied des autels. L'intention des rebelles n'était pas d'attenter à ses jours, mais de lui imposer un entourage de leur choix, afin de régner sous son nom. Il avait des preuves sans réplique de leurs coupables projets. Le roi aurait ajouté, en finissant sa confidence, que, s'il avait quelque chose à se reprocher, c'était un excès de clémence et de générosité. Ces données, quelque vague qu'elles laissent subsister au sujet du mobile secret qui faisait agir les jésuites, n'en sont pas moins concluantes sur le point le plus important du procès, leur culpabilité.

Cette violation manifeste des formes légales, l'étalage de despotisme affiché dans l'édit, qui réputait comme un crime de lèse-majesté toute critique comme toute apologie de la volonté du souverain, furent peu goûtés en France. « Que dites-vous de l'édit du roi d'Espagne qui les chasse si brusquement? Persuadé comme moi qu'il a eu pour cela de très bonnes raisons, ne pensez-vous pas qu'il aurait bien fait de les dire et de ne les pas renfermer dans son *cœur royal*? Ne pensez-vous pas qu'on devrait permettre aux jésuites de se justifier, surtout quand ils ne le peuvent pas? Enfin, ne vous semble-t-il pas qu'on pouvait faire avec plus de raison un acte si raisonnable? » (D'Al. à Volt.) Ce jugement sera celui de la postérité.

Le pape Clément XIII ne fut ni consulté ni prévenu; Choiseul lui-même ne fut averti que peu de jours avant l'exécution du décret : on se défiait de ses indiscrétions. Lorsque le vieux Rezzonico reçut l'avis du cabinet espagnol qui lui annonçait le bannissement comme un fait accompli, il fondit en larmes, tant ce coup était inattendu pour lui. Il avait pour Charles une tendresse toute paternelle; il se croyait assuré de son amitié. Lorsqu'elle lui manqua tout à coup, il se sentit défaillir « *Tu quoque, fili mi!* — Et toi aussi, mon fils! » lui écrivit-il, en répétant le mot de César frappé à mort par Brutus. Hélas! il n'y avait là ni Brutus, ni César..... ni Rome, mais un pauvre vieillard infirme, décrépit, pliant sous son fardeau et offrant dans toute sa personne la vivante image d'un culte déchu et d'un pouvoir expirant. La réponse du roi est respectueuse, mais ferme et tranchante comme un glaive : « Pour épargner au monde un grand scandale, je conserverai à jamais dans mon cœur l'abominable trame qui a nécessité ces rigueurs. La sûreté de ma vie exige de moi un profond silence sur cette affaire. »

Peu de temps après, les vaisseaux du roi d'Espagne, chargés de près de six mille jésuites, se montrèrent en vue de Civita-Vecchia pour débarquer leur cargaison. Le gouverneur les reçut à coups de canon. Le cardinal Torregiani, le secrétaire d'État de Clément XIII, s'était avisé que ces malheureux mangeaient de trop bon appétit, et il éloignait en eux des bouches inutiles ; telle est du moins la raison qu'il donna lui-même d'une réception si peu conforme à l'esprit de l'Évangile. « Comment loger cette immense quantité de jésuites espagnols, puisque leurs maisons dans l'État ecclésiastique regorgent déjà de sujets portugais?... Ajoutez à cela l'appauvrissement extraordinaire de l'État à cause des mauvaises récoltes dont le Seigneur *nous a visités* cette année. A quoi ne peut-on pas s'attendre, s'il nous faut donner l'hospitalité à tant de milliers de jésuites, dont la présence ferait encore augmenter le prix des denrées? » (Torregiani à Palavicini.)

Ainsi, de quel droit ces exilés se plaindraient-ils? C'est le Seigneur en personne qui a décidé de leur sort en *visitant* l'État romain de mauvaises récoltes !

Ils s'éloignèrent du rivage en maudissant cette patrie adoptive à qui ils avaient sacrifié la terre natale, et qui leur refusait jusqu'au pain amer de l'exil. Alors recommença leur pénible odyssée. Ils se présentèrent successivement devant Livourne, Gênes et la Corse : partout on les repoussa. Des négociations diplomatiques s'ouvrirent à leur sujet, mais sans amener de résultat. Enfin, pour complaire à Charles III, Choiseul les fit débarquer en Corse, dont les armées françaises occupaient alors les principaux ports au nom de la république génoise; mais cet asile précaire leur fut enlevé dès l'année suivante; la Corse ayant été cédée définitivement à la France, ils furent chassés de nouveau, et ne trouvèrent de refuge définitif que dans les États du pape.

Bientôt un dernier malheur accablait la Compagnie. Le roi de Naples, trompant la vigilance du Saint-Siège, faisait jeter sur la frontière du royaume, dans les districts d'Ascoli et de Rieti, une troupe nombreuse de ces religieux. Le lendemain, on en découvrait cent soixante-quinze dans un champ de roseaux, près de Terracine, et le grand maître de Malte imitait l'exemple du roi de Naples. C'était le coup de grâce. Quoi ! chassés par des religieux, et ces religieux ce sont les hospitaliers de Saint-Jean ! O fortune ! Ces malheureux furent accueillis avec un dépit qu'on ne chercha point à dissimuler. Quel crime avaient-ils donc commis? Le crime de survivre à leur défaite. *Væ victis !*

## CHAPITRE XVI

### SENS ET PORTÉE DE LA QUERELLE ANTIJÉSUITIQUE. UN CONCLAVE AU DIX-HUITIÈME SIÈCLE.

Ici s'ouvre une intrigue diplomatique qui aboutit à l'événement le plus caractéristique du dix-huitième siècle jusqu'à 1789. Jamais débat plus insignifiant en apparence ne tint en réalité à des causes plus profondes et n'amena des résultats plus décisifs. De quoi s'agit-il, en effet, pour un observateur vulgaire? De faire supprimer par Rome une communauté de moines. Les négociateurs eux-mêmes de la suppression n'y virent pas autre chose. Vues bornées! appréciation superficielle et mesquine d'un événement plein d'une grandeur tragique! Mais cette communauté, c'est Rome elle-même! La victime qu'on demande au pape, c'est le pape lui-même! Les doctrines de ces moines, ce sont les doctrines de l'Église! Leur tradition, elle est devenue la sienne! Ces constitutions réprouvées par la conscience humaine, elles ont été approuvées et revues par dix-neuf papes, acclamées par un concile général, adoptées par le clergé de tous les États catholiques! Et leurs héros, enfin, qui les a placés sur l'autel à côté de l'Homme-Dieu des chrétiens? c'est encore elle, l'Église. Pour elle, ils ont livré leurs plus fameuses batailles; pour elle, ils se sont faits martyrs, et au besoin régicides; pour elle, enfin, et malgré elle, ils ont renié leur Dieu au Malabar et en Chine, criant : Vive l'Église quand même! comme ces fanatiques plus royalistes que le roi. Il est vrai qu'en travaillant ainsi pour l'Église ils travaillaient un peu pour eux-mêmes, ce qui restreint les proportions de leur héroïsme; mais enfin leurs intérêts sont tellement liés aux siens, qu'ils purent croire de bonne foi se dévouer pour elle en ne songeant qu'à eux. Le pacte conclu au seizième siècle avait porté ses fruits, et l'ordre pouvait dire sans exagération aucune :

Rome n'est plus dans Rome, elle est toute où je suis.

De là l'intérêt passionné et dramatique de cet étrange procès de l'Église contre elle-même : elle y est à la fois l'accusé, le juge et la victime.

Le vieux Rezzonico n'était pas destiné à le voir finir. L'issue en était impossible de son vivant, car il y avait en lui l'âme d'un martyr. Il avait compris l'intime solidarité qui liait la destinée de l'Église à celle de l'ordre, ou plutôt il en subissait à son insu l'influence; car ce pauvre vieillard penchait visiblement vers la tombe, et sa tête, qui avait toujours été faible, s'affaissait de plus en plus sous le poids des infirmités. Ses conseillers, Torregiani et Ricci, se hâtaient d'utiliser de leur mieux le pouvoir qui allait leur échapper avec la vie du pape. C'est ainsi que Ricci lui fit signer, dans un moment de défaillance, la bulle *Apostolicum pascendi*. Elle avait été rédigée tout entière par le général des jésuites, et elle parut sans la communication préalable au sacré collège, qui est presque autant une loi qu'une coutume. « Nous déclarons, disait le pape, de notre propre mouvement et science certaine, que l'institut de Jésus respire au plus haut point la piété et la sainteté. » Ce manifeste, qui débutait par un double mensonge, fut lu partout avec surprise et scandale. C'est ainsi encore que Torregiani surprit à sa faiblesse la signature du fameux monitoire qui fut son arrêt de mort.

Dans une matinée de février 1768, on afficha sur tous les murs de Rome la déclaration de guerre du vicaire du Christ. Sur quelles têtes devaient tomber les foudres du Vatican? — sur ces rois rebelles, autrefois si humbles et si soumis? Le pontife allait-il, comme à un autre âge, déchaîner les multitudes et briser les couronnes? Certes, la grandeur de ce spectacle, ou tout au moins l'audace de cette tentative eût étonné ce siècle incrédule. Un Hildebrand désarmé et faible, mais puisant sa force dans sa faiblesse et frappant d'anathème ses ennemis tout-puissants, ne l'eût pas arrêté sur la pente qui l'entraînait vers d'autres dieux, mais, à coup sûr, l'eût ému et passionné. Vains rêves! ces temps étaient bien loin. La foudre fut lancée, mais d'une main timide, furtive, mal assurée, — *telum imbelle sine ictu*. Rome s'attaqua à un enfant. Qui ne reconnaîtra dans cette vengeance les inspirations de la politique jésuitique, si violente avec les faibles, si rampante devant les forts ? « Nous annulons, disait le monitoire, tous les édits promulgués dans *notre duché de Parme* par une *autorité illégitime.* » De quel crime était coupable le duc de Parme, un enfant de dix-sept ans ? son ministre avait imité les gouvernements de France et d'Espagne, il avait chassé les jésuites du duché. Le pape l'en punissait en faisant revivre de vieilles prétentions oubliées et en s'appropriant ses États. Le prince découronné était le propre fils de ce don Philippe, le précurseur de Joseph II et de Pierre-Léopold, et l'ennemi juré des privilèges ecclésiastiques. Non content d'imposer les biens d'Église, don Philippe n'avait pas craint de donner pour précepteurs à son héritier trois philosophes : Condillac, Keralio et Deleyre. On appliqua à cet enfant, qui était fort innocent des crimes de son père (il le montra bien plus tard) le dogme du péché originel. Par malheur le duc était du sang des Bourbons. Du Tillot, son ministre et son tuteur, présent royal de Louis XV à don Philippe, administrateur habile, conseiller sûr et intelligent, Français par le sang et par les idées, se hâta de déférer la bulle de déchéance aux rois de France et d'Espagne, parents et protecteurs de l'enfant.

La réponse des cours ne se fit pas attendre. Les rois virent dans ce manifeste une atteinte portée à leurs droits et un défi jeté à leurs prétentions. Ils le relevèrent avec emportement. L'ambassadeur de France, ceux d'Espagne et de Naples, demandèrent, dans une audience solennelle, la révocation du décret, menaçant le pape, en cas de refus, de l'occupation simultanée d'Avignon et de Bénévent. Clément, qu'on avait préparé à soutenir cette épreuve redoutée, reçut les ambassadeurs avec un maintien froid et hautain. Il déclara préférer mille morts au désaveu qu'on exigeait de lui, et protesta contre le système de violence et d'intimidation dont on usait envers le saint-siège. Mais, avant la fin de l'audience, cette fermeté si bien jouée l'abandonna, et il fondit en larmes devant les ambassadeurs surpris et embarrassés. Ceux-ci se retirèrent toutefois sans avoir rien obtenu, et rompirent toute relation avec le pape, comptant sur la réalisation de leurs menaces pour vaincre son opiniâtreté. Mais Avignon et Bénévent furent occupés par les puissances, aux murmures du peuple romain, jaloux à l'excès de cette ombre de domination, sans que cette démonstration pût fléchir l'obstiné pontife. Alors les cours, accroissant leurs exigences en raison même de ses refus, n'hésitèrent plus à réclamer de lui la sanction et le complément de leurs vengeances : la suppression de l'ordre de Jésus.

Ce projet, dont on a tour à tour attribué l'initiative à chacun des acteurs de ce drame, avait été mis en question dès le lendemain même de leur expulsion des États du roi d'Espagne. Ces rois, auxquels ils venaient d'inspirer de si chaudes alarmes, pouvaient-ils, sans compromettre leur sécurité, laisser subsister des ennemis, autrefois dangereux, maintenant irréconciliables? Leurs menées à l'étranger n'étaient-elles pas aussi à craindre que leurs complots à l'intérieur? — C'était une guerre à mort, tout le monde le comprit ainsi. Les avis ne furent divisés que sur la question d'opportunité. Choiseul, importuné de voir une intrigue de sacristie prendre les proportions d'une affaire d'État européenne et tenir en échec trois puissants royaumes, proposait, dès le mois d'avril 1767, d'en finir immédiatement et à jamais avec ces débats puérils et indignes, selon lui, d'occuper un ministre au dix-huitième siècle. Le violent et vindicatif Pombal invoquait, avec la logique de la haine, des mesures encore plus radicales et plus décisives; il voulait une intervention directe et permanente des puissances catholiques dans le gouvernement de l'Église. On aurait débuté par le renvoi de Torregiani et continué par l'extinction de la Compagnie de Jésus. Sur le refus du pape de satisfaire les couronnes, un concile général, assemblé par elles, l'aurait déposé et remplacé. « L'élection du pape, dit-il à ce sujet à M. de Sémonin, est nulle dès qu'il est imbécile. Rezzonico devrait se souvenir que l'intention des princes qui l'ont élevé sur le trône de saint Pierre n'a pas été d'y mettre le général des jésuites. » (M. de Sémonin à Choiseul, 14 juil. 1767). Charles III était aussi impatient, mais plus scrupuleux. Bien convaincu que la violence seule pouvait arracher cette concession au pape, il accueillit froidement la proposition de Choiseul. Il fallait, selon lui, laisser mourir en paix ce vieillard et s'en remettre au prochain conclave. Mais il ne songea pas un instant à contester la nécessité de la suppression. Elle était tellement évidente, même pour les esprits les plus prévenus en leur faveur, que le sacré collège le reconnut lui-même en mettant aux voix la sécularisation des jésuites avant qu'elle eût été demandée par les cours. Il est vrai que le consistoire se prononça en leur faveur, mais enfin il délibéra, ce qui prouve péremptoirement l'incertitude des cardinaux.

L'étrange et inexplicable aveuglement du pape mit fin à toutes les hésitations. Charles se montra le plus ardent et le plus implacable. Son ministre, Azpurù, présenta son mémoire le 18 janvier 1769. En le parcourant, Rezzonico chancela comme un homme qui reçoit un coup de poignard, puis il éclata en sanglots. Les jours suivants, il reçut successivement ceux de France et de Naples, mais avec un visage impassible et les yeux secs. On attribua ce stoïcisme d'attitude à quelque grande résolution, — c'était l'effet d'une douleur désormais sans remède. La source des larmes était tarie en lui. Il mourut le 1ᵉʳ février.

Ainsi finit le dernier défenseur sincère de la Compagnie, et, à coup sûr, son seul martyr. Homme d'instinct, il devina ce que n'entrevirent même pas des hommes de génie, l'indivisibilité des destinées du catholicisme et des jésuites, et sacrifia sans hésiter son repos et sa vie. Son dévouement fut inutile, il est vrai, mais il n'en est que plus touchant. Ces sacrifices sans espoir et sans récompense sont le suprême effort de la vertu humaine. Ils ne sauvent pas une cause condamnée à périr, — ils font mieux, ils l'honorent. Ils désarment et attendrissent l'histoire. Ce vieillard fut borné, imprévoyant, injuste même, mais il se dévoua. Sa mémoire est sacrée.

Cette mort était prévue, et pourtant elle surprit tout le monde. Il en est ainsi de tous les événements trop longtemps attendus, — à force de les prédire, on finit par ne plus y croire. Elle simplifiait la situation en supprimant tout médiateur entre les deux partis que l'autorité pontificale avait contenus jusque-là. Toutes ces intrigues, ces haines, ces ambitions, ces espérances, se donnèrent rendez-vous sur un champ de bataille accepté par tous : le conclave. Nous allons les y suivre. Aussi bien un tel spectacle ne saurait être sans intérêt et sans enseignement pour les générations présentes. — Il est bon de contempler de près et dans la liberté de leurs épanchements intimes ces hommes qui prétendent lier et délier souverainement sur la terre et dans le ciel. L'histoire n'écoute pas aux portes, mais elle a le droit d'entrer partout. Et, puisqu'ils n'ont pas craint, dans leur aveugle folie, d'ouvrir eux-mêmes à deux battants celles de cette enceinte, jusqu'alors prudemment interdite aux profanes, pénétrons-y hardiment, — nous y recueillerons plus d'une leçon, et nous y surprendrons plus d'un secret.

Le parti des couronnes était loin, au début du conclave,

d'en former la majorité ; mais il était discipliné et résolu. Il disposait, en outre, d'un moyen qui exerça une influence irrésistible sur l'esprit des cardinaux et, définitivement, lui assura la victoire, — il avait de l'or. Ce siècle, qui avait vu Dubois acheter un pape et le sacré collège, vit toutes les cours catholiques de l'Europe coalisées pour renouveler ce honteux marché. Ici les preuves abondent,— on n'éprouve que l'embarras du choix.

Il faut dire toutefois, à l'honneur des ministres qui mirent à exécution ce plan si simple et si lumineux, qu'ils reculèrent tout d'abord à la seule idée d'une tentative injurieuse pour ceux qui en étaient l'objet, peu honorable pour ceux qui la risquaient. Ils n'ont pas même le mérite de l'avoir conçu. La gloire en revient tout entière à un de ces agents secrets, mi-partis d'espion et de diplomate, que les ministres entretenaient alors auprès des cours étrangères pour y tenir le fil des petites intrigues, trop souvent rompu dans les mains des ambassadeurs par les vicissitudes ministérielles. Cet agent, nommé Dufour, proposa tout uniment à Choiseul, dès l'année 1766, de lui livrer toutes les voix du prochain conclave moyennant une somme de... ; il parlait avec l'aplomb d'un homme sûr de son fait, et joignait à sa proposition, comme pièce justificative, le tarif présumé de ces consciences vénales. Il connaissait le cœur humain, ce cynique. Choiseul dédaigna cette offre. Il donna la préférence à une politique qui convenait mieux à son caractère franc et décidé. Le marquis d'Aubeterre, son ambassadeur, reçut l'ordre de parler aux cardinaux le langage net et ferme d'une puissance qui connaît sa force et qui veut être obéie. Il remplit à merveille ce rôle d'intimidation. Il annonça hautement que son maître ne consentirait jamais à l'élection d'un pape contraire aux vœux et aux principes énoncés dans les manifestes des couronnes, et déclara nul d'avance le résultat d'un scrutin fermé avant l'arrivée des cardinaux français et espagnols. Ces menaces n'étaient point superflues. Le parti des *zelanti* était nombreux, actif, remuant ; mais il manqua d'audace et de décision. Il pouvait élire son candidat en l'absence des prélats étrangers et les forcer, à leur arrivée, à se prosterner devant un pape nommé sans eux. L'imminence d'un schisme eût effrayé des rois comme Louis XV et Charles III, et la chrétienté eût de nouveau subi leurs lois. Torregiani et Ricci, le général des jésuites, qui fut admis à visiter les cardinaux dans leurs cellules, employèrent toute leur éloquence pour amener ce résultat ; — ils supplièrent, menacèrent, pleurèrent tour à tour, et purent se flatter un instant de l'avoir obtenu ; mais, quand on vint au scrutin, la majorité se fractionna et révéla, par cet échec, les incertitudes et les craintes qui troublaient ces cœurs pusillanimes. L'occasion fut manquée et le temps perdu en stériles agitations. L'arrivée de Bernis vint mettre un obstacle de plus à l'exécution de leurs desseins.

L'aimable et spirituel cardinal, depuis longtemps connu par ses madrigaux si galamment tournés, par sa jeunesse besogneuse, par ses succès de salon, sa faveur sitôt suivie d'une éclatante disgrâce, et, puisqu'il faut tout dire enfin, par sa bonne tenue à table, arrivait à Rome avec une envie démesurée d'y jouer un grand rôle. Les souvenirs de son passé diplomatique l'importunaient, et non sans raison. L'alliance autrichienne et la guerre de Sept Ans ne sont pas précisément un titre de gloire. Il voulait à tout prix les faire oublier, et il avait assez de ressources dans l'esprit pour y parvenir. On sait ce mot charmant et profond au cardinal de Fleury : « Vous n'obtiendrez jamais rien de mon vivant. — J'attendrai, Monseigneur. » Cette parole est d'un homme qui sait le prix du temps et de la persévérance. Sa correspondance atteste une raison élevée et exempte des préjugés de sa secte. Humain, tolérant, généreux, prodigue même, il apportait avec lui les traditions de la cour de Versailles ; il en avait les belles manières, le grand air, les grâces piquantes, mais aussi l'étourderie, la vanité, la présomption. Dans l'intimité, on le surnommait Babet la Bouquetière, et jamais surnom ne fut mieux porté. Tout semblait, en effet, s'épanouir en lui, la mine et les propos. Il avait le visage fleuri d'un prélat bien en cour, et ses moindres paroles étaient de vraies fleurs de rhétorique. Ouvrez ses œuvres, encore des fleurs : c'est lui qui a inventé le bouquet à Chloris. Ce bel esprit est l'incarnation de toutes les frivolités du règne de Louis XV, et il en offre, à coup sûr, le type le plus complet. Il jouait à la fois quatre personnages divers avec une aisance inimitable et la plus rigoureuse fidélité aux convenances historiques et à la logique des caractères. Aussi est-il l'enfant gâté de son siècle. Poète comme Dorat et Florian, courtisan comme Richelieu, homme d'État comme Maurepas, il est abbé comme un seul homme sut l'être, et cet homme, c'est lui : l'abbé de Bernis. Il est l'ami de Voltaire, et il écrit la *Religion vengée* (la religion vengée par Babet : ô ironie !) ; il est criblé de dettes, et il donne aux pauvres. Quoi de plus ? allier et faire vivre en bonne harmonie dans sa personne toutes ces individualités hétérogènes, n'était-ce pas un problème autrement difficile à résoudre que la direction d'un conclave ? Voilà pourtant ce qui tenta son ambition. — Il aspirait à descendre. — Disons d'avance qu'il s'y fourvoya, — mais à la manière des gens d'esprit, qui retombent toujours sur leurs jambes.

On le reçut avec toutes ces démonstrations de respect et d'affection dont les Italiens sont si prodigues envers ceux qu'ils veulent tromper. On flatta habilement sa vanité, on entretint ses illusions, et dès le lendemain de son entrée au conclave il parlait avec l'assurance d'un homme sûr de la victoire, mais qui veut être bon prince et ménager les amours-propres. Il fit part de ses espérances et de ses opérations stratégiques à d'Aubeterre et à Choiseul, dans une série de lettres, qui sont un véritable monument historique, par l'importance des révélations qu'elles renferment. Cette correspondance était, il est vrai, une violation flagrante des canons de l'Église, qui imposent aux membres du conclave le secret le plus absolu. Mais qu'y faire? L'abbé n'était pas rigoriste, la discrétion ne fut jamais son fort. C'est là son moindre défaut, et nous le lui pardonnons bien volontiers en faveur du service précieux qu'il a rendu à l'histoire. Du reste, il pouvait citer à l'appui de sa conduite, et sans sortir de ce conclave, d'illustres et nombreuses autorités. Le secret fut violé avec une parfaite unanimité, aussi bien par les *zelanti*, c'est-à-dire les zélés, les incorruptibles, les purs, que par les cardinaux des couronnes. Bernis correspondait avec Choiseul, Orsini avec d'Aubeterre, Torregiani et Rezzonico, le cardinal-neveu, avec le général des jésuites. Quant à de Luynes, homme positif et désillusionné, il correspond avec son cuisinier. Ses épanchements sont exclusivement gastronomiques. Cet autre n'écrit pas, mais il fait mieux, il se fait marchander et se vend. La pensée s'attriste. Où donc es-tu, Église du Christ? Faut-il reconnaître tes élus dans ces prévaricateurs?

Et pourtant écoutez le négociateur et le témoin de ces scandaleuses transactions : « On peut dire que, *dans aucun temps*, le sacré collège n'a été composé de sujets plus *pieux et plus édifiants*. » (Bernis à Choiseul, 12 avril 1769.) Quelles ignominies révèle donc le passé?

Cependant les cardinaux espagnols n'arrivaient pas, et les jours s'écoulaient en tentatives infructueuses. Chacun des deux partis, impuissant pour faire un pape à lui seul, était assez fort pour neutraliser les efforts de l'ennemi. Les cours avaient signifié leurs *exclusives*, espèces de veto qui rendait un cardinal éligible, et le nombre des candidats possibles se restreignait de jour en jour. D'après la liste de d'Aubeterre, il y avait onze cardinaux *papables*, six *indifférents*, le reste à exclure ou à éviter. Celle de l'Espagne n'était guère plus accommodante. Le premier candidat mis en avant par les cours fut Malvezzi, évêque de Bologne, ancien ami de Benoît XIV et de Passionei, qui semblaient revivre en lui. C'était une intelligence supérieure, gouvernée par une volonté de fer. Sa haine contre la Société de Jésus était bien connue de tout le monde. Il échoua. Qui élire à sa place? Et à supposer qu'on rencontrât un autre cardinal qui voulût bien s'engager à réaliser le vœu des couronnes, comment s'assurer d'avance de l'exécution de ses promesses?

L'embarras des ambassadeurs était trop justifié par l'attitude impénétrable des prélats italiens. Cherchant à donner des gages à tous les partis, dans l'espoir secret de se les rendre tous également favorables, ils s'entourent de vague et de mystère, évitent les interrogations, et ne parlent que par énigmes obscures comme les oracles de la sibylle. Aussitôt le conclave ouvert, la dissimulation devient une nécessité, l'espionnage un droit, le mensonge une vertu. Il s'établit entre ces Pères de l'Église une guerre déloyale, pleine de pièges, de stratagèmes, et, il faut le dire aussi, des plus plates fourberies. Ils ne rougissent pas au besoin de faire des emprunts au répertoire de Scapin. Ils ont avec eux, dans leurs cellules, des secrétaires qu'on nomme conclavistes. Ce sont ces brillants *abatti*, héros de boudoir et de salon, que la cour romaine tient en disponibilité pour ses hautes fonctions apostoliques. Rien n'égale l'aplomb de ces cardinaux en herbe, habitués de bonne heure à régenter le monde entier... *in partibus infidelium*. C'est au conclave qu'ils viennent faire leurs premières armes et étudier la grande politique. Ils rendent à leurs maîtres mille menus services, font leurs petites commissions, écoutent à la porte des cellules voisines pour y surprendre le secret d'un rival. En échange, les éminences leur donnent de la tenue et du style. Ces leçons forment une race perfide et machiavélique, qui jouerait Dieu lui-même. Laissons parler l'annaliste de la papauté.

« Les conclavistes sont mis en mouvement avec la mission de monter clandestinement la garde devant les cellules des cardinaux chefs de partis, afin de les écouter pendant leurs entretiens secrets... Chacun d'eux rapportait ensuite à son maître ce qu'il avait appris ; ils cherchaient même à s'entresurprendre et à savoir ainsi indirectement les secrets des plus influents. (Aug. Theiner, archiviste du Vatican, *Hist. de Clém. XIV*, t. I, p. 210.)

Commérages, sans doute ! intrigues puériles de vieillards désœuvrés ! mais — peut-on l'oublier ? — le prix de ces commérages, c'est la tiare et l'infaillibilité. Et après d'interminables pages consacrées à en retracer l'humiliant souvenir, le même historien ne craindra pas de s'écrier :

« L'élection de Clément XIV fut *uniquement faite* par *l'immédiate inspiration du Saint-Esprit !* » (*Sic.*) Non ! l'Esprit-Saint ne descend pas, comme l'a dit un poète. Et le divin enthousiasme qui inspire les grandes résolutions choisit des cœurs plus purs et des temples plus dignes de lui.

D'Aubeterre, impatient d'en finir, et irrité de ces lenteurs calculées, proposa de trancher le nœud gordien. Son plan consistait à faire signer au futur pape l'engagement formel de supprimer la Compagnie de Jésus. Les cours auraient eu alors un gage certain de sa complaisance. Il s'en ouvrit à Bernis. Mais celui-ci refusa son adhésion à cet arrangement, et par ce refus perdit sans retour l'occasion de faire un pape. Il céda à des scrupules honorables, mais on aurait tort de les mettre exclusivement sur le compte de sa vertu. Elle n'est point si robuste. Ses lettres ne sont pas précisément un certificat de puritanisme, comme on peut en juger par l'extrait suivant : « Il serait aisé de m'enrôler, mais je demande de la sûreté pour mes dettes (une bagatelle ! 207,000 fr.) et un point qui touche à l'honneur. Si on satisfait à ces deux choses, je reste ; sinon, je retourne à mes moutons. » (A Choiseul.) Il venait d'essuyer tout récemment d'assez rudes mécomptes. Le jour où il avait exposé à ses collègues les intentions des couronnes, des murmures désapprobateurs avaient interrompu son discours. — « Nous sommes tous ici au même titre, » s'était-il écrié. — « Non, Éminence, répondit Alexandre Albani, car ce n'est point une courtisane qui m'a mis ce *berrettino* sur la tête. » C'était expier durement les faveurs de madame de Pompadour, et ces petits soupers, dont il avait été si longtemps la grâce, le charme et la gaieté. Cette scène fâcheuse le rendit prudent outre mesure. Le projet abandonné par Bernis fut repris plus tard par les cardinaux espagnols et décida de la victoire.

Mais ce moment était encore éloigné. Les deux prélats attendus, Lacerda et Solis, procédaient à leur voyage avec une lenteur et une gravité proportionnées à l'importance du rôle qu'ils s'attribuaient. Ils avaient annoncé d'abord qu'ils viendraient par mer pour abréger les longueurs de la route : — grande joie dans le conclave. — Mais, au moment de s'embarquer à Carthagène, les successeurs de ce Pierre qui marchait sur les eaux reculent effrayés du bruit de la mer. Ils reviennent sur leurs pas et décident que le voyage s'effectuera par voie de terre. Qu'on juge de l'exaspération de leurs collègues à cette nouvelle. Les ennuis de la réclusion, déjà portés au comble par la lassitude, la chaleur, les agitations d'une lutte sans issue, furent doublés par la certitude de les voir se prolonger longtemps encore. Une distraction inespérée survint tout à coup.

Joseph II arrivait à Rome, accompagné de son frère Pierre Léopold.

Le fils de Marie-Thérèse ne venait point dans l'intention d'influer sur les délibérations du conclave. Il passait. Impatient de régner, mais écarté des affaires par sa mère, jalouse à l'excès de son pouvoir, il trompait son besoin d'action par des projets gigantesques et par l'agitation factice des voyages. Fidèle aux instructions de Marie-Thérèse, le jeune empereur se renferma dans une réserve froide et dédaigneuse. S'il eût suivi ses inspirations personnelles, nul doute qu'il ne se fût joint hautement aux ennemis des jésuites. « Si j'étais souverain, écrivait-il peu de temps après à Choiseul, vous pourriez compter sur ma coopération. Quant aux jésuites, et au plan d'abolir leur congrégation, je suis entièrement de votre avis. Mais ne comptez pas trop sur ma mère, car l'attachement à cet ordre est devenu héréditaire dans la maison de Habsbourg » (janvier 1770). Il sacrifia pour un temps sa haine à la politique maternelle, et ce sacrifice l'honore. Placée entre une sympathie secrète pour la compagnie, et la crainte de compromettre l'alliance française, Marie-Thérèse donnait des espérances à tous les partis, avec l'intention bien ferme de n'en seconder aucun. Joseph sut se conformer à cette ligne de conduite; mais, dans ses entretiens particuliers, il ne chercha nullement à déguiser son aversion et son mépris pour les jésuites. Quant à l'élection du futur pape, il affecta de n'y attacher aucune importance. Les cardinaux se flattèrent de gagner ses bonnes grâces par des honneurs inusités; ils ne firent qu'accroître sa réserve. On l'invita à visiter le conclave, faveur jusque-là sans exemple. Il s'y présenta dans ce costume modeste, presque négligé, si souvent copié depuis par des plagiaires couronnés, et payé si cher qu'on en a gardé quelque rancune à celui qui en fut l'inventeur. Chez Joseph cette simplicité n'était point étudiée, comme on l'a dit : elle était la traduction fidèle de ses goûts et de ses préoccupations habituelles. C'est sur lui-même que ce réformateur avait voulu opérer sa première réforme. Il dédaigna le faste, et mit au rebut la pourpre classique des Césars, comme un ornement tout au plus digne des héros de théâtre. Ce dédain n'est pas d'une âme vulgaire. Quel que soit le jugement qu'on porte sur Joseph, on est forcé de convenir qu'il eut le sentiment et l'amour de la vraie grandeur. C'est un fils de Marc-Aurèle.

Les cardinaux le reçurent avec des démonstrations extraordinaires : ils poussèrent le respect jusqu'à la servilité : ils affectèrent hypocritement les transports d'une tendresse qu'ils n'avaient jamais ressentie ; ils humilièrent leurs cheveux blancs devant ce jeune homme hautain. Albani, pensionné de l'Autriche, pleura de joie pendant toute la durée de la visite. Joseph accueillit ces avances intéressées avec un flegme poli, mais glacial. Il n'en fut pas dupe un seul instant ; son attitude ne fut ni d'un protecteur ni d'un ami, mais d'un voyageur curieux qui veut tout voir par lui-même. Il eut pourtant un sourire pour Bernis et des paroles de respect et de compassion pour le cardinal d'York, le dernier des Stuarts. En se retirant, il leur recommanda la politique sage et prudente de Benoît XIV, et les exhorta, au nom des intérêts de l'Église, à faire revivre ce grand pontife dans la personne de celui qu'ils allaient élire ; puis il quitta Rome en se dérobant aux ovations qu'on lui avait préparées.

Les Espagnols arrivèrent enfin, portant avec eux la destinée de l'Église. Mille circonstances se réunissaient pour faire d'eux les médiateurs suprêmes entre les couronnes et le sacré collège ; l'avortement des combinaisons essayées jusqu'à ce moment ; la réputation d'habileté consommée de Solis ; l'ardeur passionnée de son maître à suivre les péripéties de la lutte, et l'impatience même dont il avait été la cause et l'objet. Elle avait grandi leur importance, tout en indisposant les esprits contre eux. Ils y avaient gagné cet attrait tout-puissant sur les imaginations, dans la réalité comme au théâtre, qui s'attache aux personnages souvent annoncés et longtemps attendus. Le soir même de leur arrivée, on eût pu préjuger l'issue de la lutte d'après le résultat du scrutin. Un prélat obscur, presque dédaigné de ses collègues, qui n'avait compté jusque-là que deux ou trois partisans timides dans le conclave, vit subitement leur nombre s'accroître de deux voix : ces deux voix mystérieuses étaient celles des deux Espagnols. Ce prélat était Ganganelli; l'histoire n'offre pas de nom plus tragique, ni de destinée plus touchante.

Lorenzo Ganganelli naquit à San-Arcangelo, pauvre village du duché d'Urbin, d'une famille humble et obscure. Était-elle noble ou plébéienne? Ses biographes disputent encore; nous leur laissons le soin de résoudre cette grave question. Toujours est-il qu'il embrassa la vie monastique comme l'état le plus conforme à la modicité de ses ressources. Fra Lorenzo se rendit bientôt célèbre, en Italie, par sa doctrine et ses prédications : son éloquence, un peu verbeuse, mais sage, simple, nourrie de logique et de raison, contrastait avec le genre précieux et maniéré des prédicateurs à la mode. Une bonhomie pleine de charme et d'enjouement lui gagnait tous les cœurs. Il sut être tolérant en restant cordelier. Lambertini le connut et l'aima. Appelé deux fois au généralat de son ordre, il refusa obstinément de se rendre au vœu de ses confrères; on fit honneur de ses refus à son humilité. Une dignité plus haute avait tenté son ambition : Ganganelli voulait être pape.

L'exemple de Sixte-Quint, simple cordelier comme lui au début, avait de bonne heure frappé son imagination : dès sa jeunesse, il étudia cette vie comme l'idéal secret sur lequel il voulait régler ses actes et former sa destinée. Ce grand nom revenait toujours sur ses lèvres. Quoi de commun, pourtant, entre le fanatique allié de la Ligue et cette âme naïve et affectueuse? Ganganelli obéissait, sans doute à son insu, à la loi mystérieuse qui rapproche les contraires dans l'humanité comme dans la nature. Quoi qu'il en soit, son admiration exclusive pour Sixte influa visiblement sur le développement de son caractère, et lui donna une force de volonté qui devait se démentir plus tard. Est-ce aussi à l'influence du modèle qu'il faut attribuer certaines nuances qui forment une ombre fâcheuse sur la pureté de sa vie? Ganganelli rechercha et obtint l'amitié, la protection des jésuites. Le jour où Rezzonico le revêtit de la pourpre, il déclara qu'il faisait cardinal un jésuite sous les habits d'un franciscain. Dès ce jour aussi le nouveau cardinal rompit avec ses protecteurs, tout en les ménageant comme une puissance redoutable ; il n'avait plus besoin d'eux.

Cette élévation, en le rapprochant du terme de ses espérances, accrut encore une foi, déjà exaltée jusqu'à la superstition, par une aventure étrange et merveilleuse. Un jour, simple consulteur du saint-office, il se promenait solitairement, suivant sa coutume, au *Monte Celio*, en face du Colisée et de l'arc de Constantin ; un moine se jette à ses genoux : « Bénis-moi, lui dit-il, je t'en conjure par la vertu de ce caractère sacré que tu revêtiras un jour. » Cette prophétie ne sortit plus de sa pensée. Il apportait dans ses nouvelles fonctions la réserve prudente d'un ambitieux ; il écartait les soupçons par des habitudes d'une simplicité empruntée à la vie monastique, fuyant l'éclat et les cérémonies de la cour romaine pour partager l'entretien et la table des pères de son couvent, et rassurant ses rivaux par cette absence de toute prétention et cet éloignement de toute intrigue.

Sa politique n'eut pourtant pas d'abord tout le succès

qu'il en espérait. On le porta, il est vrai, sur la liste des cardinaux *papables*, mais le ministère espagnol accompagna son nom d'une note qui le signalait comme dévoué aux jésuites : on se rappelait son ancienne intimité avec les pères ; mais Ganganelli sut bientôt faire succéder à ces impressions défavorables les plus bienveillantes dispositions. L'ambassadeur d'Espagne, monseigneur Azpurù, se chargea de le réhabiliter auprès de sa cour. Quant à Bernis, attiré d'abord vers lui comme par un pressentiment de sa grandeur future, il fut promptement rebuté par l'impénétrabilité de l'Italien. Celui-ci était trop rusé pour lui laisser deviner un secret qui aurait été aussitôt celui de tout le monde ; il savait bien que poser dès le début du conclave une candidature antipathique à la majorité de ses collègues, c'était la perdre sans retour. On devait venir à lui par lassitude. Bernis perdit patience et se tourna d'un autre côté, non sans quelque mauvaise humeur : « Si Ganganelli, écrit-il, n'avait pas tant de peur de se nuire en paraissant lié avec les couronnes, il y aurait plus de ressources en lui qu'en tout autre ; mais, à force de finesse, il gâte ses affaires, plus il se cache plus on soupçonne son ambition. » Il gâte ses affaires ! l'événement prouva bien que non ; quant à son ambition, le subtil prélat parvint à le rassurer pleinement sur ce point. Il n'en éprouvait qu'une seule, celle de rester un simple soldat dans le parti qu'ils servaient tous deux. « Ganganelli, avec lequel j'ai une petite galanterie sourde (déplorable Babet !), m'a fait assurer que sa voix était à nos ordres ; en attendant, il la donne à nos ennemis pour mieux les tromper. » (Bernis à d'Aubeterre.) On voit par là que la conduite de Ganganelli est loin d'être exempte de tout manège. Mais si Paris vaut une messe, Rome vaut bien une intrigue ; les Espagnols en apportaient le dénouement.

Pour en venir à leurs fins, ils n'eurent qu'à mettre en

œuvre les deux plans que nous avons mentionnés, et dont l'idée première ne leur appartenait en aucune manière. Dans les petites choses comme dans les grandes, le succès donne toujours raison au troisième larron. Ils empruntèrent à Dufour son projet d'acheter les consciences récalcitrantes du sacré collège, et à d'Aubeterre celui d'enchaîner le pape futur par un engagement écrit et signé de sa main. Ils les réalisèrent avec un plein succès. Du fond de sa cellule, Solis se mit en rapport, par d'habiles intermédiaires, avec Ganganelli, qui restait invisible à tous les yeux; en même temps il correspondait avec J.-F. Albani, le chef de la faction des *Zelanti*, menant ainsi de front les deux négociations. Bernis, heureux de voir qu'on ne songeait pas à lui disputer la préséance et les honneurs si chers à sa vanité, poursuivait le cours de ce qu'il nommait ses « galanteries sourdes, » sans se douter qu'il était seul à croire à ses bonnes fortunes. Il remarqua bien les entrevues de Solis avec les deux Albani, mais il n'en tira aucune induction sur ce qu'on tramait dans l'ombre contre sa gloire diplomatique : « Les Albani cultivent beaucoup les Espagnols, dont les présents réussissent très bien. » (11 mai, à d'Aubeterre.) Tout le monde ne fut pas aussi aveugle : Rezzonico dénonça avec indignation les tentatives faites par les représentants des couronnes pour corrompre les cardinaux, et ne craignit pas d'inculper Bernis lui-même : « Je vous avoue, lui écrit à ce sujet d'Aubeterre, que le propos qu'il a tenu à V. E. est bien extraordinaire; si imbécile qu'il soit, je ne l'aurais pas cru si insolent. J'admire la modération de V. E.; pour moi, je l'aurais traité comme un polisson qu'il est. — (D'Aub. à Bern., 14 mai.) Voilà des termes un peu vifs dans la bouche d'un ambassadeur; mais c'est l'effet ordinaire du séjour à Rome. Il avait perdu toute illusion; du reste, son mépris n'est que trop justifié : ce vertueux dénonciateur ne se récriait ainsi que pour se vendre plus cher lui-même au dernier moment. L'heure approchait, grâce aux pistoles de l'Espagne.

En même temps que l'or des puissances, le diable en personne pénétrait dans le conclave avec une lettre de Voltaire ; car on sait qu'il affectionne ces sortes de déguisements :

### A MONSEIGNEUR LE CARDINAL DE BERNIS.

« Puisque vous êtes encore, monseigneur, dans votre caisse de planche en attendant le Saint-Esprit, il est bien juste de tâcher d'amuser votre Éminence... Il y a un mois que des étrangers étant venus voir ma cellule, nous nous mîmes à jouer le pape aux trois dés ; je jouai pour le cardinal Stoppani et j'amenai rafle ; mais le Saint-Esprit n'était pas dans mon cornet. Ce qui est sûr, c'est que l'un de ceux pour qui nous avons joué sera pape. Si c'est vous, je me recommande à Votre Sainteté. Conservez toujours, à quelque titre que ce puisse être, vos bontés pour le vieux laboureur.

« VOLTAIRE. »

Que vous en semble ? Cette fine raillerie ne caractérise-t-elle pas d'un trait toutes les scènes qui ont tour à tour passé sous nos regards, — un jeu ?

Le 15 mai, Bernis s'aperçut qu'il avait perdu la partie. La candidature de Ganganelli était posée ouvertement et acceptée par tout le monde. Il fut assez maître de lui pour ne témoigner aucun étonnement et se rangea de bonne grâce du côté de ses collègues. Il connut dès le lendemain la double transaction qui avait terminé la lutte : « MM. les Espagnols ne nous disent pas tout. S'ils avaient parlé, nous n'aurions fait aucune réflexion sur Ganganelli. Il paraît qu'on s'est arrangé avec lui ; tout est dit. » Et encore : « Orsini et moi nous avions souvent averti Solis de la correspondance de cet homme avec les Albani... Nous craignions qu'il ne le trahît, et nous étions de bonnes dupes... Les pistoles de l'Espagne m'ont paru un bon moyen pour gagner les Albani. »

On a tour a tour nié, dans des intérêts de parti, et l'engagement de Ganganelli et la vénalité des cardinaux *Zelanti*. Ces deux faits ont aujourd'hui tous les caractères de la certitude historique. L'écrit signé par le futur pape est plutôt une profession de foi qu'une promesse formelle ; il est rédigé avec l'intention évidente de ne pas donner lieu à l'accusation de simonie. Le voici tel que prétend l'avoir vu de ses yeux un historien de Clément XIV :

« Je reconnais au pape le droit de pouvoir éteindre en conscience la Compagnie de Jésus, et il est à souhaiter que le futur pape fasse tous ses efforts pour accomplir le vœu des couronnes. »

Cette rédaction a en outre le mérite de s'accorder avec ce que Bernis en dit dans sa dépêche à Choiseul du 28 juin : « L'écrit que les Espagnols ont fait signer au pape n'est pas obligatoire. Le pape lui-même m'en a dit la teneur. » Du reste, qu'elle soit exacte ou non, l'existence de la promesse elle-même ne peut plus être contestée aujourd'hui. Il en est de même du faible des cardinaux pour l'or des puissances. Il éclate à toutes les pages de cette correspondance. Au besoin même, ce fait pourrait se passer du témoignage de Bernis, car lui seul est capable d'expliquer l'unanimité soudaine qui acclama le nom de Ganganelli. C'est un fait nécessaire. Il éveille dans l'esprit d'accablantes réflexions, dans le cœur d'amères tristesses. Quoi ! voilà l'élite de l'humanité, les pasteurs des peuples, les arbitres souverains du juste et de l'injuste, les maîtres des consciences, convoqués du nord au midi, de l'orient à l'occident; les voilà réunis dans un sénat auguste, entourés d'un respect qui va jusqu'à l'idolâtrie; ils délibèrent, le monde se tait; ils parlent, le monde obéit. Et il se trouve que ces oracles sont des hommes vendus au plus offrant! Où reposer ses yeux dans cette assemblée de parjures? Al. Albani, vendu; G. F. Albani, vendu; Torregiani, vendu; Borromeo, vendu; Castelli, vendu; Rezzonico, vendu; Lante, vendu; Fantuzzi, vendu! Tous sont vendus, excepté ceux dont on a dédaigné l'insignifiant suffrage. Et Ganganelli lui-même, le plus pur d'entre eux, n'a-t-il pas fait marché de la tiare?

Un mot résume tout ce récit: ce mot, l'histoire l'écrira en lettres de feu sur le livre de ses vengeances: le 16 mai 1769 les rois achetèrent l'Église, et l'Église renia son Dieu.

## CHAPITRE XVII

### CLÉMENT XIV ET LA SUPPRESSION DES JÉSUITES.

Jamais avènement ne fut salué d'acclamations plus unanimes. A cette alégresse naïve et bruyante qui ne fait jamais défaut à l'aurore des règnes nouveaux, précisément parce qu'ils ont pour eux le prestige des choses nouvelles, l'espérance et l'inconnu, se joignait la certitude de voir se dénouer enfin une crise dont tout le monde était las. Les Romains se pressaient autour de Ganganelli avec des cris de joie, comme pour mieux lire sur sa physionomie expressive les promesses du futur pontificat, et tout en elle semblait répondre: Paix, confiance, réconciliation. Ce visage est en effet rayonnant de grâce et de bonté. La bouche sourit, le front est ouvert, harmonieux, plein de pensées, et dans le regard brille l'éclair de la finesse italienne ; mais, au lieu d'inspirer la défiance, il attire les sympathies. On sent que cette arme, dangereuse dans une nature perverse, est ici au service d'un cœur de bonne volonté.

Clément XIV sentait le prix de sa popularité, et il en jouissait avec ivresse. Il l'accrut encore par la stoïque simplicité de ses habitudes. Il rompit avec toutes les traditions d'étiquette de la cour romaine. Il voulut faire en personne toute sa besogne de souverain ; il éloigna du Vatican les cardinaux et les grands, pour lesquels il ressentait une aversion toute plébéienne, s'entoura de moines obscurs, amis et compagnons de sa jeunesse, et fut lui-même son premier ministre. On le vit parcourir les rues de Rome à cheval et sans escorte, souriant à tous, accessible à tous, n'élevant la main que pour bénir et la voix que pour consoler. Le monde admira ; l'envie se tut ; Pasquin lui-même fit trêve à ses épigrammes. C'était la réalisation de l'utopie évangélique : elle dura peu.

Une vertu manquait à cet homme : la force. Faute de ce don divin, toutes ses nobles qualités demeurèrent stériles. Dans une époque moins troublée, Ganganelli aurait fait revivre en sa personne la grande mémoire de Lambertini : il en avait la mansuétude, la tolérance, l'esprit aimable et enjoué ; mais la situation où il trouvait l'Église exigeait de plus un cœur intrépide et une volonté fortement trempée. Entre les jésuites et les rois, toute réconciliation était désormais impossible, il fallait irrévocablement prononcer. En faveur de qui ? L'une et l'autre alternative offrait des dangers certains, moins redoutables pourtant que ceux de l'indécision. En sacrifiant les jésuites, on reniait deux siècles des traditions de l'Église ; on encourageait ses ennemis déjà si puissants ; on sanctionnait une usurpation évidente du pouvoir temporel sur les droits de la papauté ; on humiliait le Christ devant César ; on privait le saint-siège d'une milice aguerrie, éprouvée, formidable, peut-être de son dernier rempart. En refusant d'accéder aux vœux des rois, on brisait les derniers liens qui retenaient leurs peuples sous l'obédience de Rome ; on livrait le Portugal et l'Espagne au schisme, la France à l'incrédulité ; on déclarait l'Église solidaire de l'ordre de Jésus, et on absolvait toutes ses entreprises contre le pouvoir royal ; enfin on perdait sans retour Avignon, Bénévent et peut-être le patrimoine entier de saint Pierre. Entre ces deux partis également menaçants, Ganganelli hésita. Il espéra conjurer l'orage par des promesses et des demi-mesures. Ce système souriait à sa faiblesse, mais il était le plus inexécutable et le plus funeste de tous.

L'ardent et implacable Charles fut le premier à réclamer l'accomplissement de la promesse pontificale. Le pape, réveillé en sursaut, en pleine Arcadie, à Castel-Gandolfo, au milieu de ses rêves de paix universelle, fut brusquement rappelé aux préoccupations terribles qu'il avait jusque-là écartées avec soin de sa pensée. En un jour sa gaieté disparut, et cette belle nature perdit pour lui ses enchantements. L'inexorable fantôme de la réalité se dressa devant lui. Il demanda du temps, allégua le devoir d'une plus mûre réflexion et les délais indispensables pour rendre l'instruction complète. Bernis, qui avait recueilli la succession de d'Aubeterre, lui ayant paru de meilleure composition que son collègue Azpurù, il s'en fit un ami et un intercesseur auprès des cours. Cette conquête lui coûta peu d'efforts. Par les qualités conciliantes de son esprit, par sa raison élevée, par sa suprême indifférence pour le fond du débat, indifférence habilement déguisée en impartialité et en tolérance, Bernis était mieux fait que personne pour compatir aux embarras de Clément. Ses rancunes et ses défiances, sentiments peu durables chez lui, tombèrent promptement devant l'accueil touchant et flatteur de Ganganelli. Celui-ci le reçut dans son intimité, le combla de prévenances, d'attentions, de faveurs. Il se fit son égal, son confident, j'allais dire son protégé. « Je ne veux être pour vous, lui disait-il, que le cordelier Fra Lorenzo. » Ému, charmé, ébloui, le vaniteux cardinal se vit assis sur le trône de saint Pierre avec les clefs mystiques dans sa main. Il devint le défenseur officieux des temporisations du pontife.

En France, la tâche était facile : Choiseul, honteux de voir échouer une ligue de rois contre des ennemis ridicules à ses yeux, dégoûté, humilié des longueurs de cette guerre, en était arrivé à se repentir de l'avoir commencée : « Les rois l'emporteront-ils ? les jésuites auront-ils la victoire ? Voilà la question qui agite les cabinets et qui est la source des intrigues, des tracasseries et des embarras de toutes les cours catholiques. En vérité, l'on ne peut voir ce tableau de sang-froid sans en sentir l'indécence, et, si j'étais ambassadeur à Rome, je serais honteux de voir le P. Ricci l'antagoniste de mon maître. » Il prescrivait à Bernis une attitude toute passive. Celui-ci n'eut donc aucune peine à le convaincre de l'utilité des délais. Mais ses harangues fleuries vinrent échouer devant l'opiniâtreté castillane. Charles se montra intraitable. Il ne voyait dans les raisons alléguées par Clément que des prétextes destinés à amuser sa bonne foi et à lasser sa persévérance ; dans l'intercession de Bernis, qu'une complaisance de courtisan ; dans la tiédeur de Choiseul, qu'une indifférence coupable, presque une trahison. Dans toutes ses dépêches, l'ombrageux Espagnol accusait les lenteurs du cardinal ; il revenait infatigablement sur son *delenda Carthago* ; il s'efforçait de réchauffer le zèle du ministre de France, s'indignait de ses défaillances, et son respect pour le pacte de famille tempérait seul l'amertume de ses plaintes.

De leur côté, les jésuites n'étaient point inactifs. Du premier regard, ils avaient pénétré l'âme de Ganganelli et le secret de ses incertitudes. Sans sympathie pour eux, mais retenu par la crainte de déchirer le sein de l'Église, par des scrupules de conscience, des préjugés de cloître mal effacés de son esprit, il ne pouvait se prononcer contre l'ordre qu'au dernier moment et en cédant à des dangers plus redoutables encore. Ils savaient de plus qu'il était loin d'être inaccessible à la terreur qu'inspirait le renom de leurs vengeances. Ils exploitèrent largement cette pusillanimité. Ils excitèrent contre lui la noblesse, mécontente de ses innovations. Ils le menacèrent tantôt de la colère de Marie-Thérèse, tantôt de leurs propres ressentiments. Ces menaces produisirent leur effet : « On commence à s'apercevoir, écrivait Bernis, des précautions dont le pape use pour son manger et sa personne; il a pour cuisinier un frère cordelier qui travaille seul pour sa nourriture. » Et d'ailleurs « le général de l'ordre de la Passion a averti Sa Sainteté de prendre garde à sa nourriture. » (Bernis à Choiseul.)

Cependant les instances de la cour d'Espagne prenaient un ton si pressant à Versailles, si impératif à Rome, que Bernis, menacé de perdre son ambassade, dut employer toutes ses grâces pour décider le pape à donner aux cours au moins un commencement de satisfaction. Ganganelli écrivit à Louis XV. Sa lettre, où il faisait servir son ignorance de la langue française à voiler l'expression de sa pensée, et où la mystification italienne enveloppée de bonhomie et de naïveté se présentait sous les dehors bénins d'une faveur apostolique, resta pour le cabinet français un hiéroglyphe indéchiffrable. Choiseul, impatienté, traita sans façon le pape de fourbe. Quant à Charles, il s'emporta, menaça. Lorsqu'on lui apprit le motif apparent des hésitations de Clément, il leva les épaules et offrit de débarquer une armée à Civita-Vecchia pour le protéger contre ses ennemis imaginaires. Cette offre ironique avait pour but de laisser entrevoir au malheureux pontife qu'en fin de compte son allié, poussé à bout, pourrait bien s'aviser de le protéger malgré lui-même. Il céda le cœur plein d'angoisses. Sa lettre du 30 novembre 1769 à Charles est un engagement positif, formel, irrévocable. Il demande encore du temps pour opérer la suppression, mais il la reconnaît juste et nécessaire. « Les membres de cette société, dit-il, ont mérité leur ruine par l'inquiétude de leur esprit et l'audace de leurs menées. » Il espérait, par cette promesse, désarmer son persécuteur en calmant son impatience. On a peine à concevoir cet aveuglement.

Sa décision réunissait, en effet, tous les inconvénients, tous les dangers des deux alternatives dont le choix lui restait, sans en offrir un seul avantage. Les jésuites, voyant leur ruine proclamée nécessaire à la face du monde, allaient redoubler leurs intrigues, enfler leurs menaces, rallier leurs partisans pour une lutte suprême et désespérée. Charles, maître absolu désormais des négociations, allait devenir d'autant plus exigeant qu'il était plus près du but marqué par sa haine. On avait irrité son ardeur au lieu de la refroidir. Quels prétextes lui opposer à l'avenir? L'extinction n'avait-elle pas été reconnue juste et nécessaire? Par cette maladroite concession, Clément XIV se mit à la merci de l'Espagne. La promesse qui lui avait valu la tiare pouvait être niée et éludée; celle-ci était publique, solennelle, irrévocable.

Cependant, comme si cette demi-résolution eût soulagé son âme troublée, on le vit revenir à la sérénité et à l'enjouement des premiers jours de son pontificat. Il respira plus à l'aise, et c'est avec une pleine liberté d'esprit que, pour manifester plus nettement encore son intention, il supprima le bulle *In cœna Domini*. Cette bulle célèbre était le résumé de toutes les prétentions ultramontaines.

L'infaillibilité du pape, son indépendance des conciles, sa suprématie sur les rois, s'y étalaient à chaque ligne avec cette heureuse arrogance qui est le privilège des oracles. Cette charte surannée d'un pouvoir qui n'était plus qu'une ombre, était tous les ans lue publiquement à Rome le jeudi saint, comme le programme idéal d'une politique que la dureté des temps rendait impraticable dans le présent, mais qu'on tenait suspendue sur la tête des rois comme une menace et un défi. En la supprimant, Ganganelli fit preuve d'un bon sens plus rare sur le siége apostolique que le génie astucieux de la diplomatie. L'Europe entière applaudit à sa décision, et le Portugal fit sa paix avec l'Église : Pombal fermait l'ère de sa dictature théologique. Cette démarche, faite à regret, pour complaire aux tardifs scrupules de son maître, mettait fin à un véritable schisme inventé et prolongé par lui dans l'intérêt de sa tyrannie. Pape et souverain à la fois, il avait eu pendant dix ans son église, son clergé et son inquisition. Quant à son orthodoxie, elle avait été suffisamment établie par plusieurs autodafés solennels : on se contentait généralement de cette démonstration. Clément reprit possession de ces fonctions usurpées et de ces instruments de domination, moins dangereux dans sa main que dans celle de l'ennemi des jésuites.

Ce succès marque la seule phase heureuse du pontificat de Clément XIV : une courte halte entre la persécution et le martyre. La trêve écoulée, la lutte recommence avec un incroyable acharnement et pour ne plus s'arrêter, même devant la tombe du pontife. Ce qui émeut dans le récit de ce douloureux épisode, ce ne sont ni les violences qu'il a à subir ni les terreurs qui viennent l'assaillir, ni même le contraste de ce rang suprême avec cette fin tragique ; il n'y a rien là qui élève cette infortune au-dessus des infortunes vulgaires. Le spectacle des douleurs morales a seul le droit et le privilège d'émouvoir profondément le cœur de l'homme. Or c'est là ce qui fait de Clément XIV une des plus grandes figures de la souffrance humaine. Les batailles qui se livrent autour de lui ne sont que des jeux d'enfant auprès de celles qui se livrent dans son propre cœur. Tout dans son attitude, dans ses actes, et jusque dans les cris entrecoupés de son agonie, trahit les angoisses désespérées, les doutes déchirants auxquels son âme est en proie. C'est que Ganganelli n'était point un philosophe, comme on s'est plu à le supposer de nos jours d'après le thème ingénieux de l'abbé Galiani ; le moine avait survécu en lui à toutes ses transformations successives. « Hélas ! disait-il un jour à Bernis, je ne suis pas né pour le trône, je m'en aperçois tous les jours... Je crois impossible à un religieux de se défaire entièrement de l'esprit attaché au capuchon. » Il avait gardé de sa première vie un respect involontaire, mystique, superstitieux, pour cette société élevée si haut au-dessus de tous les ordres religieux ; et, depuis sa récente élévation, il comprenait mieux combien l'existence de la papauté moderne est indissolublement liée à la sienne. Dans les scènes évoquées par son imagination malade, il voyait ses prédécesseurs se lever en témoignage contre lui au tribunal de Dieu ; il entendait leurs anathèmes et leurs voix accusatrices... Mais la voix des vivants était encore plus haute et plus impérieuse que celle de ces fantômes. Si précieuse que fût à l'Eglise la conservation des jésuites, pouvait-on nier leurs intrigues, leurs fautes, leurs crimes ? Les absoudre, n'était-ce pas se déclarer leur complice ? Voilà ce qui excuse les hésitations de Clément, ce qui lave sa mémoire des accusations de duplicité, qu'on ne lui a point épargnées, ce qui fait du récit de ses perplexités une des pages les plus attendrissantes du passé, et de son nom celui d'un martyr. Martyr de ses instincts généreux plus encore que des noires fureurs de ses ennemis, il devait expier, par ce double supplice trop peu mérité, le crime d'avoir ambitionné un rang où il n'était plus permis d'être vertueux impunément. La justice d'un côté, de l'autre les préjugés de naissance, d'éducation, de religion, la crainte, mauvaise conseillère, se disputèrent tour à tour la possession de ce cœur et s'en arrachèrent les lambeaux; mais, enfin, ce fut la justice qui l'emporta. Paix à sa cendre !

Le 12 février 1770, Clément cédant à regret aux sommations toujours plus hautaines de la cour d'Espagne, retira aux jésuites leur séminaire de Frascati. Ce coup frappé d'une main timide, en apparence pour satisfaire les cours, en réalité pour pressentir l'opinion, avertir les coupables et peut-être aussi les amener à demander spontanément une réforme, n'eut aucun des résultats qu'il en attendait. Les cours le regardèrent avec raison comme une satisfaction insignifiante; le public ne dit mot; les jésuites poussèrent un long cri de rage, qui peu après se changea en un cri de triomphe : Choiseul tombait, victime de ses mépris pour la Dubarry.

Sa disgrâce était ce qu'on nomme en pieux langage « un événement providentiel. » Il sauvait la Société, — on le crut du moins. D'Aiguillon n'était-il pas leur créature? Quant à madame Dubarry, elle avait pour les Pères une dévotion passionnée. Dévote bien digne de tels saints. Leur assurance prit des proportions épiques. Ils adressèrent à Louis XV mémoires sur mémoires, moins encore pour obtenir leur propre réhabilitation que pour accabler le ministre tombé. Leur intention était de le traîner tout doucement devant un de ces tribunaux que d'Aiguillon et Maupeou savaient si bien composer. A Rome, ils accablèrent le pape de placets, d'apologies, de pièces justificatives. Une des chevilles ouvrières du parti en France, un sieur du Pinier, importunait Clément d'un compte rendu fréquent, presque quotidien, de leurs démarches, de leurs efforts, de leurs espérances. Voici les sentiments que fait naître en lui la chute de Choiseul, — il est l'écho fidèle de la société entière.

« Enfin, après deux ans de résistance de la part du plus intrigant des hommes, il a subi le plus juste et trop modéré châtiment de ses forfaits (doux Jésus!)... On travaillera efficacement à dévoiler de plus en plus ce mystère d'iniquité et à démasquer les correspondants qu'avait notre boute-feu dans les cours étrangères... Des paquets sont en chemin pour Vienne, où il avait redoublé ses efforts; sous peu de jours on fera *passer à Madrid des lumières*. Le Portugal ouvre les yeux... Au nom du Sauveur adorable! donnez-nous du temps, très saint Père, et croyez, etc. »

Je te reconnais, Tartufe. C'est bien ta voix, ici furieuse et enflée comme la voix des tempêtes, là mielleuse et caressante comme celle du courtisan. C'est ton attitude menaçante devant les vaincus, humble et soumise devant le maître. Cet échantillon de la littérature jésuitique provoque le dégoût plus encore que le rire. Jamais la bassesse n'a trouvé un langage plus plat et plus grotesque. Et si le style c'est l'homme, que penser d'un parti qui choisissait de tels organes?

Du reste, les hommages intéressés qu'ils prodiguaient au pape dans leurs suppliques, ne les empêchaient nullement de le déchirer dans les pamphlets furibonds dont ils inondaient l'Europe. On l'y dépeignait tantôt comme un pontife imbécile gouverné par des intrigants, tantôt comme le loup déguisé en pasteur prédit par les Écritures. D'innombrables caricatures ridiculisaient sa personne et ses actes. On y exploitait sans scrupule les passions religieuses d'un peuple éminemment superstitieux. Des estampes représentant le jugement dernier étaient répandues à profusion dans les villes et les campagnes : on y voyait figurer, entre Pombal et Charles III, Ganganelli lui-même, le visage contracté par toutes les tortures de l'enfer.

Ailleurs on réclamait pour sa délivrance les prières des fidèles, — fourberie adroite; — car, d'un côté, comment ne pas vénérer de pieux personnages qui font prier pour leurs ennemis? d'un autre, comment croire désormais à un pape à qui on a fait l'aumône d'une prière? A ces menus artifices ils joignirent l'emploi des grands moyens : ils corrompirent le chevalier de Verney, secrétaire de l'ambassade portugaise, et obtinrent de lui communication des dépêches qui les concernaient. Par cette inspection quotidienne des plans de leurs ennemis, ils espéraient les déjouer plus facilement. Mais le chevalier fut découvert et enlevé au sortir d'une soirée. En même temps, leurs émissaires, négociaient un asyle en Prusse, en Angleterre, en Russie. Ils y étaient accueillis avec faveur, surtout par Frédéric et Catherine. Frédéric, tout entier à sa haine de fraîche date contre les philosophes, voyait dans les jésuites de précieux instruments de despotisme; Catherine, d'utiles instituteurs pour son peuple à demi barbare.

Mais rien ne pouvait plus retarder la ruine de la Société. La défection de d'Aiguillon lui porta un coup mortel. On n'est jamais trahi que par les siens. En apprenant son élévation au ministère, Charles avait déclaré au cabinet français que si les jésuites étaient conservés, il regardait le pacte de famille comme rompu. Mis ainsi en demeure de perdre sa place ou de trahir ses amis, d'Aiguillon choisit naturellement ce dernier parti. Il passa à l'ennemi avec armes et bagages. Puis, pour mériter tout à fait les bonnes grâces de Charles qui conservait des préventions contre lui, il lui livra la correspondance de Bernis avec Choiseul. Le roi d'Espagne y lut avec indignation les preuves de ce qu'il nommait la trahison du cabinet français, et dès ce jour il appuya chaudement le ministère de d'Aiguillon.

26.

Il prenait au même instant une mesure radicale et décisive. Il rappelait son ambassadeur Azpuru, trop lent au gré de son impatience, et le remplaçait par don José Monino, plus tard comte de Florida-Bianca, magistrat célèbre par son inflexible opiniâtreté.

En apprenant cette nomination significative, Clément se trouble. Il comprend que le temps des temporisations est désormais passé. Son agitation se trahit en présence de Bernis. Elle augmente à mesure que le négociateur redouté approche. Son imagination, effrayée par des récits mensongers, lui retrace ces scènes fameuses où l'on avait vu un pape soufflé par Guillaume de Nogaret, un simple légiste comme Monino. Enfin l'Espagnol arrive. Pendant huit jours on lui refuse toute audience. Ce délai expiré, Ganganelli le reçut et revint vite, quoi qu'on en ait dit, de ses terreurs insensées. Monino, qui en jouissait d'avance et se proposait de parler en maître, fut déconcerté par un accueil plein de grâce et de bonhomie qui le tenait à distance, tout en lui interdisant, sous peine de ridicule, ses airs hautains et impérieux. Il s'attendait sinon à une victime résignée, du moins à des plaintes et à des récriminations. Il rencontra un visage serein et riant, où la naïveté n'excluait point la noblesse. Il en fut cette fois pour ses frais d'intimidation ; mais dans les entrevues suivantes que Ganganelli essaya en vain d'éviter, le fiscal castillan aborda nettement l'objet de sa mission : il déduisit et compara froidement les conséquences nécessaires soit d'un refus, soit d'une prompte résolution. Il parla avec un calme respectueux, mais avec une logique inexorable. On l'a calomnié en l'accusant d'avoir fait violence au pontife ; Monino usa, dans ses rapports avec lui, de cette ténacité indiscrète, tracassière et singulièrement désagréable, qui est particulière aux hommes de loi ; mais la seule violence à laquelle il eut recours fut celle que la force des choses imposait fatalement à Ganganelli. Il n'était que l'écho fidèle des perplexités de l'infortuné pontife. De leur côté, les agents de la Russie, de l'Angleterre et surtout celui de la Prusse, à Rome, remettaient au pape des notes en faveur des jésuites. Mais Frédéric repoussait tout patronage public et direct : « J'ai reçu, écrit-il à d'Alembert le 8 décembre 1772, un ambassadeur des *Ignatiens*, qui me presse de me déclarer ouvertement le protecteur de cet ordre. Je lui ai répondu que, lorsque Louis XV avait jugé à propos de supprimer le régiment de Fitz-James, je n'avais pas cru devoir intercéder pour ce corps, et que le pape était bien le maître de faire chez lui telle réforme qu'il jugeait à propos, sans que les hérétiques s'en mêlassent. » Tout hérétique qu'il fût, les Ignatiens, dans le premier feu de leur reconnaissance, lui eussent volontiers décerné les honneurs du généralat ; mais le vieux sceptique voulait, tout en les couvrant de son humiliante protection, conserver le droit de rire à leurs dépens.

En revanche, l'Autriche, dont ils faisaient sonner bien haut l'amitié, abandonnait leur cause à son tour. Marie-Thérèse n'avait jamais montré beaucoup de zèle pour eux. Sa dévotion fut toujours subordonnée à sa politique. Néanmoins, ses scrupules de pénitente, et le souvenir des services qu'ils avaient rendus à sa maison, combattaient encore puissamment en leur faveur. Charles III la convertit à ses projets par un argument sans réplique. Il fit mettre sous ses yeux un exposé de sa confession générale, transmis par le père Hombacher, son directeur, au général de l'ordre.

Les jésuites se consolèrent de la perte de son amitié en gagnant les bonnes grâces de Catherine. Elle venait justement de prendre sa part dans l'odieux partage qui rayait la Pologne de la carte du monde. Couronnant par une dérision insultante les brutalités de cette violation ouverte du droit des gens, elle avait ordonné à toutes les églises de ses nouvelles provinces des prières publiques, à raison de son gracieux avènement. Ce peuple vaincu, mais non mort, qui porte encore, après quatre-vingts ans d'oppression, le deuil de son indépendance, répondit par un morne silence à l'outrage de la courtisane couronnée. Le clergé lui-même, si empressé d'ordinaire auprès des dominations nouvelles, respecta cette douleur muette et refusa ses *Te Deum*. Les jésuites eurent moins de pudeur. Il est vrai que ces hommes se glorifient de n'avoir point de patrie. Pendant plusieurs jours consécutifs, ils insultèrent, par leur allégresse indécente, au martyre de ce Christ des nations. Ils devinrent dès lors les plus fervents apôtres de la domination russe en Pologne, et cela, pour une femme athée qui se servait d'eux en les méprisant. Rôle impie et ignominieux. Mais ne fallait-il pas payer l'hospitalité de la tzarine ?

Cette alliance allait leur être plus nécessaire que jamais. Au mois de novembre 1772, le pape communiqua enfin à Monino le projet du bref de suppression. En touchant de ses mains ce décret tant désiré, l'incrédule diplomate se convainquit de la réalité des promesses de Ganganelli, et celui-ci put achever en paix l'œuvre pénible et douloureuse de son pontificat.

Le 20 juillet 1773, il signa le bref et dit en soupirant : « La voilà donc, cette suppression ! Je ne me repens pas de ce que j'ai fait, je le ferais encore. Mais cette suppression me tuera. »

Le bref fut signifié aux jésuites dans toutes leurs maisons de Rome. Un notaire le lut au général, en présence d'une foule immense. Cette publicité solennelle et inaccoutumée fit négliger comme inutiles les affiches d'usage au champ de Flore et aux portes de Saint-Pierre. Tel est pourtant le prétexte qu'ils ne rougirent pas d'invoquer pour légitimer leur désobéissance aux yeux de l'Europe scandalisée de les voir survivre à cette condamnation. Pendant un jour entier, les échos de la ville éternelle avaient répété l'anathème qui les vouait au néant ; mais on ne l'avait pas affiché. Dès lors, rien de fait ; le bref n'existe pas ; les pères peuvent reprendre en toute sécurité cet habit défendu et ces règles proscrites. Il y a, dans ce misérable subterfuge, je ne sais quoi de tellement petit, mesquin et impudent, qu'un seul mot peut le qualifier dignement : C'est un subterfuge jésuitique.

Mais ce serait commettre un oubli impardonnable que de les faire disparaître si prématurément de la scène. Ils y restèrent quelques mois encore « pour affaires, » tout juste le temps de dramatiser un peu le cinquième acte par la punition du traître, cet élément essentiel de toute bonne tragédie.

Jamais Ganganelli n'avait paru plus heureux que pendant les jours qui suivirent sa détermination. Délivré de l'inquiétude qui troublait ses nuits, accueilli à son passage par les applaudissements du peuple, il montrait aux Romains un visage rayonnant de santé et de bonne humeur. La France lui avait rendu Avignon ; le roi de Naples, Bénévent. Ses ennemis avaient pris soin eux-mêmes de constater sa popularité par une émeute ridicule, qui s'évanouit en fumée devant une poignée de soldats, — et de soldats du pape. Tout lui souriait.

En ce moment même, une dominicaine du couvent de Valentano, nommée Anne-Thérèse Poli, sainte de circonstance, prophétesse improvisée par les jésuites pour les besoins de la cause, et qui annonçait depuis quelque temps la prochaine vacance du saint-siège, redoubla ses prédictions et ses avertissements. Elle communiquait directement avec la sainte Vierge, et en avait reçu confidentiellement l'avis de la mort du pape.

Ces bruits sinistres, colportés en tous lieux par d'ardents émissaires, commentés par la haine, répétés soir et matin avec une persévérance infatigable, effrayaient les imaginations et les préparaient à une catastrophe. Peu à peu la cellule de la prophétesse devint un sanctuaire, et son prie-Dieu un trépied. Les jésuites allaient en pèlerinage consulter la sibylle. Ils distribuaient ses reliques de son vivant, « de petits linges teints du sang de ses stigmates, des cheveux, ainsi que d'autres choses que les convenances ne me permettent pas de nommer. » (Theiner.) Ils faisaient imprimer des hymnes en son honneur. On possède encore les sonnets du père Coltaro.

Ce Coltaro était, à proprement parler, l'*impresario*, l'entrepreneur de la prophétesse. Il baissait ou levait le rideau devant les curieux. Au moment de l'exhibition, il disait un mot, et les prophéties allaient leur train. Leur refrain invariable était la mort du pape et le chagrin que Dieu ressentait des disgrâces de la compagnie de Jésus. Voici une de ses entrevues avec la Vierge, racontée par elle-même : « Mais, ma chère maman, dis-je à la Vierge, pourquoi le Seigneur montre-t-il aujourd'hui tant de courroux ? quel est le motif qui le courrouce le plus ? Elle me répondit : — Particulièrement les persécutions des rois contre les fils du saint père Ignace, qui font tant de bien au prochain[1]. » Ceci montre clairement quelles mains tenaient les fils de cette ridicule marionnette, et explique comment on put trouver à Orvieto, chez le même Coltaro, la correspondance des pères avec la prophétesse, — le tout pesant cent quinze livres.

Bientôt une seconde pythonisse surgit : c'est Bernardine Renzi, simple contadine. Dès ce moment, les prophéties de mort redoublent ; elles se succèdent sans relâche, comme les coups précipités du glas qui annonce l'agonie. En vain Clément, bravant l'oracle, se montre plein de vie et de santé dans les rues de Rome, pour rassurer les esprits par cette réfutation sans réplique, il est accueilli par des regards étonnés comme un spectre ; la menace funèbre le

---

1. Aug. Theiner, archiviste du Vatican.

poursuit et résonne partout à ses oreilles comme un démenti : « Tu ne vivras pas ! » Tout à coup, vers la semaine sainte de 1774, le pape cessa brusquement de paraître en public et se renferma dans son palais. On raconta que, en sortant de table, il avait été pris subitement de douleurs convulsives dans l'estomac, suivies de vomissements.

Six mois après, il expira au milieu d'épouvantables tortures. La prophétie était réalisée.

Clément était mort empoisonné ; personne ne songea d'abord à contester le fait. Depuis, des batailles acharnées se sont livrées autour de ce cercueil ; on comprend dans quel intérêt. Nous écarterons ce débat. Nous n'évoquerons pas le corps inanimé de Ganganelli et l'horrible image des indices révélateurs du crime[1]. Ces détails de clinique appartiennent à la science, non à l'histoire. Qu'importe, du reste, que Clément ait été assassiné, et que cet assassin ait été un jésuite ? Aurait-on le droit, pour cela, de faire retomber la responsabilité de l'attentat sur l'ordre tout entier ? Non. Un crime n'est presque jamais, grâce à Dieu, une œuvre collective. Et pourtant c'est avec justice que cette mort crie vengeance contre lui, et que des voix indignées s'élèvent pour l'accuser. Les jésuites ont donné au monde ce spectacle sauvage, révoltant, inouï, infâme, de la haine s'acharnant sur un cadavre. On les a vus frapper à coups redoublés leur ennemi expiré comme pour le tuer deux fois. L'assassin, quel qu'il fût, n'avait anéanti que le corps ; ils s'efforcèrent de compléter son œuvre en s'attaquant à ce qui échappe aux assassins, à ce qui défie le poison, à ce qui survit à la mort elle-même : une mémoire sans tache, un nom pur et honoré. Ils poursuivirent leur victime par delà le tombeau, jusque dans ce refuge invio-

---

1. Mentionnons seulement l'accablante déposition de Bernis dans sa dépêche du 26 octobre 1774, et le témoignage de Pie VI, rapporté par le cardinal dans une lettre du 28 octobre 1777.

lable et sacré que l'histoire ouvre aux infortunes imméritées. Voilà l'assassinat ! voilà le crime ! œuvre bien collective cette fois, qu'on leur jettera à la face de siècle en siècle, tant qu'il y aura un instinct de justice dans la conscience humaine.

Ils se mirent à l'œuvre avec un art infernal et une audace sans exemple jusque-là. Une première difficulté se présentait : la maladie étrange, inexplicable du pontife, — puis sa mort, qu'on leur attribuait généralement. Ils expliquèrent l'une et l'autre à leur plus grande gloire. Ce qui avait tué Ganganelli, ce n'est pas le poison, c'est le remords. Une de leurs relations, celle du P. Bolgeni, qui fait encore autorité parmi leurs historiens, peut être regardée comme une œuvre typique. Elle n'a qu'un but : avilir, dégrader le caractère et la personne de l'infortuné Clément. Selon le bon père, « le pape, après avoir signé le bref de suppression, tomba à la renverse et demeura évanoui toute la nuit. » C'est le début. Il nous le montre ensuite bourrelé de remords et le cœur en proie à toutes les furies de l'enfer. On le voit pleurer, hurler de désespoir, se déchirer la poitrine avec ses ongles. A plusieurs reprises, il essaye de se précipiter du haut d'une fenêtre ; — on le sauve d'une mort certaine, mais on ne le sauve pas du remords, ce vautour qui le ronge. Il écume, il épouvante ses familiers de ses cris de rage. La damnation éternelle se présente à son imagination : « O Dio ! sono dannato ! » Alors il s'arrête anéanti, il a peur. Plus loin, lorsque la mort approche, sa voix devient suppliante, il demande grâce. Ici le narrateur fait parler son agonie en latin : « *Compulsus feci! Compulsus feci!* » s'écrie Ganganelli, au milieu des tortures de la dernière heure. — « C'est malgré moi que j'ai supprimé les jésuites ! » *Compulsus feci!* répète le père, en laissant passer le bout de son oreille de moine à travers les grossiers artifices de son roman.

Voici comment les historiens de la Compagnie couronnent d'ordinaire ce récit : « Pour arracher cette âme de pape à l'enfer, un miracle était nécessaire, il se fit. » (Crétineau-Joly.) Le miracle consiste en une *bilocation* de l'évêque Liguori, canonisé depuis pour ce fait. Il était en ce moment au fond du royaume de Naples. Par une faveur spéciale du ciel, sa personne se dédoubla, et il put venir à Rome sauver Ganganelli des flammes éternelles sans quitter son diocèse. Pour dissiper les doutes qui pourraient s'élever au sujet de cet événement, l'historien a soin d'ajouter : « Rome a prononcé : cette *bilocation* est désormais un *fait historique.* » (*Id.*)

Certes! voilà une manière avantageuse de comprendre l'histoire et ses lois austères! mais l'école des bilocations n'est pas d'invention récente, et ses exploits d'aujourd'hui pâlissent auprès de ses hardiesses passées. Elle a des précautions oratoires, elle invoque des autorités, elle se met en frais d'érudition, parle des droits de la vérité, et parfois hésite, se trouble, balbutie; elle manque d'impudence. Elle se servira sans doute, au besoin, d'une pièce fausse ou supposée; mais elle n'ose déjà plus la fabriquer. Elle n'avait, au siècle dernier, ni ces ménagements, ni ces réticences, ni ces scrupules, — signes trop manifestes d'une décadence inévitable. Le regard assuré et le cœur tranquille, elle battait sa fausse monnaie en toute sûreté de conscience. Elle se recrutait à cette époque presque uniquement dans les rangs de la Compagnie de Jésus: Bolgeni, Zaccaria, Feller, Georgel, Barruel, Gusta, l'auteur anonyme des *Mémoires de Pombal*, etc., autant de jésuites. Ils ne cherchèrent point à défigurer laborieusement les faits pour en tirer leur justification; — ce procédé a bien son mérite, mais il n'est pas assez expéditif; — ils supprimèrent les faits qui les gênaient et inventèrent ceux dont ils avaient besoin. Ils fabriquèrent des documents « historiques » qui s'étalent encore aujourd'hui à la fin de leurs volumes comme pièces justificatives. Il fallait persuader au monde que toute la chrétienté s'était levée en leur faveur à l'époque de la suppression. Ils produisirent et produisent encore une lettre de Christophe de Beaumont à Clément XIV, dans laquelle le prélat proteste, au nom de tout le clergé français, contre la bulle d'extinction et refuse de la publier. Or cette lettre n'a jamais été écrite que par eux. Il en est de même d'une protestation du cardinal Antonelli, en leur faveur, et d'une lettre de Ganganelli à Louis XV, dans laquelle le pape refusait formellement d'accéder à ses vœux et protestait en termes solennels de son inviolable attachement à la Société. Un d'eux (c'est Georgel) alla plus loin encore : il cita une bulle du 29 juin 1774, c'est-à-dire une bulle de Clément XIV lui-même, qui rétractait le bref de suppression.

Ces exemples, choisis entre mille, donneront une idée de l'audace de leurs falsifications. Mais déjà le voile qu'ils sont parvenus à jeter sur certains événements disparaît comme un nuage sous les ardents rayons du soleil, et ils cherchent en vain à se dérober à l'implacable lumière qui les enveloppe de toutes parts. Vous serez vus, hommes des ténèbres, et par les yeux les moins clairvoyants ! — Et, le jour où vous serez vus, vous serez jugés !

Les jésuites comptaient, au moment de l'extinction, vingt-deux mille cinq cent quatre-vingt-neuf religieux ; ils possédaient mille cinq cent quarante-deux églises, six cent cinquante-neuf collèges, trois cent quarante maisons de campagne, soixante et un noviciats, vingt-quatre maisons professes, cent soixante et onze séminaires.

## CHAPITRE XVIII

### LE SYSTÈME DE LA NATURE. — MORT DE VOLTAIRE ET DE ROUSSEAU.

Déjà le siècle avait vaincu, et pourtant l'ancien ordre de choses restait encore tout entier debout et intact. Mais que peuvent les lois contre les mœurs et l'opinion? Elles en recevaient tous les jours d'éclatants démentis d'une impunité assurée, sans cesser toutefois de fonctionner, parce qu'elles n'avaient pas jusque-là rencontré de résistance matérielle et active. On les subissait en les méprisant, et on se vengeait encore par des chansons. Mais la chanson de Figaro, ce n'est déjà plus la représaille furtive du faible et de l'opprimé, c'est l'éclat de rire après la victoire; elle ne tue pas seulement, elle insulte, bafoue et déshonore.

Il en était des institutions comme des lois : elles allaient par habitude, par une force tout à fait indépendante de leur vie propre et que je ne puis mieux comparer qu'à ce que les physiciens nomment *la vitesse acquise*. « J'avais des canards, dit un jour gravement un original à l'Académie des sciences; je leur ai coupé la tête par curiosité, et ils ont continué à remuer leurs pattes et à cheminer sur l'eau sans avoir l'air de s'en apercevoir. Ceci m'explique comment vont beaucoup de choses en France. — Mais, monsieur le comte, répliqua Condorcet, il leur restait leurs pattes, ils pouvaient donc signer? » Ces canards sans tête sont une image fidèle des institutions en France à la fin du règne de Louis XV. Elles contrastaient tellement avec le développement intellectuel et moral du peuple, auquel elles auraient dû pourtant emprunter toute leur force, qu'elles étaient devenues pour lui un objet de curiosité, de risée, de scandale, un spectacle étranger à ses idées. Il n'en comprenait plus l'esprit, souvent même il en poursuivait les représentants de ses huées. Mais eux-mêmes avaient perdu avant lui le sens de leurs destinées aussi bien que le soin de leur dignité et le secret de leurs vertus; car, répétons-le bien haut, si le clergé, les parlements, la noblesse et la royauté elle-même succombèrent, ce fut bien moins sous les coups des révolutionnaires que par une suite fatale de leur propre impuissance. Leur vraie mort n'est pas dans les décrets de la Constituante, elle est dans les ignominies qui déshonorèrent les dernières années de leur règne. Ils n'avaient pas besoin d'être frappés pour tomber : il eût suffi de la seule force latente et destructive de cette loi de dissolution qui retire la vie aux pouvoirs avilis; mais les événements n'attendent pas.

L'œuvre par excellence de la philosophie nouvelle, c'était précisément ce travail merveilleux et caché qui avait isolé ces pouvoirs de la nation, qui la leur avait arrachée en lui refaisant ses croyances, ses mœurs et jusqu'à ses préjugés, en lui changeant en quelque sorte sa vie et son âme pour ne leur en laisser que le corps, c'est-à-dire l'ombre, et les avait eux-mêmes transformés en vivants anachronismes, en Epiménides, brusquement réveillés au milieu d'un monde nouveau, après soixante ans de sommeil. Cette révolution, elle l'avait opérée sans violences, sans effusion de sang, par la seule force de la vérité. Conspirateurs désarmés et conquérants pacifiques, ses adeptes pouvaient dire à leur tour comme les premiers chrétiens par la bouche éloquente de Tertullien :

« Nous ne sommes que d'hier et nous remplissons tout, vos villes, vos îles, vos châteaux, vos bourgades, vos conseils, vos camps, vos tribus, vos décuries, les palais, le sénat, le forum ; nous ne vous laissons que vos temples... Si nous vous quittions tout à coup pour nous retirer dans quelque contrée éloignée, la perte de tant de citoyens de tout état ferait de l'empire un désert, et vous seriez assez punis : vous seriez effrayés de votre solitude, du silence et de l'étonnement du monde. »

Mais c'était assez pour une victoire intellectuelle et non pour un triomphe prompt, solide et définitif. Si malades qu'ils soient, les abus se défendent et les privilèges résistent; il ne suffit pas de leur prouver qu'ils n'ont pas de légitime raison d'être, il faut tôt ou tard porter la main sur eux : « La saine philosophie, écrivait Voltaire à Diderot (1776), gagne du terrain depuis Arkangel jusqu'à Cadix; mais nos ennemis ont toujours pour eux la rosée du ciel et la graisse de la terre, la mitre, le coffre-fort, le glaive et la canaille : tout ce que nous avons pu s'est borné à faire dire dans toute l'Europe aux honnêtes gens que nous avons raison, et peut-être à rendre les mœurs un peu plus douces et plus honnêtes. Cependant le sang du chevalier de la Barre fume encore ! »

C'est ce sentiment de la nécessité tous les jours plus pressante d'une réforme politique, et, par suite, d'une propagande plus énergique et plus active, qui dicta à Raynal l'*Histoire philosophique des deux Indes*, à d'Holbach et à Diderot le *Système de la nature*.

Jusque-là l'école politique s'était toujours prudemment abstenue de toute attaque directe contre l'état de choses en vigueur; elle procédait volontiers par apologues et par allusions. Ses théories les plus immédiatement applicables, — celles, par exemple, de Montesquieu, — avaient toujours affecté de se renfermer dans la sphère des idéalités pures : il avait élu domicile pour son utopie en Angleterre, comme Rousseau et Mably à Lacédémone. L'une n'était guère mieux connue que l'autre; encore les rêves égalitaires de Mably eussent-ils pu, à la rigueur, grâce à leur invraisemblance, se passer absolument de patrie, aussi bien que ceux de Morelly, son disciple. Le pouvoir n'en prenait aucun ombrage. D'Argenson le premier, dans un livre publié après sa mort, avait émis et développé une pensée réformatrice, visiblement destinée à modifier les institutions françaises; mais il y faisait une trop belle part à la monarchie et y donnait une satisfaction trop incomplète aux idées nouvelles pour être jamais populaire ou dangereux. On le laissa subsister comme un témoignage qui attestait qu'on pouvait avoir été ministre et rester honnête homme.

Le *Système de la nature* annonça des prétentions plus hardies et plus agressives : ce livre célèbre et maudit, code et évangile de l'athéisme, fantaisie ou plutôt débauche de deux cerveaux en délire, dont certaines pages sont incohérentes et folles comme les visions d'un insensé, et d'autres sont écrites en lettres de feu et donnent le vertige à l'esprit, possède, à défaut d'autre mérite, celui de marquer nettement la date du jour où les philosophes aspirèrent ouvertement à faire passer dans les faits, les mœurs et les institutions, la révolution qu'ils avaient accomplie dans les idées, et osèrent confondre dans un commun anathème la tyrannie des rois avec la tyrannie sacerdotale. Ils se sentaient assez forts désormais pour se passer du concours intéressé des royautés. Ce qu'ils avaient attaqué dans les systèmes religieux, c'était l'élément oppressif; pouvaient-ils l'admettre sans contradiction dans les systèmes politiques? Les nouveaux ouvrages contenaient des appels directs à la liberté. Ce que Montesquieu et Rousseau lui-même avaient présenté comme un idéal irréalisable peut-être, ils en réclamaient impérieusement la mise à exécution.

Ce fut un cri général parmi leurs augustes alliés. Frédéric surtout, qu'on y sommait sans détour de mettre ses actes en accord avec ses principes, manifesta très haut sa surprise et son mécontentement. Ses principes, il avait, pendant trente ans reconnu à ses anciens amis le droit de les contrôler : comment donc avait-il pu espérer leur dérober le contrôle de ses actes ? Et si le philosophe l'avait accepté, pourquoi le roi cherchait-il à s'y soustraire ? Inconséquence de despote ! inexplicable illusion qui fait douter de son génie ! Frédéric s'était toujours flatté que cette longue lutte contre l'absolutisme religieux tournerait au profit de l'absolutisme monarchique. Son désappointement s'exhala en termes fort amers, et, de la même main qui avait écrit l'*Anti-Machiavel* il écrivit la *Réfutation du Système de la nature*, honorant ainsi, par un double mensonge, une cause qu'il n'était plus digne de servir. Il parla en homme scandalisé ; il attesta les dieux immortels, lui qui n'y croyait pas. « Dès qu'il s'agit de parler en public, disait-il, il faut ménager la délicatesse des oreilles superstitieuses, ne choquer personne, et attendre que le siècle soit assez éclairé pour penser tout haut. » Le conquérant de la Silésie n'avait pas toujours été si scrupuleux. Il s'efforça de faire partager à Voltaire ces tardives suggestions d'un zèle dont la sincérité était justement suspecte. Celui-ci feignit de s'y associer, en partie pour retenir autour de lui sa clientèle de rois, en partie dans l'espoir d'amener le *Salomon du Nord* à une réconciliation qu'il jugeait utile aux intérêts de la cause philosophique ; mais il ne fut nullement dupe, comme on l'a gratuitement affirmé, d'une indignation dont il connaissait le mobile. Depuis sa fugue de Francfort, il avait perdu toute espèce d'illusion sur les rois. Il attaqua, dans le *Système de la nature*, une métaphysique tranchante et affirmative qui rabaissait l'homme au lieu de l'élever, sans être plus fondée en certitude que ses aînées. D'Alembert en fit autant. Mais ni l'un ni l'autre n'en désavouèrent jamais la portée politique que comme une manifestation inopportune et prématurée.

Les ressentiments de Frédéric allèrent toujours en s'aigrissant. Bientôt la France entière tomba dans sa disgrâce. Il encouragea les idées religieuses, en haine des beaux-esprits de Paris. Il était malheureusement un peu tard pour instituer en Prusse une religion d'Etat; mais il protégea et accueillit les jésuites. Thiriot, son correspondant littéraire, étant mort, il refusa de lui donner un successeur. « Voulez-vous que j'entretienne un correspondant en France pour apprendre qu'il paraît un *Art de la raserie* dédié à Louis XV, et des essais de tactique par de jeunes militaires qui ne savent pas épeler Végèce? » C'est vers le même temps qu'il prononça son fameux mot : « Si j'avais une province à châtier, je la donnerais à gouverner à des philosophes. » Si l'on s'en rapporte à certaines indiscrétions, il est permis de douter que les sujets de Frédéric eussent partagé son opinion à cet égard. Le gouvernement « paternel » (c'est ainsi qu'il nommait le sien) a ceci de particulier, aucuns disent de fâcheux, que l'humeur du monarque y fait partie intégrante du pouvoir législatif. Lorsqu'on échoit en partage à un roi d'Yvetot, il y a tout bénéfice; mais les rois de cette humeur sont toujours rares, et celle de Frédéric ne paraît pas avoir été la douceur même, témoin le colonel Quintus Icilius, sa victime, et ce pauvre d'Argens, qui lui était attaché depuis plus de trente ans, et qui dut s'enfuir de Berlin, à moitié fou d'exaspération, pour se dérober aux orages de son intimité. Laissons pourtant subsister ce royal aphorisme, sinon comme un axiome inattaquable, du moins comme une consolation facile et naïve pour les sujets dont le gouvernement n'a rien à voir avec la philosophie.

Ce ne sont donc point les réfutations de Frédéric qui feront du tort au *Système de la nature* dans les jugements de l'avenir, et le crime de ses auteurs n'est point à nos yeux d'avoir battu des mêmes verges les rois absolus et les prêtres intolérants, mais d'avoir nié la volonté et la liberté humaines, et par là toute distinction entre le bien et le mal ; d'avoir confondu le mouvement avec l'intelligence ; d'avoir fait de l'intérêt l'unique mobile de nos actions ; d'avoir osé cette bouffonnerie et ce blasphème de définir la vertu « l'équilibre des humeurs. » Voilà pourquoi leur livre n'a jamais été qu'un livre d'étonnement et de scandale, ballotté entre la haine et le dégoût, sans influence, sans crédit, sans popularité ; pourquoi il n'est pas même dangereux. Il peut séduire et entraîner l'intelligence par le spécieux prestige de ses sophismes, mais il révolte le cœur et indigne la conscience : réfutation éloquente et sans réplique qui est écrite partout où palpite une âme d'homme.

Ajoutons, pour être vrai, que, dans la pensée des auteurs, le *Système* avait un but moral et devait aboutir, cela va sans dire, à de magnifiques résultats. Croira-t-on que tout cet immense édifice de dialectique à l'appui de la fatalité n'a peut-être été élevé que pour établir la tolérance, cette grande préoccupation du siècle, sur une base inébranlable et sûre ? « De tous les avantages que le genre humain pourrait retirer de la fatalité, il n'en est pas de plus grand que cette tolérance universelle, suite de l'opinion que tout est nécessaire. » (*Sytème de la nature.*) Suit un portrait du fataliste, où on reconnaît la main de Diderot : « Il gémira, mais ne méprisera pas ; il sera humble et modeste ; il ne haïra pas ; il ne s'étonnera point, etc. » C'est le juste par excellence, le sage des stoïciens. Ainsi, c'est une idée morale qui est le fondement, la force et l'excuse de ce livre, qui a la prétention de nier la morale ; et les noms sacrés du droit et du devoir y surgissent presque à chaque page sous la plume distraite des écrivains, comme pour les forcer à reconnaître, par cet hommage involontaire, l'empire des idées qu'ils voulaient déraciner du cœur humain.

Devant cette brusque déclaration de guerre aux puissances, l'attitude de Voltaire fut contrainte et embarrassée, mais nullement hostile au fond. Il avait chanté la liberté avant ses disciples ; il blâma hautement leurs hérésies morales, et, avec moins de sincérité, leurs témérités politiques. Ainsi un chef d'armée blâme le soldat qui a combattu avant l'ordre. Ce nuage passa vite. Il y a loin de là au récit d'une prétendue violence qu'il aurait eue à subir de leur part, au sujet de ses prédilections monarchiques, suivant des historiens de fantaisie. Il devait rester et resta jusqu'au bout le roi du siècle. Cela est si vrai, que, l'année même qu'on a assignée comme date à cette intimidation imaginaire (1770), ils lui élevaient une statue aux applaudissements de l'Europe attentive, et Rousseau lui-même apportait sa souscription et son offrande au maître qu'il avait pu renier, mais qu'il n'avait pu cesser d'admirer. La plupart des souverains du Nord, presque tous ses correspondants et ses amis, se firent inscrire sur la liste, et, par cet acte, s'honorèrent bien plus encore qu'ils ne lui firent d'honneur aux yeux de leurs contemporains.

Dans cette cour de rois sur laquelle régna Voltaire, il faut compter, outre ses courtisans ordinaires, Frédéric et Catherine de Russie, Joseph II, son admirateur déclaré, mais qui n'entretint jamais de correspondance avec lui, contenu qu'il était par sa déférence pour les antipathies de Marie-Thérèse ; Christian VII, roi de Danemark ; Gustave III, le fondateur des libertés suédoises ; Stanislas-Auguste Poniatowski, roi de Pologne ; Frédéric de Hesse-Cassel, Louis de Wurtemberg, l'électeur palatin, etc. Les inflexibles moralistes qui ont reproché à Voltaire ses royales amitiés, après en avoir eu tous les bénéfices, et prennent encore leur plus grosse voix pour crier à l'adulation, me paraissent avoir oublié deux points essentiels qu'ils sont priés de prendre en considération : le premier, c'est que, sans cette alliance adultère, je le veux bien, mais enfin nécessaire, de Voltaire avec les rois, ils gémiraient encore, tout inflexibles qu'ils sont, sous le joug ecclésiastique ; le second, c'est que l'adulation, s'il y en eut, fut beaucoup plus du côté des rois que de celui de Voltaire. « Monsieur, lui écrivait le roi de Pologne, tout contemporain d'un homme tel que vous, qui sait lire, qui a voyagé et ne vous a pas connu, doit se trouver malheureux. Si le roi mon prédécesseur eût vécu un an de plus, j'aurais vu Rome et vous... C'est un des plaisirs que me coûte ma couronne, et dont elle ne m'ôtera jamais le regret. » — « Monsieur, lui écrivait le roi de Suède, je prie tous les jours l'Être des êtres qu'il prolonge vos jours si précieux à l'humanité. » Tel était le ton ordinaire de leur enthousiasme. C'est le philosophe qui reçoit l'encens, et c'est le roi qui l'offre.

Une simple personnalité eût-elle pu suffire, si haute qu'elle fût d'ailleurs, à inspirer et à entretenir de si généreuses sympathies ? Non, hâtons-nous de le dire pour l'honneur de la nature humaine. Ce qu'on aimait dans cet homme, c'était une idée, et ce qui le prouve, c'est qu'un mouvement en sens contraire s'opérait au préjudice de l'idée opposée et des hommes qui la représentaient : les rois s'éloignaient de l'Église. Affaiblie par ses discordes intérieures, par la désertion générale des intelligences, par la ruine de la Compagnie de Jésus, et plus encore par les hésitations de sa Foi, elle n'avait plus à son service que des docteurs ridicules et des soldats découragés. Cependant elle élevait encore jusqu'aux trônes cette voix déjà défaillante qui avait laissé sans réponse tant de formidables accusations ; mais c'était pour menacer et appeler sur ses ennemis les vengeances de l'autorité. Elle espérait toujours ressaisir le glaive de Louis XIV, qui eût échappé à ses débiles mains.

Certes l'appel aux persécutions indigne et révolte dans un pouvoir fort ; mais il prend, lorsqu'il se manifeste dans un pouvoir aux abois, je ne sais quel caractère plus odieux et plus méprisable encore ! Les lamentations périodiques des dernières assemblées du clergé de France n'excitent pour ce motif qu'un sentiment de répulsion et de dégoût, au lieu d'éveiller la pitié. Rien de haut, rien de généreux, rien d'évangélique ; des anathèmes et des dénonciations. Ce qu'on y défend avec tant d'acharnement, ce n'est pas le pieux héritage du Christ, ce sont des richesses et des privilèges. On y peut mesurer géométriquement, pour ainsi dire à la longueur des imprécations, le progrès des idées nouvelles. Les plaintes contre la philosophie, qui, vers 1740 et les années suivantes, n'occupaient qu'un court passage de la harangue au roi, l'ont maintenant envahie tout entière. Elle n'est plus une ennemie à dédaigner ; « elle est impérieuse et superbe ! » c'est une rivale ; bientôt peut-être une souveraine !

*Vox clamantis in deserto !* personne ne s'émut. Le gouvernement de Louis XVI, tombé en des mains hostiles, resta sourd aux remontrances importunes d'un clergé qui regorgeait de richesses, et laissait mourir à l'hôpital son dernier défenseur, l'infortuné Gilbert. La lente et cruelle agonie de ce jeune homme, que la faim fit pamphlétaire et que la mort sacra poète quelques heures avant de l'emporter, est une honte éternelle pour ses protecteurs.

La ruine des parlements, ces vieux ennemis des prérogatives épiscopales, qui dans tout autre temps eût été saluée comme un triomphe pour l'Église, ne faisait qu'ajouter à ses désastres en doublant les forces d'un ennemi plus dangereux encore. La confusion et le désordre étaient partout. Dans le pêle-mêle de la déroute, on voyait surgir à chaque instant des incidents qui témoignaient du complet désarroi des imaginations. Vingt-huit bénédictions de l'abbaye de

Saint-Germain-des-Prés demandaient à être affranchis de l'observance de leur règle. Un abbé Audra, docteur de Sorbonne et professeur d'histoire à Toulouse, enseignait publiquement dans son cours l'*Histoire générale* de Voltaire, et la faisait imprimer à l'usage des collèges et avec privilège. Un autre abbé, nommé de Ponçol, publiait, sous le nom de *Code de la raison*, un traité de morale où il disait en propres termes : « J'aurais désiré pouvoir faire mention, dans ce traité, de la *morale chrétienne*, si belle, etc.; mais toute réflexion faite, *plusieurs motifs fort plausibles* m'ont engagé à ne pas le faire, » apprenant ainsi aux ennemis du christianisme comment on pouvait s'en passer.

Les docteurs de l'Université, qui tenaient à prendre date par une éclatante démonstration, proposaient, pour sujet d'éloquence latine à la jeunesse de leurs écoles, une thèse dont la traduction littérale signifiait que la moderne philosophie n'était *pas plus ennemie* des dieux que des rois. « *Non magis Deo quàm regibus infensa est ista quæ vocatur hodie philosophia,* » programme qui excita un rire homérique. C'était précisément le contraire que les docteurs avaient voulu dire. Mais ces pauvres cervelles troublées n'y regardaient pas de si près. Un libertin de haut lignage, le cardinal de Rohan, et autour de lui une nombreuse cour de prélats musqués et d'abbés galants, continuaient les traditions du clergé et de la régence, et un diminutif de Fréron, l'abbé Sabathier, homme couvert d'ignominies, était le Père de l'Église à la mode. Enfin, Maury, l'orateur de la décadence, c'est-à-dire la période et le nombre sans la pensée, le geste sans l'accent, la forme sans l'inspiration, la doctrine sans la foi, préludait par ses premiers panégyriques à l'oraison funèbre qu'il devait prononcer sur ces débris d'une grandeur à jamais évanouie.

Quelque épisodique qu'il soit, ce tableau donne une idée exacte du mouvement qui s'accomplissait sur tous les points de l'Europe à la fois. Il se manifestait partout avec une telle unanimité de vœux et de tendances, une telle parité de physionomie, qu'on aurait cru à un mot d'ordre. Soixante ans d'analyse et de critique avaient, à ce point, dépouillé le dogme catholique de tout prestige et de toute poésie, que le mysticisme, qui est, à ce qu'il paraît, un mal endémique dans l'humanité, et qui s'était pendant dix-huit siècles nourri de ses inspirations, l'avait renié à son tour, n'y trouvant plus un aliment suffisant pour ses contemplations supersidérales. Les mystagogues, qui se chargèrent, vers la fin du dix-huitième siècle, de renouer la chaîne brisée et de remettre l'homme en communication directe avec Dieu et les purs esprits, Swedenborg, Martinez-Pasqualis et Saint-Martin, le philosophe inconnu ou plutôt le philosophe incompris, ne sont ni plus ni moins extravagants que les visionnaires de tous les temps; et discuter sérieusement leurs systèmes serait leur donner une importance dont ils ne sont pas dignes; toutefois leur divorce avec les traditions auxquelles ils eussent du moins emprunté la force et l'autorité qu'elles tenaient de leur antiquité même, doit être signalé comme un symptôme curieux et caractéristique. Venu soixante ans plus tôt, Saint-Martin eût été un disciple ardent de madame Guyon et peut-être un martyr du *pur amour*.

Cependant tous les grands penseurs de l'époque disparaissaient un à un de la scène pour faire place aux réalisateurs de leurs idées. Ils moururent la plupart pleins de jours, comblés de gloire, entourés d'amis, pleurés du monde entier et saluant de leurs derniers regards les premiers rayons de l'aurore qu'ils avaient prédite, — faveur dont la fortune est avare et qui fut refusée à Montesquieu. Un d'entre eux surtout jouit avant de mourir du plus enivrant triomphe qui puisse flatter une grande âme : ce fut Voltaire.

Le 9 février 1778, au cœur de l'hiver, l'illustre vieillard, saisi soudainement d'un irrésistible désir de revoir une dernière fois le ciel de la patrie, rentrait dans sa ville natale après vingt-sept ans d'exil. A cette nouvelle surprenante, inespérée, tout Paris se lève d'un élan unanime. Il accourt saluer son poète, son philosophe, son héros, son roi. Il se presse autour de sa demeure, enthousiaste et frémissant comme aux jours des grandes commotions. On oublia subitement et les intrigues de cour, et la guerre imminente avec l'Angleterre, et toutes les querelles du moment, pour s'entretenir de cet homme unique, prodigieux, de ses vertus, de son génie, de cette puissance magique ou plutôt de ce charme divin qui avait brisé tant de servitudes qui semblaient devoir être éternelles. On racontait sa vie tour à tour orageuse et prospère, un siècle entier rempli du bruit de son nom et de ses œuvres. Sa renommée était depuis si longtemps le patrimoine de la France qu'elle avait déjà ce prestigieux lointain, qui est la poésie de la gloire, et semblait avoir subi ce jugement de la postérité qui en est la consécration et le couronnement. Son retour ressemblait à une résurrection. La multitude le suivait dans les rues et disait : « Saluez *l'homme aux Calas!* » lui refaisant un nom avec un de ses bienfaits.

Le jour où il fit sa visite à l'Académie, elle vint en corps au-devant de lui pour honorer dans sa personne, par cette distinction sans précédents, le représentant le plus élevé de la gloire et de la dignité des lettres. Le Théâtre-Français le reçut au bruit des applaudissements d'une foule ivre de joie et d'admiration. Les comédiens donnaient *Irène*, le dernier effort de sa veine épuisée. On applaudit avec transport ce testament d'un grand homme plus fort que la vieillesse, et son buste fut couronné de lauriers aux acclamations du public. Bientôt l'enthousiasme ne connaissant plus de bornes, on se précipita autour de lui pour lui baiser les mains et jeter des fleurs sous ses pas. Et lui, pâle, attendri, courbé sous l'émotion, brisé par l'âge et la maladie, mais les yeux encore étincelants de vie : « Ah ! mes amis, dit-il, vous voulez donc me faire mourir de plaisir ! » Et il recueillait dans son cœur, inondé d'une joie surhumaine, cette récompense tardive de ses longs et héroïques travaux.

Turgot, le ministre philosophe, récemment tombé du pouvoir qu'il avait honoré par ses vertus, vint saluer son maître et son ami. Le cœur de Voltaire s'émut : « Laissez-moi, lui dit-il en pleurant, laissez-moi baiser ces mains qui ont signé le salut du peuple ! » Franklin, le vénérable patriarche de la jeune Amérique, lui présenta son petit-fils et demanda pour lui sa bénédiction. « Dieu et la liberté ! » dit Voltaire en étendant sa main sur la tête de l'enfant : deux mots qui avaient paru jusque-là d'une alliance impossible, et qu'il avait réconciliés dans l'intelligence humaine en en faisant deux rayons d'un même foyer : la raison.

Cette éclatante démonstration de tout un peuple enchaîné par le respect et l'amour aux pieds d'un vieillard expirant avait découragé ses ennemis en leur montrant la profondeur de l'abyme entr'ouvert sous leurs pas. Le bruit de sa mort prochaine vint relever leurs espérances. Ils se mirent aussitôt à l'œuvre. Il fallait déshonorer mort celui qu'on n'avait pu frapper vivant. Il fallait rajeunir, pour l'édification des bonnes âmes et par un commentaire neuf et terrifiant, le vieux texte de la mort de l'impie. Il fallait donner leur proie aux diables d'enfer, leur revanche aux mânes des saints et saintes de la légende chrétienne, et un thème à prosopopées aux jeunes débutants de l'éloquence sacrée. Cela fait si bien, une tête de grand homme, la tête d'un Voltaire, à souffleter au milieu d'un sermon, en pleine chaire, aux yeux de la foule imbécile ! N'est-il pas vrai, mes Pères ? Si nous mettions quelque effroyable contorsion sur ce visage au rayonnant sourire, quelques hurlements et quelques grincements de dents dans cette bouche éloquente et maudite? car pour le convertir il n'y faut pas songer. — Plusieurs petits abbés, jeunes, faméliques et confiants dans leur étoile y songèrent pourtant ; mais c'était dans l'espoir de fonder leur fortune et leur gloire sur une conversion d'éclat. Convertir Voltaire ! fut-il jamais un plus insolent blasphême contre l'esprit de vérité et de justice ?

Je ne souillerai pas ma plume des ignominies et des ordures sans nom que, non contents d'exploiter contre lui les convulsions de l'agonie et les mystères sacrés de la dernière heure, les prêtres du Crucifié ont accumulées dans de calomnieux récits. Le monde entier a déjà flétri ces basses et ignobles représailles, et personne ne s'est mépris sur le sens qu'il fallait y attacher ; il est plus facile de dire que Voltaire, au lit de mort, a dévoré des immondices, que de répondre à tant d'immortels chefs-d'œuvre ! Mais, qu'ils le sachent bien, les outrages passent et les chefs-d'œuvre restent.

Voltaire mourut fidèle à la cause qu'il avait toujours servie. Il est vrai que, dans la crainte, justifiée d'ailleurs par l'événement, d'un refus de sépulture, il fit venir un prêtre et se confessa ; mais cette faiblesse, puérile sans doute, effet d'une imagination trop vive et frappée de bonne heure par des scènes trop fameuses, les protestants traînés sur la claie, le corps de son amie, mademoiselle Lecouvreur, jeté à la voirie, et mille autres de ce genre, ne put jamais lui faire signer la rétractation qu'on voulait lui surprendre. Et si elle coûta quelque chose à son orgueil, du moins elle ne coûta rien à la vérité. Aux approches de l'heure suprême, le curé de Saint-Sulpice revint auprès du mourant et redoubla ses sollicitations. Elles furent vaines. Il se mit alors à argumenter contre lui sur la divinité du Christ. Il provoqua à une controverse théologique le grand lutteur, dont le front était déjà glacé par la main de la mort. « Mais reconnaissez au moins que Jésus Christ est Dieu, » lui dit-il, espérant lui faire renier par un mot sa vie entière. — « Ne me parlez plus de cet homme-là, » répondit Voltaire. Puis il ajouta d'une voix suppliante : « Hélas ! laissez-moi mourir en paix ! » Le ministre du Dieu de charité sortit en disant tout haut à l'abbé Gautier, son acolyte : « Vous voyez bien que la tête n'y est plus. » Peu d'instants après, Voltaire avait cessé de vivre.

Deux mois ne s'étaient pas écoulés que Rousseau le suivait dans la tombe. La mort réunit ces deux pensées que la vie avait divisées par la plus fatale méprise, et qui, incomplètes l'une sans l'autre, étaient destinées à ne faire qu'une âme. Elle le frappa loin du bruit importun des villes, au milieu des solitudes silencieuses qu'il aimait, comme si elle eût pris à tâche de respecter la mystérieuse harmonie qui existait entre ce mélancolique génie et cette nature agreste et recueillie.

Cette mort fut-elle un suicide ? — On l'a très doctement établi ; mais qu'importe ? N'est-il pas mieux établi encore que le doigt de la folie avait depuis longtemps touché cette tête puissante ? Rousseau mourut deux fois, et son second trépas ne fut ni le plus douloureux ni le plus digne de pitié. Le tombeau où reposa après tant d'orages ce corps usé par les luttes dévorantes de la pensée, se dresse encore dans l'île des Peupliers, solitaire et isolé comme Rousseau lui-même l'avait été parmi les hommes de son temps.

Après lui, ce fut le tour de d'Alembert, qui mourut sans faiblesse, pauvre et respecté, léguant pour tout héritage son cœur et son intelligence à son disciple Condorcet. Puis vint celui de Diderot, dont la mort fut celle d'un philosophe et d'un homme de bien. Le curé de Saint-Sulpice eut l'ambition d'ajouter la conquête du créateur de l'*Encyclopédie* à la conversion de Voltaire. Il insista surtout longtemps pour une rétractation : « Cela, disait-il, ferait un si bel effet dans le monde ! — Oui, répondit Diderot ; mais avouez que ce serait un impudent mensonge. »

Ils n'étaient plus, les immortels penseurs ! mais leur philosophie rayonnait déjà sur le monde qu'elle était destinée à renouveler, et des tribuns au cœur intrépide, des juristes studieux et réfléchis, des chefs d'armée législateurs, héros à la fois dans la paix et dans la guerre, comme ces demi-dieux des épopées antiques, des rois même, possédés tout à coup de la passion du bien et du juste, allaient sur tous les points du globe en réaliser les vœux et les principes.

## CHAPITRE XIX

### DE LA PHILOSOPHIE ALLEMANDE. — LES RÉFORMES DE JOSEPH II ET DE PIERRE-LÉOPOLD.

La France peut le dire avec orgueil, il fut un jour où toutes les nations se reconnurent en elle et la proclamèrent leur reine : qu'elle n'oublie jamais à qui elle dut cet honneur ! L'indomptable ennemie de notre prépondérance, l'Europe des ligues et des coalitions, se réveilla un matin française par les mœurs, par les idées et presque par le langage. Ce que n'avait pu faire Louis XIV à l'apogée de sa force avec ses capitaines et ses armées et trente ans de victoires, l'attrait irrésistible et sacré du génie et du bien l'avait réalisé en un moment par un nouveau genre de conquête où le vaincu s'enrichissait des trésors du vainqueur. Et qu'on ne se méprenne pas sur le sens de cette sympathie puissante et soudaine que les peuples manifestèrent avec tant d'unanimité pour la France du dix-huitième siècle. Il n'y eut là ni engouement, ni entraînement de mode ou de cosmopolitisme, ni même surprise d'admiration : ce fut un mouvement logique, raisonné, réfléchi. Ce qu'ils aimèrent et acclamèrent en elle à ce moment suprême, ce sont leurs propres sentiments et leurs propres idées. Ils l'applaudirent comme une assemblée applaudit l'orateur qui a le mieux interprété sa pensée. Image exacte et vraie ! Dans ce grand congrès des peuples qu'on nomme l'humanité, chaque nation a la parole à son tour, et, quand cette heure a sonné pour elle, on le reconnaît bien vite à la solennité inaccoutumée de ses actes, à la hauteur de ses vues et au silence que le monde fait autour d'elle. Elle porte dans toutes ses entreprises la conscience d'une responsabilité plus grande, et ce sentiment leur communique un caractère frappant de généralité, de grandeur et de désintéressement. Elle fait l'œuvre de tous. Ainsi l'Italie au moyen âge, l'Allemagne au seizième siècle, l'Angleterre à la fin du dix-septième, avaient été tour à tour en possession de ce rôle glorieux. Au dix-huitième, il échut en partage à la France.

Est-ce à dire que, pendant toute la période dont je viens de retracer l'histoire intellectuelle, ces nations soient restées inactives et aient remis un seul instant en des mains étrangères le soin de leurs destinées ? Nullement. Elles avaient simultanément accompli, dans la mesure de leurs forces et sous des formes en rapport avec leurs traditions et les ressources de leur génie propre, un travail identique de pensée et d'action ; seulement, la traduction la plus exacte et la plus éloquente de leurs vœux et de leurs aspirations, c'étaient les penseurs français qui l'avaient donnée. En plusieurs pays même, ce double travail s'opéra, e ne dirai pas dans l'esprit des masses (car ces deux mots ont devenus irréconciliables), mais dans cette élite intelligente et généreuse qui fait l'opinion, longtemps avant de rencontrer des interprètes dignes de lui. Je n'en veux pour preuve que la popularité dont les écrivains français y jouirent si promptement. Le plus souvent ces interprètes ne surgissent que fort tard, de sorte qu'à voir la conformité de leurs idées avec celles de la philosophie qui avait prévalu en France, on les prendrait volontiers pour d'habiles plagiaires; mais ce qui établit péremptoirement la sincérité de leur inspiration, sinon l'originalité de leurs théories, c'est que la plupart d'entre eux, — Kant et les philosophes écossais, par exemple, — prirent la plume avec une arrière-pensée d'hostilité contre la philosophie du dix-huitième siècle et n'en subirent le joug que malgré eux, comme ce prophète qui, venu pour maudire Israël, s'en retourna en le bénissant.

Il serait fastidieux de dresser ici la liste des adhésions que la nouvelle philosophie trouva en Europe. Cet inventaire ne nous donnerait que des luttes et des idées que nous connaissons déjà. Mais, avant de jeter un coup d'œil rapide sur les premiers essais de réalisation qui y furent tentés, je tiens à constater, contre un préjugé fort répandu et jusqu'à un certain point motivé, que les deux mouvements philosophiques que je viens de mentionner et qui ferment le dix-huitième siècle, loin d'être en contradiction avec leur prédécesseur, n'en sont que le reflet et le prolongement.

Née et développée au sein d'un pays qui, depuis le voyage de Montesquieu et de Voltaire, vivait avec la France dans une intime et constante communion d'idées, contenue par le génie pratique du peuple anglais et les tendances toutes positives que les beaux travaux historiques de Hume et de Gibbon, ceux des publicistes leurs contemporains et la féconde agitation des luttes parlementaires, avaient imprimées à la pensée philosophique de leur patrie, l'école écossaise s'annonça avec des prétentions moins bruyantes que ce qu'on a nommé la philosophie allemande; mais elle n'en fut pas moins l'expression d'un sentiment de réaction très remarqué contre les négations du dix-huitième siècle au sujet de l'idée métaphysique. Or, sans vouloir entrer ici dans des développements qui ne sont pas mon objet, quel est le sens général des théories de cette école estimable et consciencieuse dans le cercle un peu étroit où elle les a volontairement circonscrites? N'a-t-elle pas déclaré insolubles tous les problèmes relatifs à la nature de Dieu et de l'âme, c'est-à-dire les questions qui faisaient autrefois le fonds invariable de toute métaphysique? N'a-t-elle pas substitué la psychologie, c'est-à-dire l'étude des phénomènes de l'âme à la vaine et folle exploration des causes premières, et les sévères et prudentes méthodes de l'observation aux chimériques illusions de la fantaisie? Et n'est-ce pas là aussi l'intention et l'idée que nous avons relevées à chaque pas chez tous les penseurs du siècle? Le dogmatisme des Écossais aboutit donc, et sans qu'ils s'en doutent, au même résultat final que le prétendu scepticisme de Voltaire. A force de vouloir affermir l'édifice par l'élimination de tous ses éléments de ruine, ils le démontent pièce à pièce et n'en laissent rien subsister. « Nous avons débarrassé, ont-ils dit, la métaphysique de ses hypothèses. » Soit. Mais les hypothèses supprimées, qu'est-il resté?

Il y a bien plus de grandeur, de puissance et d'universalité, quoique moins de sagesse et de rigueur, à coup sûr, dans le mouvement philosophique qui s'accomplit en Allemagne vers la même époque et sous la même inspiration. Mais ici l'accord est tellement évident, qu'on a peine à s'expliquer qu'on ait pu un seul instant le mettre en opposition avec ce que le monde nommait alors les idées françaises, ou seulement l'en séparer. Des susceptibilités d'école ou de nationalité ne peuvent rien contre un fait : la seule originalité de la philosophie kantienne consista dans sa forme et sa méthode ; nous verrons si ce fut un honneur pour elle. Toutes ses données générales, toutes ses conclusions, tous ses principes vraiment pratiques, et c'est par là seulement que vaut un système, avaient été formulés avant son apparition, de même qu'ils ont survécu à son naufrage.

En 1781 vivait obscurément à Kœnigsberg, au fond de la Prusse, un professeur de philosophie. Doux et inoffensif de caractère, quoique bizarre d'humeur, réglé dans ses habitudes comme un mécanisme d'horlogerie, d'une pureté de mœurs immaculée, toujours isolé, toujours absorbé dans la contemplation du monde intérieur, il n'avait eu ni enfance, ni jeunesse, ni âge mûr ; on doute même s'il eut un sexe. Il était né dans sa robe de docteur, et ne l'avait jamais dépouillée un seul instant ; il n'était jamais sorti de sa ville natale ; pourtant il croyait à la réalité du monde extérieur, nous assure un de ses disciples, mais sans en être bien certain et par un acte de foi seulement. Il était tellement esclave de ses monomanies, tellement troublé par tout accident nouveau et imprévu dans sa vie, qu'un jour un bouton sur lequel il avait l'habitude de fixer les yeux en faisant son cours, manquant à l'habit d'un de ses élèves, il balbutia et s'arrêta court. Cet ange de candeur se nommait Emmanuel Kant. C'est le père de la philosophie allemande.

Sans vouloir faire de ce court aperçu biographique une fin de non-recevoir contre les systèmes de ce philosophe célèbre, il est permis d'en diagnostiquer d'avance leur direction, sinon leur portée future, d'en tirer pour ainsi dire leur horoscope. Ils pourront former de fort belles théories spéculatives, des dénombrements inconnus de catégories et d'antinomies, des nomenclatures nouvelles et savantes, une magnifique architecture de démonstrations et de raisonnements, de tout enfin, excepté de la philosophie vraiment féconde, pratique et vivante. La sienne peut en effet suffire à une école, mais elle est dépaysée au milieu du monde réel. *Nihil a me humani alienum puto*, cette sublime devise est surtout nécessaire à ceux qui prennent la nature humaine pour étude et pour texte, parce que c'est en eux-mêmes qu'ils doivent la chercher. Or, quelle que soit mon admiration pour le génie de Kant, il m'est impossible de la reconnaître en lui. Il n'eut de l'humanité ni les passions, ni les mœurs, ni l'expérience, ni les agitations, ni les joies, ni les douleurs. Il éleva un mur entre lui et le reste des hommes. Il est venu parmi eux et ne les a pas compris. C'est un être au-dessus ou au-dessous d'eux, un phénomène phsychologique, — un pur esprit enfin, si l'on veut ; — ce n'est pas un homme ; — la nature humaine est un livre fermé pour lui.

Si cela explique les prédilections de Kant et de l'esprit allemand en général pour les abstractions pures, et leur fécondité sans rivale dans ce genre de création, cela explique aussi leur impuissance et leur stérilité dans la sphère des réalités. Kant passa sa vie à mettre au monde le criticisme, c'est-à-dire une méthode très savante, très scabreuse, inintelligible quelquefois, belle et grandiose pourtant dans son ensemble et ses développements généraux ; mais il n'ajouta pas une vérité à l'héritage que ses devanciers lui avaient transmis, et le jour où il dut conclure, — car il faut toujours finir par là, quel que soit le plaisir qu'on éprouve à construire des méthodes, — ce jour-là, dis-je, il se trouva que ses conclusions étaient identiques à celles que la philosophie française avait proclamées quelque vingt ans avant lui ; mais elle y était arrivée de plein saut, avec la furie proverbiale du caractère national et les seules ailes de la raison, sans transcendantalisme, sans concepts à priori, sans arguments *in baralipton* ; sans objectif ni subjectif, l'étourdie et la mal apprise ! De plus, ses oracles avaient été promulgués au milieu des tempêtes, en des livres éloquents et passionnés comme des hymnes, rayonnants de clarté comme la lumière elle-même, par des penseurs en qui on sentait battre des cœurs d'hommes. La froide muse des élucubrations germaniques proscrivit l'éloquence et la clarté comme une superfluité dangereuse, et donna aux vérités déjà vieilles, dont elle se faisait l'écho, une couleur scolastique, un ton pédantesque, qui en aurait pour toujours dégoûté le monde, si le monde ne les eût déjà adoptées avec amour.

Nous avons déjà signalé souvent la constante tendance du dix-huitième siècle depuis Bayle et Locke à attaquer l'intolérance religieuse dans son dernier et plus solide fondement, c'est-à-dire dans les prétentions de la métaphysique à la certitude ; Kant ne procède pas autrement, et conclut comme eux, mais sans y mettre la même perversité d'intention ; il n'a pas l'humeur si militante. Il refuse à la métaphysique le titre de science, parce qu'elle n'a pas de *certitude objective*. Voltaire aurait dit plus intelligiblement : « Parce qu'elle n'a pas pour elle le contrôle et la confirmation de l'expérience. » Mais Voltaire ne l'a pas dit ; car il savait bien que la morale, non plus, n'a pas cette confirmation, ce qui ne l'empêche nullement d'être la plus infaillible des sciences. Il n'avait garde de la mettre, comme Kant, sur la même ligne que les rêves de la métaphysique. La nuance introduite par Kant est donc toute à son désavantage. Poursuivons cette comparaison instructive : la philosophie française avait nommé les idées métaphysiques des hypothèses, Kant les nomme des postulats : — deux noms, même chose. Ce qu'elle avait nommé idées innées, il le nomme concepts *à priori ;* — ce qu'elle avait nommé idée de progrès, il le nomme eudémonisme ; — ce qu'elle avait nommé idéal, il le nomme schématisme. Il emprunte à Locke le point de départ même du criticisme et son doute raisonné sur la nature de l'âme humaine ; — à Rousseau, son déisme sentimental, sa théorie de la souveraineté du peuple et sa définition du droit ; — à Montesquieu, sa théorie de la séparation des pouvoirs ; — à l'abbé de Saint-Pierre, ses idées sur la paix perpétuelle ; — à tous, leur foi sereine et inébranlable en la tolérance et la liberté. Mais j'oublie que ce trésor ne s'emprunte pas plus que ne s'emprunte une grande âme. En un mot, il arrive, par des procédés différents, par des chemins détournés, plus longs et plus pénibles, sans être plus sûrs, et par une nomenclature aussi étrange que nouvelle, à tous les résultats généraux du dix-huitième siècle.

Est-ce à dire qu'on doive compter Kant parmi les soldats de la ligue antichrétienne ? Oui, par le sens général et les conséquences dernières de sa doctrine, mais nullement par ses intentions, qui furent toujours pacifiques et conciliantes à l'excès. Kant ne serait pas Allemand si, comme son aïeul Leibnitz, il n'avait pas cherché à réconcilier les deux sœurs, qui, de temps immémorial, faisaient si mauvais ménage : la foi et la raison. Il s'y efforça de la meilleure foi du monde. Il faut lire ce singulier traité de paix pour avoir une idée de la bonhomie et de la candeur de ce grand esprit fourvoyé dans notre monde pervers. Il y met une ressource d'invention et une souplesse d'interprétation qui auraient bien dû désarmer les deux partis et les amener à un embrassement final et universel. « Quoi ! leur dit-il, l'Écriture annonce un bon et un mauvais principe ; — mais la raison aussi : l'homme n'est-il pas porté à la fois au bien et au mal ? C'est la grâce d'un côté et Satan de l'autre. — Elle annonce un péché originel ; mais toute action mauvaise ne peut-elle pas être considérée comme faisant sortir l'homme de l'état d'innocence ? — Elle annonce un homme Dieu ; mais qui ne reconnaît en lui ce type idéal, cet homme parfait, ce λογος, ce Verbe vrai fils de Dieu dont

nous portons l'image en nous comme un éternel modèle ? »
Une question pourtant le trouble visiblement et met sa diplomatie à une rude épreuve, la question des miracles. La raison les repousse ; mais comment les rejeter ? Il se tire de là par une transaction curieuse entre ses répugnances et son désir de contenter tout le monde. « On conçoit, dit-il, qu'une religion toute morale (le christianisme) qui vient remplacer une religion toute de cérémonie (le judaïsme), établie par des miracles, soit établie elle-même de la même manière ; mais, une fois établie, elle doit se soutenir par sa propre vérité. On peut admettre les miracles *en théorie et pour le passé, mais non en pratique et pour le présent.* »

Qui pourrait hésiter, je le demande, entre ces décisions équivoques et peu sincères, où se révèlent les incertitudes d'un régent de collège qui tremble pour sa place, et les négations franches, hautaines et résolues des disciples de Voltaire ? Il poursuit ainsi, étendant ces pauvres dogmes disloqués sur le lit sanglant de Procuste pour les rallonger ou les raccourcir, selon les besoins de sa cause, jusqu'à ce qu'il leur donne le coup de grâce, par cette phrase qui surgit à l'improviste vers la fin de son livre : « Tout ce que, indépendamment d'une vie honnête, l'homme croit pouvoir offrir à Dieu pour se le rendre favorable constitue un faux culte, » ce qui fait de la morale la seule religion légitime. Ainsi se venge la philosophie en reprenant possession de son disciple au moment même où il vient de trahir sa cause.

Les disciples de Kant renchérirent encore sur les abstractions de leur maître et renièrent avec sa méthode leur plus sûre sauvegarde. Nous n'avons pas à les suivre dans les pays étranges et fantastiques où ils entraînèrent les esprits, au mépris des sages avis de Jacobi, l'apôtre du bon sens et du sentiment, et de Herder, le prophète de l'idée de progrès ; mais ce que l'avenir ne leur pardonnera pas, c'est d'avoir tué à ce point tout instinct pratique dans ce grand et noble peuple allemand, qu'il n'a encore ni patrie ni institutions qui lui soient propres. Vivant dans les nuages, conversant avec les intelligences célestes, ils ne touchèrent terre qu'à de rares intervalles et pour y apporter, en style d'oracle, des quintessences indiscernables, dont je donnerai une faible idée en citant le principe de toute philosophie, tel que le donne Fichte :

« 1° A—A donne le moi. Le moi se pose lui-même.

2° Au moi est opposé le non-moi.

3° Le moi et le non-moi sont posés tous deux par le moi et dans le moi comme se limitant réciproquement ; de telle sorte que la réalité de l'un détruit en partie la réalité de l'autre.

4° Dans le moi, j'oppose au moi divisible un non-moi divisible.

Nulle philosophie ne peut aller au delà de cette connaissance ; mais ce n'est qu'en remontant jusque-là qu'elle devient science de la science, et c'est de là que tout le système de l'esprit humain doit se déduire. »

O vérité ! clarté divine et bienfaisante, joie, consolation et récompense du génie de l'homme en ses durs labeurs, est-ce donc une chimère que nous adorons en toi ? Non ! ce brouillard ténébreux, humide et malsain n'est pas, Dieu merci, le ciel de l'intelligence humaine. La philosophie allemande aurait déjà eu son Rabelais, si ce n'était pas un châtiment assez humiliant pour elle que de n'avoir apporté au monde aucun principe nouveau et d'être morte un beau matin de la main même de ses enfants, au milieu de l'indifférence générale.

Kant n'en restera pas moins, sans contestation, sa plus haute personnification. Il domine de la tête tous ses successeurs, qui le tenaient pourtant pour un bien petit génie, — car le transcendantalisme de leur vanité dépasse encore le transcendantalisme de leurs idées. Il confirme les arrêts de ses illustres devanciers comme un dernier témoin dont la déposition ne saurait être suspecte ni de partialité ni d'artifice. Mais il n'ajoute rien à leur œuvre, et n'est vraiment grand que par ce qu'il tient d'eux. Jean-Paul, qui ne marchandait pas ses louanges, a dit de lui qu'il était non pas une simple lumière, mais tout un système solaire; — système solaire avec des rayons empruntés, lumière sans chaleur. Philosophes allemands, souvenez-vous de Luther, un vrai soleil qui embrasa le monde! Eloquent, inspiré, le cœur possédé d'une passion puissante et féconde et non d'une chimère vide de sens, il ne connaissait ni l'objectif ni le subjectif; mais il invoquait un dogme vivant, la liberté, et les peuples le suivirent!

Mais si l'Allemagne n'a pas eu la gloire de donner au monde la philosophie du dix-huitième siècle, cette terre classique du rêve a eu, par la plus étrange des invraisemblances historiques, l'honneur d'en fournir le premier réalisateur sérieux (car je ne regarde pas comme une réalisation les soupers philosophiques de Frédéric ni *les dîners de tolérance* de Catherine), et, chose plus invraisemblable encore, cet homme fut un empereur. J'ai nommé Joseph II. Disons, avant d'aller plus loin, que son entreprise, loin de donner un démenti au jugement sévère que nous avons porté sur le caractère antipositif de ses compatriotes, ne fait que lui donner plus de force, puisqu'elle échoua devant leur mauvaise volonté.

A quelque point de vue qu'on apprécie la vie et les actes de Joseph II, il est impossible de leur refuser l'estime et la sympathie, et de ne pas reconnaître en lui une des plus nobles et des plus curieuses physionomies du passé. La générosité y domine, sinon la grandeur. Il voulut toujours le bien, s'il ne sut pas toujours le faire. Il porta sur le trône, au milieu d'une société corrompue, les mœurs austères d'un stoïcien. Enfin on ne l'étudie pas sans l'aimer. Le partage de la Pologne pèse justement sur sa mémoire. — Mais s'il fut un crime chez Frédéric, chez Catherine et chez Marie-Thérèse, il ne fut chez Joseph qu'une erreur de jugement. Cette ombre fâcheuse s'évanouit devant la pureté et l'unité de sa vie, et on l'oublie tout à fait en lisant la touchante histoire de ses malheurs, qui est aussi celle de ses vertus.

Joseph avait quarante ans lorsque sa mère mourut. Empereur de nom depuis seize ans, et condamné par elle à l'inaction la plus absolue, il avait grandi sous cette tutelle ombrageuse et défiante et n'avait eu jusque-là aucune des réalités du pouvoir. Mais l'activité naturelle de son esprit s'était développée en raison même de l'insignifiance du rôle qu'on lui avait imposé pour la comprimer. Repoussée des limites du présent, elle s'élança dans l'avenir et le remplit de magnifiques créations. Le projet lui tint lieu de l'action. La virilité de son caractère et de son âge, systématiquement contrariée dans ses plus légitimes aspirations, réagit contre ce gouvernement de femme, imposant à l'extérieur à cause de l'élan national qui en avait fait la force et la consécration ; mais, à l'intérieur, plein des petitesses et des mesquineries inévitables de la politique féminine, asservi aux caprices du directeur et aux coups d'État du confessionnal. Témoin mécontent mais contenu par le respect, il se prit à reconstituer de fond en comble, dans sa pensée, l'héritage maternel et l'Allemagne elle-même. Un rival redoutable se dressait devant lui, le vieux Frédéric, l'ennemi et le spoliateur de sa maison. N'espérant pas le surpasser dans la guerre, Joseph se promettait bien de l'effacer dans la paix. Il étudiait sa vie, il en relevait, avec une jalouse ironie et une secrète joie, les faiblesses et les inconséquences. Il tournait en ridicule ses manies littéraires, et s'étonnait qu'un roi pût trouver le temps de tourner un madrigal. Durant les longs voyages qui furent le prélude et le noviciat forcé de son élévation à l'Empire, il avait médité et approfondi l'histoire et les institutions de tous les peuples de l'Europe. Quant aux principes de la philosophie nouvelle, ils lui étaient depuis longtemps familiers. « Il aime vos ouvrages et les lit autant qu'il peut, » écrivait Frédéric à Voltaire dès 1770. Enfin il méprisait les hommes ; — excellente disposition pour les bien gouverner, lorsque toutefois elle ne se rencontre pas dans une nature perverse.

Le lendemain de son avènement, parut l'édit de tolérance, programme du règne nouveau. En voici le point de départ et la pensée mère, telle qu'il l'explique lui-même dans une confidence intime :

« A M. Van-Swieten. — Jusqu'à ce jour, la religion protestante avait été opprimée dans mes États, et ceux qui la professent étaient regardés comme des étrangers. — Les droits civiques, le droit de propriété, les dignités, les honneurs, tout enfin leur était interdit. Mais, depuis le commencement de mon règne, je me suis proposé d'orner mon diadème de l'amour de tout mon peuple et de suivre des principes de gouvernement généreux et justes. J'ai publié, à cet effet, les lois de tolérance et brisé le joug qui pesait sur eux. Le fanatisme ne doit plus être connu dans mes États que par le mépris auquel je le voue. Personne ne pourra plus être persécuté pour sa croyance, et chacun sera libre de ne pas reconnaître la religion de l'État si sa conviction s'y oppose. L'intolérance est donc bannie de mon empire, heureux qu'elle n'y ait pas fait de victimes comme Calas et Sirven.

« ... La tolérance est l'effet de la propagation des lumières qui s'étendent maintenant sur toute l'Europe. *Elle est basée sur la philosophie*, et de grands hommes en sont les fondateurs... c'est elle seule que les gouvernements doivent suivre, etc. »

Est-il besoin d'indiquer ici la source de ces sentiments et de ces idées, et avons-nous fait autre chose jusqu'à présent que d'en suivre l'origine et les développements? Que la race de Nonotte et de Fréron réserve donc pour d'autres l'honneur de ses injures et de ses malédictions, car ce n'est point Joseph qui a inventé le *joséphisme!*

Bientôt les édits se succédèrent avec une telle rapidité qu'il faut renoncer à en donner une énumération détaillée. Voici les plus importants : Institution du mariage civil, — attribution aux évêques des dispenses pour le mariage, — suppression de plus de deux mille couvents de moines voués à la vie contemplative, — affranchissement des ordres monastiques du joug des généraux résidant à Rome, — attribution à l'empereur de la nomination aux bénéfices, — défense d'envoyer de l'argent à Rome pour l'absolution des cas réservés, — abolition du serment prêté au pape par les évêques, etc.

Et la réforme politique marchait de front avec la réforme religieuse ; — il proclamait la liberté de la presse, abolissait le servage et la peine de mort, et annonçait de loin, par des mesures significatives, l'égalité des citoyens devant la loi. Le Prater, réservé jusque-là aux plaisirs aristocratiques, s'ouvrit indistinctement pour tout le monde ; et comme on s'en étonnait : « Eh! Messieurs, dit Joseph, si j'avais la manie de ne vouloir vivre qu'avec mes égaux, il ne me resterait qu'à m'enfermer dans le caveau de mes ancêtres. »

... Utiles et bienfaisantes dans leur principe, ces réformes devinrent odieuses et funestes dans l'application. Il faut dire pourquoi.

S'il est un lieu commun, usé, banal et vulgaire, c'est le reproche traditionnel qui se reproduit immanquablement toutes les fois qu'il s'agit de juger l'œuvre de Joseph. Ses réformes ont été, répète-t-on, trop radicales et trop destructives. Ce que l'avenir leur reprochera, c'est précisément de ne l'avoir pas été assez, c'est d'avoir trop voulu conserver. Elles échouèrent parce qu'elles ne furent que des demi-mesures. En matière religieuse, on affirme ou on nie ; — il n'y a pas de moyen terme possible. Un gouvernement peut détruire, séparer ; — il n'a ni le droit ni le pouvoir de réformer. Il peut se poser en ami ou en puissance neutre ; jamais en législateur. La réforme n'appartient qu'au pouvoir ecclésiastique, parce qu'il est seul reconnu par les consciences. L'illusion de Joseph ne fut pas de s'affranchir du joug de la papauté, mais de se substituer lui-même au pape et de s'en attribuer tous les droits. Aussi, commencée au nom de la liberté, sa réforme dut-elle s'effectuer par les voies de la tyrannie. Ses sujets pouvaient bien voir en lui un ennemi de Rome, mais non un juge de la foi. Une séparation absolue de l'Église et de l'État eût été peut-être prématurée ; mais elle eût, certes, beaucoup moins choqué les esprits que cette immixtion violente, oppressive, tracassière dans les mille détails de la croyance et du dogme.

Ainsi, parmi les lois sans nombre qu'il improvisait au courant de la plume avec une sorte d'impatience et d'activité fébrile, fruit de sa longue inaction forcée et de sa jeunesse sacrifiée, on rencontre avec surprise des règlements sur la révision et la correction des livres de piété, — sur des variantes à introduire dans les chants d'église, sur les processions, les pèlerinages et cent autres cérémonies insignifiantes. Il créait des évêchés nouveaux, faisait déshabiller des madones, trop richement ornées à son gré, et leur imposait un costume plus simple ; il organisait des confréries d'amour du prochain, digne pendant du tribunal des mœurs et de la commission de chasteté institués par sa mère. Ajoutez à cela qu'il était aussi prompt à défaire un projet qu'à le former. Cet esprit de minutie, de vexation, de mobilité, ôtait à ses réformes le premier, le plus indispensable caractère de la loi : l'impersonnalité. Les peuples permettent trop souvent, surtout dans leurs jours de découragement, aux souverains d'identifier leur personne avec la loi ; mais c'est à la condition tacite, et tôt ou tard sanctionnée par de terribles leçons, que le souverain s'effacera dans la loi, et non que la loi disparaîtra dans le souverain. Or, on sentait partout dans l'œuvre de Joseph la présence d'une volonté inquiète, incertaine, changeante et pourtant despotique. L'opinion s'irrita. L'homme est ainsi fait, surtout dans les monarchies, qu'il tient à ses préjugés bien plus qu'à ses lois. Esclave en toutes choses, il veut être libre au moins dans le choix de sa superstition. Chassée de la politique, la liberté se réfugie dans la conscience ; et plus ce sentiment d'indépendance, noble et respectable en lui-même, a fait de concessions sur tout autre terrain, plus il acquiert de ressort, d'énergie et de susceptibilité dans ce dernier refuge. Rendez à l'État, par une mesure générale, les biens de l'Église qui lui appartiennent, on désapprouvera peut-être, les intéressés seuls s'agiteront. Mais forcez un prêtre à enterrer un mort, ou faites enlever de sa niche un saint de bois vermoulu, et vous entendrez s'élever autour de vous le rugissement de la superstition populaire. Dans le premier cas, il n'y avait qu'une question d'argent ; dans le second, il y a une question de liberté. Par la séparation complète de l'Église et de l'État, Joseph eût laissé les préjugés populaires libres dans leur sphère, sans les irriter mal à propos par de puériles taquineries. Il ne le fit pas et s'en repentit.

Cependant Rome ne pouvait voir d'un œil indifférent des innovations qui allaient lui ravir une source importante de ses revenus, et briser les faibles et derniers liens qui retenaient autour d'elle les peuples incertains. Pie VI, le successeur de Ganganelli, pontife aimable, éloquent, habile, —

trop habile peut-être dans une situation où un grand caractère eût été la plus profonde des habiletés, et un cœur droit la plus sûre des sauvegardes, — épuisa en pure perte toutes les ressources de sa rhétorique et toutes les démonstrations du plus beau désespoir. Joseph répondit à ses remontrances par un laconisme ironique et une froideur désespérante. A défaut d'une obstination invincible, son dédain pour ceux qu'il nommait « les souverains académiciens » l'eût suffisamment prémuni contre les séductions oratoires de l'honnête Braschi. Il annonça très haut qu'il ne changerait rien à ses plans, et au besoin saurait se passer du consentement de « l'évêque de Rome. » Devant cette extrémité, le pape, toujours plein de confiance dans l'infaillibilité et le charme irrésistible de ses homélies, — confiance entretenue, sinon justifiée, par l'enthousiasme des populations méridionales, — se résolut à frapper un coup décisif. Il alla, nouveau Léon, chercher dans son camp cet autre Attila, comptant bien comme lui dompter ce cœur rebelle. Sa marche fut une ovation continuelle. Il s'avança au milieu d'une haie vivante formée sur son passage. Joseph vint au-devant de lui et le reçut avec la grâce et la courtoisie d'un souverain du siècle des élégances. Vienne les vit ensemble, unis et souriants, — logés dans le même palais, sortant aux mêmes heures, — vivant, en un mot, dans une intimité de tous les instants, qui se traduisait chez le pape par une tendresse toute paternelle, et chez l'empereur par des égards délicats et respectueux. Mais Joseph fut inflexible et ne fit pas une concession. En traversant les rues au bruit flatteur des acclamations d'un peuple prosterné, Braschi pouvait lire sur tous les murs les édits affichés comme pour attester, par un sanglant démenti, l'inanité de ses triomphes. Il n'obtint pas même la consolation sollicitée, avec instance de faire rayer le culte juif de la catégorie des religions tolérées. Son voyage était de ces démarches dont le fâcheux éclat ne peut être justifié que par le succès. Il fut généralement blâmé. L'Église n'en retira d'autre fruit qu'une humiliation mal déguisée sous l'artifice d'une pompe vaine et d'hommages menteurs.

Un amer désenchantement empoisonna les dernières années de Joseph. Ses plans les mieux conçus avortèrent, — ses meilleures intentions furent calomniées, — son autorité fut méconnue, — son nom fut maudit; — ses peuples se soulevèrent; et devant ce déchaînement universel il dut courber la tête et signer la révocation de ses édits de la même main qui les avait promulgués. Son trône ne le préserva pas du sort commun des réformateurs. Comme eux il connut les retours de la popularité, et comme eux il but la ciguë. Sa tentative sera un éternel monument de la stérilité des réformes par l'arbitraire. De toutes ses erreurs, la plus fatale fut de croire qu'il pouvait se passer impunément de tout intermédiaire entre son peuple et lui, et de supposer qu'il en devinerait tous les besoins par une sorte d'intuition ou de grâce d'état. Or les législateurs, quelque grands qu'ils soient par le génie et par le cœur, ne réussissent qu'autant qu'ils sont l'expression, l'organe, l'écho fidèle des idées, des besoins, des préjugés mêmes des nations qu'ils sont appelés à régir. Egarés par la vanité, ils s'imaginent parfois être l'objet d'un culte désintéressé: — ils se trompent; — ce qu'elles adorent en eux, c'est elles-mêmes. Aussitôt qu'elles ne se reconnaissent plus dans ce miroir vivant, elles le brisent. Et sans cette communication intime et constante entre le souverain et la nation, que des institutions libres peuvent seules entretenir, celui-ci n'est plus qu'un OEdipe désarmé devant un Sphinx sans pitié. Malheur à lui s'il ne devine pas! Joseph ne prit jamais conseil que de lui-même. La convocation des notables et celle des États-Généraux en France lui parurent un non-sens politique. Une mesure analogue aurait seule pu consolider son œuvre. Mais il ne devait jamais comprendre que les voies du despotisme. Une guerre malheureuse, qui faillit amener une seconde fois les Turcs sous les murs de Vienne, et plus encore l'insurrection triomphante dans les Pays-Bas, achevèrent d'abattre cette âme découragée. « Gand pris a été mon agonie, et Bruxelles abandonné ma mort, » s'écriait-il douloureusement. Il mourut, en effet, tué avant l'âge par le chagrin et le dégoût des hommes, choisissant pour épitaphe ce mot désespéré qui résume sa vie : « Ci-gît Joseph II, à qui rien ne réussit. »

Tous les reproches qu'on a formulés avec raison contre les réformes de Joseph II peuvent s'adresser, par les mêmes motifs, à celles que son frère Pierre-Léopold essaya, sans être plus heureux que lui, de réaliser en Toscane. Nées de la même inspiration, elles eurent le même sort. Le premier tort de Léopold fut *d'imposer* à son peuple des institutions au lieu de les lui *proposer* et de les lui soumettre. Le second, et de beaucoup le plus grave, fut, une fois sa résolution prise, de faire les choses à demi et de subir par là tous les inconvénients de son entreprise, sans en recueillir un seul bénéfice. Tyrannique, violent dans les petites choses, il fut timide dans les grandes. Comme son frère, il crut faire une révolution religieuse en déshabillant des madones. Etrange aveuglement ! cet ennemi de Rome choisit un évêque pour ministre, et cet évêque fut un janséniste. On voit d'avance quelles minuties puériles, quelles controverses misérables et quelles batailles lilliputiennes remplacèrent les promesses du programme. Acclimater le jansénisme en Italie ! une aussi singulière aberration ne pouvait naître que dans la tête d'un despote. Heureusement le génie des peuples est plus fort que les coups d'État. Les sombres théories du jansénisme auront toujours contre elles, en Italie, un ennemi avec lequel il faut compter, même dans les querelles théologiques ; cet ennemi, c'est le soleil. Scipion de Ricci était un Hollandais égaré en Italie. Cœur austère et droit, mais tête étroite ; instrument docile et passif de ses coreligionnaires de France, il n'avait aucun des prestiges propres à séduire les imaginations méridionales ; à plus forte raison, ne pouvait-il lutter contre les grands souvenirs et les chères images qu'évoquait, dans toute âme italienne, le nom seul de la papauté. Sa petite église fut dispersée au bruit des sifflets, et, premier promoteur de ces réformes maladroites, il en fut aussi la première victime.

Les innovations de Léopold en matière civile et politique furent plus heureuses. Si elles ne survécurent qu'en partie à la triste réaction qui suivit son règne, elles furent du moins accueillies avec faveur à leur apparition. On a ainsi le spectacle contradictoire, en apparence, d'une révolution religieuse qui avorte et d'une révolution sociale qui réussit, et cela malgré la communauté de leur origine, car l'une et l'autre appartiennent au mouvement philosophique qui venait de s'accomplir en France. Cette différence, si digne d'attention, tient à ce que la première fut une improvisation soudaine, capricieuse, mal conçue, plus mal exécutée, sans racine dans les esprits ni dans les mœurs de l'Italie d'alors, une surprise et une violence du despotisme, en un mot, et que la seconde sortit des entrailles mêmes de la nation, et fut, quoique d'importation française, appelée et préparée par la remarquable école des publicistes qui firent croire, pour un instant, à une prochaine renaissance de l'Italie vers la fin du dix-huitième siècle.

La pensée s'arrête avec bonheur sur la brillante et trop courte époque où, oubliant leurs antipathies et leurs rancunes pour se donner la main par-dessus les Alpes, et n'ayant plus d'autre objet de rivalité qu'une ambition mutuelle d'élever et d'agrandir l'esprit humain, ces deux grandes nations, l'Italie et la France, mirent pour ainsi dire en commun leur génie, leurs travaux et leurs espérances. Fille de la philosophie française, l'école italienne ne se faisait pas encore gloire de rougir de sa mère, mais elle lui rendait à la fois ses visites et ses bienfaits. L'immortel Beccaria nous apportait son glorieux livre *Des délits et des peines*, qui supprima la torture et introduisit la merci dans les lois criminelles ; le charmant abbé Galiani, ses *Dialogues sur le commerce des blés*, son *Discours sur les monnaies*, et, mieux que cela, les ressources merveilleuses de son esprit original et investigateur. Pierre et Alexandre Veri, Filangieri, Mario Pagano, nobles et généreuses intelligences, égalaient souvent leurs maîtres dans les lettres et la politique, les surpassaient dans la science du droit et de l'économie politique. A Naples, à Florence, à Milan surtout, sous la mémorable administration du comte de Firmian, le Mécène de cet âge d'or, s'élevaient aux frais de l'État des chaires de droit et d'économie politique, véritables tribunes où des voix éloquentes popularisaient les principes de la doctrine nouvelle. Une correspondance active et étendue reliait ces foyers de lumière à leur centre commun, Paris, et fondait la sainte fraternité des intelligences. En peu de temps l'influence de ces hommes d'élite opéra un changement véritable sur les esprits, et j'ose dire que ce n'est pas une petite gloire pour eux d'avoir pu le faire dans un pays où régnaient les mœurs étranges que nous révèlent les *Memorie inutili* de l'inimitable Carlo Gozzi. Pierre-Léopold écrivit pour ainsi dire sous leur dictée sa réforme politique, et c'est ce qui la fit réussir.

Mais, dans ce concert, dans cette unanimité de vœux et de tendances que nous venons de signaler entre les philosophies française et italienne, une lacune importante aura sans doute frappé tous les yeux. On cherche en vain dans cette dernière l'équivalent de la lutte qui vient de remplir le dix-huitième siècle. La guerre anticatholique qui, en France, a été la préface et le point de départ de la doctrine nouvelle, il n'en a pas été question un seul instant en Italie. A quoi attribuer un tel oubli ou plutôt une si flagrante contradiction ? Est-ce chez ses penseurs un scrupule de croyance ? Nullement, leur correspondance nous l'atteste ; ils n'ont la plupart pas d'autre religion que leurs amis les encyclopédistes. Est-ce imprévoyance ? est-ce crainte ? est-ce respect pour cette vieille superstition nationale qui fait de la Rome des papes une héritière de la Rome des empereurs et voit en elle le symbole de l'antique royauté de l'Italie ? On ne sait. Toujours est-il que, faute de cette base logique et nécessaire, un jour vint où, d'un bout de l'Italie à l'autre, leur œuvre s'écroula aux cris de : Vive la Madone !

Depuis longtemps déjà un homme avait hautement protesté contre l'union intellectuelle de la France et de l'Italie au dix-huitième siècle ; cet homme est Alfieri. Mais il n'est pas jusqu'à cette noble et légitime protestation qui n'en attestât la salutaire influence en annonçant par sa violence même une résurrection prochaine. Alfieri est pour moi la poésie italienne reprenant conscience de son individualité perdue et secouant le joug humiliant de l'imitation étrangère. A l'antipathie du poète vint se joindre plus tard la noble indignation du citoyen, trop bien justifiée malheureusement par les excès de la conquête. Que ce soit là l'excuse des colères moins respectables de l'aristocrate contre l'esprit d'égalité qui animait la jeune démocratie française, et qu'on lui pardonne les ridicules exagérations du *Misogallo* en faveur de son ode sur la prise de la Bastille. Mais si la haine d'Alfieri fut légitime dans son principe, si c'est avec justice qu'elle a pu dicter à Foscolo les imprécations sublimes du patriotisme trompé, érigée en système, en signe d'affranchissement, en parti pris de repousser, les yeux fermés, toute idée qui n'aura pas son acte de naissance en Italie, telle en un mot qu'une école plus moderne a voulu la transformer, elle n'est plus qu'un sentiment étroit et faux que le bon sens repousse. Salutaire et glorieux dans la sphère de l'art, l'exclusivisme d'Alfieri transporté dans la philosophie n'est plus qu'une sorte de douane ridicule et impuissante, parce que, si les formes et les expressions du beau sont et doivent être aussi variées que les génies des nations elles-mêmes, celles du vrai sont essentiellement unies, fixes, immuables. Un peuple, quel qu'il soit, ne se sépare pas impunément de la communion du genre humain. L'Italie a assez de fois sauvé le monde pour que le monde la sauve à son tour ; longtemps encore il sera son débiteur.

Du reste, en acceptant dans leur conséquence pratique, c'est-à-dire, en dernière analyse, dans la séparation absolue du pouvoir temporel et du pouvoir spirituel, les négations religieuses du dix-huitième siècle, l'Italie n'aurait fait que rester fidèle à ses propres traditions et aux vœux des plus grands de ses fils, d'Arnaud de Brescia, de Dante, de Pétrarque, de Savonarole, de Machiavel, de Jordano Bruno, de tous ceux, en un mot, qui ont porté vivante dans leurs cœurs l'image de cette noble patrie du genre humain, et ont souffert de ses douleurs. Sa servitude ne finira qu'avec l'illusion fatale qui, depuis si longtemps, la tient enchaînée à un cadavre. De là tant d'agitations stériles, tant de révoltes impuissantes, tant d'espérances trompées, tant de beaux génies consumés par leur propre flamme, perdus dans les tristes limbes du désespoir. C'est en Italie seulement que pouvait se produire, dans l'âge moderne, la doctrine désespérée qui fait de la résignation et du découragement la première et presque la seule vertu des peuples ; vertu de moines, bonne pour qui veut mourir et non pour qui doit vivre ; plainte de cygne blessé, échappée au doux et mélancolique Pellico.

« Hélas ! qui nous donnera une langue philosophique ? » s'écrie quelque part Giacomo Leopardi dans une de ces admirables et douloureuses confidences où son génie s'épanchait en même temps que son cœur dans le sein de l'amitié. O poète ! tu as mis ce jour-là, sans t'en douter, le doigt sur la plaie saignante de la patrie. Ce qui lui manque, en effet, c'est une philosophie ; car le jour où elle en aura une, sa langue philosophique sera toute trouvée. Alors aussi elle aura retrouvé sa conscience et son unité ; non pas seulement cette unité politique et administrative, qui souvent n'est qu'un mensonge, mais cette unité intellectuelle et morale, appelée à grands cris et pendant tant de siècles par les Guelfes comme par les Gibelins ; qui fait de la multitude une seule âme, plus encore, une seule idée, et d'un peuple un homme, un soldat de Dieu, comme dit Shakespeare.

Mais il est déjà permis de le prédire, les déplorables et funestes dissentiments, fondés d'ailleurs sur de généreuses colères, qui ont fait repousser à l'Italie une communion d'idées devenues le patrimoine du monde entier et dont elle seule, par un orgueil mal entendu, n'a pas voulu recueillir les bienfaits, touchent à leur fin. Un jour nouveau se lève pour elle. Il faut qu'elle consente à « cette seconde invasion des barbares [1], » puisque c'est ainsi qu'un de ses enfants a qualifié les idées françaises, et qu'elle reçoive Voltaire après Attila. N'est-ce pas une invasion de barbares qui lui a donné le christianisme, si longtemps sa seule gloire ? Il faut surtout qu'elle abandonne les illusions puériles, les rêves de je ne sais quelle restauration d'une royauté impossible dont on a flatté son espé-

1. Gioberti *del primato d'Italia*.

rance aux dépens de sa dignité[1]. Le peuple-roi désormais c'est l'humanité. Ne lui dites donc pas : « *Italiani, ricordatevi che siete nati principi*, » car elle s'est trop longtemps contentée de cette vaine consolation et de cette chimérique gloire. Mais dites-lui : « Italie, souviens-toi que tu es esclave. » « *Memento quia pulvis es.* » Sa résurrection est à ce prix.

## CHAPITRE XX

### LE GÉNIE DU DIX-HUITIÈME SIÈCLE.

Mais est-il nécessaire de poursuivre plus loin cette démonstration? Une réalisation sérieuse, complète et sincère des idées philosophiques du dix-huitième siècle ne pouvait pas être l'œuvre d'un roi ni d'un empereur, quelle que fût, d'ailleurs, la droiture de leurs intentions ou la hauteur de leurs vues. Cette impossibilité est d'une si rigoureuse évidence, qu'elle pourrait, au besoin, se passer de l'éloquent et péremptoire témoignage des événements, qui pourtant ne lui a pas fait défaut. L'invariable fondement, le point de départ constant et uniforme que nous avons signalé dans tous les principes de la philosophie nouvelle, n'est-ce pas l'idée de liberté? Or, comment les fils des Césars auraient-ils pu, sans répugnance et sans

---

1. *Id., ibid.* L'abbé Gioberti, qui est non pas un grand philosophe, mais un spirituel et charmant écrivain, et qui a été le principal organe de cette double méprise, est revenu, du reste, vers la fin de sa vie, de sa confiance illimitée dans la papauté. Dans le *Rinnovamento*, il lui refuse le pouvoir de ressusciter l'Italie, parce que, dit-il, « la *fiducia spenta non più rinasce.* »
Cette raison n'est sans doute pas la bonne; mais un prêtre pouvait-il la trouver?

arrière-pensée, se faire les législateurs d'un ordre de choses dont la première condition devait avoir pour effet de leur retirer l'investiture qu'ils tenaient de leur épée ? Les situations ont leur logique : le pouvoir absolu dont ils portaient en eux la destinée, les inspirations, et aussi les impérieuses exigences, se fût révolté contre ce suicide. S'ils parurent se prêter un instant à ce rôle contre nature, ce fut par suite d'une méprise analogue à celle qui poussa plusieurs rois du seizième siècle dans le camp de Luther : ils ne virent dans la guerre antireligieuse qu'une révolte faite à leur profit, qui les affranchissait pour toujours des prétentions surannées et du contrôle importun de la papauté, sans songer au censeur terrible et ombrageux qui allait en prendre la place. Aussi, le jour des explications venu, lorsqu'au bruit flatteur de la popularité succéda le froid et sévère examen de l'opinion, une seule chose put égaler leur surprise, ce fut leur repentir.

Cette réalisation, confiée d'abord à des mains inhabiles et à des ministres infidèles, ébauchée ou plutôt trahie par les rois, deux peuples surtout en donnèrent au monde le magnifique et imposant spectacle : ce furent le peuple des États-Unis et le peuple de France.

En 1776, deux ans avant la mort de Voltaire et de Rousseau, au moment même où les vœux et les aspirations de tant de cœurs généreux et de glorieuses intelligences montaient comme un concert vers le ciel, un écho puissant et sympathique leur répondit tout à coup des extrémités du monde, et deux nations étrangères, je dirai presque opposées l'une à l'autre par le caractère, les mœurs, le langage, les traditions, l'intérêt, le climat, s'unissant dans une fraternelle étreinte, et ne formant plus qu'un peuple ou plutôt qu'une armée — l'armée du droit, — se firent les soldats de la même cause et versèrent leur sang sur le même champ de bataille. Ce fut une secousse électrique qui, d'un pôle à l'autre, fit tressaillir les générations. Élan sublime! sainte ivresse! moment trop court dont nous avons, non pas perdu, mais laissé s'effacer la mémoire, et qui devrait être le plus célébré de nos anniversaires! La naissance et la formation de la république américaine est un de ces rares instants où l'homme semble donner la mesure du degré d'héroïsme et de vertu dont il est capable. Il n'est pas d'époque dans le passé qui mérite de lui être comparée, ni d'événement qui l'égale en poésie, en majesté, en grandeur. Tous les grands spectacles de l'histoire, tous les grands objets que le temps offre à l'activité humaine isolément et de siècle en siècle, comme s'il en était avare, y sont en quelque sorte rassemblés à plaisir pour rendre le tableau plus saisissant et plus complet : une guerre entreprise pour la justice et par le faible contre le fort à côté des conquêtes pacifiques de l'industrie et de la science, les luttes de la tribune à côté des jeux sanglants de l'épée, une nationalité à créer, des institutions à fonder, des villes à construire, des tribus sauvages à civiliser, une foi nouvelle et des dogmes nouveaux à faire triompher, la liberté et l'indépendance à assurer, enfin des courages et des volontés dignes de cette tâche à inspirer, à soutenir, à gouverner. Les hommes à qui échut le périlleux honneur de la mettre à exécution, Franklin, Washington, Jefferson, Lafayette, montrèrent des âmes à la hauteur des circonstances, et c'est le plus bel éloge qu'on puisse faire d'eux. Ce sont les plus irréprochables caractères qui aient honoré l'humanité. Ils ont cette beauté morale qui est comme la splendeur du bien et l'auréole visible de la vertu. Leur œuvre en a gardé l'empreinte pure et durable ; elle satisfait la conscience tout aussi bien qu'elle satisfait l'esprit, et elle est peut-être la première des grandes choses historiques qui aient été faites honnêtement jusqu'au bout.

La mémorable déclaration qui révéla à l'Europe étonnée

dans un peuple dont elle soupçonnait à peine l'existence, l'expression nette et précise de ses propres besoins et le symbole entier de ses espérances, offre en peu de lignes un résumé fidèle des idées et des promesses de la philosophie nouvelle :

« Lorsque, dans le cours des événements humains, il devient indispensable pour un peuple de rompre les liens politiques qui l'attachaient à un autre peuple, afin de prendre parmi les puissances de la terre la place égale et séparée à laquelle les lois de la nature et du Dieu de la nature lui donnent des droits, le respect qui est dû à l'opinion des hommes demande qu'il proclame les causes qui le déterminent à cette séparation.

« Nous regardons comme évidentes par elles-mêmes les vérités suivantes : que tous les hommes sont créés égaux ; qu'ils ont été doués par leur Créateur de certains droits inaliénables ; que, parmi ces droits, se trouvent la vie, la liberté, la recherche du bonheur ; que les gouvernements sont établis parmi les hommes pour garantir ces droits, et que leur juste pouvoir émane du consentement des gouvernés ; que lorsqu'une forme de gouvernement cesse d'atteindre à ce but, le peuple a le droit de la changer ou de l'abolir, et d'établir un nouveau gouvernement en le fondant sur ces principes et en organisant son pouvoir en telle forme qui lui paraît la plus conforme pour sa sûreté et son bonheur. »

Où donc ces fils d'affranchis avaient-ils appris ce mâle et fier langage ? Et quel révélateur ignoré avait enseigné aux fanatiques puritains de Cromwell « le Dieu de la nature » et la tolérance ; aux quakers de Penn la juste susceptibilité des peuples libres ; à tous ces bannis, à tous ces aventuriers, « le respect qui est dû à l'opinion des hommes, » l'égalité devant la loi, la liberté de la presse, la souveraineté du peuple et la divine loi du progrès ? Qui, enfin, de tous ces éléments impurs, contradictoires et sans homogénéité, de ce peuple hétéroclite fait de mille pièces étranges et bizarres, de ces colons venus des quatre parties du monde, put improviser du jour au lendemain une nation admirable d'unité? Qui? si ce n'est l'âme même du siècle? Le peuple des États-Unis est un peuple fait par une idée; c'est sa force et sa grandeur. Dans les autres, je vois des races, en lui je vois un principe : et ce principe est assez fort pour remplacer le lien du sang. C'est lui qui est la patrie, qui lui donne la vie et la personnalité. Otez-le, le peuple disparaît.

Pour quiconque a interrogé dans leurs actes et dans les trop rares confidences qu'ils nous ont laissées les fondateurs de la république américaine, leur généalogie intellectuelle est facile à établir. Ils procèdent évidemment des libres penseurs et des publicistes anglais de la fin du dix-septième siècle; ils en ont la tradition, la méthode et les habitudes d'esprit. Leurs rapports avec la France ne datent que d'une époque postérieure à leur déclaration de principes, et ne se seraient établis que bien plus tard encore sans l'expédition de La Fayette et le séjour de Franklin, de Jefferson et de John Adams à Paris. Les écrits des philosophes français n'influèrent donc que fort insensiblement sur leurs esprits, si tant est qu'ils aient pénétré en Amérique avant l'époque de l'alliance française. On peut même l'affirmer sans crainte, ils n'influèrent guère plus sur la constitution et les lois qui furent le commentaire de la Déclaration, et qui, à part la théorie pénale que Jefferson reconnaît avoir empruntée à Beccaria, furent une inspiration originale et nationale. Eh bien! telle est la force de ce lien mystérieux et sacré qui unit les idées, que ces deux mouvements intellectuels, si différents d'origine et de caractère, bien que fondés sur les mêmes principes, aboutirent isolément, sans concert, sans complicité, comme diraient les ennemis de la raison, à des conséquences identiques, se servant ainsi l'un à l'autre de contrôle, de preuve et de confirmation. Peut-il exister un gage plus certain et plus manifeste de la sûreté et de la certitude de leurs conclusions ?

Mon intention n'est point de placer ici une étude comparée des travaux du Congrès et de la Constituante ; il me suffit que ces deux illustres assemblées, qui ont ouvert l'ère des conciles œcuméniques du monde moderne, aient été d'accord sur tous les grands principes. Je veux seulement examiner, pour que ce travail ne reste pas sans conclusion, la solution qu'elles ont donnée l'une et l'autre au problème religieux, tel que l'avait posé le siècle.

Nous l'avons vu et établi : ce que les philosophes avaient attaqué dans les religions de leur époque, était-ce le sentiment religieux en lui-même ? Non ; ils ne conçurent jamais le projet insensé de refaire la nature humaine. Loin de contester la légitimité de cet instinct aussi indestructible en nous que la douleur et que l'espérance, ils étaient eux-mêmes déistes pour la plupart. Ce qu'ils attaquèrent en lui, c'est le rôle exorbitant, tyrannique, odieux, qu'il s'était arrogé dans le monde social, aux dépens de l'élément moral, qui seul a le droit de se faire loi. Aux yeux de tout esprit libre de préventions, leurs longues luttes n'ont eu qu'un but : bannir l'idée religieuse de l'État, où elle ne peut être qu'une cause de trouble et d'oppression, pour lui faire reprendre dans la conscience individuelle la place modeste mais sûre que lui assignent l'insuffisance de sa certitude et la valeur nécessairement hypothétique de ses affirmations.

Voici comment Jefferson traduisit ce *desideratum* dans l'amendement à la Constitution que les législateurs des États-Unis adoptèrent sur sa motion :

« Le Congrès *ne pourra faire aucune loi* relative à

l'établissement d'une religion ou pour en prohiber une. »

Cette courte formule contient la seule garantie légale qui consacre et protège avec efficacité le grand principe de la liberté de conscience.

En France, sous l'empire des mêmes préoccupations (les discours de Mirabeau surtout l'attestent avec la dernière évidence), les constituants le traduisirent de la façon suivante : « Nul ne doit être inquiété pour ses opinions religieuses, pourvu que leur manifestation ne trouble pas l'ordre public. »

Est-il besoin d'insister sur la différence de ces deux formules, dont l'une n'accorde pas même à la loi le droit de pénétrer dans le sanctuaire des consciences, et dont l'autre, toute libérale qu'elle soit en apparence, laisse tant de place à l'arbitraire de la loi et de ses ministres ? A ceux qui trouveraient cette distinction puérile ou trop subtile, je rappellerais d'un côté, — aux États-Unis, — plus de soixante ans d'une paix sans nuage, malgré mille sectes religieuses toujours prêtes à s'entre-dévorer; d'un autre, — en France, — cette œuvre louche et ridicule qu'on a nommée la Constitution civile du clergé, et que l'article cité plus haut de la loi américaine aurait rendue à tout jamais impossible, les querelles sanglantes des prêtres non assermentés et des prêtres constitutionnels, les bandes catholiques organisées dans le Midi, comme au temps de la Ligue, contre les compagnies protestantes, les massacres trop fameux de Nîmes et d'Avignon, le fanatisme religieux renaissant de sa cendre pour s'incarner dans Robespierre, et les maux sans nombre dont les passions religieuses nous ont depuis rendus tour à tour témoins et victimes.

Confirmée par la double démonstration du raisonnement et de la pratique, la loi de tolérance, la loi de paix telle que l'ont formulée les législateurs de la jeune Amérique, est l'idéal vers lequel gravitent toutes les sociétés civilisées.

Si la Révolution française, malgré ses généreux efforts, ne sut ou ne put s'élever à la même perfection sur ce point spécial pas plus que sur les autres, il faut lui tenir compte des difficultés presque insurmontables qu'elle rencontra dès son début, et que sa rivale ne connut jamais.

La société française portait dans son sein les plus formidables éléments de dissolution contre lesquels un peuple ait jamais eu à lutter. Je mentionnerai au premier rang le paupérisme, les déchaînements de haines qui furent l'inévitable conséquence de la dépossession des classes privilégiées, et les discordes des deux écoles devenues deux partis qui l'ensanglantèrent si fatalement. L'école née de Rousseau, surtout, fut le mauvais génie de la Révolution. Elle manqua de sens pratique et de la connaissance des hommes, qui est nécessaire pour les gouverner. Elle poussa l'amour de l'absolu jusqu'à l'utopie, jusqu'à la folie même, les *Institutions* de Saint-Just en sont un triste et curieux témoignage. Enfin, malgré les grands caractères et les austères vertus qu'elle mit en lumière, elle mérita tous ses malheurs par son mépris insensé pour la liberté, ce premier besoin et cette première loi des sociétés modernes. La France n'apporta donc pas à l'œuvre commune autant d'esprit de sagesse, de suite et de modération ; mais, grâce au génie incomparable de ses tribuns et de ses publicistes, elle en grava le dessin et le plan en traits plus profonds encore et plus ineffaçables.

Dans ce tableau des derniers jours du grand siècle, nous n'avons pas même prononcé le nom de l'Église. C'est qu'en effet, à cette heure critique et décisive, on la cherche partout et on ne la rencontre nulle part. Elle avait déserté le champ de bataille. L'Europe entière, tombée aux mains de ses ennemis, était passée à l'état de diocèse *in partibus infidelium :* partout battue en brèche, l'infaillible orthodoxie ne tenait plus que dans quelques cantons reculés d'Espagne ou d'Italie. Sa parole, consacrée par le respect des générations ; sa voix, qui avait si longtemps couvert toutes les voix d'ici-bas, s'était tue par degrés devant le verbe nouveau au milieu de l'indifférence générale. Nul ne se leva pour constater ce silence et dire : L'Église s'en va. Le monde ne l'entendait plus, et, chose triste ! le monde ne s'en doutait même pas, mais continuait à tourner d'orient en occident, à la grande surprise des prophètes d'Israël. Rome, enfin, assistait immobile, stupéfaite et consternée à la défection des peuples, sans rien tenter pour les rallier autour d'elle.

C'est ici que s'arrête son histoire au dix-huitième siècle, et que je la laisserai quant à présent ; l'espèce de renaissance qui suivit, et qu'elle dut à la persécution inepte dont les terroristes de 93 lui offrirent si niaisement l'honneur et le bénéfice, appartenant plus spécialement à notre siècle, sinon par son origine, du moins par ses développements ultérieurs et par l'appui qu'elle rencontra dans la transaction politique désignée sous le nom de *Concordat*, et la réaction sentimentale dont Chateaubriand, de Maistre, de Bonald et Lamennais furent les principaux organes. Je terminerai ce récit par le rapprochement qui le commence, parce qu'il en est, selon moi, toute la moralité, en même temps qu'il offre une admirable démonstration de l'idée de progrès. Quel chemin de la révocation de l'édit de Nantes à la déclaration des droits ! Quelle distance infinie dans l'ordre des idées comme dans celui des faits ! A l'époque où nous nous arrêtons, c'est-à-dire vers 1790 environ, partout la philosophie, dont nous avons vu l'humble point de départ et les difficiles commencements, a dépossédé son ennemie, non-seulement de l'autorité morale et du gouvernement des intelligences, mais encore de son pouvoir et de son influence matérielle ; et cela ne l'oubliez pas, avant que se fût ouverte l'ère des violences. Cessez donc, enfants découragés, de désespérer du triomphe de la vérité ; jetez les yeux en arrière sur l'espace qu'elle a parcouru, et confiez-vous au complice tout-puissant qu'elle a pour elle : l'avenir.

On a souvent agité la question de savoir s'il y avait contradiction et incompatibilité absolue entre cette philosophie et les données générales du christianisme. Ce débat pourrait paraître puéril et vain aux esprits qui, n'acceptant pas les opinions toutes faites, ne forment leurs croyances que sur l'idéal de vérité qu'ils portent en eux-mêmes ; mais il n'en a pas moins une incontestable utilité, en ce sens qu'il précise et détermine plus nettement leurs rapports comme leurs différences.

Au reste, les grossières méprises, les mutations ridicules et les impertinents paradoxes, auxquels il a donné lieu de la part des personnages néo-jésuitiques qui se sont hâtés d'interposer une médiation dont personne n'a voulu, ne sont plus possibles aujourd'hui, pour peu qu'on veuille bien s'entendre sur les mots.

Si par christianisme on entend l'ensemble des vérités morales formulées par l'Évangile, il n'y a pas contradiction, il y a accord, harmonie, confirmation, développement.

La philosophie du dix-huitième siècle est alors au christianisme ce que celui-ci fut à la morale mosaïque où à la morale de Socrate, c'est-à-dire une manifestation nouvelle et plus étendue de la conscience humaine, cet éternel révélateur ; car, qu'on le sache bien, ce qui a fait la force de la morale évangélique, c'est qu'avant d'être de la morale chrétienne, elle était de la morale humaine. Elle fut écrite dans le cœur de l'homme avant d'être écrite dans les livres sacrés.

Mais si par Christianisme on entend avec l'Évangile le système et les dogmes proclamés sous ce nom de siècle en siècle par les conciles et les papes, la contradiction, sans être universelle, puisqu'il conserve, en les défigurant trop souvent, il est vrai, tous les éléments du christianisme primitif, est on ne peut plus formelle et plus nettement prononcée.

Dans ce sens la doctrine nouvelle est antichrétienne, et elle l'est en bonne compagnie, puisqu'elle l'est le plus souvent avec l'Évangile lui-même, contre la tradition et les conciles. C'est ainsi qu'elle est tolérante avec le Christ contre l'Église, qui prêche l'intolérance ; ce qui revient à dire qu'elle est plutôt anticatholique qu'antichrétienne.

Elle est anticatholique, parce qu'elle substitue la liberté à l'autorité. Elle est anticatholique, parce qu'elle affirme l'examen contre la foi, la raison contre la révélation, la science contre le monde surnaturel et les miracles, — la loi de justice contre le dogme de la grâce, le progrès contre la chute. Elle est anticatholique par ses instincts démocratiques et égalitaires ; elle l'est par sa réhabilitation des joies terrestres ; elle l'est enfin par sa belle et féconde substitution de l'idée du droit au précepte fataliste de la résignation.

C'est un grand jour que celui où ce mot fut pour la première fois prononcé dans le monde : les droits de l'homme ! L'antiquité avait dit : les droits des peuples. Le christianisme avait dit : les devoirs des peuples. C'est au siècle qui a le mieux défini la liberté qu'était réservé l'honneur de discerner dans la vague et indécise personnalité des peuples une personnalité distincte, indépendante de la leur et tout aussi sacrée : celle de l'individu, et de marquer avec leurs obligations réciproques la limite précise où l'une commence et où l'autre finit. Le christianisme les a presque toujours confondues, il sacrifie l'homme à l'humanité. Il punit sur le fils la faute du père, introduisant ainsi l'arbitraire jusque dans l'idéal divin. Ce n'est pas tout. Le christianisme qui a apporté à l'homme une si magnifique théorie de ses devoirs ne lui a donné nulle part celle de ses droits, comme s'il était moins glorieux pour lui de maintenir et de défendre ceux-ci que de pratiquer ceux-là. C'était mutiler l'âme humaine en la privant de son plus énergique ressort. Comme il n'organise l'ordre et la vie morale des sociétés qu'en vue d'un autre monde, qui pour lui est la seule réalité, il est logiquement forcé de faire abstraction de l'ordre politique tout entier, qui n'est organisé qu'en vue de celui-ci. Lacune immense et fatale qui a causé tous les déchirements du moyen âge et les guerres interminables des deux pouvoirs. Il a cru la combler en prêchant à l'homme la résignation, la soumission et le respect des pouvoirs établis, images et ministres de la volonté de Dieu sur la terre, et n'a fait par là que le livrer sans défense aux jeux de la fortune et aux brutalités de la force. Destinée trop bonne du reste pour une créature humiliée de bonne heure devant la tache originelle, et dont il ne sauve qu'imparfaitement la dignité en la rattachant à la vie future.

La théorie des droits relève l'homme vis-à-vis lui-même, vis-à-vis ses semblables, et vis-à-vis de Dieu même, qui est incompréhensible, s'il n'est pas le premier soumis à la loi de justice. Elle le console, l'affranchit et le protège contre la tyrannie des multitudes. Elle lui rend, avec la disposition de sa destinée, le noble orgueil et les joies viriles de l'être libre. Elle est un principe incomparable d'activité morale et intellectuelle. Elle est le point de départ de toute politique et celui de la civilisation elle-même, ce grand fait qui ne date que du dix-huitième siècle, et dont le nom restera toujours lié au sien. Jusqu'au dix-huitième siècle il y a eu des *civilisations;* la civilisation n'a pas encore paru sur la terre.

J'ai dit ses vertus et ses grandeurs. Peut-être ai-je trop laissé dans l'ombre ses défauts : c'est que ses défauts provinrent tous d'un excès de force, et que pour ce motif même je n'ai pas sujet de les craindre pour nous. Ils ne sont que trop présents à notre mémoire, puisqu'ils ont pu nous fermer les yeux sur ses bienfaits. Assez d'autres, d'ailleurs, se chargeront du crime de Cham et profaneront la nudité paternelle !

FIN.

# TABLE DES MATIÈRES

Notice biographique............................................ I
Avant-propos de la deuxième édition.... .............
Chap. I. L'Église militante sous Louis XIV.............. 1
    II. Jésuitisme et jansénisme...................... 34
    III. Bacon et Descartes. — Leibnitz. — L'accord de la foi et de la raison. — Pierre Bayle............ 60
    IV. Œdipe et les Lettres persanes................. 85
    V. Les Libres penseurs en Angleterre.............. 97
    VI. Les Lettres anglaises. — Dubois. — Le culte du sacré-cœur. — Les convulsions............... 111
    VII. Formation de l'armée philosophique. — Mahomet. — Frédéric.......................... 134
    VIII. L'esprit des lois. — L'Encyclopédie. — La Philosophie de l'histoire......................... 149
    IX. Premiers discours de Rousseau. — Le christianisme chinois. — Prosper Lambertini........ 167
    X. Réaction religieuse de 1758. — Le journaliste religieux au dernier siècle. — La liste civile de Voltaire................................... 183
    XI. Le monde et les femmes...................... 198
    XII. De l'Émile et *de quibusdam aliis*. — Fins de non-recevoir contre la certitude métaphysique..... 205
    XIII Diderot. — L'art au dix-huitième siècle. — L'*ultima ratio* de la théologie en 1766............ 228

TABLE DES MATIÈRES.

Chap. XIV. Les jésuites chassés du Portugal. — De la république chrétienne du Paraguay............ 238

XV. Les jésuites chassés de France et d'Espagne... 254

XVI. Sens et portée de la querelle antijésuitique. — Un conclave au dix-huitième siècle......... 13

XVII. Clément XIV et la suppression des jésuites... 295

XVIII. Le système de la nature. — Mort de Voltaire et de Rousseau...................... 315

XIX. De la philosophie allemande. — Les réformes de Joseph II et de Pierre-Léopold......... 331

XX. Le génie du dix-huitième siècle............ 355

FIN DE LA TABLE.

Paris. — Imp. E. Capiomont et V. Renault, rue des Poitevins, 6.